1200 1300 1400 1500 1600

1100-1492 Reconquista

CW01677389

1200 1300 1400 1500 1600 1700

1200-1400 Empire du Mali

1400-1600 Royaume du Monomotapa

1100-1600 Empire du Songhaï

1200 1300 1400 1500 1600 1700

1100-1300 ...nds défrichements

1492 1er voyage de C. Colomb

1519-1521 Voyage de Magellan

1420-1560 Découvertes européennes

1100-1500 Expansion religieuse de l'Occident

-1500 Expansion économique de l'Occident

1519-1522 Conquête du Mexique

1200 1300 1400 1500 1600 1700

1400-1600 Renaissance

1100-1500 Art gothique

1400-1500 Quattrocento

1500-1600 Guerres de religion et réformes

1400-1750 Révolution de la pensée scientifique

1200 1300 1400 1500 1600 1700

1180-1223 ...ppe Auguste

1226-1270 Louis IX

1285-1314 Philippe le Bel

1422-1461 Charles VII

1515-1547 François Ier

1589-1610 Henri IV

1661-1715 Louis XIV

1337-1453 Guerre de Cent Ans

1648-1653 Fronde

1214 ...ouvines

1412-1431 Jeanne d'Arc

1572 Saint-Barthélemy

1598 Édit de Nantes

1685 Révocation de l'édit de Nantes

Histoire Géographie 5e

Programme 2010

Sous la direction de

Anne-Marie Hazard-Tourillon
Agrégée d'histoire
Académie de Créteil (94)

Armelle Fellahi
Agrégée d'histoire
Académie de Rennes (35)

Maria Aeschlimann
Agrégée d'histoire
Professeur au collège François-Truffaut
à Asnières (92)

Hayat El Kaaouachi
Agrégée d'histoire géographie
Professeur au collège Henri-Wallon
Aubervilliers (93)

Jérémy Faure
Certifié d'histoire-géographie
Professeur au collège Maria-Casarès
de Rilleux-la-Pape (69)

Nicolas Hérissé
Certifié d'histoire-géographie
Professeur au collège Mathurin-Méheut
à Melesse (35)

Yannick Lemonnier
Certifié d'histoire-géographie
Professeur au collège Jean-Charcot
à Saint-Malo (35)

Raphaëlle Lorente
Certifiée d'histoire-géographie
Professeur au lycée Jacques-Brel
à La Courneuve (93)

Stéphane Moisan
Certifié d'histoire-géographie
Professeur aux collèges André-Récipon
à Orgères et Pierre-Brossolette à Bruz (35)

Pascale Monnet-Chaloin
Certifiée d'histoire-géographie
Professeur au collège Jean-Moulin
à La Queue-en-Brie (94)

Catherine Pidutti
Agrégée d'histoire
Professeur au lycée Edgar-Quinet
à Paris (75)

Guillaume Sarcel
Certifié d'histoire-géographie
Professeur au collège Gérard-de-Nerval
à Vitré (35)

Fabienne Vadrot
Certifiée d'histoire-géographie
Professeur au collège Jean-Zay
à Bondy (93)

Catherine Vogel
Certifiée d'histoire-géographie
Professeur au Lycée franco-allemand
à Friburg (Allemagne)

Nathan

Sommaire

Histoire
Du Moyen Âge aux temps modernes

Partie 1
Les débuts de l'islam

Partie 2
L'Occident féodal, XIe–XVe siècle

Partie 3
Regards sur l'Afrique

© Nathan 2010 – 25, avenue Pierre de Coubertin – 75013 Paris.
ISBN : 978-2-09-171738-8

Partie 4
Vers la modernité, fin XVe–XVIIe siècle

Géographie
Humanité et développement durable

Partie 1
La question du développement durable

Sommaire

Partie 2
Des sociétés inégalement développées

Partie 3
Des hommes et des ressources

Les pictos dans votre manuel

Récit Les exercices mettant en œuvre la capacité du **récit** sont indiqués par ce pictogramme.

Arts Les exercices explorant les domaines d'**histoire des arts** portent ce pictogramme.

B2i Les compétences du **B2i** sont travaillées dans les exercices portant ce pictogramme.

BILAN En géographie, ce pictogramme accompagne le bilan des études de cas pour identifier **les enjeux du développement durable**.

À imprimer Les documents **à imprimer** sont signalés dans le manuel par ce pictogramme.

Récit

Exercices B2i

Histoire

Géographie

L'Histoire par les arts

Bulletin officiel n°32, 28 août 2008

Les pages L'Histoire par les Arts du manuel présentent des œuvres d'art correspondant aux grands domaines artistiques du programme d'histoire des arts.

Programme de 5e

Bulletin officiel spécial
n°6 du 28 août 2008

Texte intégral du programme sur le site
www.nathan.fr/histoiregeographie

HISTOIRE

Du Moyen Âge aux temps modernes

I. Les débuts de l'islam (environ 10 %)

Capacités

- **Connaître et utiliser les repères suivants :** l'Hégire : 622 ; l'extension de l'islam à l'époque de l'empire omeyyade ou abbasside sur une carte du bassin méditerranéen.
- **Raconter et expliquer :** un épisode de l'expansion musulmane ; quelques épisodes de la tradition musulmane significatifs des croyances.
- **Décrire :** une mosquée (Médine, Damas, Cordoue...) ; une ville (Bagad, Damas, Cordoue...).

II. L'Occident féodal, XIe-XVe siècle (environ 40 %)

1 – Paysans et seigneurs

Capacités

- **Connaître et utiliser les repères suivants :** la naissance du village médiéval (Xe-XIe siècle) ; une seigneurie.
- **Décrire quelques aspects :** d'un village médiéval ; du travail paysan au Moyen Âge ; du mode de vie noble.

2 – Féodaux, souverains, premiers États

Capacités

- **Connaître et utiliser les repères suivants :** un événement significatif de l'affirmation de l'État en France ; une carte de l'évolution du domaine royal et des pouvoirs du roi en France (Xe-XVe siècle).
- **Décrire et expliquer** le système féodal comme organisation de l'aristocratie, puis comme instrument du pouvoir royal.

3 – La place de l'Église

Capacités

- **Connaître et utiliser les repères suivants :** l'âge des églises romanes (Xe-XIIe siècle) ; l'âge des églises gothiques (XIIe–XVe siècle).
- **Raconter** quelques épisodes de la vie d'un grand personnage religieux, homme ou femme.
- **Décrire** une abbaye **et expliquer** son organisation ; **décrire** une église.

4 - L'expansion de l'Occident

Capacités

- **Connaître et utiliser les repères suivants :** première croisade (1096-1099) ; les espaces de l'expansion de la chrétienté sur une carte de l'Europe et de la Méditerranée (XIe–XIVe siècle).
- **Raconter et expliquer** un épisode des croisades ou de la *Reconquista*.
- **Décrire** quelques aspects de l'activité d'un marchand et d'un banquier d'une ville commerçante.

III. Regards sur l'Afrique (environ 10 %)

Capacités

- **Connaître et utiliser les repères suivants :** la période et la situation de la civilisation de l'Afrique subsaharienne choisie par le professeur ; la conquête et l'expansion arabo-musulmane en Afrique du Nord et en Afrique orientale ; une carte de l'Afrique et de ses échanges entre le VIIIe et le XVIe siècle.
- **Décrire quelques aspects** d'une civilisation de l'Afrique subsaharienne et de sa production artistique ; de la traite orientale ou de la traite transsaharienne

IV. Vers la modernité, fin XVe-XVIIe siècle (environ40%)

1 – Les bouleversements culturels et intellectuels (XVe – XVIIe siècle)

Capacités

- **Connaître et utiliser les repères suivants :** le premier voyage de Christophe Colomb (1492) ou le voyage de Magellan (1519 -1521) sur une carte du monde ; la Renaissance (XVe-XVIe siècle) et ses foyers en Europe ; le siècle des Réformes et des guerres de religion (XVIe siècle).
- **Raconter et expliquer** un épisode des découvertes ou de la conquête de l'empire espagnol d'Amérique.
- **Raconter** un épisode de la vie d'un artiste ou d'un mécène **ou décrire** un monument ou une œuvre d'art comme témoignages de la Renaissance.
- **Raconter** un épisode significatif des Réformes (dans les vies de Luther, de Calvin ou d'un réformateur catholique...) **et expliquer** ses conséquences.
- **Raconter** un épisode significatif des progrès ou débats scientifiques des XVIe et XVIIe siècles (Copernic ou Galilée...) **et expliquer** sa nouveauté.

2 – L'émergence du « roi absolu »

Capacités

- **Connaître et utiliser les repères suivants :** l'Édit de Nantes, 1598 ; l'évolution des limites du royaume, du début du XVIe siècle à 1715 ; le règne personnel de Louis XIV (1661-1715).
- **Raconter** une journée de Louis XIV à Versailles révélatrice du pouvoir du roi.

GÉOGRAPHIE

Humanité et développement durable

I. La question du développement durable (environ 25 %)

1 – Les enjeux du développement durable

Capacités

- **Identifier** les principaux enjeux du développement durable dans le territoire étudié.

2 – Les dynamiques de la population et le développement durable

Capacités

- **Localiser et situer** les Etats les plus peuplés du monde.
- **Décrire** l'évolution démographique de l'Inde ou de la Chine.
- **Décrire et expliquer :** la relation entre croissance démographique et besoins des populations ; un paysage d'un front pionnier.
- **Localiser et situer** le front pionnier sur le planisphère des grands foyers de peuplement.
- **Identifier** trois grands types d'évolution démographique à partir du planisphère de la croissance démographique.

II. Des sociétés inégalement développées (environ 35 %)

On traitera seulement deux des trois premiers thèmes.
Le thème 4 est obligatoire.

1 – Des inégalités devant la santé

Capacités

- **Localiser et situer** les deux pays dont les infrastructures sanitaires ont été étudiées.
- **Décrire :** la pandémie étudiée ; les principales inégalités dans l'accès aux soins à partir de planisphères thématiques (vaccination, nombre de médecins...).
- **Lire et décrire** des planisphères de l'espérance de vie, de la mortalité infantile, de la pandémie.

2 – Des inégalités devant l'alphabétisation

Capacités

- **Localiser et situer** les deux pays étudiés.
- **Décrire** la situation de l'alphabétisation et de l'accès à l'éducation dans un pays pauvre et dans un pays développé.
- **Lire et décrire** les principales inégalités sur un planisphère de l'alphabétisation ou de l'accès à l'éducation.

3 – Des inégalités devant les risques

Capacités

- **Localiser et situer** les deux pays étudiés.
- **Décrire** une catastrophe naturelle et ses conséquences.
- **Expliquer :** la différence entre les conséquences d'une catastrophe dans un pays du Nord et dans un pays du Sud ; la relation entre vulnérabilité et développement.

4 – La pauvreté dans le monde (obligatoire)

Capacités

- **Décrire :** les conditions de vie d'une population pauvre ; les inégalités à différentes échelles.
- **Lire et décrire** une carte significative de la richesse et de la pauvreté dans l'espace mondial.
- **Localiser et situer** les pays les plus pauvres du monde.

III. Des hommes et des ressources (environ 35 %)

On traitera seulement trois thèmes parmi les cinq suivants :

1 – La question des ressources alimentaires

Capacités

- **Localiser et situer** les pays étudiés.
- **Décrire et expliquer** une situation alimentaire (sous alimentation, famine...).
- **Localiser et situer**, pour quelques produits agricoles majeurs, les grandes régions de production et de consommation dans le monde.

2 – La question de l'accès à l'eau

Capacités

- **Localiser et situer :** les régions où l'eau douce est abondante et les régions où elle est plus rare ; les régions où une partie importante de la population n'a pas accès à une eau saine.
- **Décrire** un conflit pour l'eau en mobilisant plusieurs niveaux d'échelles.

3 – Gérer les océans et leurs ressources

Capacités

- **Localiser et situer** la zone de pêche choisie.
- **Décrire** les enjeux et les acteurs d'un conflit lié à la pêche.

4 – Ménager l'atmosphère

Capacités

- **Expliquer** les évolutions de la qualité de l'air à l'échelle d'une agglomération.
- **Localiser et situer** les principaux pays émetteurs de gaz à effet de serre et établir une relation avec le niveau de développement et les choix énergétiques.

5 – La question de l'énergie

Capacités

- **Décrire** les enjeux énergétiques des hydrocarbures de la Russie ou du Moyen-Orient.
- **Localiser et situer :** les principaux pays consommateurs d'énergie ; les principaux pays producteurs d'énergie fossile.

Expliquer le lien entre croissance des besoins en énergie et croissance économique.

IV. Une question au choix (environ 5 %)

Le choix est laissé au professeur de développer un des thèmes du programme ou de répondre aux questions que l'actualité peut susciter de la part des élèves.

À la découverte

Ouverture de chapitre

- La question clé du chapitre
- Deux grandes photographies
- Une frise chronologique pour se repérer dans le temps

« Découvrir » en histoire
« Étude de cas » en géographie

- Une courte introduction et la question problématique
- De grands documents
- Un questionnement progressif, basé sur les capacités attendues des élèves
- En **géographie**, un bilan pour identifier les enjeux du développement durable

L'histoire par les arts

En **histoire**

- Une ou deux grandes photographies
- Des informations techniques et artistiques
- Un questionnement progressif, reliant l'art à l'histoire

de votre manuel

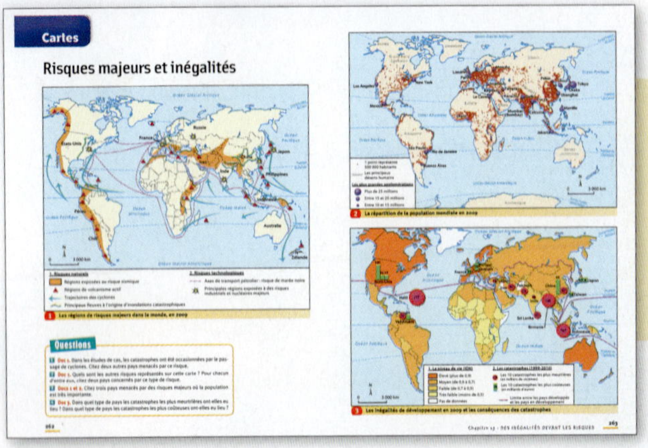

Cartes

En **géographie**

- Des cartes à confronter, à l'échelle mondiale

Cours

- En **géographie**, le rappel des conclusions des études de cas du chapitre
- Un cours simple et structuré
- Les mots clés définis
- Des documents questionnés

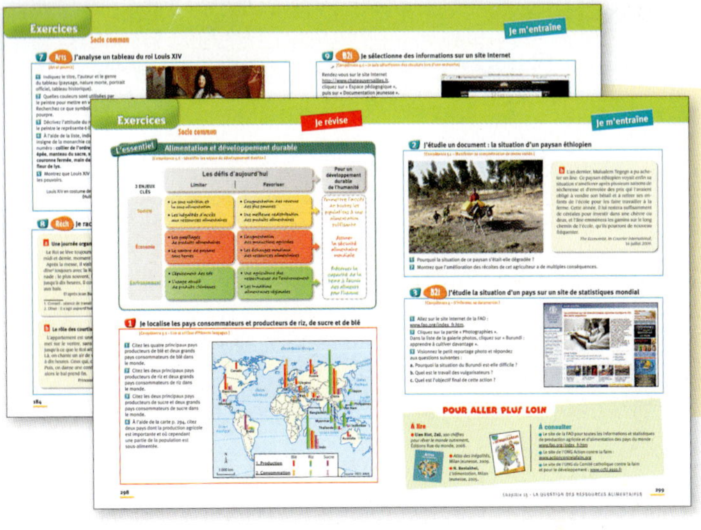

Exercices

- En **géographie**, un schéma de synthèse pour identifier les enjeux du développement durable du chapitre
- Des exercices de révision pour vérifier ses connaissances
- Des exercices d'entraînement variés, en particulier **Récit**, **Arts** et **B2i**

Lexique pp. 362-366

Les Effets du bon gouvernement, Ambrogio Lorenzetti, 1338-1340, fresque, Palais public, Sienne.

Histoire

Du Moyen Âge aux temps modernes

Chapitre 1

Les débuts de l'islam

► Quelle civilisation naît avec la diffusion de l'islam par les Arabes ?

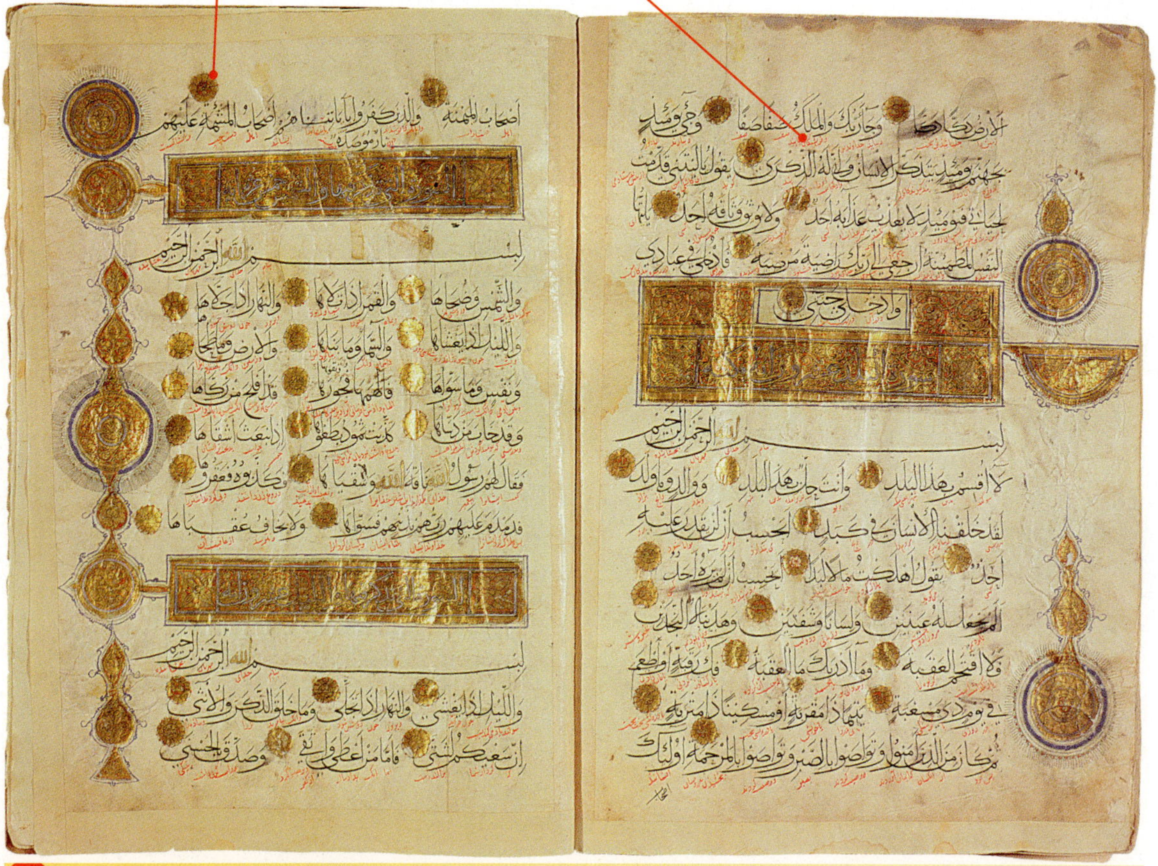

1 Le Coran, livre sacré de l'islam

Le Coran réunit les paroles que le dieu Allah aurait dictées au prophète arabe Mahomet pour qu'il les transmette aux hommes. Le Coran est divisé en 114 chapitres ou sourates. Chaque sourate est composée de plusieurs versets.
(Vellum, XIIe-XIIIe siècle, Museum of the Holy Ma'sumeh Shrine, Qom, Iran.)

➔ Qu'est-ce que le Coran ? Dans quelle langue est-il écrit ?

2 Pèlerins arabes en route pour La Mecque

(Miniature extraite des *Séances*, Al-Harîrî, Bagdad, 1237. BNF.)

Décrivez les personnes de cette scène. Où se rendent-elles ?

La conquête de la Syrie-Palestine

• Au VIIe siècle en Arabie, **Mahomet** unit les tribus arabes autour d'une nouvelle religion, l'**islam**. Il fait de l'Arabie un État musulman et en devient le chef. Après sa mort en 632, les successeurs de Mahomet se lancent à la conquête des terres voisines. Ils attaquent la Syrie-Palestine, dans l'Empire byzantin, et l'Empire perse.

Quelles sont les premières conquêtes des musulmans ?

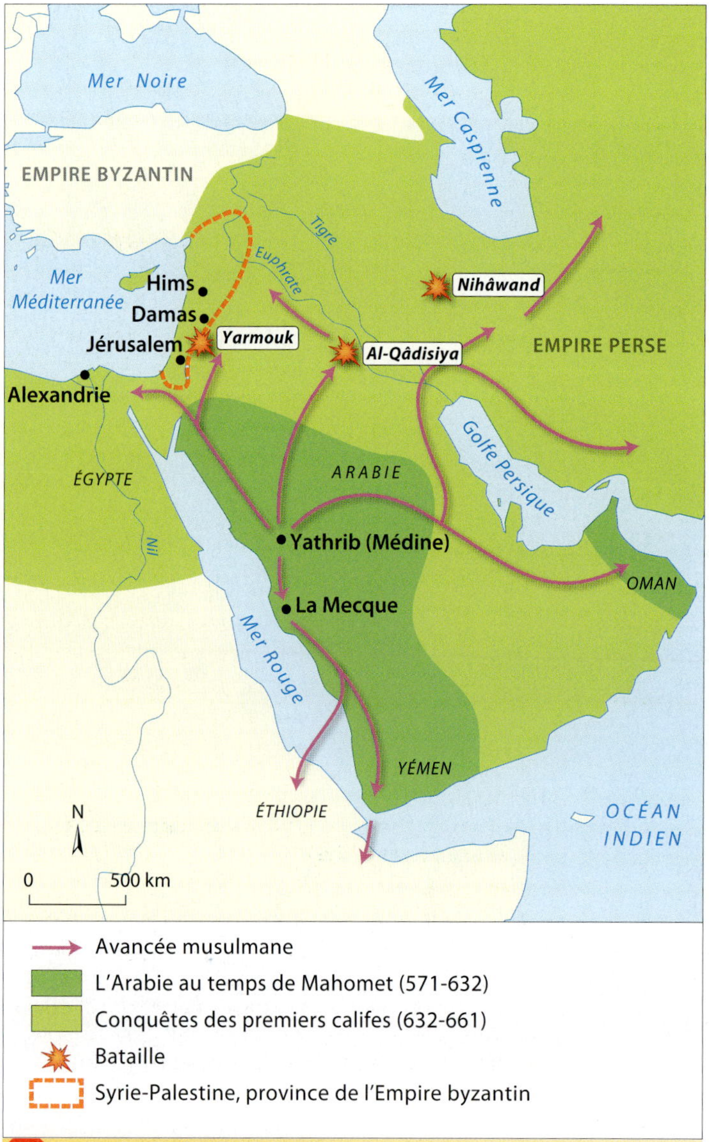

1 Une conquête fulgurante

Vocabulaire

Allah : nom du Dieu unique en arabe.

Calife : successeur du prophète Mahomet, chef religieux, politique et militaire.

Coran : de l'arabe *qur'an*, récitation. Pour l'islam, ensemble des paroles qu'Allah aurait dictées à Mahomet. Le Coran est composé de 114 sections appelées sourates.

Jihâd : guerre sainte pour les musulmans, diffusion de l'islam à travers le monde, au besoin par les armes.

2 La Syrie-Palestine avant la conquête arabe

• **Territoire** : province de l'Empire byzantin

• **Principales villes** : Damas, Hims, Jérusalem

• **Religions pratiquées** : christianisme et judaïsme

• **Situation économique** : carrefour commercial des routes caravanières transportant de l'encens, des épices, des aromates, des esclaves...

3 Le *Jihâd*, la guerre selon le Coran

Combattez ceux qui ne croient pas en Allah ni au dernier jour, ceux qui n'interdisent pas ce qu'Allah et son Apôtre ont interdit, et combattez quiconque ne pratique pas la religion de la vérité, parmi ceux qui ont reçu le Livre[1], jusqu'à ce qu'ils aient payé le tribut de leurs propres mains, en signe d'humiliation.

Le Coran, sourate IX, verset 29.

1. Le Livre : la Bible

4 Guerriers arabes au combat vers 680

(Miniature tirée de *Kamasah*, 1442, British Library, Londres.)

5 Les habitants de Syrie et l'arrivée des musulmans

Lorsque les armées arabo-musulmanes pénètrent en Syrie, celle-ci est sous la domination de l'Empire byzantin. Ses habitants sont chrétiens ou juifs.

Quand Héraclius[1] massa ses troupes contre les musulmans et que les musulmans apprirent qu'elles avançaient pour le rencontrer à Yarmouk, les musulmans reversèrent aux habitants de Hims l'impôt qu'ils avaient reçu d'eux, en disant : « Nous sommes trop occupés pour vous secourir et vous protéger ; veillez à votre propre sécurité. » Mais la population de Hims répliqua : « Nous préférons votre domination et votre justice à l'état d'oppression et de tyrannie dans laquelle nous vivions ». (...) Quand les Byzantins furent défaits et les musulmans victorieux, les habitants ouvrirent les portes de leurs villes, sortirent avec les chanteurs et les musiciens qui commencèrent à jouer et payèrent l'impôt foncier.

Al Balâdhuri, *Histoire des conquêtes musulmanes*, fin du IXe siècle.

1. Héraclius : l'empereur byzantin.

6 La domination des musulmans

Abû'Ubayada [général arabe], quand il pénétra en Syrie, conclut la paix avec les habitants aux conditions que voici : leurs églises et synagogues seront respectées, mais ils n'en construiront pas de nouvelles ; (...) ils édifieront à leurs frais les ponts franchissant les rivières ; ils hébergeront pendant trois jours les musulmans passant chez eux ; ils n'injurieront ni ne frapperont les musulmans, ils n'érigeront pas de croix dans un milieu musulman, ils allumeront des signaux pour servir aux combattants dans la voie d'Allah, ne feront point connaître les points faibles de notre territoire.

Abû Yûsuf Ya'qûb, *Le Livre de l'impôt foncier*, VIIIe siècle.

7 Le Pacte d'Omar

Le calife Omar[1] garantit la sécurité aux habitants de Jérusalem pour eux-mêmes, leurs possessions, et tout ce qui concerne leur culte. Leurs églises ne seront pas transformées en habitations ni ne seront détruites. Ils ne seront point contraints en matière de religion. Il prend Dieu pour témoin. Il ne leur sera fait aucun mal à condition que chacun paie un impôt, la capitation.

D'après Al Tabarî, historien, *Chronique*, VIIIe siècle.

1. Omar : calife de 634 à 644, maître de la Palestine conquise.

Questions

Je me situe dans l'espace et dans le temps

1 **Docs 1 et 2.** Contre quels empires les armées arabes se lancent-elles ? Quelles régions conquièrent-elles ? Quand ?

Je décris et j'explique

2 **Docs 3 et 4.** Qui les guerriers arabes combattent-ils ? Comment les combattent-ils ?

3 **Docs 1 et 5.** Situez Hims. Par qui les habitants de Syrie et de Palestine sont-ils dominés avant l'arrivée des musulmans ?

4 **Docs 5 et 6.** Expliquez pourquoi les Syriens préfèrent se soumettre à la domination arabe.

5 **Docs 6 et 7.** Quelles religions les habitants de Syrie et de Palestine pratiquent-ils ? À quelles conditions peuvent-ils continuer de pratiquer leurs religions ?

Récit

Racontez en quelques phrases la conquête de la Syrie-Palestine par les Arabes.

Conseils

Pour écrire ou dire le récit :
- commencez par présenter la Syrie-Palestine avant la conquête ;
- puis précisez comment les Arabes s'emparent de cette province ;
- enfin, expliquez pourquoi la population préfère être dominée par les Arabes.

Mahomet et les textes de l'islam

• La vie de **Mahomet** est racontée en arabe dans des textes **musulmans** : le **Coran**, écrit peu après sa mort ; les **Hadiths** et la **Sîra**, écrits aux VIIIe et IXe siècles. Selon ces sources, Mahomet est né à La Mecque vers 571. Marchand caravanier, il entend à 40 ans la voix de l'ange Gabriel qui lui révèle la parole de Dieu et le désigne comme son messager. Mahomet prêche alors un nouveau monothéisme : **l'islam**.

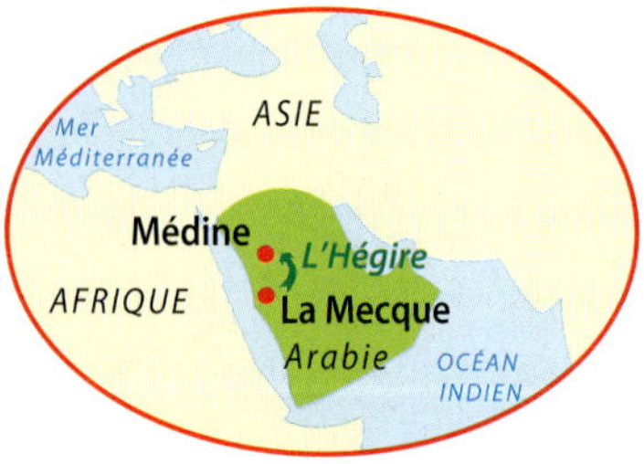

Que nous apprennent ces textes sur Mahomet et sur l'islam ?

1 Mahomet (571-632)

571 : Naissance à La Mecque, en Arabie.

596 : Marchand caravanier, il sillonne la Syrie-Palestine.

611 : À 40 ans, il reçoit la « Révélation » et devient le prophète d'Allah. Il prêche à La Mecque la religion nouvelle, l'islam.

622 : Devant l'hostilité des habitants polythéistes de La Mecque, il part pour Médine dont il devient le chef politique et religieux : c'est l'Hégire.

623 : Mahomet part en guerre contre les « infidèles » polythéistes de La Mecque.

630 : Mahomet se rend maître de La Mecque. Il y impose l'islam.

632 : mort de Mahomet.

Selon le Coran, les Hadiths, la Sîra.

2 L'Hégire

Après avoir reçu la Révélation, Mahomet prêche l'islam à la Mecque, devant sa tribu, les Quraych.

Lorsque l'Envoyé de Dieu prit l'initiative de proclamer l'islam devant les Quraych, comme Dieu le lui avait ordonné, ces derniers n'opposèrent pas de résistance. Mais, lorsqu'il en vint à condamner leurs divinités, ils en furent scandalisés et lui déclarèrent leur hostilité.

Sîra I, 262-269.

Considéré par les autorités de La Mecque comme un dangereux perturbateur et persécuté, Mahomet quitte La Mecque pour Yathrib (future Médine).

Des compagnons du Prophète qui habitaient Yathrib sortaient chaque jour après la prière du matin à l'extérieur de la ville pour guetter son arrivée. (...) Il arriva à Médine le lundi 12 rabî' awwal (15 juillet 622)[1].

Sîra II, 411, 412.

1. L'ère musulmane commence à cette date.

Vocabulaire

Hadiths : recueils des propos de Mahomet et de ses compagnons.

Monothéisme : voir p. 18.

Musulman : croyant de l'islam.

Prophète : homme chargé par Dieu de transmettre ses paroles.

Sîra : « vie » de Mahomet, écrite au VIIIe siècle.

3 La Révélation, Mahomet sur les épaules de l'ange Gabriel

(Album de Bahram, Mirza, XIVe siècle.)

« En vérité, le Coran est une révélation du Seigneur des mondes (Allah). L'ange Gabriel est descendu d'en haut avec le Coran. Et il l'a placé sur ton cœur, afin que tu sois du nombre de ceux qui avertissent. Il est en langue arabe claire. »

Le Coran, sourate 26, versets 192-195.

4 Les cinq piliers de l'islam

La prière

Ceux qui s'acquittent de la prière, (...) voilà ceux qui suivent une Voie indiquée par leur Seigneur ! Voilà ceux qui sont heureux ! (Versets 3-5)

La profession de foi

Dites « Nous croyons en Dieu, à ce qui nous a été révélé, (...) à ce qui a été donné aux prophètes de la part de leur Seigneur. » (Verset 136)

L'aumône

L'homme est bon celui qui (...) pour l'amour de Dieu, donne de son bien à ses proches, aux orphelins, aux pauvres, au voyageur, aux mendiants. (Verset 177)

Le Ramadan

Le coran a été révélé durant le mois de Ramadan (...). Quiconque d'entre vous, verra la nouvelle lune, jeûnera le mois entier (...). Mangez et buvez jusqu'à ce que l'on puisse distinguer à l'aube un fil blanc d'un fil noir. Jeûnez ensuite jusqu'à la nuit. (Versets 185 et 187)

Le pèlerinage à la Mecque

Le pèlerinage a lieu en des mois déterminés (...). Invoquez Dieu auprès du monument sacré (la Kaaba) ; (...) Dieu est celui qui pardonne, il est miséricordieux. (Versets 197-199)

Extraits du Coran, sourate 2.

5 Le prophète Mahomet (en haut à droite) prêchant à la mosquée de Médine

(Manuscrit ottoman turc, XVIe siècle, Istanbul.)

6 Le pèlerinage à la Kaaba

La Kaaba est un édifice de pierre recouvert d'un tissu noir, autour duquel la mosquée de La Mecque a été construite. Elle est un lieu sacré et constitue le but du pèlerinage des musulmans.

(Miniature turque, XVIe siècle musée de Topkapi, Istanbul.)

Questions

Je décris et j'explique

1. **Doc 1.** Qui est Mahomet ?
2. **Doc 3.** Qu'est-ce que le Coran ? Qui le transmet à Mahomet ? En quelle langue ?
3. **Doc 3.** Quelle phrase montre que Mahomet est le prophète d'une nouvelle religion ?
4. **Doc 2.** D'après la Sîra, où Mahomet commence-t-il à prêcher ? Quelles sont les premières réactions ? Où et quand se rend-il alors ?
5. **Doc 4.** Quelles sont les obligations du musulman ?
6. **Doc 5.** Comment Mahomet transmet-il l'islam ?
7. **Doc 6.** Qu'est-ce que la Kaaba ? Où est-elle située ?

Récit

Racontez en quelques phrases qui est Mahomet.

Conseils

Pour écrire ou dire le récit :

- présentez d'abord quelques moments de la vie de Mahomet ;
- puis expliquez ce qu'est l'islam et comment Mahomet l'impose en Arabie.

Cours 1

L'islam et les premiers empires

➤ *Comment des Arabes musulmans ont-ils conquis un immense empire ?*

A L'Arabie, premier État musulman

1. Au début du VIIe siècle, l'**Arabie** est peuplée de tribus arabes rivales, composées d'éleveurs, d'agriculteurs et de commerçants (doc 1). Elles vénèrent des idoles et la « pierre noire » dans le sanctuaire de la **Kaaba** à La Mecque.

2. **Mahomet**, un marchand arabe caravanier, découvre les religions des populations juives et chrétiennes. Il se dit alors le **prophète** du **dieu unique Allah**, ayant reçu de lui la mission d'unir les Arabes en une communauté de **musulmans** (voir pp. 16-17).

3. Mahomet prêche à La Mecque cette nouvelle religion **monothéiste**, l'**islam**. Mais l'hostilité des habitants l'oblige à quitter la ville pour Yathrib en **622** : c'est l'**Hégire**. À la tête d'une armée, Mahomet revient s'emparer de La Mecque en 630, convertit à l'islam les tribus d'Arabie et devient leur chef politique, religieux et militaire. Le premier État musulman est né, l'Arabie (doc 2).

B L'expansion de l'Islam

1. À partir de l'Arabie, les successeurs de Mahomet se lancent à la conquête d'un empire (doc 2). Sous les premiers **califes** (632-661), elle est fulgurante : le Proche-Orient est conquis en moins de dix ans (voir pp. 14-15). Puis, en un siècle, la **dynastie des Omeyyades** (661-750) s'empare d'un immense territoire qui s'étend de l'Espagne aux portes de l'Inde (doc 2).

2. De multiples raisons expliquent ces conquêtes : l'esprit de ***jihâd***, défini dans le Coran, anime les conquérants ; les empires voisins sont affaiblis par de longues guerres. Les Arabes sont aussi favorablement accueillis par les populations juives et chrétiennes car elles peuvent continuer à pratiquer leur religion, en échange d'un impôt.

3. Sous la **dynastie des Abbassides** (762-1258), l'empire trop vaste se divise. Mais l'unité du monde de l'islam demeure : **La Mecque** en est le centre religieux ; la **langue arabe**, langue du **Coran** et de l'administration, est de plus en plus parlée (doc 3).

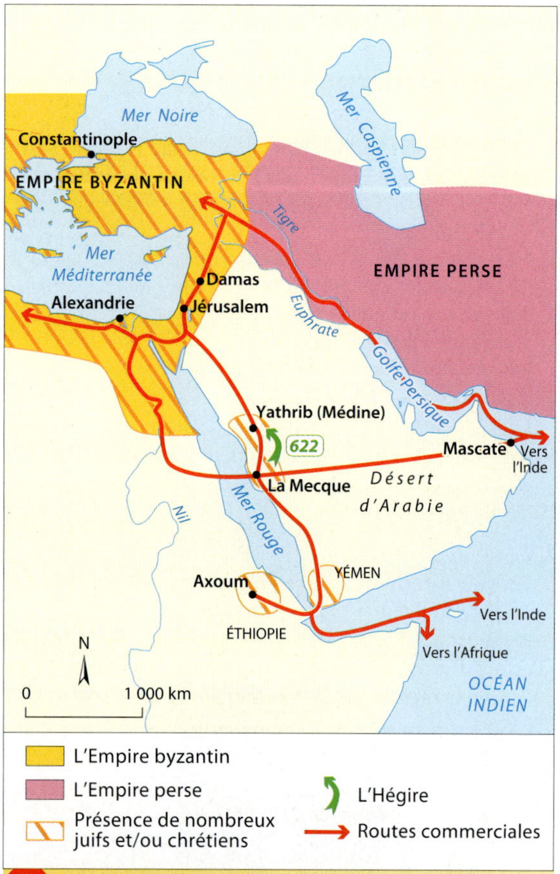

1 L'Arabie au temps de Mahomet

1 Quelles religions sont présentes sur ce territoire ?
2 Par quelles villes les routes commerciales passent-elles ?
3 Avec quels pays voisins l'Arabie commerce-t-elle ?

Vocabulaire

Cadi : juge qui rend la justice en se basant sur le Coran.

Calife : voir p. 14.

Hégire : en 622, départ de Mahomet de La Mecque pour Yathrib, qui prend ensuite le nom de Médine. L'Hégire marque le début du calendrier musulman.

Islam : signifie « soumission » à la volonté d'Allah ; nom de la religion prêchée par Mahomet.

Jihâd : voir p. 14.

Kaaba : grand cube de pierre contenant la « pierre noire », que l'ange Gabriel aurait donnée à Abraham.

Monothéisme : croyance en un dieu unique.

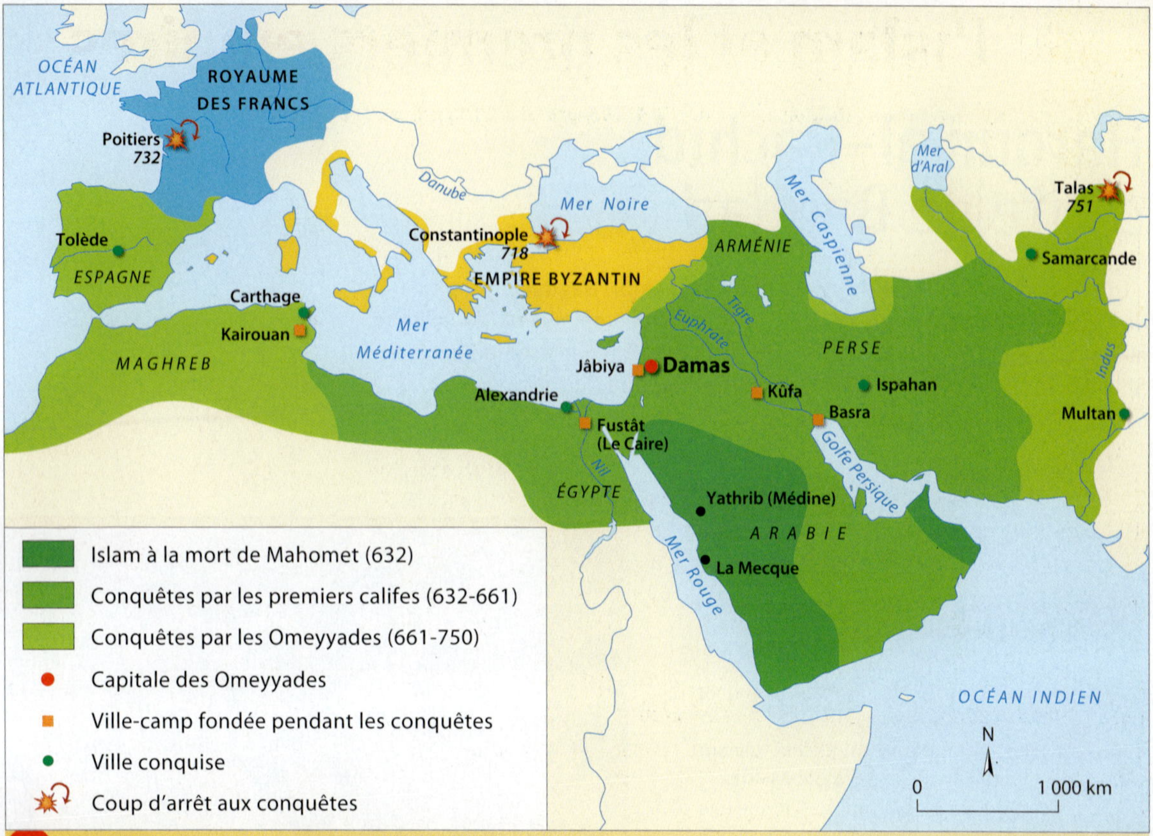

2 L'Empire musulman au temps des Omeyyades

1 Quelles régions les premiers califes conquièrent-ils ? En combien de temps ?

2 Sur quels continents l'Empire musulman s'étend-il au temps des Omeyyades ?

3 La diffusion de l'islam

a La mosquée de Jérusalem

Si vous sortez de l'église principale en vous dirigeant vers l'orient, vous rencontrerez la sainte demeure qui fut bâtie par Salomon, fils de David – sur lui le salut ! – et qui fut un lieu de prière et de pèlerinage du temps de la puissance des juifs. Ce temple leur fut ensuite ravi[1] et ils en furent chassés. À l'époque où arrivèrent les musulmans, il fut de nouveau vénéré et c'est maintenant la grande mosquée connue par les musulmans sous le nom de mosquée al-Aqsâ. Il n'en existe pas au monde qui l'égale en grandeur, si l'on en excepte toutefois la grande mosquée de la capitale de l'Andalousie.

Al-Idrîsî, *Livre de Roger*, 1154.

1. Ravi : enlevé, par les Romains en 70 après J.-C.

b La justice rendue par le cadi

Partout, dans l'empire, la justice est rendue par le cadi, au nom de l'islam. (Enluminure de 1237, BN, Paris.)

1 Que se passe-t-il à Jérusalem avec l'arrivée des Arabes musulmans (doc a) ?

2 D'après cette image, quel est le rôle du cadi (doc b) ?

3 Montrez que ces documents illustrent la diffusion de l'islam dans les territoires conquis par les Arabes.

Découvrir

Haroun al-Rachid, calife de Bagdad

• Lorsque **Haroun al-Rachid** devient calife (786-809), **Bagdad**, la capitale de l'**Empire abbasside**, atteint son apogée. Fondée en 762 par le calife al-Mansour, peuplée d'environ 500 000 habitants, Bagdad est Madînat al-Salâm, « la cité de la paix ». Construite pour la gloire du calife, elle est le cœur politique, commercial et intellectuel de l'Empire musulman.

Vocabulaire

Calife : voir p. 14.

Quels sont les différents aspects de la puissance du calife ?

1 Le calife Haroun al-Rachid

766 : naissance de Haroun al-Rachid, fils du calife al Mahdi et d'une esclave.

786 : Haroun al-Rachid devient calife de l'Empire abbasside.

• **Dans son empire :** il fonde une bibliothèque princière à Bagdad, y rassemble des scientifiques, protège les intellectuels.

• **Avec ses voisins :**

797-801 : il échange plusieurs ambassades avec Charlemagne.

791-809 : il part en guerre contre l'Empire byzantin.

807 : son armée occupe la province byzantine de Chypre ; il impose un tribut aux Byzantins.

809 : il meurt pendant une expédition militaire.

2 Dans la bibliothèque de Bagdad

Une conférence dans la bibliothèque ; à l'arrière-plan, les livres, rangés à plat. Haroun al-Rachid, admirateur des savants grecs de l'Antiquité, fait traduire en arabe les œuvres d'Aristote et d'Hippocrate, conservées à la bibliothèque.
(Miniature extraite des *Séances*, al-Harîrî, Bagdad, 1237, BNF, Paris.)

3 Dans le palais d'Haroun al-Rachid

L'auteur des Mille et Une Nuits *décrit l'intérieur du palais d'une des favorites du calife Haroun al-Rachid, à Bagdad :*

La pièce était entièrement tapissée de soie, et son plafond était en coupole. (...) La voûte au-dessus d'eux était un décor assorti, avec ses cent caissons au moins, dont les parties creuses mêlaient l'or et le cristal, sans parler des incrustations de pierreries diverses qu'on y avait ménagées.

Puis Haroun al-Rachid arrive chez sa favorite :

Plus de cent serviteurs s'étaient répandus dans le jardin, aussi élégamment vêtus que de jeunes mariés et portant, sur leurs costumes aux couleurs variées, des sabres retenus par des baudriers d'or. De jeunes garçons, cent au bas mot, tenaient à la main un cierge piqué de grains de camphre. Haroun al-Rachid avançait majestueusement (...). Vingt servantes le suivaient, resplendissantes comme des soleils, revêtues de robes les plus magnifiques qui soient avec des pierres précieuses qui étincelaient à leurs colliers comme à leurs diadèmes. Elles étaient occupées à pincer les cordes de leurs instruments (...).

D'après *Les Mille et Une Nuits, L'amour interdit*, vol. II, Phébus, 1986.

4 Bagdad, la ville-palais

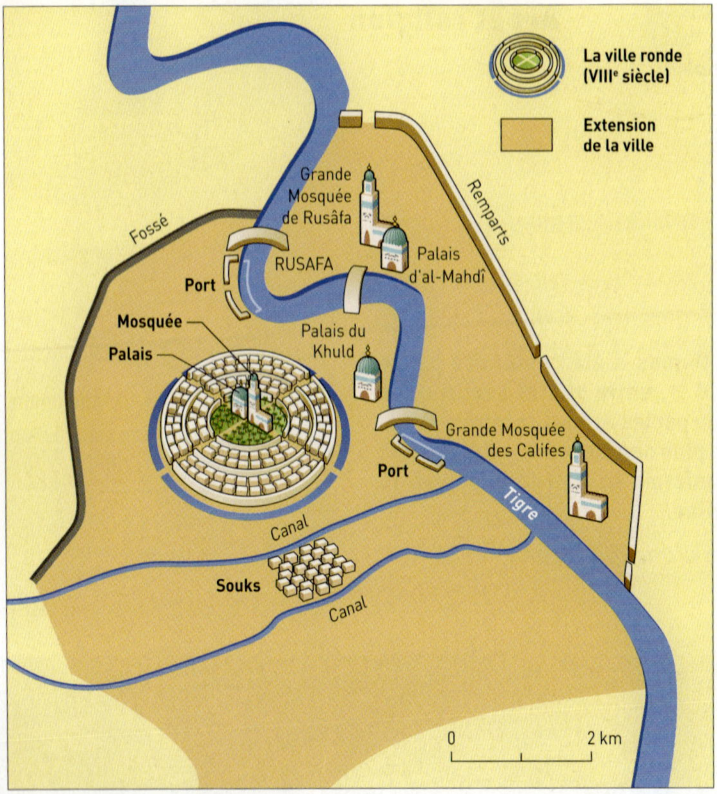

a Bagdad, la ville du calife

b L'organisation de la ville ronde

Bagdad était la seule ville ronde connue dans le monde entier. La ville était pourvue de quatre portes de fer, hautes et épaisses, d'un poids tel que pour en fermer ou en ouvrir une, plusieurs hommes étaient nécessaires. Le mur d'enceinte était protégé par une digue bordée d'un fossé dans lequel l'eau était amenée. Au centre de la grande place s'élevait le palais, à côté duquel se trouvait la grande mosquée. Le palais n'était entouré d'aucune construction. (...) D'un passage voûté à l'autre, il y avait des ruelles et des rues. Dans chacune, habitaient les officiers supérieurs, ceux qui inspiraient assez de confiance pour être logés à proximité du calife. Aucune voie ne rejoignait le mur qui entoure la grande place, au milieu de laquelle s'élevait le palais du calife.

Yakubi, *Les Pays*, traduction de Gaston Wiet, Le Caire, 1937.

5 L'amitié avec Charlemagne

Haroun, prince des Perses et maître de presque tout l'Orient, à l'exception de l'Inde, fut uni d'une si parfaite amitié avec Charlemagne qu'il préférait sa bienveillance à celle de tous les rois de l'univers (...).

Lorsque les députés de Charlemagne revinrent, Haroun les fit accompagner d'ambassadeurs qui apportèrent à Charlemagne, outre des habits, des parfums, et d'autres riches produits de l'Orient, les plus magnifiques présents ; c'est ainsi que peu d'années auparavant, à la prière du roi, Haroun lui avait envoyé le seul éléphant qu'il eût alors.

D'après Éginhard, *Vie de Charlemagne*, vers 830.

Questions

Je me situe dans l'espace

1 **Doc 4.** Situez la ville de Bagdad. Quels éléments montrent que Bagdad est une capitale politique ? Quels bâtiments ont une fonction religieuse ? Lesquels ont une fonction commerciale ?

Je décris et j'explique

2 **Doc 1.** Qui est Haroun al-Rachid ?

3 **Doc 3.** Relevez les éléments de décors qui montrent la richesse du palais. Quels matériaux précieux sont utilisés ?

4 **Doc 3.** Combien de personnes forment la suite du calife ? Comment sont-elles vêtues ?

5 **Docs 1 et 2.** Relevez les informations montrant qu'Haroun al-Rachid veut développer la culture. Comment manifeste-t-il son admiration pour les savants grecs ?

6 **Doc 5.** Avec quel souverain Haroun al-Rachid entretient-il des relations diplomatiques ? Quels cadeaux lui offre-t-il ?

Récit

Racontez la vie d'un ambassadeur à la cour d'Haroun al-Rachid.

Conseils

Pour écrire ou dire votre récit :
- décrivez la ville de Bagdad ;
- puis présentez le calife, décrivez son palais et les personnes qui l'entourent (serviteurs et intellectuels).

→ **Architecture**
Art et religion

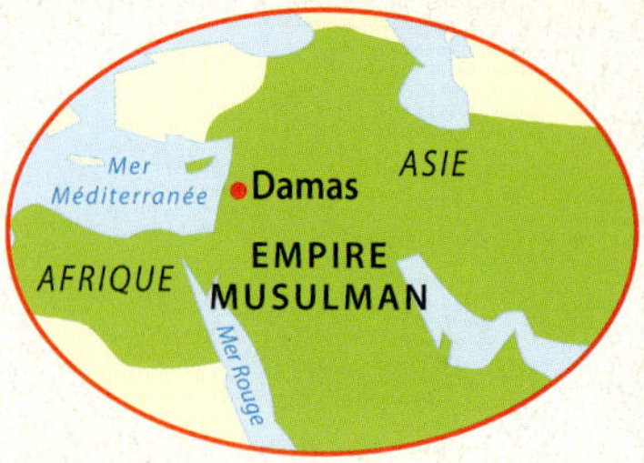

La Grande Mosquée de Damas

La Grande Mosquée de Damas a été construite par le calife omeyyade al-Walid Ier, entre 706 et 714. À cette époque, elle est considérée par les Arabes comme une des merveilles du monde. Son plan sert de modèle à la plupart des mosquées. Il serait conforme au plan de la maison du prophète Mahomet à Médine.

➤ ***Quelle est la fonction d'une mosquée ?***

Vocabulaire

Imam : chef religieux musulman.

Muezzin : musulman chargé d'appeler les fidèles à la prière.

1 La Grande Mosquée de Damas

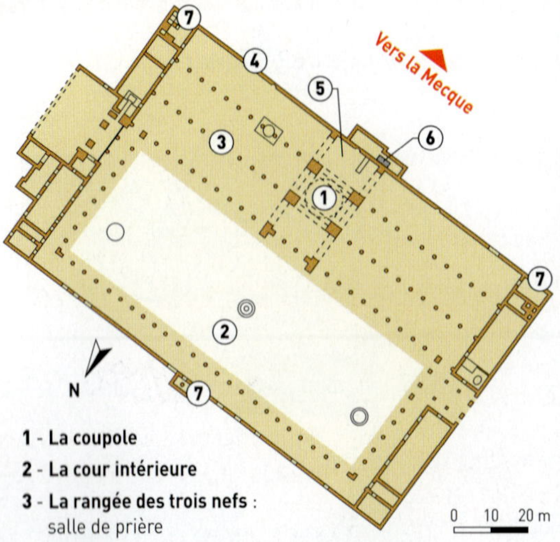

1 - **La coupole**
2 - **La cour intérieure**
3 - **La rangée des trois nefs** : salle de prière
4 - **La qibla** : mur en face duquel les fidèles prient, en direction de la Mecque
5 - **Le mihrab** : la niche de prière, symbolisant la présence de Mahomet
6 - **Le minbar** : escalier surmonté d'un trône, où l'imam prononce la prière
7 - **Minaret** : tour du haut de laquelle le muezzin lance l'appel à la prière

2 **Le plan de la Grande Mosquée**

3 **À l'intérieur de la Grande Mosquée**

Une fois par semaine, la prière doit avoir lieu dans une grande mosquée, c'est-à-dire une mosquée pourvue d'un minbar.

Mémo' Art

La Grande Mosquée de Damas

● Formes et dimensions

Cour : environ 122 x 50 m.
Salle de prière à trois nefs : 136 x 37 m.
Hauteur de la nef centrale : 25,67 m.

● Techniques

Matériaux de construction : pierre, marbre sculpté, plomb.
Décor architectural : marbres de couleur, mosaïques à fond d'or et d'argent, nacre, bronze moulé.

● Usages

Lieu de réunion, de prière, d'enseignement ; la communauté des musulmans s'y réunit pour la prière du vendredi, sous la direction de son chef, l'imam.

● Sens

La mosquée est au cœur de chaque grande ville. À Damas, ville majoritairement chrétienne, la Grande Mosquée a pour but de montrer la supériorité de l'islam.

Questions

Je situe l'œuvre d'art

1 Quand la Grande Mosquée de Damas a-t-elle été construite ? Par qui ?

Je décris l'œuvre d'art

2 **Docs 1, 2 et 3.** À l'aide du plan, nommez les différentes parties de la mosquée pastillées sur les photographies.

3 **Doc 3.** Quels matériaux pouvez-vous reconnaître à l'intérieur de la mosquée ?

Je fais le lien entre l'art et l'histoire

4 Pourquoi cette mosquée a-t-elle été construite ?

5 Quels éléments montrent la puissance des Omeyyades ?

B2i **MON MUSÉE VIRTUEL**

• Rendez-vous sur le site : http://www.qantara-med.org/qantara4/public/index.php. Sélectionnez « Vidéo » puis « La mosquée de Damas » : regardez la vidéo qui montre les différentes étapes de la construction de la Grande Mosquée de Damas puis visitez-la.

Cours 2

La civilisation arabo-musulmane

Quelle brillante civilisation se développe dans le monde de l'islam ?

A Un empire très organisé

1. L'empire musulman est dirigé par un **calife**, successeur de Mahomet, à la fois chef religieux et politique (doc 1). À ses côtés, le **vizir** dirige l'administration. Les **émirs** administrent les provinces et les cadis rendent la justice en interprétant les textes du Coran.

2. Les premiers califes sont choisis parmi les compagnons de Mahomet, les **Sunnites**. **Moawwiya**, gouverneur de Syrie-Palestine, fonde ainsi la dynastie des **Omeyyades** en 661. Il s'oppose à Ali, le gendre de Mahomet, qui revendique également le pouvoir au nom des **Chiites**. En 750, la dynastie des **Abbassides** s'impose.

B Les villes au cœur du monde musulman

1. L'Empire arabo-musulman connaît un grand essor urbain. Les villes sont le siège de l'administration. Elles comportent des mosquées, des **hammams**, des **souks**...

2. Les conquêtes entraînent la fondation de **villes-camps** fortifiées (Kairouan...). Des **villes anciennes** se développent : **Damas** est la capitale des Omeyyades, **Cordoue** est la ville de l'émir (doc 2), Samarcande se trouve sur les routes caravanières. Des **villes-palais** sont créées. **Bagdad**, Samarra, Le Caire sont les lieux de résidence du calife, elles affirment sa puissance et sont les plus peuplées de l'époque.

C Les plus grands savants du monde

1. Dans les villes, les califes abbassides s'entourent de savants, financent les activités scientifiques, font construire des écoles et des **bibliothèques** (voir pp. 20-21). Les œuvres des savants grecs sont traduites en arabe.

2. Les **mathématiciens** inventent l'algèbre. Les **astronomes** avancent l'idée que la Terre tourne autour du Soleil. Les **médecins** pratiquent l'anesthésie, opèrent les yeux. Les géographes dressent des cartes (doc 3).

1 Le calife et ses conseillers

(Manuscrit du XIVe siècle.)

Nommez les personnages représentés. Quel est leur rôle dans l'empire musulman ?

Vocabulaire

Chiites : musulmans pour qui le calife doit descendre de la famille proche de Mahomet, c'est-à-dire de celle de son gendre, Ali.

Émir : gouverneur de province, chef de l'armée, qui a pour rôle de maintenir l'ordre.

Hammam : bains publics.

Souk : quartier des commerçants et des artisans.

Sunnites : musulmans les plus nombreux, favorables au strict respect de la tradition établie par la Sunna (récits et propos de Mahomet).

Vizir : ministre.

2 Une ville musulmane : Cordoue

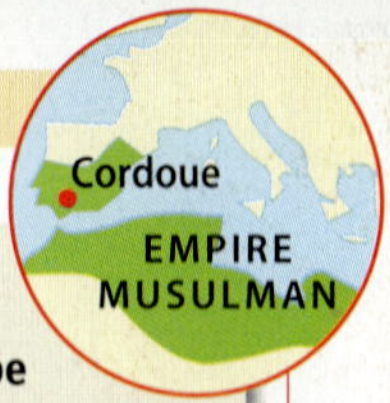

a La mosquée. La grande salle de prière.

b Cordoue décrite par un géographe arabe

La ville de Cordoue est le siège du califat musulman. Ses habitants sont les plus grands savants de cette contrée et des modèles de piété. (...)

Ses marchands sont riches et possèdent des biens abondants, ils vivent dans l'aisance et ont des montures somptueuses. (...)

C'est dans la ville centrale que se trouvent la Porte du Pont et la mosquée du vendredi qui, parmi les mosquées musulmanes, n'a pas sa pareille pour l'architecture, les ornements et les dimensions. (...) L'esprit est submergé à la vue de ses ornements et de toutes les mosaïques dorées et colorées.

Al-Idrîsî, *Livre de Roger*, 1154.

➔ **Où se situe Cordoue ? À quoi reconnaît-on que c'est une ville musulmane ?**

3 Le développement des sciences

a La visite du médecin à son patient
Les médecins arabes expliquent dans des traités comment soigner les plaies, réduire les fractures, soigner par les plantes.
(Extrait d'un manuscrit de chirurgie, XVe siècle, BNF, Paris.)

b Des astronomes arabes dans l'observatoire de Galata à Constantinople au XIIIe siècle
(Tiré du *Sehinsahname of Murad III*, c.1581, vellum de l'école turque, Istanbul University Library.)

➔ **Quels sont les différents domaines scientifiques explorés par les savants arabes ?**

Socle commun

Je révise

1 Je me repère dans l'espace

À imprimer

1 Recopiez le fond de carte ci-contre, puis indiquez au bon endroit :

a. La mer Méditerranée

b. L'Arabie, l'Égypte, le Maghreb, l'Espagne

c. La Mecque, Médine, Damas

2 Complétez la légende avec les éléments suivants :

d. Capitale de l'empire omeyyade

e. Monde musulman à la mort de Mahomet

f. Conquêtes sous les quatre premiers califes

g. Conquêtes des Omeyyades

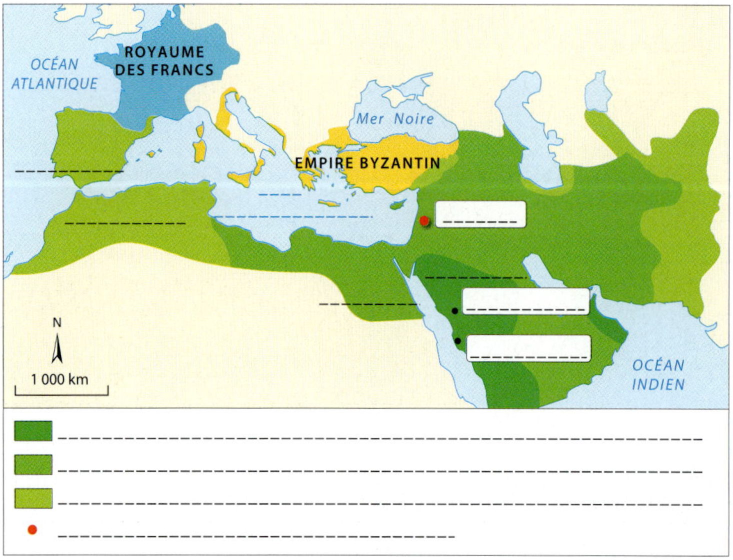

2 Je me repère dans le temps

À imprimer

Recopiez la frise chronologique ci-dessous. Associez à la date et aux périodes indiquées les éléments qui leur correspondent.

1. Empire abbasside
2. L'Hégire
3. Les 4 premiers califes
4. Empire omeyyade
5. Mahomet

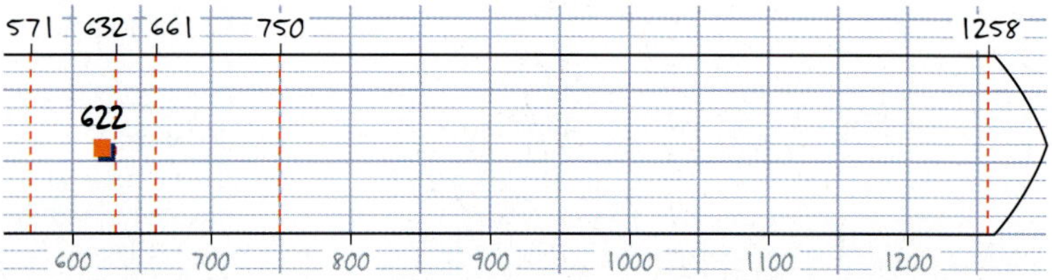

3 Je définis les mots clés

Associez chacun des mots clés ci-dessous à sa définition.

1. Islam **2. Musulman** **3. Coran** **4. Hégire** **5. Allah**

A. Nom du Dieu unique en arabe.

B. En 622, départ de Mahomet de La Mecque pour Yathrib, qui prend ensuite le nom de Médine. L'Hégire marque le début du calendrier musulman.

C. De l'arabe *qur'an*, récitation. Pour l'islam, ensemble des paroles qu'Allah aurait dictées à Mahomet. Le coran est composé de 114 sections appelées sourates.

D. Signifie « soumission » à la volonté d'Allah ; nom de la religion prêchée par Mahomet.

E. Croyant de l'islam.

4 Je raconte et j'explique

1 Qui est Mahomet ?

2 Comment se déroulent les conquêtes des califes omeyyades ?

3 Comment la ville musulmane est-elle organisée ?

4 Quelles sont les croyances des musulmans ?

5 Expliquez pourquoi la mosquée est un lieu important pour les musulmans.

5 Je relève et j'explique des informations

Mahomet à Médine

Le Messager de Dieu demanda :

– À qui appartient ce terrain ?

L'un des compagnons lui dit :

– Il appartient à deux orphelins dont je suis tuteur. Si tu le veux, je leur en paierai le prix.

Le Messager de Dieu dit :

– Je veux en payer le prix.

Puis il ordonna que l'on arrachât les palmiers et que l'on déblayât le terrain, afin d'y construire une mosquée.

La Mosquée fut construite avec un toit de branches de palmier, une qibla en briques et des troncs d'arbres pour piliers. Le Messager de Dieu construisit aussi, à côté de la Mosquée, une maison pour lui.

Sîra, I, 495-496.

1 De quel livre ce texte est-il extrait ? Que représente ce livre pour les musulmans ?

2 Quel est le thème de ce texte ? D'après vos connaissances, à quel moment de la vie de Mahomet correspond-il ?

3 Expliquez les groupes de mots soulignés.

6 Je mets en relation un texte et une image

a L'entrée dans une ville musulmane
(Miniature extraite des *Séances*, Al-Harîrî, Bagdad, 1237, BNF, Paris.)

b La ville de Damas

On voit à Damas une grande mosquée sans pareille à la surface de la terre pour la construction, la beauté, la perfection, la solidité, l'originalité du plan, l'inventivité et le lustre des différentes sortes de mosaïques dorées, des briques vernissées et des marbres polis (...). Dans cette ville sont réunis toutes sortes de bonnes choses, les différents genres d'industries, les différents types d'étoffes de soie (...) d'un travail merveilleux et sans comparaison ; il s'en fait une exportation considérable dans le pays, ainsi que dans les pays proches et lointains (...). Sur les cours d'eau qui circulent dans l'intérieur de la ville, il y a un grand nombre de moulins, car le blé est très abondant à Damas et il y a toutes sortes de fruits (...). Les productions sont demandées, le commerce est rentable et cette ville l'emporte sur toutes les autres de la Syrie en perfection.

Al-Idrîsî, *Livre de Roger*, 1154.

1 Par quel monument Al-Idrîsî commence-t-il la description de la ville de Damas ? Quels mots montrent qu'il l'admire (doc b) ?

2 Quel monument cité dans le texte reconnaît-on sur l'image ?

3 Quelles activités se sont développées dans la ville (doc b) ? Quel lieu représenté sur l'image montre l'importance de ces activités ?

4 Quels tissus sont fabriqués dans la ville (doc b) ? Trouvez dans l'image la personne qui participe à cette fabrication et décrivez-la.

5 À l'aide d'un dictionnaire, décrivez le tissu auquel la ville de Damas a donné son nom.

Socle commun

7 Arts Je situe et je décris une mosquée

[Art et religion]

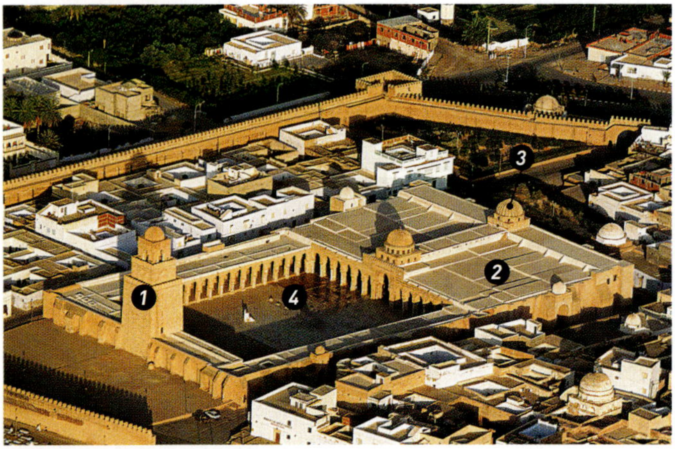

a La Grande Mosquée de Kairouan

b L'intérieur de la Grande Mosquée de Kairouan

1 Où se situe la ville de Kairouan (aidez-vous de la carte p. 19) ? Quelle est l'origine de cette ville ?

2 À l'aide de vos connaissances, identifiez les différentes parties de la mosquée qui sont numérotées sur les photographies.

3 En précisant les fonctions de quelques-unes des parties de la mosquée, expliquez pourquoi ce lieu est essentiel pour un musulman.

8 B2i Je trouve des informations sur Internet

[Compétence 4.5 – Je sais sélectionner des résultats lors d'une recherche]

1 Tapez l'adresse : http://expositions.bnf.fr/

2 Cliquez sur « **Galerie des cartes et globes** », puis « **Idrîsî, la Méditerranée** », « **explorer l'atlas** ».

3 Cliquez sur la flèche rouge jusqu'à atteindre « **Les centres urbains** ». Trouvez le cercle représentant la ville du Caire et cliquez dessus : vous pouvez copier dans un document texte la description de la ville du Caire faite au XIIe siècle par le géographe Al-Idrîsî.

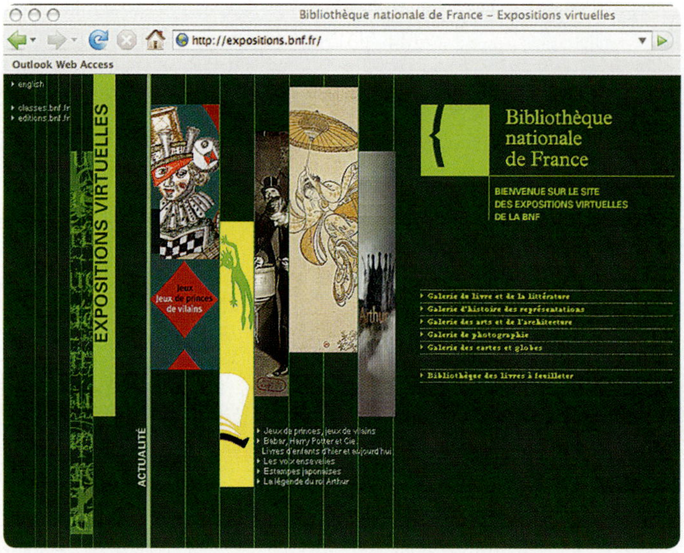

9 Récit J'écris un récit en histoire

Le voyage d'Ali Khodja

Il y avait à Bagdad un marchand, Ali Khodja. Ayant conçu le projet d'accomplir les devoirs du pèlerinage, il loua sa maison, vendit sa boutique, ses marchandises et garda seulement quelques étoffes qui pouvaient être bien vendues à La Mecque. Il lui resta aussi une somme de mille pièces d'or qu'il voulut mettre à l'abri. À cet effet, il choisit un vase, et, après y avoir placé les pièces, il acheva de le remplir d'olives, le boucha soigneusement, puis le porta chez un marchand de ses amis.

Peu après, Ali Khodja partit avec la caravane de La Mecque. Il visita la sainte Kaaba, et, après avoir effectué tous les rites du pèlerinage, il ne lui resta plus qu'à vendre ses étoffes. Deux marchands qui passaient par là les virent, et les trouvèrent si belles qu'ils s'arrêtèrent pour les examiner. En se retirant, l'un d'eux dit à son compagnon :

« Si ce confrère savait le gain qu'il ferait en Égypte sur de telles marchandises, il les y porterait plutôt que de les vendre ici. »

Dès qu'il eut entendu ces paroles, Ali Khodja prit le chemin du Caire. Arrivé dans cette ville, en très peu de jours, il vendit ses marchandises avec un bénéfice qui dépassa toutes ses espérances. Pour se rendre à Damas, la caravane passa par Jérusalem, et notre marchand profita de l'occasion pour adorer Dieu dans la glorieuse mosquée d'Omar, regardée par les musulmans comme le temple le plus saint après celui de La Mecque.

Après Damas, Ali Khodja se rendit en Inde, puis, après sept ans d'absence, rentra à Bagdad. Il découvrit que ses milles pièces d'or avaient disparu.

D'après *Les Mille et Une Nuits, Contes et légendes des pays d'Orient*, Nathan, Paris, 1995.

1 Pour suivre les étapes du récit, recopiez et complétez le tableau suivant :

Situation de départ	Le lieu : Le personnage principal (nom et métier) :
L'événement déclencheur	
Les événements	1. Lieu, événement : 2. Lieu, événement : 3. Lieu, événement : 4. Lieu : 5. Lieu :
La situation finale	Le lieu : L'événement :

2 À partir des indications du tableau, racontez le voyage d'Ali Khodja, en utilisant le présent de l'indicatif.

POUR ALLER PLUS LOIN

À lire

- **D. Bardet, R. Nawa**, *Le Prince Ahmed et la fée Pari-Banou, Le Prince Bader et Gelnare princesse de la mer*, éditions Adonis, 2007.
- **A. Blanchard**, *Le Grand Livre des sciences et inventions arabes*, Bayard Jeunesse, 2006.
- **A. Eisen**, *Le Prince d'Omeyya*, Robert Laffont, 1999.
- **A. Esteri, O. Dugina**, *Les Plus Beaux Contes des Mille et Une Nuits*, Milan jeunesse, 2006.
- **O. Weulersse**, *Le Cavalier de Bagdad*, Livre de Poche, 2008.

À consulter

- Sur la rédaction du Coran : http://expositions.bnf.fr/parole/index.htm
- Le récit de la vie de Mahomet : http://expositions.bnf.fr/parole/zoom/110/01_t.htm
- Pour découvrir le monde connu par les Arabes au XIIe siècle : http://classes.bnf.fr/idrisi/explo/index.htm

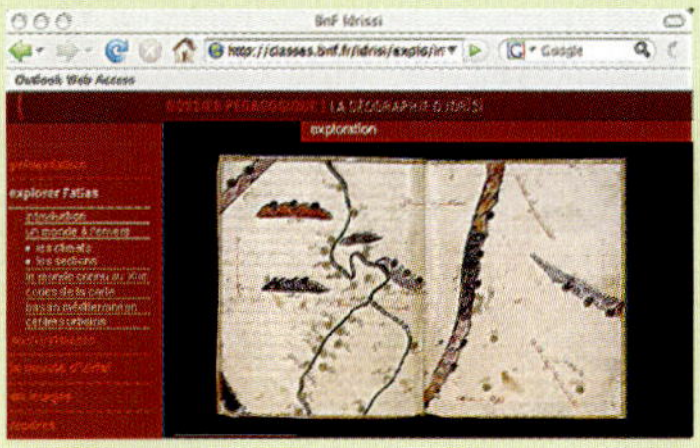

À voir

- J. M. Hussein, *L'Âge d'or de l'Islam*, 2002, France 5. 8 épisodes à découvrir, dont : « Les Arabes entrent en scène », « Il était une fois Bagdad », « L'épopée andalouse », « Le ciel à livre ouvert » et « Les secrets du corps humain ».

Chapitre 2

Paysans et seigneurs (XIe-XVe siècle)

► *Quelles sont les conditions de vie des paysans et des seigneurs au Moyen Âge ? Comment vivent-ils ensemble ?*

1 Paysans au travail, *La fenaison*

(Enluminure, *Livre des profits champêtres et ruraux*, Pierre de Crescenzi, 1480, bibliothèque de l'Arsenal, Paris.)

1 **À quels travaux sont occupés ces paysans ? Décrivez leurs outils.**

2 **Qui peuvent être les deux personnages à gauche de l'image ?**

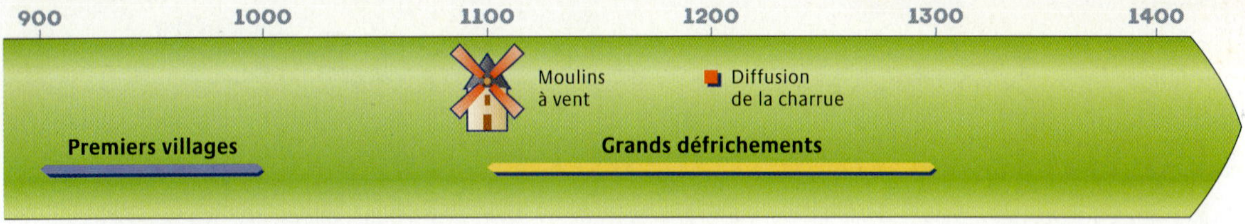

2 Seigneurs participant à un tournoi

(Miniature de 1470.)

1 Décrivez cette scène de tournoi.

2 Qui sont les participants ? Qui sont les spectateurs ?

Découvrir

Les travaux des paysans

• Au Moyen Âge en France, neuf personnes sur dix sont des paysans. Regroupés en villages, ils vivent dans des **seigneuries** où ils consacrent leur existence au travail de la terre. Ils cultivent surtout des céréales, base de leur alimentation. Entre le XIe et le XVe siècles, de nouvelles techniques agricoles améliorent les conditions de vie des paysans.

▶ ***À quelles activités se consacrent les paysans du Moyen Âge ? Que leur apporte l'évolution de leurs outils ?***

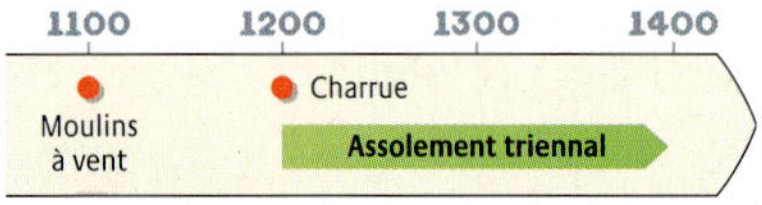

Vocabulaire

Araire : instrument en bois hérité de l'Antiquité qui retourne superficiellement la terre.

Assolement triennal : sur une période de 3 ans, alternance des types de cultures sur une même parcelle.

Charrue : instrument muni de roues qui laboure la terre en la retournant en profondeur.

Jachère : terre laissée au repos pour qu'elle retrouve de la fertilité.

Rendement : quantité récoltée pour une surface donnée.

Seigneurie : vaste domaine agricole appartenant à un seigneur sur lequel il exerce son pouvoir.

1 Les travaux agricoles dans la seigneurie, mois par mois

(Calendrier de Pierre Crescenzi, *Ruralium commodorium opus*, vers 1306, musée Condé, Chantilly.)

2 Des outils plus efficaces

❶ Charrue à versoir.
❷ Collier d'épaule. Il permet de tracter des charges plus lourdes que le collier de cou.
❸ Herse. Elle enfouit les graines.
(Tableau du XVe siècle, Victoria et Albert Museum, Londres.)

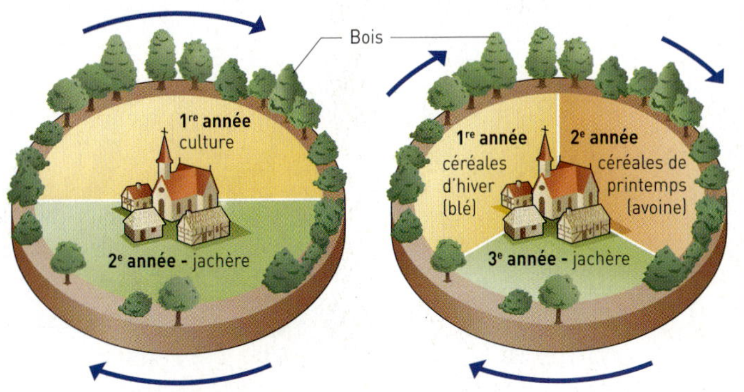

a. De l'assolement biennal... b. ... à l'assolement triennal

4 Une meilleure utilisation du sol

3 La mise en culture de nouvelles terres

Le travail du paysan au Moyen Âge est très pénible en raison de la médiocrité de son outillage. Il faut attendre l'adoption de la charrue pour observer une transformation radicale des habitudes de travail du paysan. (...) Les araires en bois cèdent progressivement la place à la charrue au soc en fer... Les résultats de tous ces progrès sont spectaculaires. Les essarts[1] se multiplient car les lourdes terres argileuses restées rebelles à l'araire ne résistent plus à la charrue.

F. Icher, *La Société médiévale*, Éditions de La Martinière, 2000.

1. Essart : terre défrichée

Questions

Je me situe dans l'espace et le temps

1 En vous aidant du doc 1, recopiez et complétez le tableau suivant pour chaque mois de l'année :

Image	1	
Mois de l'année	Janvier	
Travaux des paysans	Entretien de la seigneurie	
Outils utilisés	Une pioche	
Lieu	Bord de la rivière	

Je décris et j'explique

2 **Docs 2 et 3.** Citez les innovations techniques qui apparaissent au Moyen Âge.

3 **Docs 2, 3 et 4.** Comment ces innovations permettent-elles d'augmenter les récoltes ?

4 **Docs 2 et 4.** Quelles phrases du doc 3 sont illustrées par la scène du doc 2 ?

Récit

Décrivez les principaux aspects du travail paysan au Moyen Âge.

Conseils

Pour écrire ou dire votre récit :
- présentez les travaux paysans à des moments particuliers dans l'année ;
- citez les outils et techniques agricoles utilisés en expliquant leur rôle sur l'amélioration des rendements.

Les hommes et les femmes de l'aristocratie

• À partir du XIe siècle, la société est divisée en **ordres** hiérarchisés. Les **nobles** constituent l'ordre dominant et forment l'**aristocratie**. Guerriers professionnels, ils sont des **chevaliers** unis par des liens d'homme à homme. Ils doivent combattre pour protéger la société. Appartenir à l'aristocratie est héréditaire. Les femmes ont leur place car elles transmettent la vie, la richesse, le titre de noblesse.

Quel est le mode de vie des nobles ?

Vocabulaire

Adoubement : cérémonie au cours de laquelle le jeune noble reçoit ses armes des mains d'un seigneur et devient chevalier.

Aristocratie : groupe dominant dans la société, qui détient le pouvoir et des privilèges.

Ordre : division de la société française d'Ancien Régime. Il y a trois ordres : la noblesse (ou aristocratie), le clergé et le tiers-état (ou peuple).

1 Les chevaliers

a La cérémonie de l'adoubement
(Miniature anonyme du XVe siècle.)

b Être chevalier

C'est le seigneur qui lui attache l'épée et l'embrasse.

Il dit : « Avec cette épée que je vous remets, c'est l'ordre de chevalerie qui ne souffre aucune bassesse. Beau frère, souvenez-vous, si vous devez combattre, que, lorsque crie merci vers vous votre adversaire vaincu, vous devez le prendre en miséricorde[1] et non l'occire[2]. (...)

Je vous prie aussi, s'il vous arrive de trouver en détresse, faute de secours, homme ou femme, orphelin ou dame, secourez les si vous pouvez. »

D'après Chrétien de Troyes, *Perceval ou le conte du Graal*, fin XIIIe siècle.

1. Miséricorde : pitié.
2. Occire : tuer.

2 L'éducation des jeunes filles

Ton père, grand astronome et philosophe, ne pensait pas que les sciences puissent corrompre une femme. Il se réjouissait au contraire de voir tes dispositions pour les lettres. Ce sont les préjugés féminins de ta mère qui t'ont empêchée, dans ta jeunesse, d'approfondir et d'étendre tes connaissances car elle voulait te confiner aux travaux d'aiguille qui sont l'occupation coutumière des femmes.

Christine de Pizan, *La Cité des dames*, 1405.

3 L'amour courtois

Le chevalier Ulrich von Sinnenberg reçoit son heaume des mains de sa bien-aimée. (Enluminure, Zurich, 1330.)

a. Le banquet au château de la seigneurie : le seigneur entouré de chevaliers et de leurs dames

b. La guerre : l'activité principale des chevaliers. L'objectif est de capturer des adversaires pour obtenir une rançon

c. Les tournois : des jeux guerriers, pour s'entraîner à la guerre

d. L'amour courtois : des troubadours racontent par des chansons comment le chevalier doit faire la cour aux dames.

4 La vie des nobles

(*La vie des chevaliers*, miniature du XIIIe siècle, bibliothèque de l'Escurial, Madrid.)

Questions

Je me situe dans l'espace et le temps

1 D'après les documents, quand vivent ces membres de l'aristocratie ? Où vivent-ils ?

Je décris et j'explique

2 **Docs 1, 2 et 3.** Qui sont les différentes personnes qui composent l'aristocratie ?

3 **Doc 1.** Qu'est-ce que l'adoubement ? Quelle phrase du texte illustre la scène de la miniature ?

4 **Doc 1 b.** Comment doivent se comporter les chevaliers ?

5 **Doc 2.** Quelle était la principale activité des jeunes filles de la noblesse ?

6 **Doc 3.** Décrivez cette scène. Quelle doit être l'attitude du chevalier envers la dame qu'il courtise ?

7 **Doc 4.** Quelles sont les principales occupations des chevaliers ?

Récit

Racontez la vie des hommes et des femmes de l'aristocratie.

Conseils

Pour dire ou écrire le récit :

- relevez puis classez dans un tableau les activités féminines et masculines en notant pour chacune d'elles le lieu où elles se déroulent ;
- à partir des informations du tableau, rédigez quelques phrases décrivant le mode de vie de l'aristocratie.

Un château fort, Najac

La forteresse de Najac, en Aveyron, a été construite vers 1253 par Alphonse de Poitiers, frère de Louis IX. Alors que les premiers châteaux étaient en bois, celui de Najac est une solide bâtisse en pierre. Les murailles sont surmontées de tours carrées ou rondes. Cette construction défensive symbolisée par son donjon, est un lieu de pouvoir. C'est là que vit le seigneur qui domine la population de la vallée environnante.

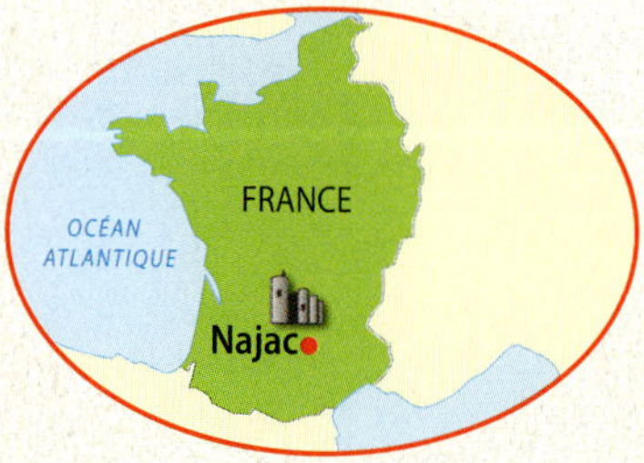

➤ *Que représente le château fort pour les gens du Moyen Âge ?*

1 Château de Najac (Aveyron)

2 Le château en détail

❶ Donjon du XIIIe siècle
❷ Archère
❸ Tour
❹ Tour carrée du XIIe siècle
❺ Courtine
❻ Basse-cour
❼ Haute-cour
❽ Enceinte
❾ Créneau
❿ Merlon

Mémo' Art

Le château de Najac

● Forme et dimension
Trapèze de 36 m de long sur 24 m de large à l'ouest et 19 m à l'est.

● Technique
Château construit en 10 ans par 2 000 personnes à l'emplacement d'un château du XIIe siècle (tour carrée). Haute technologie du XIIIe siècle : courtine de 23 m, 5 tours rondes, donjon de 38 m de haut avec 3 niveaux d'archères ; celles du rez-de-chaussée, de 6,80 m, sont les plus hautes du monde.

● Usage
Demeure du seigneur, garnison de 230 soldats qui domine la vallée de l'Aveyron et lieu de refuge pour les villageois.

● Sens
Politique : démonstration de force, instrument de domination des seigneurs locaux.

Questions

Je situe l'œuvre d'art

1 Quand ce château fort a-t-il été construit ?

2 Montrez que sa construction a donné lieu à des travaux exceptionnels.

Je décris l'œuvre d'art

3 **Doc 1.** Quelle est la forme du château ? Montrez que ses dimensions sont impressionnantes.

4 **Doc 2.** Relevez les moyens défensifs qui le rendaient imprenable.

Je fais le lien entre l'art et l'histoire

5 Expliquez pourquoi cette forteresse a été construite.

B2i MON MUSÉE VIRTUEL

• Découvrez un autre château, celui de Bonaguil, à l'adresse suivante : http://www.bonaguil.org et comparez-le avec celui de Najac.

900 | 1000 | 1100 | 1200 | 1300
Naissance des villages — Grands défrichements

La seigneurie

• Au Moyen Âge, la majorité de la population habite la **campagne** et vit de l'agriculture. Les terres sont pour la plupart la propriété des **seigneurs** et la source de leurs revenus. Les **paysans**, regroupés en villages, travaillent pour leur seigneur et sont soumis à son commandement. En échange, ils reçoivent sa protection. Cette organisation sociale et économique s'appelle la **seigneurie**.

Comment s'organise la vie dans une seigneurie ?

Vocabulaire

Banalités : voir p. 40.
Communaux : voir p. 42.
Corvée : travail obligatoire et non payé.
Droit de ban : pouvoir de commander, de juger et de punir.
Redevances : voir p. 40.
Réserve : terres cultivées par les paysans pour le seigneur.
Seigneurie : voir p. 32.
Serf : voir p. 40.
Tenures : lots de terre confiés aux paysans par le seigneur en échange d'un loyer.

1 Le seigneur et ses paysans

La seigneurie est un ensemble de droits. Le seigneur y possède un pouvoir militaire marqué par le droit de faire payer par les paysans un impôt pour la défense du territoire, de leur imposer des corvées pour construire et entretenir des fortifications. Il y possède un pouvoir de justice. Il peut construire des installations collectives et obliger les paysans à les utiliser contre des redevances, par exemple, le four banal ou le moulin banal.

Le seigneur est propriétaire de toutes les terres. Les paysans installés sur des tenures sont ses locataires, payant un loyer en argent, en nature ou en travail. Le seigneur est un homme libre, alors que les paysans, au départ serfs, sont attachés à la terre et lui appartiennent. (...)

L'augmentation du nombre des hommes amène la population rurale à se regrouper en un même lieu stable, le village. Il s'implante autour de l'église et du cimetière. Les paysans s'organisent en communautés villageoises qui défendent leurs droits, par exemple l'usage des communaux, terres collectives réservées à la pâture de leurs bêtes, que le seigneur tente de reprendre. Ces communautés répartissent l'impôt, organisent le marché rural, règlent leurs petits conflits (...).

B. Dumézil, *La Société médiévale en Occident*, Ellipses, 2006.

2 La corvée due au seigneur
(Miniature du XVe siècle, BNF, Paris.)

3 L'utilisation du four du seigneur
(Miniature du XVe siècle, BNF, Paris.)

4 Le territoire de la seigneurie

(Plan du XIVe siècle.)

Un territoire habité : ❶ le château du seigneur ❷ les maisons des paysans ❸ l'église ❹ les routes et chemins

Un territoire agricole : ❺ la réserve du seigneur ❻ les tenures des paysans ❼ les communaux ❽ les bois

Un territoire où s'exerce le pouvoir du seigneur : ❾ le gibet, pouvoir de justice ❿ le moulin, pouvoir fiscal ❽ les bois, droit de chasse

Questions

Je me situe dans le temps et l'espace

1 À partir de quand la seigneurie et ses villages apparaissent-ils ?

2 Où vivent les habitants de la seigneurie ?

Je décris et j'explique

3 **Doc 4.** Décrivez le territoire de la seigneurie en expliquant la fonction des éléments qui la composent.

4 **Docs 1 et 3.** Qui réside dans la seigneurie ?

5 **Doc 1.** Quels sont les pouvoirs du seigneur ?

6 **Docs 2 et 3.** Quelles sont les obligations des paysans ?

7 **Docs 1 et 4.** Comment les paysans s'organisent-ils ?

Récit

Racontez comment le seigneur et ses paysans vivent ensemble dans la seigneurie.

Conseils

Pour écrire ou dire votre récit :
- expliquez où vivent le seigneur et les paysans sur le territoire de la seigneurie ;
- dites quels sont les pouvoirs du seigneur ;
- expliquez comment les paysans s'organisent et quelles sont leurs obligations.

Cours 1

Paysans et seigneurs (XIe-XVe siècle)

Quelles relations les paysans ont-ils avec les seigneurs ?

A Le seigneur est maître de la terre

1. En Occident, à partir du XIe siècle, la plus grande partie du territoire est divisée en vastes domaines agricoles, les **seigneuries**. Elles appartiennent à des **seigneurs** qui y font travailler des paysans, hommes libres ou **serfs**.

2. Le territoire de la seigneurie se compose de deux parties distinctes : la **réserve** et les **tenures**. La réserve est une terre étendue que le seigneur fait cultiver pour son usage. Les tenures sont des lots de terre que le seigneur loue aux paysans en échange d'un loyer (le **cens**), de **redevances**, et de **corvées** à effectuer sur la réserve.

B Les paysans dominés par le seigneur

1. Grand propriétaire, le seigneur est aussi le chef de tous les habitants de la seigneurie. Il les commande, rend la justice et peut les punir (doc 3). Ce pouvoir de commandement s'appelle le **droit de ban**.

2. Le seigneur protège les paysans, mais exige en retour un impôt très lourd, la **taille**, et de nouvelles corvées. Il les oblige aussi à utiliser son moulin, son four, son pressoir, contre des taxes, les **banalités** (docs 1 et 2).

C L'évolution des conditions de vie des paysans

1. Entre le XIe et le XIVe siècles, la population augmente dans tout l'Occident. De nouvelles techniques agricoles améliorent les rendements : **charrue à soc de fer**, assolement triennal (voir pp. 32-33).

2. Les seigneurs encouragent les paysans à cultiver de nouvelles terres : ce sont les **défrichements** (doc 4). En échange, ils leur accordent des **chartes de franchise** qui donnent la liberté aux serfs et limitent les redevances et les corvées (doc 5). Les paysans ne profitent pas tous de ces progrès agricoles. Seuls les **laboureurs** s'enrichissent.

1 Le moulin du seigneur

Les paysans sont obligés d'utiliser le moulin du seigneur et de payer des banalités.

2 Les redevances dues au seigneur

À la Saint-Jean, les paysans doivent faucher les prés du seigneur. Après, ils doivent curer les fossés. En août, moisson du blé qu'ils doivent porter à la grange. Ils ne peuvent rentrer leur blé qu'après que le seigneur a prélevé sa part. En septembre, ils doivent un pourceau sur huit. À la Saint-Denis, ils payent le cens. Au début de l'hiver, corvée sur la terre seigneuriale pour la préparer, semer... Une semaine avant Pâques, ils doivent le moutonnage[1] et une corvée de labour. Puis ils doivent aller au bois, couper les arbres et faire la corvée du charroi[2]. Le meunier du seigneur, pour moudre le grain du vilain, prélève une mesure de grains et de farine ; au four, il faut payer aussi.

D'après la *Complainte des vilains de Verso* (Normandie), Wace, XIIe siècle.

1. Moutonnage : la garde des moutons du seigneur.
2. Charroi : transport au château de bois coupé.

Quelles sont les obligations des paysans ?

Vocabulaire

Banalités : taxes payées par le paysan contre l'utilisation obligatoire du moulin, du four, du pressoir du seigneur.

Charte de franchise : texte officiel précisant les droits et libertés accordés par un seigneur à des paysans.

Laboureur : paysan qui possède une charrue et un attelage.

Redevances : nom des taxes en argent ou en nature versées au seigneur par les paysans.

Seigneur : maître de la seigneurie. Il est un noble ou un homme d'Église.

Serf : paysan qui appartient au seigneur et qui ne peut ni quitter sa terre, ni se marier, ni hériter sans l'accord de son seigneur.

3 La justice du seigneur

a Une rébellion de serfs

En divers comtés de Normandie, les paysans formèrent de nombreuses communautés qui prétendaient appliquer leurs propres lois, tant pour l'exploitation des forêts que pour l'usage des eaux (...). Lorsque le duc l'apprit, il expédia contre eux le comte Raoul avec une multitude de chevaliers. Ceux-ci s'emparèrent de leurs chefs et, après leur avoir coupé mains et pieds, ils renvoyèrent ces hommes devenus bons à rien. Après cette expérience, les paysans retournèrent à leurs charrues.

D'après Guillaume de Jumièges, *Histoire des ducs de Normandie*, XIe siècle.

b L'exposition au pilori
(Enluminure, manuscrit latin du XIIIe siècle.)

1 Pourquoi ces paysans se sont-ils révoltés (doc a) ? **2** Décrivez la scène (doc b).
3 Comment le seigneur rend-il la justice (doc a et b) ?

4 Les défrichements

(Enluminure, *Livre des profits champêtres et ruraux*, P. de Gescenzi, 1480, bibliothèque de l'Arsenal, Paris.)

➔ Décrivez la scène. Qui effectue le défrichement ?

5 La charte d'un nouveau village

Le comte de Rethel et l'abbé de Notre-Dame-de-Novy s'associent pour fonder un nouveau village. Le comte s'adresse ici aux nouveaux habitants.

Nous instituons dans le territoire de Saulce, qui appartient, on le sait, à l'église Notre-Dame-de-Novy, une ville neuve appelée Villefranche-sur-Saulce (...). Nous vous concédons à perpétuité tous les bois de Notre-Dame-de-Novy à défricher et à cultiver. (...)

Il vous sera permis à vous tous d'acheter et de vendre là tout ce que vous voudrez sans payer de redevances.

Nous construirons également des fours, qui seront nôtres et où vous apporterez, en vertu du ban, votre pain à cuire ; sur 24 pains, nous en prendrons un. Nous construirons aussi un moulin et vous viendrez à ce moulin en vertu du ban ; sur 20 setiers[1], vous paierez un setier sans donner de farine.

Nous vous accordons l'usage de l'eau et de tous les bois.

D'après la Charte des coutumes accordée aux habitants de Villefranche-sur-Saulce, par le prieuré de Novy et le comte de Réthel, février 1205.

1. Setier : ancienne mesure de grains d'une contenance d'environ 156 litres.

1 Qu'est-ce qui est créé sur ce territoire à défricher ? Par qui et pour qui ?

2 Pour les attirer, que proposent les seigneurs aux paysans ?

Cours 2

Vivre dans la seigneurie

➤ *Dans la seigneurie, comment vivent les paysans et les seigneurs ?*

A La communauté villageoise

1. À partir du XIe siècle les paysans, plus nombreux, se regroupent en **villages** autour de l'**église** et du cimetière, ou autour du **château** (doc 3) (voir pp. 38-39). Chaque famille y a sa maison.

2. Une vie **collective** s'y développe, rythmée par les travaux des champs (docs 1 et 2). Il y a des **lieux de rencontre** quotidiens : le moulin, le four, le pressoir, la forge... Le dimanche, tous se retrouvent à l'église, lors de la **messe**, car le village est aussi une **paroisse**, lieu de résidence du prêtre.

3. Pour défendre leurs intérêts, les paysans s'organisent en **communautés villageoises**. Elles répartissent l'impôt et les corvées. Elles veillent à préserver leurs droits, notamment l'usage des **communaux**. Elles élisent leurs délégués auprès du seigneur. Celui-ci choisit des **agents** parmi les paysans : le meunier perçoit pour lui les banalités, le garde-chasse surveille ses forêts...

B Le seigneur et son entourage

1. Le seigneur se distingue par son genre de **vie noble** (voir pp. 34-35). Il vit au **château**, lieu de son pouvoir sur la seigneurie (doc 4). Son titre de noblesse (duc, comte...) est hérité de ses parents. Il tire ses **revenus** de la réserve et des redevances des paysans.

2. **Montrer sa puissance** est essentiel pour le seigneur. Il s'entoure de **chevaliers**, des combattants nobles qui ne possèdent pas de château et constituent son armée. Ensemble, ils pillent les seigneuries voisines et font des prisonniers pour obtenir des rançons en échange de leur libération.

3. À partir du XIIe siècle, cette société brutale adoucit ses mœurs. Le château devient un lieu de divertissements entre seigneurs voisins. Les banquets, les chasses, les **tournois** sont l'occasion de se montrer (docs 4 et 5). Les **chansons de geste** donnent une nouvelle image du noble, courageux, très chrétien, courtois avec les femmes.

1 Danse paysanne pour célébrer le printemps

(Enluminure, vers 1464, BNF, Paris.)

➔ **Décrivez cette scène.**

2 La formation d'un village

Le lieu où se presse actuellement la population d'Ardres était alors à l'usage de pâture et presque désert : seulement le long de la route qui le traversait, vers l'emplacement du marché actuel, demeurait un brasseur de bières, chez qui les gens de la campagne s'assemblaient pour boire, à cause du grand espace qu'il y avait là. (...) Plus tard, des gens d'autres régions vinrent y demeurer et, par l'accroissement de la population, il se forma un village. (...)

La population ayant augmenté sur ce site, le village se développa et s'étendit ; la réputation et la renommée du nom d'Ardres s'accrurent tellement que Herred (le seigneur) décida d'y transférer ses bâtiments.

Chronique de Lambert d'Ardres, *Histoire des comtes de Guines*, vers 1060.

➔ **Expliquez pourquoi se forme ce village et comment il se développe.**

Vocabulaire

Chanson de geste : chanson qui raconte les exploits des chevaliers.

Communaux : terres collectives réservées à la pâture des bêtes du village.

Paroisse : territoire sous l'autorité religieuse d'un prêtre.

Tournoi : jeu guerrier dans lequel s'affrontent des chevaliers.

3 La seigneurie, résidence du seigneur et des paysans

(Château de Cautrenon, armorial de Guillaume Revel, XVe siècle, BNF, Paris.)

➔ **Nommez et décrivez les différents bâtiments que vous distinguez sur cette seigneurie. D'après vous, par qui sont-ils habités ?**

4 La chasse à courre

(*Chasse des bêtes sauvages et oiseaux de proie*, ouvrage rédigé pour le comte de Foix, Gaston Phébus.)

➔ **Décrivez cette scène de chasse. Qui y participe ?**

5 Le château, lieu de vie

Le seigneur d'Ardres fit faire sur la motte d'Ardres une maison de bois. [Le donjon] formait 3 étages :

Au rez-de-chaussée se trouvaient les celliers et les magasins à grains ainsi que de grands coffres, des jarres, des tonneaux et autres ustensiles domestiques.

Au premier étage destiné à l'habitation et aux réunions de toute la maisonnée, étaient les chambrettes des panetiers[1] et échansons[2] ainsi que la grande chambre où dormaient le seigneur et sa femme. Attenant à celle-ci, se trouvaient les chambres ou dortoir des servantes et des enfants. (...)

Au niveau supérieur, il y avait des chambres hautes. Dans l'une dormaient les fils du seigneur ; dans une autre ses filles ; ailleurs les veilleurs, les serviteurs et les gardes prêts à intervenir.

Chronique de Lambert d'Ardres, *Histoire des comtes de Guines*, vers 1060.

1. Panetier : personne qui s'occupe du pain.
2. Échanson : personne chargée de servir à boire à table.

1 Qui habite le château ?

2 Quel est l'usage de chacun des étages du donjon ?

Exercices

Socle commun

Je révise

1 Je sais reconnaître les éléments d'une seigneurie

Associez chaque élément au numéro qui lui correspond sur l'image :

a. la réserve,
b. les tenures,
c. le château,
d. le moulin,
e. l'église,
f. le village,
g. les forêts,
h. les communaux,
i. le four,
j. la limite entre la réserve et les tenures,
k. le pilori.

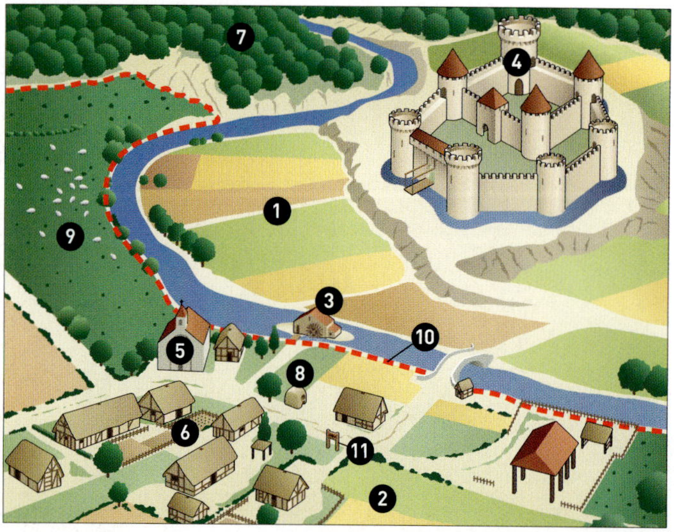

2 Je définis les mots clés

Associez chacun des mots clés ci-dessous à sa définition.

1. **Charrue** 2. **Seigneurie** 3. **Aristocratie** 4. **Banalités** 5. **Tournoi**

A. Vaste domaine agricole appartenant à un seigneur et sur lequel il exerce son pouvoir.

B. Taxes payées par le paysan contre l'utilisation obligatoire du moulin, du four, du pressoir du seigneur.

C. Jeu guerrier dans lequel s'affrontent des chevaliers.

D. Groupe dominant dans la société, qui détient le pouvoir et des privilèges.

E. Machine munie de roues qui laboure la terre en la retournant.

3 Je raconte et j'explique

Décrivez la création d'un village médiéval en utilisant le vocabulaire suivant :

défrichements, charte de franchise, charrue, seigneur, serfs et vilains.

Vous raconterez cette création en répondant aux questions suivantes :

Quand ? Pourquoi ? Comment ? Par qui ?

4 Je sais reconnaître des travaux paysans

Décrivez ces travaux paysans en associant à chaque image l'activité agricole et l'instrument qui lui correspondent.

1. La glandée 2. La taille des vignes 3. La moisson / a. Le bâton b. La faucille c. La serpette

5 Je mets en relation un texte et une image

a Les trois ordres de la société médiévale

Les clercs disent la messe et doivent prier pour leurs péchés et pour les péchés des autres hommes. Les guerriers protègent les églises et défendent les hommes du peuple, grands et petits. Ils protègent tout le monde. Les hommes du peuple travaillent toute leur vie avec effort. Ils ne possèdent rien sans souffrance et fournissent à tous la nourriture et le vêtement.

D'après Adalbéron de Laon, poème au roi Robert, XIe siècle.

b Les trois ordres en image

(Enluminure tirée de *Li Livres dou Santé,* Aldobrandino da Siena, vers 1285, British Library, Londres.)

1 D'après le texte, à quels ordres appartiennent les trois personnages de l'enluminure ?

2 Qu'est-ce qui les distingue sur le doc b (vêtements, coiffure, objets...) ?

3 Recopiez et remplissez le tableau récapitulatif ci-dessous.

	Gauche	Milieu	Droite
Identité des personnages			
Vêtements			
Fonction			

6 Je décris et j'explique une miniature

Livre des bonnes mœurs

(Jacques le Grant, XVe siècle.)

1 Que représente cette miniature ?

2 Comment est-elle composée ?

3 Qui sont les personnages représentés et que font-ils ?

4 Où se passe chacune de ces scènes ?

5 Quel titre pourriez-vous donner à cette miniature ?

6 À partir de vos réponses 3, 4 et 5, racontez, à l'oral ou à l'écrit, la vie des jeunes gens de la noblesse au Moyen Âge.

Socle commun

7 Récit J'écris un récit à partir d'un texte et d'une image

Yvonet et Perceval

Yvonet met les éperons à Perceval ; puis il le revêt du haubert, le meilleur qui ait jamais existé, et sur la coiffe il lui met en place le heaume, qui lui va très bien ; quant à l'épée, il lui enseigne comment la ceindre pour qu'elle pende sans être trop serrée. Puis il lui met le pied à l'étrier et le fait monter sur le destrier : l'autre n'avait jamais vu un étrier et il ne savait pas se servir des éperons. Yvonet lui apporte l'écu et la lance, puis les lui donne à tenir. Avant qu'il ne s'en aille, le jeune homme lui dit : « Mon ami, prenez mon cheval et emmenez-le ; je vous le donne puisque je n'en ai plus besoin. » Alors ils se séparent, le jeune homme sans délais s'en va, éperonnant son cheval à travers la forêt.

D'après Chrétien de Troyes, *Perceval ou le conte du Graal*, XIIe siècle.

1 Quelles sont les étapes de la rencontre entre les chevaliers Yvonet et Perceval ?

2 Retrouvez dans le texte les éléments qui correspondent aux numéros placés sur l'image.

8 Arts J'analyse une enluminure

[Arts et culture]

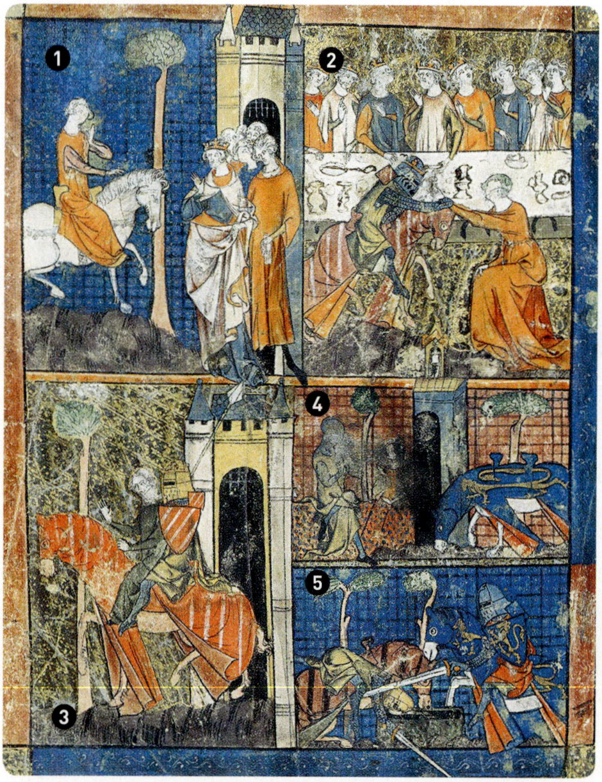

Mémo' Art

L'enluminure

- **Origine :** du latin *illuminare*, éclairer. Illustration en couleurs d'un manuscrit.
- **Nature :** peinture sur parchemin traité pour fixer l'encre (noir, rouge, violet, bleu, rose, bleu-vert) qui peut être une :
  - **lettrine historiée** (première lettre d'un livre ou d'un chapitre) ;
  - **miniature** (décoration d'une page écrite).
- **Outils :** le calame, pour écrire et dessiner ; des pinceaux pour peindre ; règle, compas.
- **Les enlumineurs :** des moines copistes, spécialisés dans l'art d'illustrer des manuscrits ou des laïcs dans les villes.

1 D'où est extraite cette peinture ?

2 Selon vous, à quoi sert-elle ?

3 Combien y a-t-il de scènes à l'intérieur de cette page ?

4 Quels éléments rappellent l'univers des chevaliers ?

5 À partir des images de l'enluminure, racontez ces moments de la vie du chevalier Yvain.

Yvain ou le chevalier au lion

(Enluminure illustrant un manuscrit de Chrétien de Troyes, XIIIe siècle, BNF, Paris.)

❶ Une demoiselle arrive à la cour du roi Arthur ❷ Elle est enlevée par Escanor de La Montagne, devant les nobles réunis en banquet ❸ Ils s'enfuient à cheval vers la forêt ❹ Parti à leur poursuite, Yvain se repose dans un cimetière, où il rencontre la demoiselle prisonnière d'un diable ❺ Yvain sauve la demoiselle en triomphant du diable.

9 B2i Je sélectionne des résultats de recherche sur Internet

[Compétence 4.5 : Je sais sélectionner des résultats lors d'une recherche]

1 Allez sur le site www.castelnaud.com

2 Sur la page d'accueil, relevez les informations sur la situation géographique du château de Castelnaud.

3 Cliquez sur la page Présentation → Historique et répondez aux questions suivantes :

a. À quelle date le donjon a-t-il été construit ? Après quel événement ?

b. Pourquoi le côté Est est-il facile à défendre ?

c. Que trouvait-on dans la haute-cour ?

POUR ALLER PLUS LOIN

À lire

- **J. Mesqui**, *Les châteaux forts, de la guerre à la paix*, Découvertes Gallimard, 2008.
- Vivre au Moyen Âge, coll. « Les yeux de la découverte » Gallimard, 2002.
- **B. Coppin**, *La vie des chevaliers*, Édition Fleurus, 2007.
- **Chrétien de Troyes**, *Yvain, le Chevalier au Lion*, Gallimard, Folio, 2000.
- **J. Mirande**, *Gauthier, bâtisseur de château fort*, Castor Poche/Flammarion
- **E. Brisou-Pellen**, *Le chevalier de Haute-Terre*, Folio Junior, 2009.
- « Et si tu vivais au temps des châteaux forts ? », *Géo Ado*, février 2006.

À voir

- **Le temps des châteaux forts**, Édition des Riches Heures.
- **Châteaux forts** par Nicolas Fauchère, Syrinx Editeur.

À consulter

- http://www.bonaguil.org/
- http://www.castlemaniac.com/

Chapitre 3

Seigneurs, rois, premiers États (XIe-XVe siècle)

Comment le pouvoir royal s'affirme-t-il en France entre le XIe et le XVe siècle ?

1 Un serment d'homme à homme

Le comte Harold (à droite), beau-frère du roi d'Angleterre Édouard le Confesseur, prête serment de fidélité au duc Guillaume de Normandie (à gauche), héritier du trône d'Angleterre. (Extrait de la tapisserie de Bayeux, 1066-1082.)

1 **Nommez les deux principaux personnages de cette scène.**

2 **Comment sont-ils représentés ? Qui semble le plus puissant ?**

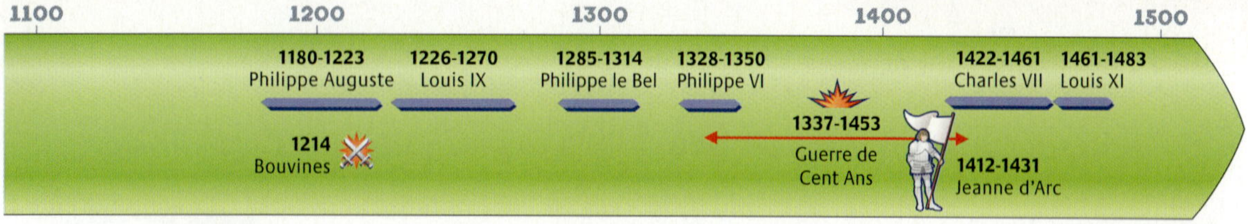

2 Le comte Thibaud de Champagne se soumet au roi Louis IX en 1236

Après avoir mené plusieurs révoltes contre le roi, le comte Thibaud se soumet à son souverain. (Miniature du XVe siècle, BNF, Paris.)

➔ **Décrivez cette scène. Pourquoi peut-on dire qu'elle symbolise le renforcement du pouvoir royal ?**

Le roi de France, Philippe Auguste

• Lorsque **Philippe Auguste** devient roi de France en 1180, son **domaine royal** est petit. Les seigneurs de son royaume sont ses **vassaux**, mais quelques-uns, à la tête de grands **fiefs**, sont plus riches et plus puissants que lui. Parmi eux, le roi d'Angleterre, maître de tout l'ouest de la France, refuse de s'acquitter de ses devoirs de vassal. Philippe Auguste use de tous les moyens pour se faire obéir et devenir le maître du royaume de France.

Comment Philippe Auguste affirme-t-il son pouvoir de roi face aux grands seigneurs ?

Vocabulaire

Bailli : représentant du roi chargé de rendre la justice et de collecter les impôts.

Domaine royal : ensemble des terres qui appartiennent directement au roi.

Félon : voir p. 52.

Fief : terre remise à un vassal par un seigneur, en échange de sa fidélité et de son aide.

Vassal : guerrier qui a prêté hommage à un seigneur.

1 Philippe Auguste

1165 : naissance de Philippe Auguste, fils de Louis VII.

1180 : il monte sur le trône, à l'âge de 15 ans.

1223 : mort de Philippe Auguste.

• Son œuvre

– Affaiblissement de son principal vassal le roi d'Angleterre.
– Triplement de l'étendue du domaine royal.
– Mise en place d'une administration centralisée.
– Transformation de Paris qui devient capitale du royaume (pavage des rues, fortifications, construction du palais du Louvre).

• Ses principales victoires

1204 : siège et prise de Château-Gaillard, une forteresse bâtie par le roi d'Angleterre Richard Cœur de Lion en 1196, pour défendre l'entrée de son fief, la Normandie.

1214 : bataille de Bouvines.

2 L'évolution du domaine royal sous Philippe Auguste

a Le royaume à l'avènement de Philippe Auguste

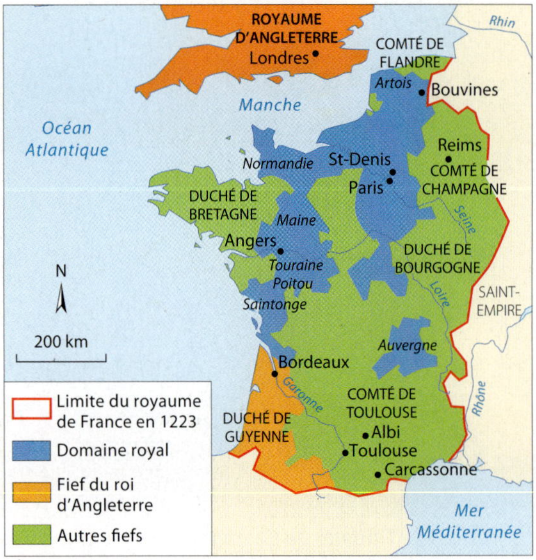

b Le royaume à la mort de Philippe Auguste

3 La prise de Tours par Philippe Auguste

En 1206, Philippe Auguste reprend la ville de Tours au félon anglais Jean sans Terre. (Miniature du XVe siècle, BN, Paris.)

4 La reprise des fiefs par le roi

En 1202, Jean sans Terre, roi d'Angleterre, est condamné à la perte de tous ses fiefs français pour n'avoir pas rempli ses devoirs de vassal.

La cour du roi de France se réunit et jugea que le roi d'Angleterre devait être privé de toute la terre que jusque-là ses prédécesseurs et lui avaient tenue des rois de France, parce que depuis longtemps, ils avaient négligé volontairement de fournir presque tous les services dus pour ces terres, et qu'ils ne voulaient en rien obéir à leur seigneur.

Radulphus de Coggeshall, *Chronicon Anglicanum*, XIIIe siècle.

5 Le sceau de Philippe Auguste

Le sceau est la marque du roi, sa « signature ». Il est apposé sur tous les textes qu'il écrit. (Archives nationales, Paris.)

6 Les baillis au service du roi

Nous décidons que nos baillis fixent chaque mois dans notre domaine un jour qui sera appelé jour des audiences. Tous ceux qui ont une plainte à formuler recevront sur l'heure justice au nom du roi. Un jour d'audience sera fixé à Paris où les baillis apporteront les impôts et exposeront les affaires de notre domaine. Si l'un d'eux a commis une faute, nous le puniront d'un tel châtiment que les autres en seront épouvantés.

Ordonnance royale dite « Testament de Philippe Auguste », 1190.

Questions

Je me situe dans l'espace et le temps

1 Quand Philippe Auguste règne-t-il ? Sur quel territoire ?

Je décris et j'explique

2 **Doc 2.** Quelles sont les évolutions territoriales de la France sous Philippe Auguste ?

3 **Doc 4.** Pourquoi Jean sans Terre perd-il ses fiefs français ? Qui prend cette décision ?

4 **Doc 6.** Montrez que le roi délègue son pouvoir mais reste le maître.

5 **Doc 3.** Décrivez cette scène. Comment le roi s'empare-t-il de Tours ?

6 **Docs 1 à 4.** Pourquoi peut-on dire que Philippe Auguste a renforcé son royaume au détriment des Anglais ?

7 **Doc 5.** Citez les symboles royaux visibles sur ce sceau.

Récit

Racontez comment le roi Philippe Auguste renforce son pouvoir sur le royaume de France.

Conseils

Pour écrire ou dire votre récit :
- commencez par décrire les évolutions territoriales du royaume ;
- expliquez ensuite comment le roi s'impose face au roi d'Angleterre ;
- montrez enfin comment tout cela renforce son pouvoir.

Cours 1

La féodalité

Quels liens les hommes établissent-ils entre eux à partir du Xe siècle ?

A Des liens d'homme à homme

1. Aux IXe et Xe siècles, les invasions en Occident **révèlent la faiblesse de l'autorité royale**. Les populations recherchent la protection d'hommes puissants, propriétaires de grands domaines, les **seigneurs**. Le **pouvoir** passe dans leurs mains.

2. Les liens d'homme à homme se multiplient. Un seigneur puissant s'entoure de **chevaliers**, avec lesquels il passe un serment de fidélité lors de la cérémonie de l'**hommage** (doc 3).

B Les obligations entre seigneurs et vassaux

1. Le chevalier qui se met au service d'un seigneur devient son **vassal** (docs 1 et 2). Il doit l'assister dans les opérations militaires : c'est le **service d'ost** (doc 4). Il doit le conseiller pour rendre la justice. Il doit l'aider financièrement lorsque le seigneur marie sa fille, lorsqu'il est prisonnier pour payer sa rançon, lorsqu'il part en croisade...

2. En échange de sa fidélité et de son aide, le seigneur remet au vassal un **fief** qui lui permet de s'équiper militairement et de faire vivre sa famille. Le fief est héréditaire. Mais si le vassal ne respecte pas ses engagements, il devient un **félon**, et le seigneur peut lui confisquer son fief.

C Le roi, le plus puissant des seigneurs

1. À partir du XIIe siècle, les rois s'imposent à la tête de la **hiérarchie féodale**. Ils ne sont les vassaux de personne.

2. En France, par des mariages ou des guerres, les rois accroissent progressivement leur domaine et se rendent maîtres de leur royaume. C'est le cas de **Philippe Auguste** (voir pp. 50-51) et de ses successeurs, qui s'imposent aux grands seigneurs.

3. Le roi d'Angleterre, au contraire, voit ses pouvoirs limités par la **Grande Charte**, imposée en 1215 après sa défaite à Bouvines contre Philippe Auguste (doc 5).

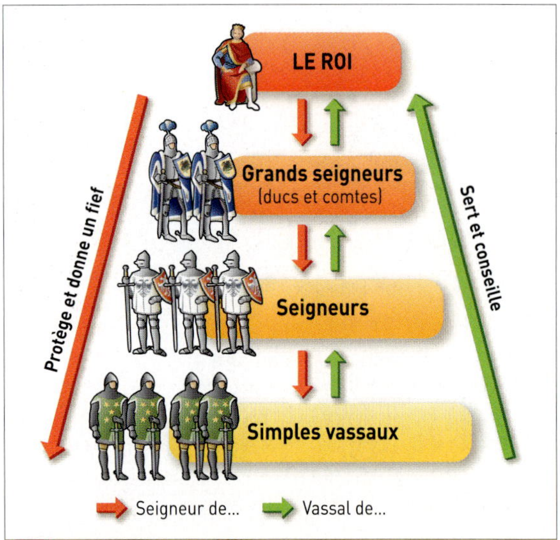

1 Les seigneurs et leurs vassaux

2 Les obligations du vassal

Le vassal ne doit pas nuire à son seigneur. Mais pour mériter son fief, il ne doit pas seulement éviter de faire le mal, il doit surtout faire le bien. Il doit fournir fidèlement à son seigneur le conseil et l'aide afin d'être digne de son fief et respecter la fidélité qu'il a jurée.

D'après une lettre de Fulbert de Chartres à Guillaume V, duc d'Aquitaine, 1020.

1 Quels liens d'hommes à hommes sont présentés (docs 1 et 2) ?

2 Quels sont les deux types d'obligations qui les caractérisent (docs 1 et 2) ?

3 Qui n'est le vassal de personne (doc 1) ?

Vocabulaire

Félon : vassal qui ne respecte pas ses obligations et trahit son seigneur.

Féodalité : organisation politique, économique et sociale du Moyen Âge caractérisée par l'existence des fiefs.

Fief : voir p. 50.

Hommage : cérémonie au cours de laquelle le vassal se recommande à son seigneur et lui prête serment de fidélité.

Ost : service militaire de 40 jours dû par le vassal à son seigneur.

Vassal : voir p. 50.

3 L'hommage du vassal à son seigneur

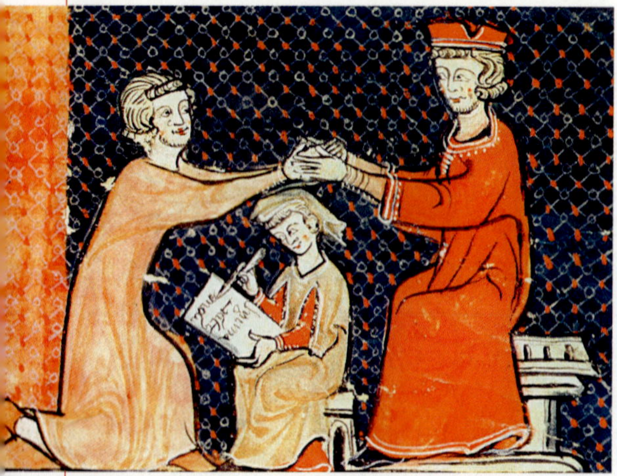

a La cérémonie de l'hommage
(Miniature du XIIIe siècle, archives départementales, Perpignan.)

b Un exemple d'hommage

Le comte demanda au futur vassal s'il voulait devenir son homme et celui-ci répondit : « Je le veux » et ayant joint les mains que le comte enveloppa des siennes, ils se lièrent par l'accolade[1]. En second lieu, celui qui avait fait hommage engagea sa foi au délégué du comte en ces termes : « Je m'engage en ma foi à être fidèle au comte Guillaume et l'hommage ainsi fait je l'observerai contre tous, de bonne foi et sans fraude. » Et il jura la même chose une troisième fois sur les reliques des saints.

Ensuite, au moyen d'une baguette qu'il tenait en main, le comte donna l'investiture[2] à tous ceux qui lui avaient fait hommage par serment.

Galbert de Bruges, *Hommage au comte de Flandre*, 1127.

1. Accolade : étreinte.
2. Investiture : remise officielle du fief au vassal par le seigneur.

1 Qui est le personnage à genoux ? À qui présente-t-il ses mains (doc a) ?
2 Que font respectivement le futur vassal et son seigneur pendant la cérémonie (doc b) ?
3 À quel passage du texte correspond l'image ?

4 Le service d'ost

Le siège du château de Melun par Robert le Pieux et ses vassaux en 999.
(Miniature, fin du XIVe siècle, BNF, Paris.)

➔ D'après cette image, qu'est-ce que le service d'ost ?

5 Grande Charte de 1215

Texte imposé au roi d'Angleterre Jean sans Terre après la défaite de 1214.

L'Église d'Angleterre sera libre et nous [le roi d'Angleterre] voulons que soit observée la liberté des élections des évêques.

Nous n'établirons aucun impôt ni aucune aide sans le consentement du Commun Conseil du royaume, sauf pour payer notre rançon, armer chevalier notre fils aîné et marier pour la première fois notre fille aînée. (…)

Aucun homme libre ne sera arrêté, emprisonné, dépossédé, mis hors la loi ou banni et nous n'enverrons personne contre lui, sans un jugement loyal de ses pairs selon la loi du pays. À personne nous ne vendrons, nous ne refuserons, ni ne différerons le droit de justice.

Extrait de la Grande Charte, 1215.

➔ Relevez les domaines dans lesquels le pouvoir du roi d'Angleterre est limité.

Découvrir

La bataille de Bouvines (1214)

• Le roi de France **Philippe Auguste** est le seigneur de **Jean sans Terre**, roi d'Angleterre. En 1202, il profite d'une plainte déposée contre Jean sans Terre par un de ses vassaux pour lui confisquer ses fiefs français. Jean sans Terre veut se venger et une longue guerre commence. Le 27 juillet 1214 a lieu la **bataille de Bouvines.** Avec son armée de chevaliers et les milices de fantassins fournies par les villes, Philippe Auguste est victorieux. Partout dans le royaume, le peuple manifeste sa joie.

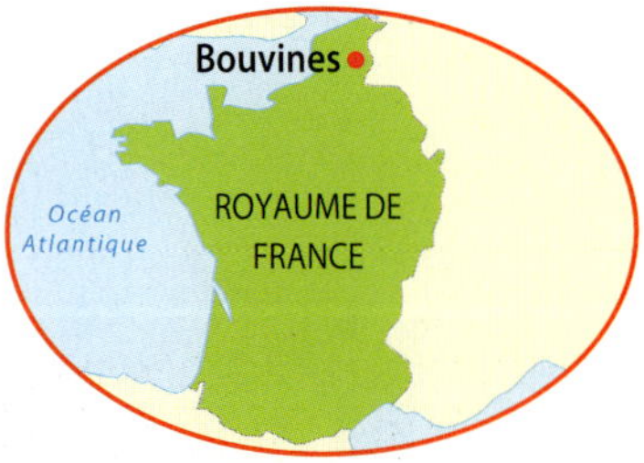

Pourquoi la bataille de Bouvines est-elle considérée comme une victoire nationale ?

1 La bataille de Bouvines

• **Lieu :** Bouvines (près de Lille).
• **Date :** dimanche 27 juillet 1214.
• **Forces en présence :** armée de Philippe Auguste, roi de France, face aux alliés du roi d'Angleterre, l'empereur d'Allemagne Otton, le comte de Flandre Ferrand de Portugal et le comte de Boulogne Renaud de Dammartin.
• **Nombre de combattants**
– **Français :** 2 000 cavaliers ; entre 4 000 et 6 000 fantassins.
– **Anglais et alliés :** environ 12 000.

2 Les milices communales dans la bataille de Bouvines

Pendant ce temps arrivèrent avec la bannière de Saint Denis les légions des communes qui s'étaient avancées presque jusqu'aux maisons. Elles accoururent le plus promptement possible vers l'armée du roi où elles voyaient la bannière royale qui se distinguait par les fleurs de lys et que portait ce jour-là Galon de Montigny, chevalier valeureux mais peu fortuné. Les communes étaient donc arrivées, principalement celles de Corbeil, d'Amiens, de Compiègne, de Beauvais et d'Arras. Elles pénétrèrent dans les bataillons des chevaliers et se placèrent devant le roi lui-même.

Guillaume Le Breton, *Vie de Philippe Auguste* (1165-1226).

3 Le champ de bataille

Le roi Philippe Auguste encourage ses vassaux à se battre vaillamment. (Enluminure tirée des *Grandes Chroniques de France*, 1471, BNF, Paris.)

4 Le déroulement de la bataille de Bouvines

a Le champ de bataille

Le roi Philippe, voyant ses adversaires prêts pour une bataille, fit briser le pont qui était sur les derrières de son armée, afin que si, par hasard, quelques-uns de ses soldats essayaient de prendre la fuite, ils ne pussent s'ouvrir un passage qu'à travers les ennemis eux-mêmes.

Philippe Auguste face à Otton (Enluminure tirée des *Grandes Chroniques de France*, 1314, 60 x 65 mm, BNF, Paris.)

b L'attaque

Enfin les trompettes sonnèrent des deux côtés, et la première bataille (...) se précipita avec tant de violence sur les Français, qu'en un moment elle rompit leurs rangs et pénétra jusqu'à l'emplacement du roi de France.

c Le roi en danger

Le comte Renaud, qui avait été déshérité et chassé par lui [Philippe Auguste] de son comté, l'ayant aperçu, dirigea sa lance contre lui, le jeta à terre et s'efforça de le tuer de son épée. Mais un chevalier (...) se jeta entre lui et le comte, et reçut le coup mortel. Les Français, voyant leur roi à terre, se précipitèrent de ce côté, et une troupe nombreuse de chevaliers le replaça, quoique avec peine, sur son cheval. Alors la bataille s'engagea de tous côtés.

d La victoire de Philippe Auguste

Cependant les comtes (...), avec leur bataille, se trouvant trop éloignés de leurs compagnons, s'aperçurent qu'ils ne pouvaient rejoindre leurs alliés, et ceux-ci ne purent aller vers eux ; d'où il advint que, ne pouvant supporter les forces supérieures des Français, ils furent accablés sous le nombre, et les comtes susdits, avec toute la bataille, **furent pris et chargés de chaînes**, après une très grande prouesse et avoir tué un grand nombre d'ennemis.

Le roi de France, joyeux d'une victoire si inespérée, rendit grâces à Dieu, qui lui avait accordé de remporter sur ses adversaires un si grand triomphe. Il emmena avec lui, chargés de chaînes et destinés à être enfermés dans de bonnes prisons, les trois comtes (...), ainsi qu'une foule nombreuse de chevaliers (...). À l'arrivée du roi, toute la ville de **Paris** fut illuminée de flambeaux et de lanternes, retentit de chants, d'applaudissements, de fanfares et de louanges, le jour et la nuit qui suivit. Des tapis et des étoffes de soie furent suspendus aux maisons ; enfin ce fut un enthousiasme général.

À la suite de cette victoire, Philippe Auguste confisqua à Jean sans Terre ses fiefs de Normandie, d'Anjou et de Poitou qui entrèrent dans le domaine royal.

D'après Roger de Wendower, *Chronique*, vers 1220.

Philippe ramène Ferrand et Renaud à Paris (Enluminure tirée des *Grandes Chroniques de France*, 1314, 60 x 65 mm, BNF, Paris.)

Questions

Je me situe dans l'espace et le temps

1 **Docs 1 et 3.** Où et à quelle date la bataille de Bouvines se déroule-t-elle ?

Je décris et j'explique

2 **Doc 1.** Qui sont les adversaires de Philippe Auguste ? Quelles sont les forces en présence ?

3 **Docs 2 et 4a.** Qui sont les deux types de guerriers qui composent l'armée de Philippe Auguste ? Quelle est leur attitude au combat ?

4 **Doc 3.** Comment peut-on reconnaître l'armée du roi de France ?

5 **Docs 4b et c.** Comment se déroule le combat (4b) ? Pourquoi cet épisode est-il dramatique pour les Français (4c) ?

6 **Doc 4d.** Quel camp l'emporte ? Qu'arrive-t-il aux vaincus ?

7 **Docs 2 et 4d.** Pourquoi cette victoire est-elle une victoire nationale ?

Récit

Racontez la bataille de Bouvines.

Conseils

Pour écrire ou dire votre récit :
- situez et datez cet événement ;
- précisez quels ennemis s'opposent et comment se déroule la bataille ;
- expliquez qui en sort vainqueur et dans quelles conditions.

Découvrir

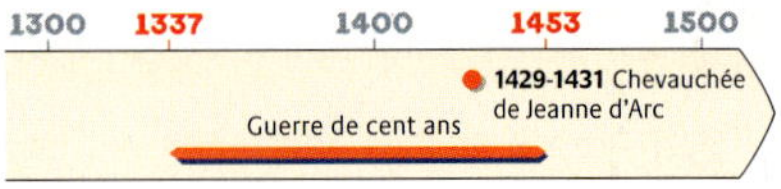

Jeanne d'Arc et Charles VII

• Au cours du **XIVe siècle**, le conflit reprend entre le roi de France et son vassal, le roi d'Angleterre. La « **guerre de Cent Ans** » commence. Elle dévaste la France. En **1420**, un traité de paix est imposé par les Anglais victorieux. Il leur donne la France et fait du roi d'Angleterre l'héritier du royaume. En **1429**, une jeune paysanne lorraine, **Jeanne d'Arc**, dit avoir entendu des voix divines lui ordonnant de « bouter l'Anglais hors de France ». Elle veut faire reconnaître roi de France le **dauphin Charles**. De nombreux seigneurs français et des villes se rallient à elle.

Comment Jeanne d'Arc fait-elle reconnaître Charles VII roi de France ?

1 Jeanne d'Arc

1412 : naissance à Domrémy, en Lorraine.
Elle dit avoir entendu des voix divines l'incitant à délivrer la France des Anglais et à faire couronner le Dauphin Charles.

Février 1429 : elle rencontre le dauphin à Chinon qui lui confie une armée.

Mai 1429 : Jeanne d'Arc libère Orléans.

Juillet 1429 : elle fait couronner Charles VII à Reims.

1430 : elle est capturée par les Bourguignons et livrée aux Anglais.

30 mai 1431 : Jeanne d'Arc est brûlée vive à Rouen à 19 ans.

2 Charles VII

1403 : naissance de Charles VII, héritier du trône, fils de Charles VI et d'Isabeau de Bavière.

1420 : le traité de Troyes l'écarte de la succession royale au profit du roi d'Angleterre.

17 juillet 1429 : il est sacré à Reims grâce à Jeanne d'Arc.

1435 : il signe un traité de paix avec les Bourguignons.

1453 : il met fin à la guerre de Cent Ans après sa victoire à la bataille de Castillon.

1456 : il fait réhabiliter Jeanne d'Arc.

1461 : mort de Charles VII.

Vocabulaire

Dauphin : en France, fils aîné du roi et son héritier au trône.

Sacre : cérémonie religieuse au cours de laquelle l'Église couronne un souverain.

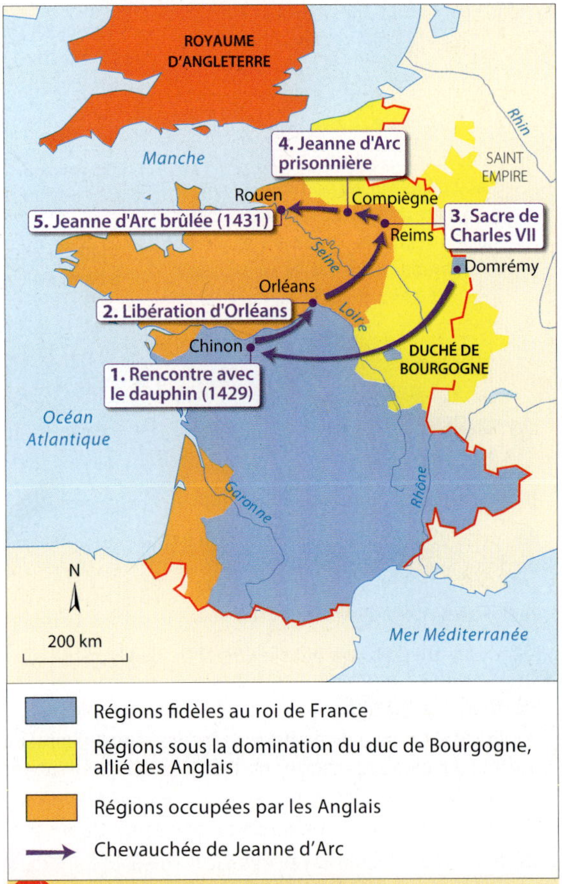

3 **La chevauchée de Jeanne d'Arc**

4 Jeanne d'Arc et Charles VII

a Arrivée de Jeanne d'Arc à Chinon, le 6 mars 1429
(Tapisserie allemande, 1450.) ❶ Le Dauphin Charles ❷ Jeanne d'Arc

b La rencontre du roi et de Jeanne

La même Jeanne, le seigneur comte de Vendôme la conduisit donc au roi. (…) Et lorsqu'il la vit, il demanda à Jeanne son nom ; elle répondit : « J'ay nom Jeanne la Pucelle, et vous mande le roi des cieux par moi que vous serez sacré et couronné dans la ville de Reims, et vous serez le substitut du roi des cieux qui est roi de France. » Et, après plusieurs questions posées par le roi, ladite Jeanne a dit à nouveau : « Moi je te dis de la part de Messire que tu es vray héritier de France et fils du roy ; il m'a envoyé vers toi pour te conduire à Reims pour que tu y reçoives couronnement et consécration si tu le désires. »

Déposition de Jean Pasquerel en 1456.

5 Le sacre de Charles VII à Reims le 17 juillet 1429
(Enluminure tirée de *Vigiles de Charles VII*, Martial d'Auvergne, XVe siècle, Paris.)

6 Jeanne d'Arc livrée aux Anglais
Jeanne d'Arc sur le bûcher à Rouen le 30 mai 1431. Lors de son procès, les Anglais l'ont accusée d'être une sorcière, envoyée du diable, pour ternir l'image des victoires de l'armée royale.
(Miniature tirée de *Vigiles de Charles VII*, Martial d'Auvergne, XVe siècle, Paris.)

Questions

Je me situe dans l'espace et le temps

1 Où et quand se déroule la guerre de Cent Ans ?

Je décris et j'explique

2 **Docs 1 et 3.** À quel moment Jeanne d'Arc intervient-elle dans la guerre ? Dans quelles parties du territoire se situent Chinon, Orléans et Reims ?

3 **Doc 4.** Décrivez la scène de la tapisserie. Quel est le projet de Jeanne d'Arc ? Selon vous, pourquoi estime-t-elle que Charles est « vray héritier de France » ?

4 **Docs 3 et 5.** Parvient-elle à mettre son projet à exécution ?

5 **Docs 4b et 5.** Pourquoi le sacre de Charles VII écarte-t-il définitivement les Anglais du trône de France ?

6 **Docs 1 et 6.** Que devient Jeanne d'Arc ?

Récit

Racontez le rôle joué par Jeanne d'Arc dans le couronnement de Charles VII.

Cours 2

La naissance de l'État en France

Comment le pouvoir royal s'affirme-t-il entre le XIe et le XVe siècle ?

A Une dynastie : les Capétiens

1. Vers l'an Mil, le royaume de France est divisé en de nombreux fiefs. En **987**, les seigneurs élisent roi l'un d'entre eux, **Hugues Capet**. Disposant d'un petit domaine, celui-ci paraît fragile face à des vassaux plus puissants que lui, comme le roi d'Angleterre.

2. Cependant, le roi s'impose. Son domaine est riche et très peuplé. Le **sacre**, qui a lieu dans la cathédrale de Reims, fait de lui un personnage élu de Dieu. De son vivant, il fait couronner son fils aîné pour lui succéder : la **dynastie des Capétiens** est née et consolide la **monarchie**.

B Bâtir la monarchie

1. Les rois capétiens veulent accroître leur autorité et leur domaine (doc 4b). **Philippe Auguste** (1180-1223) applique le droit féodal, qui oblige tous les seigneurs à lui obéir, et confisque les fiefs de son plus puissant vassal, le roi d'Angleterre (voir pp. 50-51). **Philippe le Bel** (1285-1314) s'empare des biens des **Templiers** pour résoudre ses difficultés financières.

2. En même temps qu'ils accroissent leur domaine, les rois organisent l'**Etat** (doc 2). Des **baillis** les représentent dans les provinces. Le **Trésor royal** et la **Cour des comptes** sont organisés (doc 3). Des **légistes** renforcent l'administration.

C Unir le royaume autour du roi

1. Les rois unifient leur royaume. La capitale est fixée à **Paris**. La **justice royale** est au-dessus de celle des seigneurs. La **monnaie royale** est partout diffusée. Louis XI (1423-1483) instaure des impôts royaux réguliers.

2. La puissance des rois amène l'Eglise, de nombreux seigneurs et les villes à se placer sous leur protection. Les premiers **États généraux** sont réunis en 1314. La **guerre de Cent Ans**, par la participation du peuple aux combats, fait naître le **sentiment national**, qui renforce l'unité du royaume.

1 Le sacre de Louis IX à Reims en 1126

a L'onction (Miniature du XIIIe siècle.)

b Le couronnement (Miniature du XIIIe siècle.)

1 Décrivez ces étapes du sacre.

2 Pourquoi cette cérémonie fait-elle du roi une personne supérieure aux autres ?

Vocabulaire

Bailli : représentant du roi chargé de rendre la justice et de collecter les impôts.

Capétiens : dynastie fondée par Hugues Capet en 987.

États généraux : réunion par le roi des représentants du clergé, des nobles et des bourgeois pour faire accepter sa politique.

Légiste : spécialiste de la loi.

Monarchie : régime politique dirigé par un roi héréditaire.

Templiers : ordre religieux de moines-soldats installé en Terre Sainte. Sa richesse est issue de nombreux dons des chrétiens.

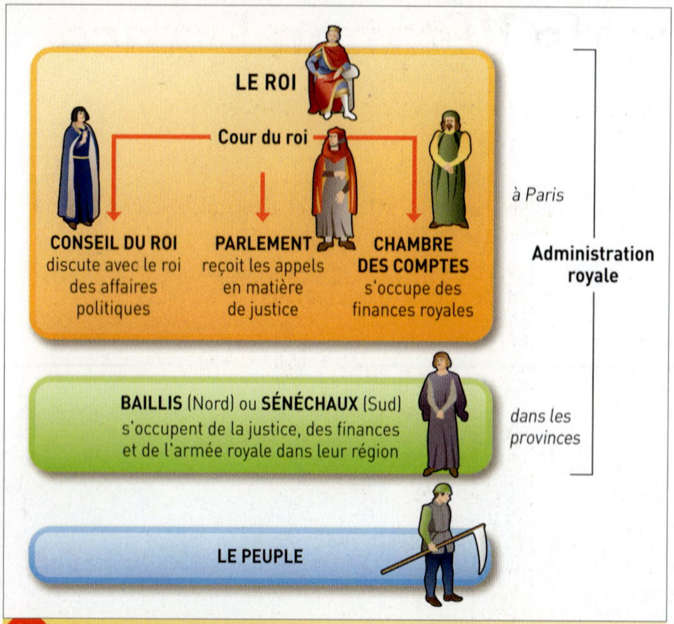

2 L'organisation de l'État

1 Avec qui le roi gouverne-t-il à Paris ? Quel est le rôle de ces administrations ?

2 Qui représente le roi dans les provinces ?

3 Les états généraux de 1314

Le 1er août, Philippe le Bel, roi de France, assembla à Paris de nombreux barons et évêques et surtout il fit venir de nombreux bourgeois de chaque cité du royaume (...). Enguerrand de Marigny, gouverneur de tout le royaume, parlant au nom du roi de France, (...) leur parla de la guerre de Flandre, des dépenses qu'elle avait entraînées. Il dit aux bourgeois du royaume que le roi voulait savoir lesquels lui feraient aide pour faire la guerre en Flandre (...). Alors Étienne Barbette, bourgeois de Paris, se leva et parla pour la ville, il dit qu'ils étaient tous prêts à lui faire aide (...). Et, après, tous les bourgeois qui étaient venus pour les communes, répondirent de même manière que volontiers ils lui feraient aide. Le roi les en remercia.

D'après *Les Grandes Chroniques de France*, 1314.

1 Qui Philippe le Bel réunit-il ?

2 Quelle est la raison de la réunion ?

3 Quelle est la réponse de cette assemblée ?

4 L'évolution du domaine royal (fin Xe-XVe siècle)

- Limites du royaume de France au XIe siècle
- Domaine royal
- Fief du roi d'Angleterre
- Autres fiefs

a La France à l'avènement d'Hugues Capet (987)

- Limites du royaume de France au XVe siècle
- Domaine royal
- GUYENNE Rattachement au domaine royal par la guerre
- CHAMPAGNE Rattachement au domaine royal par un mariage
- Fiefs

b La France au XVe siècle

1 Comment évolue le domaine royal entre le XIe et le XVe siècle ?

2 Quels moyens sont utilisés pour accroître le domaine ?

1 Je me repère dans le temps et dans l'espace

À imprimer

1 Recopiez les fonds de cartes ci-dessous et placez au-dessus de chaque carte la date et le roi qui lui correspondent :
A. 1270, règne de Louis IX **B.** 1328, règne de Philippe VI **C.** 1180, règne de Philippe Auguste

2 Complétez la légende avec les éléments suivants :
a. Domaine royal **b.** Fiefs du roi d'Angleterre **c.** Limite du royaume de France **d.** Autres fiefs

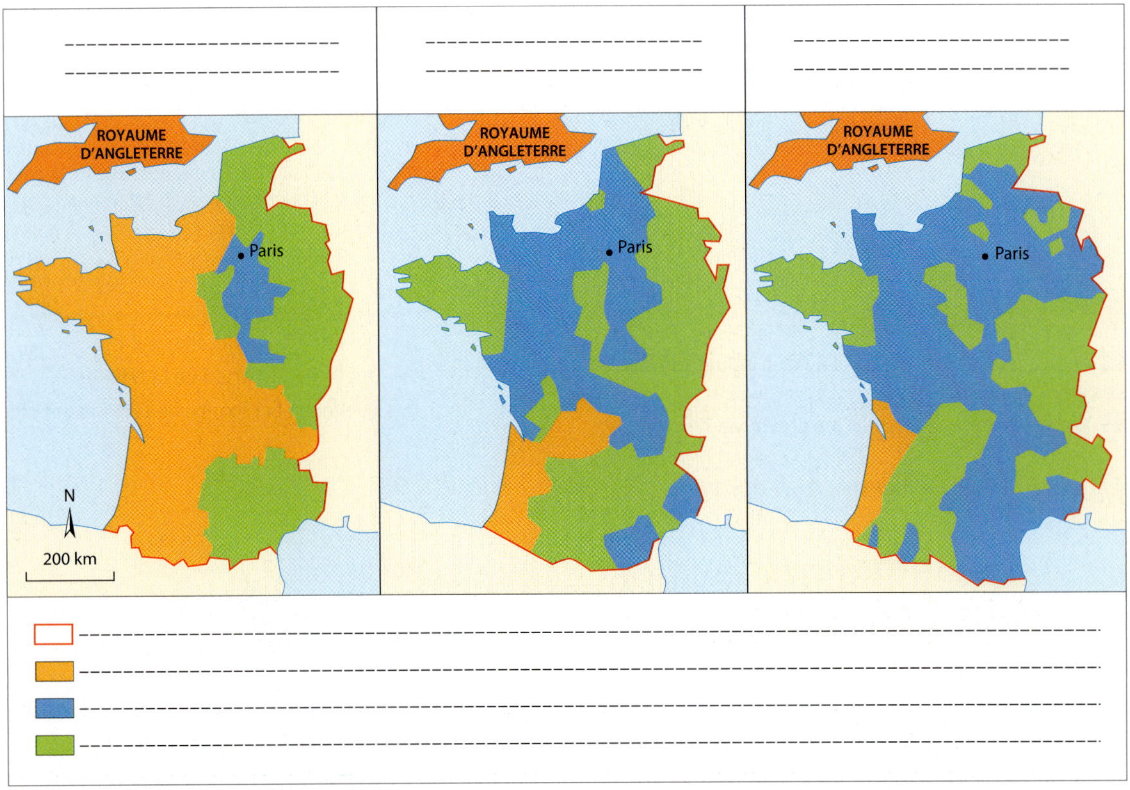

2 Je définis les mots clés

Associez chacun des mots clés ci-dessous à sa définition

1. **Fief** 2. **Hommage** 3. **Sacre** 4. **Vassal** 5. **Bailli**

A. Guerrier qui a prêté hommage à un seigneur.

B. Représentant du roi chargé de rendre la justice et de collecter les impôts.

C. Cérémonie au cours de laquelle le vassal se recommande à son seigneur et lui prête serment de fidélité.

D. Terre remise à un vassal par un seigneur, en échange de sa fidélité et de son aide.

E. Cérémonie religieuse au cours de laquelle l'Église couronne un souverain.

3 Je raconte et j'explique

1 Comment, entre le XIe et le XVe siècle, le roi de France s'impose-t-il face aux seigneurs ?

2 Expliquez ce qu'est la féodalité : comment s'organisent les relations entre les seigneurs, entre les seigneurs et le roi ?

3 Comment la bataille de Bouvines renforce-t-elle l'autorité royale ?

4 Comment l'action de Jeanne d'Arc et le sacre de Charles VII contribuent-ils à affirmer l'État royal ?

Je m'entraîne

4 J'observe une carte pour relever des informations

Les principales monarchies d'Europe en 1480

1 Quel est le régime politique de la plupart des États d'Europe ? **2** Quels sont les États voisins du royaume de France ? **3** Comment apparaît le territoire de l'Italie ? Et celui de l'Espagne ? **4** Quel empire paraît menaçant pour l'Europe ?

5 Je confronte deux textes et mets en relation leurs informations

a Éloge de Philippe Auguste

Il accrut et multiplia merveilleusement le royaume de France ; il soutint et garda merveilleusement la seigneurie et le droit et la noblesse de la couronne de France (...). Il fut toujours le protecteur de la Sainte Église contre toute adversité. il défendit et garda l'église de Saint Denis de France sur toutes les autres comme sa propre chambre.

D'après *Les Grandes Chroniques de France*, Éloge funèbre de Philippe Auguste, 1314.

b Éloge de Charles VII

Il mit ordre et règle en son royaume. Il inspira à chacun une crainte respectueuse, donna cours à la justice qui auparavant semblait morte depuis longtemps. Il fit cesser les tyrannies et les exactions[1] des gens d'armes (...). Il tenait heures fixes pour servir Dieu.

Portrait de Charles VII par Chastellain, chroniqueur bourguignon, XVe siècle.

1. Exactions : mauvais traitements.

1 À travers ces deux textes, retrouvez les principales fonctions d'un roi et reportez-les dans le tableau.

Extraits des textes	Fonctions royales
Texte a	
Texte b	

2 En vous aidant du tableau, rédigez un paragraphe expliquant ce que signifie être roi de France.

Socle commun

6 Récit Je construis le récit de la vie d'un roi

1 Lisez attentivement le texte ci-dessous.

Il arriva bien des fois qu'en été il allait s'asseoir au bois de Vincennes, après sa messe, et s'adossait à un chêne et nous faisait asseoir autour de lui. Et tous ceux qui avaient une affaire venaient lui parler. Il leur demandait de sa propre bouche : « Y a-t-il quelqu'un qui ait une affaire ? » Et ceux qui avaient une affaire se levaient.

Il advint que le saint roi négocia tant que le roi d'Angleterre, sa femme et ses enfants vinrent en France pour traiter de la paix entre lui et eux. Les gens de son conseil furent tout à fait opposés à ladite paix. Le saint roi répondit : « Seigneurs, la terre que je donne au roi d'Angleterre, je ne la lui donne pas en raison d'une obligation à laquelle je serais tenu envers lui et envers ses héritiers, mais pour établir de l'amour entre mes enfants et les siens. Il me semble que je fais un bon emploi de ce que je lui donne, parce qu'il n'était pas mon homme et que maintenant il entre en mon hommage. »

Le roi pratiqua si largement l'aumône que, partout où il allait dans son royaume, il faisait faire des dons aux églises pauvres, aux léproseries, aux hôtels-Dieu, aux hôpitaux, et aux hommes nobles et aux femmes nobles pauvres. Tous les jours il donnait à manger à une grande quantité de pauvres.

De l'expédition qu'il fit à Tunis, je ne veux rien conter ni dire parce que je n'y fus pas et je ne veux rien dire qui ne soit certain. Nous parlerons de notre saint roi, sans plus, et nous dirons ainsi qu'après qu'il fut arrivé à Tunis, une maladie le prit. (...) Ses ossements furent gardés dans un coffre et apportés et ensevelis à Saint-Denis en France.

D'après Joinville, *Vie de Saint Louis*, 1309.

2 Indiquez l'idée essentielle de chaque paragraphe : « un roi pacifique » ; « un défenseur du christianisme » ; « un roi justicier » ; « un roi très pieux ».

3 En reprenant les grandes idées de ce récit, racontez en quelques phrases ce qui caractérise le roi Louis IX surnommé Saint Louis. Vous utiliserez quelques détails repérés dans les paragraphes ci-dessus (lieux, personnages).

7 Arts J'analyse une enluminure

[Art et pouvoir]

Philippe Auguste ❶ est sacré du vivant de son père, Louis VII ❷. (Enluminure tirée des *Grandes chroniques de France*, 1314.)

Mémo' Art

Aux XIIe et XIIIe siècles, « la révolution bleue »

- La couleur est obtenue à partir d'une plante que l'on trouve en Europe, la guède.
- Le bleu, semé de fleurs de lys d'or, sert à mettre en scène la personne royale et la majesté du pouvoir.
- Face au prestige croissant des rois, les seigneurs introduisent le bleu dans leurs armoiries.

1 Comment se nomme cette cérémonie ?

2 Quelles sont les deux catégories de personnes présentes ?

3 Quelle couleur domine ? Pourquoi ?

4 Relevez les symboles du pouvoir royal.

8 B2i Je sais trouver des informations sur un site Internet

[Compétence 4.4 – Je sais relever des éléments me permettant de connaître l'origine de l'information.]

1 Rendez-vous sur le site : http://www.louvre.fr

2 Sur la page d'accueil,
ouvrez le menu Découvrir → Dossiers thématiques

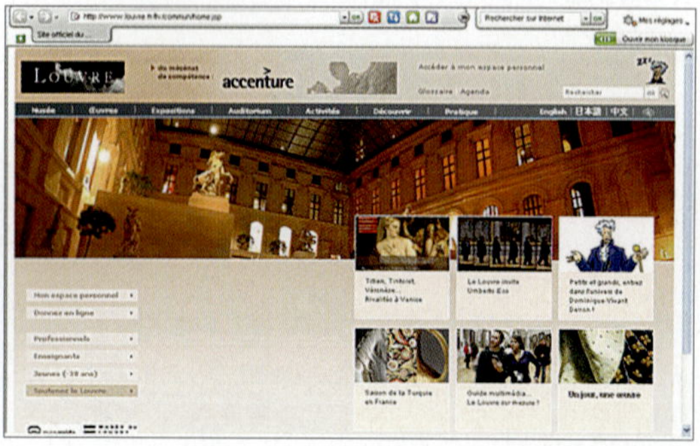

3 Sur la page qui s'ouvre, cliquez sur le dossier thématique : La France en 1400.

4 Dans ce dossier, cherchez les éléments qui concernent Charles V et répondez aux questions suivantes :

a. À quel siècle a-t-il vécu ?

b. Pourquoi parle-t-on de lui comme d'un roi savant ?

c. À qui confie-t-il les insignes du pouvoir avant sa mort ?

d. À quel personnage cherche-t-il à se rattacher ?

POUR ALLER PLUS LOIN

À lire

- **M. Balard, J-P. Genet, M. Rouche**, *Le Moyen Âge en Occident*, Hachette supérieur, 2008.
- **G. Duby**, *Le dimanche de Bouvines*, Folio Histoire, 1985.
- **J. Le Goff**, *Le Moyen Âge expliqué aux enfants*, Seuil, 2006.
- « Les Chevaliers », *Historia* thématique, mai-juin 2009.
- « Le Moyen Âge de A à Z », *Historia* thématique, septembre-octobre 2002.

À consulter

- http://www.philippe-auguste.com
- http://bataille.bouvines.free.fr
- http://www.jeanne-darc.com
- http://www.culture.gouv.fr/champagne-ardenne/cathedrale-de-reims/

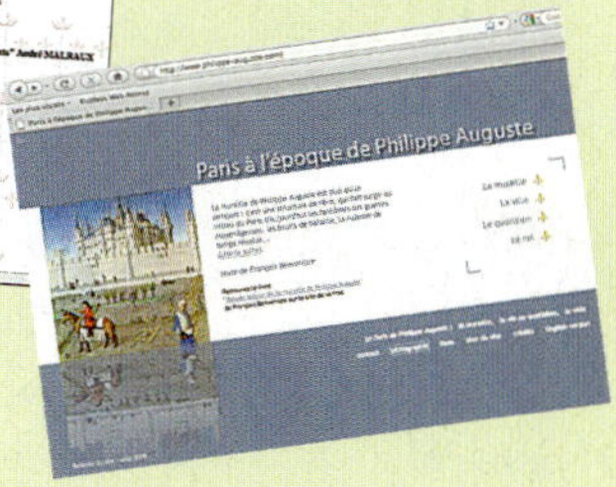

Chapitre 4

La place de l'Église dans l'Occident médiéval (XIe-XVe siècle)

▶ *Que signifie être chrétien dans l'Occident médiéval ?*

1 Une représentation de l'Église au Moyen Âge

(Fresque de Bonaiuto, 1366-1368, chapelle des Espagnols, Santa Maria Novella, Florence.)

❶ Le pape ❷ Un cardinal ❸ Un archevêque ❹ Un évêque ❺ Un abbé
❻ Un moine ❼ L'empereur ❽ Le roi ❾ Le peuple ❿ L'entrée des chrétiens au paradis

➔ **Repérez les différents groupes de personnages représentés sur cette fresque.**

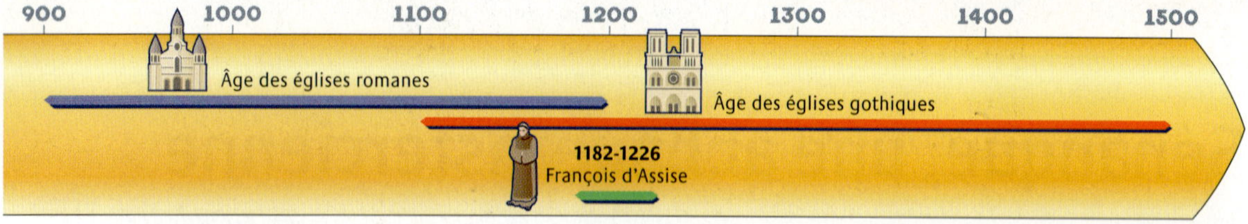

2 Un chantier de cathédrale au XIIIe siècle

(Miniature, XVe siècle, BNF, Paris.)

➔ **Quelle est la fonction des différents personnages représentés sur ce chantier ?**

Découvrir

Sénanque, une abbaye cistercienne

• Au XIe siècle, dans l'Occident chrétien, des milliers de moines regroupés en **ordres religieux** vivent à l'écart du monde et prient Dieu. Les **moines cisterciens**, dont l'ordre a été créé à Cîteaux en Bourgogne à la fin du XIe siècle, suivent la **règle** élaborée par saint Benoît cinq siècles plus tôt. En 1148, ils fondent l'**abbaye de Sénanque**, en Provence. Elle est une des 700 abbayes cisterciennes créées en Europe par cet ordre religieux.

➤ ***Quelle vie mènent les moines cisterciens dans l'abbaye de Sénanque ?***

Vocabulaire

Abbaye : monastère important dirigé par un abbé ou une abbesse.

Ordre religieux : communauté de moines qui obéissent à la même règle.

Règle : document qui fixe la manière de vivre des moines.

1 La règle de saint Benoît

Le monastère sera construit de telle façon que tout le nécessaire, à savoir l'eau, le moulin, le jardin, soient à l'intérieur du monastère, et que s'y exercent les différents métiers. Si les conditions du lieu ou la pauvreté exigent qu'ils [les moines] s'occupent par eux-mêmes des récoltes, qu'ils ne s'attristent pas. Car c'est alors qu'ils sont vraiment moines, quand ils vivent du travail de leurs mains, comme nos pères et les apôtres.

Le moine se signale aux regards des autres par l'humilité constante non seulement de son cœur mais également de son attitude extérieure ; il tient toujours la tête inclinée, les yeux baissés.

Comme dit le prophète : « sept fois par jour j'ai dit ta louange ». Nous satisferons à ce nombre sacré de sept, si à laudes, prime, tierce, sexte, none, vêpres et complies[1], nous accomplissons les obligations de notre service. Offrons donc des louanges à notre créateur à ces heures-là et, la nuit, levons-nous pour le célébrer.

Règle définie au VIe siècle par Benoît de Nursie.

1. Nom des différents moments de prières au cours de la journée.

2 Un moine copiste

Moine copiant un manuscrit dans le scriptorium, seule pièce chauffée de l'abbaye. (Enluminure, XIIIe siècle, bibliothèque Mazarine, Paris.)

3 La moisson

(Enluminure du XIIe siècle, bibliothèque municipale de Dijon.)

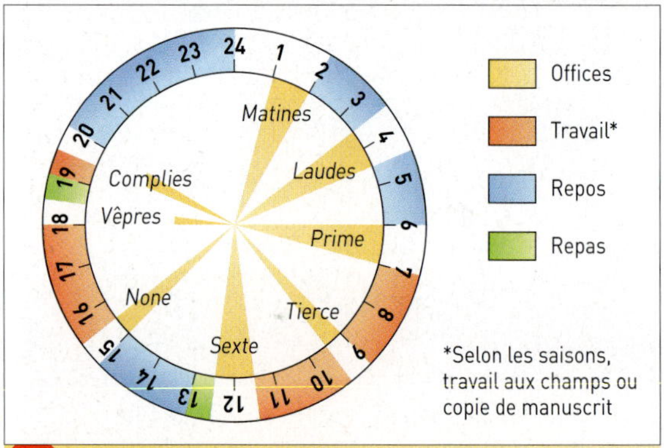

4 La journée d'un moine

La règle de saint Benoît est suivie par la plupart des moines d'Occident.

5 **L'abbaye Notre Dame de Sénanque**

❶ L'église ❷ Au rez-de-chaussée : salle capitulaire, ou salle de réunion, seul lieu où les moines peuvent parler. Au 1er étage : scriptorium ou chauffoir ❸ Cloître ❹ Réfectoire ❺ Dortoir

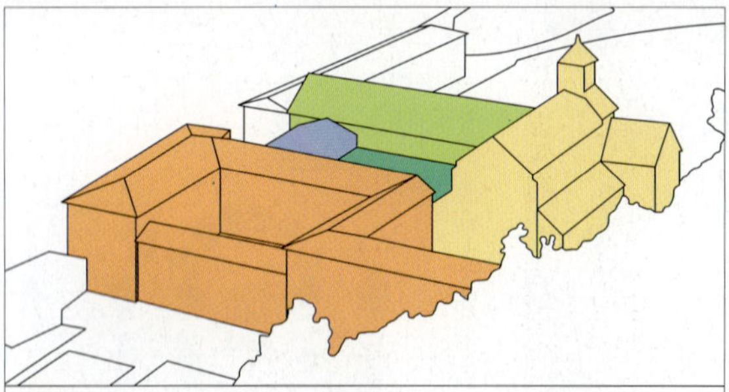

6 **Les fonctions des bâtiments de l'abbaye**

7 **Le cloître**

Lieu de méditation, le cloître relie toutes les parties du monastère.

Questions

Je me situe dans le temps et dans l'espace

1 Quand et où l'ordre religieux des cisterciens est-il né ?

2 Quand et où l'abbaye de Sénanque a-t-elle été fondée ?

Je décris et j'explique

3 **Doc 1.** Quelle règle les moines suivent-ils ? Qui l'a établie ?

4 **Docs 1, 2 et 3.** Quelles sont les différentes activités des moines ? Laquelle apparaît la plus importante ?

5 **Doc 4.** Combien de prières les moines font-ils par jour ? À quels moments ?

6 **Docs 5, 6 et 7.** Comment est organisée l'abbaye de Sénanque ? Quelle est la fonction de ses différents bâtiments ?

Récit

Racontez la journée d'un moine cistercien à l'abbaye de Sénanque.

Conseils

Pour écrire ou dire votre récit :
- présentez l'ordre religieux des cisterciens ;
- décrivez l'abbaye ;
- mettez en relation cette description avec le déroulement de la journée d'un moine afin d'expliquer l'organisation quotidienne de l'abbaye.

Découvrir

Saint-Lazare d'Autun, une église romane

• Perçue comme le signe visible de la présence de Dieu, l'église au Moyen Âge est au cœur de la vie des chrétiens qui la fréquentent régulièrement, pour prier et gagner leur **salut**. À partir du XIe siècle, de très nombreuses églises sont construites en pierre et, pour les couvrir, la voûte est inventée. Un nouvel art, appelé plus tard « roman », est né. L'église Saint-Lazare d'Autun (Bourgogne), construite entre 1120 et 1140, accueille les **pèlerins** qui viennent se recueillir sur les **reliques** de son saint patron, saint Lazare.

Comment l'église Saint-Lazare d'Autun exprime-t-elle la foi des chrétiens ?

Vocabulaire

Pèlerinage : voyage vers un lieu saint.

Relique : morceau du corps d'un saint ou objet lui ayant appartenu et que viennent vénérer les fidèles.

Salut : vie éternelle au paradis.

1 Saint-Lazare d'Autun

L'église est au centre du village. Maison de Dieu et des fidèles, elle est, pour les chrétiens, le point de rencontre entre le monde imparfait des hommes et le monde divin.

❶ Entrée latérale ❷ Contrefort ❸ Clocher roman

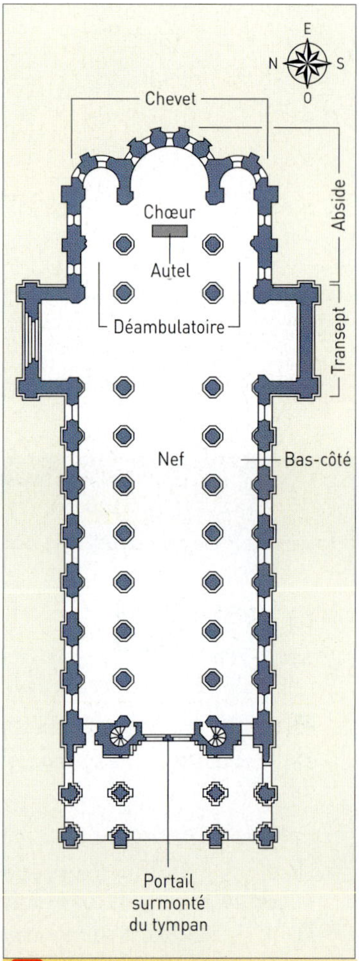

2 Plan de l'église Saint-Lazare d'Autun

3 L'intérieur de l'église : des ténèbres vers la lumière

La nef est prévue pour accueillir les foules qui s'y pressent pour assister à la messe.

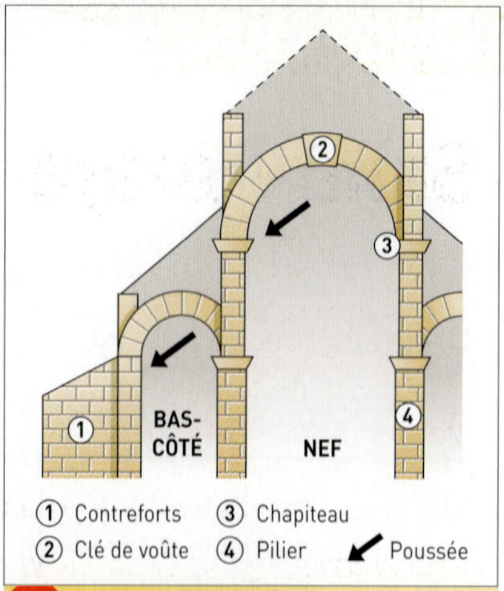

4 L'architecture romane

5 La sculpture romane

La fuite en Égypte. Les chapiteaux évoquent la vie des saints, considérés comme des intermédiaires avec Dieu. (Chapiteau de la cathédrale d'Autun, XIIe siècle.)

Questions

Je me situe dans l'espace et dans le temps

1 Quand l'église Saint-Lazare d'Autun a-t-elle été construite ?

2 Dans quelle partie du monde sont construites les églises romanes ?

Je décris et j'explique

3 **Docs 1 et 3 et 4.** Décrivez l'extérieur et l'intérieur de l'église. Quelles techniques de construction ont été employées ?

4 **Doc 2.** Comment se nomment les différentes parties qui composent l'intérieur de l'église ?

5 **Doc 5.** Quelle est la fonction d'un chapiteau ?

Récit

Racontez la découverte de l'église Saint-Lazare d'Autun par un pèlerin.

Conseils

Pour écrire ou dire votre récit :
- décrivez l'église Saint-Lazare ;
- présentez les différents chrétiens qui fréquentent cette église ;
- expliquez comment cette église est organisée pour permettre aux chrétiens d'exprimer leur foi.

L'Histoire par les arts

→ Sculpture
Arts, mythes et religions

Le tympan de l'église Saint-Lazare d'Autun

Tout au long du Moyen Âge, Autun connaît un afflux de pèlerins qui viennent se recueillir sur les reliques de saint Lazare, premier ressuscité du Christ dans la Bible. Ils entrent dans l'église par le vaste porche qui abrite le tympan du Jugement dernier, œuvre du plus grand sculpteur du XIIe siècle, Gislebertus. À une époque où la grande majorité de la population ne sait ni lire ni écrire, cette scène sculptée raconte comment le chrétien doit vivre pour, après sa mort, aller au paradis et éviter l'enfer.

Vocabulaire

Damné : personne condamnée à l'enfer.

► ***Qu'apprennent les chrétiens lorsqu'ils observent le tympan du Jugement dernier ?***

1 Le portail roman du Jugement dernier

Le christ domine par sa hauteur et ses proportions la multitude de fidèles. (Tympan de l'église Saint-Lazare d'Autun, XIIe siècle.)

2 Le linteau

À gauche de l'ange, les élus : pèlerins de Jérusalem et de Saint-Jacques-de-Compostelle, élus du Christ pour le paradis. Au-dessus de cette partie on peut lire : « C'est ainsi que ressuscitera quiconque ne sera victime d'une vie de péché – Pour lui brillera sans fin la lumière du jour »

À droite de l'ange, les damnés : l'avarice, la luxure, les pattes du diable prenant un damné. Au-dessus de cette partie on peut lire : « Que semblable terreur terrifie ceux que détient l'erreur terrestre – car l'horreur de ces images annonce ce qui les attend »

Mémo' Art

Un tympan sculpté

Technique

Sculpté dans la pierre de façon superficielle faisant en sorte que les formes se dégagent de l'édifice, le tympan est un **bas-relief**, qui met en valeur l'image et son support.

Sens

La plupart des images au Moyen Âge sont narratives : elles racontent une histoire. Il faut donc :
- être attentif au sens de la lecture et aux détails ;
- observer la position des personnages et des objets ;
- prendre en compte les proportions : ce qui est gros est plus important que ce qui est petit.

Usages

Le tympan offre une exposition parfaite au regard des fidèles qui pénètrent dans l'église.
Commandé par les clercs en charge de l'église et réalisé par des maîtres d'œuvre tailleurs de pierres, le tympan s'adresse à tous les chrétiens. Il leur rappelle qu'à leur mort, ceux qui ont commis des péchés iront en enfer et ceux qui ont fait de bonnes actions iront au paradis.

3 La pesée des âmes (détail du tympan)

La pesée des âmes, par l'archange saint Michel. Des diables attendent pour dévorer les pécheurs.

Questions

Je situe l'œuvre d'art

1 Quand et où ce tympan a-t-il été sculpté ?

Je décris l'œuvre d'art

2 **Doc 1.** Qui est le personnage principal du tympan ?

3 **Doc 2.** Qui sont les personnages du linteau ?

4 **Doc 3.** À quoi sert la balance ? Où les chrétiens sont-ils orientés après leur mort ?

5 Que peut ressentir le chrétien lorsqu'il observe ce tympan ? Pourquoi peut-on dire que cette sculpture est éducative ?

Je fais le lien entre l'art et l'histoire

6 Comment ce tympan montre-t-il l'importance de l'Église dans la vie des chrétiens ?

B2i MON MUSÉE VIRTUEL

• Sur Internet, tapez l'adresse suivante : www.art-roman.com. Sélectionnez une autre église romane et un autre tympan représentant le Jugement dernier. Comparez-les avec l'église Saint-Lazare d'Autun.

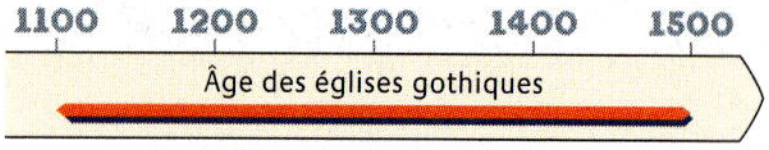

Notre-Dame de Chartres, une cathédrale gothique

• À partir du XIIe siècle, apparaît, en Île-de-France puis dans toute l'Europe, un nouveau type d'églises. Elles sont bâties au cœur des villes, à l'initiative des évêques, avec les dons des fidèles. De nouvelles techniques permettent de bâtir des églises plus grandes, plus hautes et plus claires. Reconstruite de 1194 à 1260, la **cathédrale Notre-Dame de Chartres** (Eure-et-Loir) appartient à ce nouvel art, appelé gothique au XVIe siècle.

Comment l'art gothique permet-il de renouveler l'expression de la foi ?

Vocabulaire

Arc-boutant : élément en forme d'arc servant à soutenir une voûte en un point élevé.

Cathédrale : église de l'évêque (de *cathedra*, siège de l'évêque).

Contrefort : renfort extérieur de maçonnerie servant à épauler un mur lourd.

1 L'intérieur de la cathédrale

L'église compte 3 500 statues et peut accueillir 600 personnes.
❶ Croisée d'ogives ❷ Vitraux ❸ Triforium (tribune)

2 La construction d'une cathédrale

Après l'incendie de la cathédrale en 1194, un envoyé du pape s'adresse aux chanoines (clergé entourant l'évêque) de Chartres.

Beaux seigneurs (...) puisque vous avez perdu votre église, (...) vous devez donner le bon exemple aux laïcs en commençant cette œuvre. Pour reconstruire un tel ouvrage, il faut délier les bourses, vider les poches et les petits sacs pour payer ouvriers et maçons, habiles artisans pour remettre en état ce que vous avez perdu [...]. Pour mener à bien ce travail, il faut tout abandonner.

J. Le Marchand, *Miracles de Notre-Dame*, P. Kunstmann, Chartres, 1973.

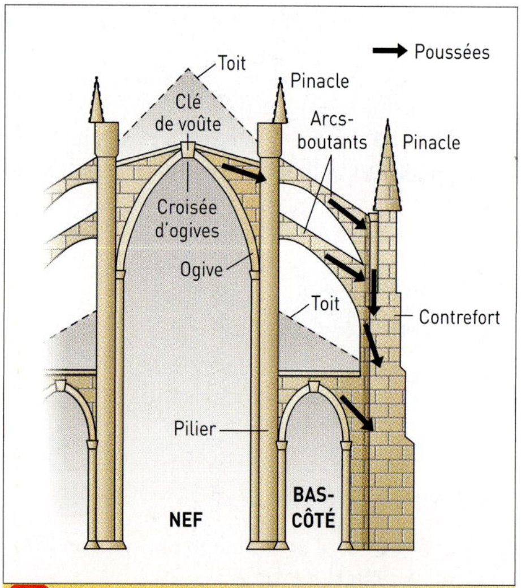

3 Les techniques de construction

Par la croisée d'ogives et l'arc-boutant, la poussée de la voûte s'effectue vers les contreforts extérieurs. On peut alors construire des églises très hautes et le mur intérieur peut être percé de larges fenêtres.

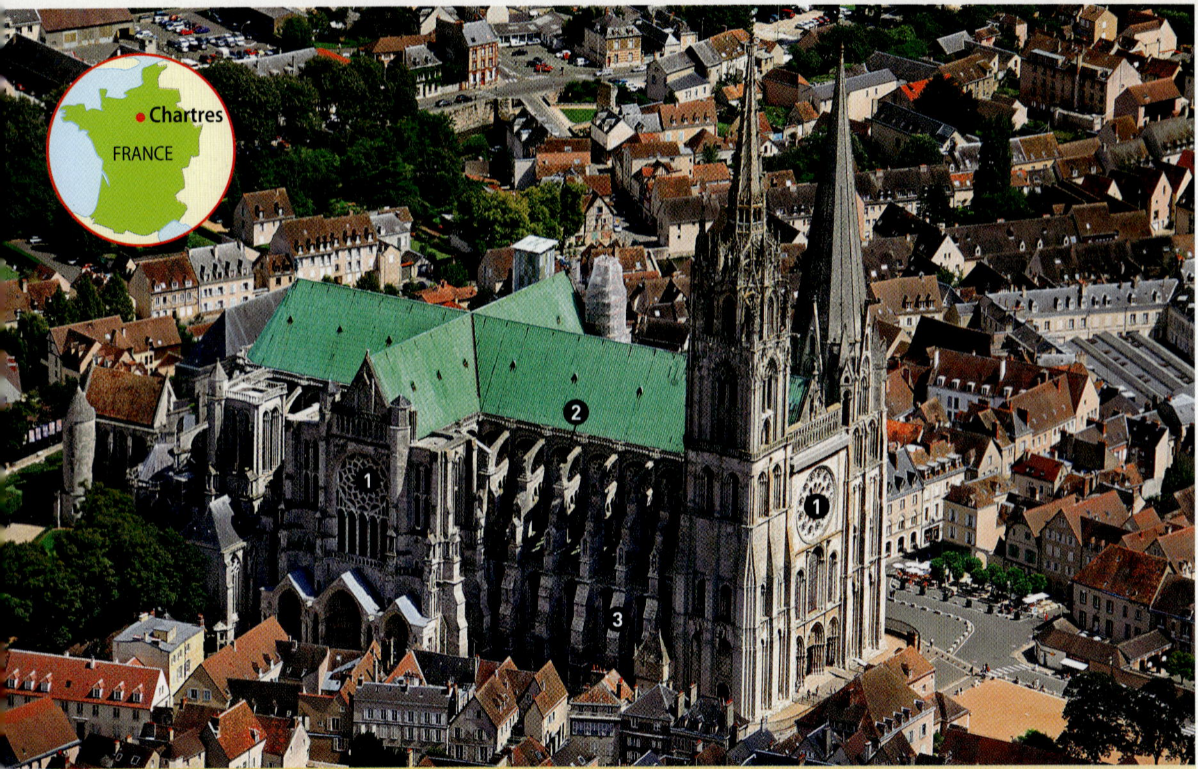

4 La cathédrale Notre-Dame, au cœur de la ville de Chartres

❶ Rosace ❷ Arc-boutant ❸ Contrefort

Dimensions de la cathédrale : hauteur sous toit : 51 m ; hauteur des clochers : 105 et 115 m. Diamètre de la grande rosace : 13,36 m (l'une des plus grandes du monde).

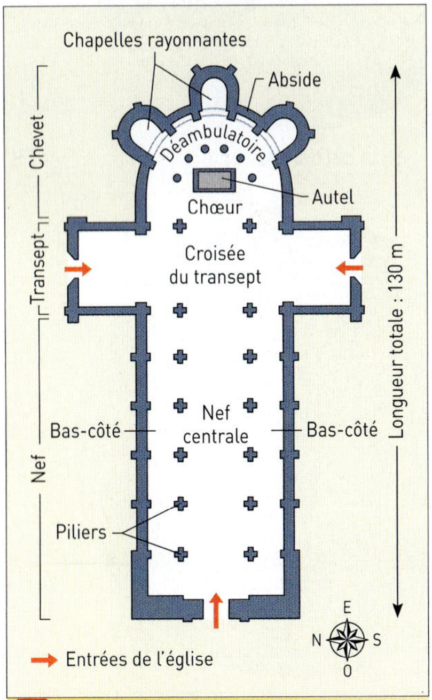

5 Le plan de la cathédrale

Questions

Je me situe dans le temps et dans l'espace

1 Quand et où la cathédrale de Chartres a-t-elle été construite ?

Je décris et j'explique

2 **Doc 2.** Qui commande la reconstruction de la cathédrale ? Qui est sollicité pour la financer ?

3 **Docs 1, 3 et 4.** Décrivez la cathédrale de Chartres. Trouvez trois qualificatifs qui lui conviennent.

4 **Docs 3, 4, 5.** Quelles nouvelles techniques de construction sont appliquées à cette cathédrale ? Pourquoi permettent-elles de supprimer les murs de la nef ?

5 **Docs 2, 3 et 4.** Montrez l'importance de la cathédrale dans la vie religieuse des chrétiens.

Récit

Racontez la construction de la cathédrale de Chartres.

Conseils

Pour écrire ou dire votre récit :
- indiquez qui finance et qui construit cette église ;
- décrivez les différentes parties de l'église en expliquant le rôle des nouvelles techniques de construction ;
- expliquez pourquoi les chrétiens de Chartres veulent une belle et grande église.

Les vitraux de la cathédrale de Chartres

À partir du XIIe siècle, de nouvelles techniques ont permis d'ouvrir les murs des églises et de les remplacer par de vastes fenêtres ou des rosaces. Désormais, les vitraux forment l'essentiel du décor intérieur des cathédrales. Ouverts sur le ciel, ils diffusent une lumière colorée. Par des images, ils racontent la Bible, la vie des saints, les métiers qui ont participé à la construction ou au financement de l'église… La cathédrale Notre-Dame de Chartres possède le plus important ensemble vitré du XIIIe siècle.

➤ ***Que racontent les vitraux de Notre-Dame de Chartres ?***

1 Les bouchers, donateurs qui ont permis la réalisation du vitrail (détail du 1er cercle).

2 Le chantier de la cathédrale : ouvriers au travail (détail du 2e cercle).

3 Un miracle : pèlerins infirmes guéris par le voile de Vierge, relique conservée dans la cathédrale (détail du 3e cercle).

4 La Vierge avec l'enfant Jésus entourés d'anges et de prophètes (détail du 4e cercle).

4e cercle : la glorification de la Vierge.

3e cercle : les miracles de guérison des pèlerins.

2e cercle : les travaux de reconstruction de la cathédrale après l'incendie de 1194.

1er cercle : la Vierge, les donateurs et l'arrivée des matériaux de construction.

5 Les « Miracles de Notre-Dame »

Situé dans la nef de la cathédrale, ce grand vitrail célèbre la gloire de la Vierge.

Mémo' Art

Les vitraux de Notre-Dame de Chartres

Place dans la cathédrale

– Les 176 vitraux couvrent de vastes fenêtres ou verrières (2600 m^2 de superficie, des milliers de personnages).

Technique

Le travail des verriers

– Ils soufflent le verre, composé de cendres et de sable, le colorent avec des poudres minérales et végétales.

– Ils dessinent les modèles de vitraux, y posent les feuilles de verre soufflées, les découpent et les sertissent dans un maillage de plomb.

Sens

Les vitraux remplacent les murs et permettent à la cathédrale d'être baignée de lumière. Pour les fidèles, cette lumière est divine et les élève vers Dieu.

Usage

Le vitrail est la « Bible des illettrés ». Ses récits en images instruisent les fidèles dans la religion chrétienne.

Questions

Je situe l'œuvre d'art

1 À quelle période se développe l'usage des vitraux ? Pourquoi ?

Je décris l'œuvre d'art

2 **Doc 5.** Décrivez la composition de ce vitrail. De quel sujet traite-t-il ?

3 **Docs 1 à 4.** Classez les différentes scènes en plusieurs thèmes : les laïcs, le clergé, le divin.

4 **Docs 4 et 5.** Comment la Vierge Marie apparaît-elle sur ce vitrail ? Pourquoi lui accorde-t-on une telle importance ?

5 **Docs 1 et 5.** Selon vous, pourquoi des métiers de la ville sont-ils représentés sur le vitrail ?

Je fais le lien entre l'art et l'histoire

6 Montrez que les vitraux visent à instruire le fidèle et à renforcer son lien avec sa religion.

B2i MON MUSÉE VIRTUEL

- Rendez-vous à l'adresse suivante : www.centre-vitrail.org
- Présentez la rosace de la cathédrale de Chartres. Décrivez sa forme et sa composition.

François d'Assise

• Né en 1182 en Italie, François di Bernardone est le fils d'un riche marchand d'Assise. À 24 ans, il renonce à tous ses biens et **prêche la pauvreté et l'amour**. Rejoint par onze compagnons, il fonde un ordre religieux : les **Frères mineurs**. Il entreprend alors des voyages de **prédication** à travers l'Europe et l'Orient. Il est **canonisé** par le pape, après sa mort.

▶ ***À quelle mission François d'Assise consacre-t-il sa vie ?***

1 François d'Assise

1182 : naissance à Assise dans une riche famille de marchands.

1206 : il renonce à tous ses biens, restitue ses vêtements à son père, soigne les lépreux.

1209 : à Rome, il est reçu par le pape qui approuve sa nouvelle forme de vie.

1212 : une jeune fille noble d'Assise, Claire, fonde une communauté religieuse, sous l'égide de François.

1222-1223 : importante tournée de prédication en Italie. Prédication aux oiseaux.

1223 : le pape approuve la règle de François et reconnaît son ordre religieux : les Frères mineurs.

1226 : François meurt à l'âge de 44 ans.

1228 : il est canonisé par le pape et devient saint François.

1230 : son corps est transporté dans la basilique d'Assise, construite en son honneur.

François donnant son manteau à un pauvre
(Fresque de Giotto, 1297-1299, basilique d'Assise.)

Vocabulaire

Canoniser : faire d'une personne un(e) saint(e), selon une cérémonie organisée par l'Église.

Prédication : action de prêcher, de faire des sermons pour enseigner des devoirs.

2 La règle de vie de François et de ses compagnons

Ceux qui venaient à moi pour partager ma vie donnaient aux pauvres tout ce qu'ils avaient. Pour vêtement, ils se contentaient d'une seule tunique, rapiécée au dedans et au dehors. Nous ne voulions rien de plus. Nous sommes des gens simples et nous nous mettons à la disposition de tout le monde.

Moi, je travaille de mes mains et je veux travailler. Et je veux fermement que tous les autres frères travaillent. Que ceux qui ne savent pas apprennent. Mais si nous n'avons pas assez gagné pour vivre, mendions notre nourriture de porte en porte, de ville en ville. Gardons-nous, sous aucun prétexte, de recevoir ni monastère, ni tout ce qu'on pourra construire à notre intention, conformément à notre règle de pauvreté (...). Ceux qui observeront ces choses seront bénis par Dieu.

D'après le *Testament de saint François d'Assise*, 1226.

3 François prêchant aux oiseaux

Symbole de la prédication universelle, le sermon aux oiseaux distribue à tous le message chrétien. (Tempera sur bois de Giotto, musée du Louvre, Paris.)

4 François et le loup de Gubbio

En Ombrie, à Gubbio, un loup semait la terreur. François se rendit dans la ville et l'interpella : « Frère Loup, viens ici. Au nom du Christ, je te commande de ne plus faire de mal à personne. Tu es méchant, tu blesses et tu tues sans sa permission les créatures de Dieu ; et non seulement les bêtes, mais aussi les hommes faits à l'image de Dieu, c'est pourquoi tu mérites les fourches comme les voleurs et les assassins. Mais je veux faire la paix entre toi et les habitants de Gubbio ».

Le loup aurait posé sa patte dans la main de François en signe d'acceptation. Les habitants de Gubbio auraient alors pris la décision de nourrir le loup qui serait resté dans la ville, jusqu'à sa mort, sans plus jamais les importuner.

Actes du bienheureux François, 1327-1337.

5 Le pape Innocent III reconnaît la règle de François d'Assise (1210)

(Fresque de Giotto, nef de l'église haute d'Assise, 1297.)

Questions

Je me situe dans l'espace et dans le temps

1 Où et quand est né François d'Assise ?

Je décris et j'explique

2 **Docs 1 et 2.** Présentez quelques aspects de la vie religieuse de François d'Assise

3 **Doc 2.** Quelles règles impose-t-il à ceux qui le rejoignent ?

4 **Docs 1 et 3.** Quelle action principale François entreprend-il ? Selon vous, qui les oiseaux représentent-ils ?

5 **Doc 4.** D'après ce texte, qu'obtient François de Gubbio ? Comment peut-on qualifier ce résultat ?

6 **Docs 1 et 5.** Quelle relation François entretient-il avec le Pape ? Quel en est l'intérêt?

Récit

Racontez la vie d'un moine qui s'est engagé auprès de François d'Assise.

Conseils

Pour écrire ou dire votre récit :
- expliquez quelles conditions sont nécessaires pour devenir compagnon de François d'Assise ;
- racontez quelles actions sont menées à ses côtés.

Cours 1

Les chrétiens d'Occident (XIe – XVe siècle)

Que signifie être chrétien au Moyen Âge ?

A Appartenir à la chrétienté

1. Au Moyen Âge en Occident, presque toute la population est **chrétienne catholique**. Unie par une même croyance, elle croit en Dieu, en Jésus-Christ et en son message. Elle pense qu'après la mort, lors du **Jugement dernier**, Dieu sépare les bons, qui le rejoignent au paradis, des mauvais, qui vont en enfer (voir pp. 70-71).

2. Composée majoritairement de **laïcs**, la **chrétienté** comprend des **clercs**, placés sous l'autorité du **pape**, qui guident les chrétiens et prient pour leur salut. Les **évêques** et les **prêtres** vivent parmi eux. Les **moines**, regroupés en **ordres religieux**, vivent à l'écart du monde (voir pp. 66-67).

B Être chrétien, tous les jours de la vie

1. L'**Église** fixe les obligations des chrétiens et impose des **sacrements** pour tous les actes de leur vie : la naissance, le mariage, la mort (doc 2). L'entrée dans la chrétienté se fait à la naissance, par le **baptême**.

2. La **messe** est au cœur des pratiques catholiques (doc 1). Elle rassemble les chrétiens les dimanches et jours de fêtes. Ils viennent l'entendre dans **l'église** et y prient en silence (voir pp. 68-69). Les **saints** et la Vierge sont l'objet de leur dévotion, car les chrétiens pensent qu'ils interviennent en leur faveur auprès de Dieu.

C « Gagner son paradis »

1. La crainte de l'enfer conduit les chrétiens à multiplier les actes pour le pardon de leurs **péchés**. Ils **communient** au moins une fois par an. Ils font l'**aumône** aux pauvres. Ils font don de leurs biens à l'Église.

2. Ils entreprennent aussi des **pèlerinages**, pour se recueillir sur les **reliques** des saints (doc 3). Partout en Occident, ils sont des milliers à circuler, principalement vers trois lieux saints : le tombeau de saint Jacques à **Compostelle**, le tombeau de saint Pierre à **Rome**, le tombeau du Christ à **Jérusalem**. Ils espèrent ainsi préparer leur **salut**, ou guérir d'une maladie.

1 Assister à la messe

(Miniature tirée des *Très Riches Heures du duc de Berry*, XVe siècle, musée Condé, Chantilly.)

Décrivez les chrétiens représentés sur cette image.

Vocabulaire

Chrétienté : désigne l'ensemble des chrétiens, laïcs et clercs.

Clerc : homme d'Église. L'ensemble des clercs forment le clergé.

Communier : participer, dans une église, à la cérémonie de commémoration du sacrifice du Christ.

Église : avec un « É » majuscule, désigne l'ensemble du clergé, à partir du XIe siècle.

Laïc : chrétien n'appartenant pas au clergé.

Péché : acte par lequel une personne fait ce qui est interdit par l'Église.

Relique : voir p. 68.

Sacrements : actes religieux, institués par l'Église, par lesquels l'homme se rapproche de Dieu.

Saint : personne dont la vie est un exemple pour les chrétiens. Pour devenir saint, il faut être canonisé par l'Église.

2 Être chrétien, de la naissance à la mort

(Retable de Rogier Van der Weyden, huile sur bois, XVe siècle, Musée royal des beaux-arts, Anvers, Belgique.)

➔ **Que représente ce retable ? Qui pratique les sacrements ?**

3 Aller en pèlerinage

a L'évêque bénit un pèlerin. (Enluminure, fin du XIIIe siècle, bibliothèque municipale de Besançon.)

b Vénérer les reliques de saint Jacques, à Compostelle

Dans la vénérable église de Saint-Jacques-de-Compostelle repose le corps vénéré de saint Jacques, au-dessous de l'autel élevé magnifiquement en son honneur. Il est renfermé dans une tombe de marbre. De ses débuts jusqu'à aujourd'hui, cette église brilla des miracles de saint Jacques : là en effet, la santé est donnée aux malades, la vue est rendue aux aveugles, l'ouïe est accordée aux sourds (...). Les prières des fidèles sont exaucées, leurs vœux s'accomplissent, les chaînes du péché tombent, le ciel s'ouvre à ceux qui frappent. Tous les peuples étrangers venus de toutes les parties du monde accourent ici en foule, apportant au Seigneur leurs présents et leurs louanges.

D'après Aimery Picaud, *Guide du pèlerin de Saint-Jacques-de-Compostelle*, XIIe siècle.

1 **Décrivez ce pèlerin. Selon vous, pourquoi se fait-il bénir par l'évêque (doc a) ?**

2 **Relevez les éléments montrant que Saint-Jacques-de-Compostelle est un grand lieu de pèlerinage (doc b).**

Cours 2 La puissance de l'Église

➤ Comment l'Église exerce-t-elle son pouvoir sur les chrétiens d'Occident ?

A L'Église encadre la vie des chrétiens

1. Dès le XIe siècle, l'Église affirme sa présence au milieu des chrétiens. Les villages et les villes, construits autour de l'église et du cimetière, sont des **paroisses** dirigées par un prêtre. Toutes les paroisses sont réunies en **diocèses**, sous l'autorité d'un évêque.

2. Les populations vivent au rythme du **calendrier chrétien** établi par l'Église (doc 1). Dédié chaque jour à un saint, il ponctue les mois de l'année par des **fêtes religieuses** (Noël, Pâques...) et la représentation des activités des chrétiens.

B L'Église est partout présente

1. L'Église joue un rôle social. Elle est un refuge pour les personnes en danger. Elle assiste les pauvres, les malades et fonde pour les accueillir des **hôtels-Dieu**. Ses clercs ont en charge l'**enseignement** dans les écoles et les universités.

2. L'Église s'appuie sur les rois pour défendre la foi. Mais les rois sont aussi dépendants d'elle : en France, par exemple, le roi devient légitime après la cérémonie du **sacre** dans la cathédrale de Reims (doc 2).

3. L'Église est riche. Elle possède presque le tiers des terres d'Occident, prélève un impôt, la **dîme**, reçoit les donations des riches chrétiens. Elle est propriétaire des **monastères** et des **cathédrales**.

C L'Église exige l'obéissance

1. L'Église applique les règles édictées par le **pape**, chef de la chrétienté. Contre la violence des chevaliers, elle impose la **Paix de Dieu** et la **Trêve de Dieu** (doc 3). Les **ordres mendiants** (voir pp. 76-77) renforcent au XIIIe siècle l'emprise de l'Église sur les villes (doc 4).

2. L'Église peut condamner un chrétien à l'**excommunication**. Elle impose le catholicisme et combat les **hérétiques**, par la force armée et par le tribunal de l'**Inquisition**, qui peut ordonner leur mise à mort (doc 5).

1 Un calendrier chrétien

Le mois de février. Chaque jour de l'année est dédié à un saint. (Le nom des saints est inscrit au centre de l'image.)
(Miniature tirée des *Heures de la duchesse de Bourgogne*, vers 1450, musée Condé, Chantilly.)

➔ Relevez les informations montrant qu'il s'agit d'un calendrier chrétien.

Vocabulaire

Dîme : dixième des revenus, versé en impôt à l'Église.

Excommunication : exclusion de l'Église, par le pape ou par un évêque, d'une personne qui ne respecte pas ses lois.

Hérétique : chrétien dont les croyances sont différentes de celles imposées par l'Église.

Hôtels-Dieu : hôpitaux au Moyen Âge, fondés et entretenus par l'Église.

Inquisition : tribunal de l'Église chargé de poursuivre et de punir les hérétiques.

Ordres mendiants : ordres religieux (franciscains, dominicains...) qui prêchent dans les villes.

2 Le sacre du roi de France

Couronnement de Louis VIII et de Blanche de Castille dans la cathédrale de Reims (1223). (Enluminure du XIVe siècle, BNF, Paris.)

1 Quel événement raconte cette image ?

2 Comment la puissance de l'Église apparaît-elle ?

3 Paix de Dieu et Trêve de Dieu

La « Paix de Dieu »

Je n'envahirai en aucune manière les églises. Je n'assaillirai pas les clercs et les moines. Je n'enlèverai ni bœuf, ni vache. Je n'arrêterai ni le paysan, ni la paysanne, ni les marchands ; je ne leur prendrai pas leur argent. Je n'assaillirai pas les femmes nobles.

Serment proposé aux chevaliers par l'évêque du diocèse de Beauvais (Oise), 1023.

La « Trêve de Dieu »

Que ni homme, ni femme n'en attaque, en quelque lieu que ce soit, un autre, ni n'attaque un château, un village, du mercredi au coucher du soleil au lundi à l'aurore. Que si quelqu'un venait à enfreindre cette trêve, qu'il soit excommunié par Dieu et exclu de la chrétienté tout entière.

En accord avec le comte de Flandre, l'évêque du diocèse de Thérouanne, (Pas-de-Calais), 1063.

➔ Quelles mesures prend l'Église pour limiter la violence des chevaliers ?

4 Prêcher dans la ville

Un moine mendiant franciscain (ordre de saint François) s'adresse aux chrétiens pour renforcer leur foi. (Nicolas de Tolentino, *Enfant écoutant un sermon*, XIVe siècle, Tolentino, Italie.)

➔ Décrivez cette scène en repérant le moine et les fidèles.

5 L'Inquisition

Un hérétique livré au feu par le tribunal de l'Inquisition. (Miniature, *Coutumes de la ville de Toulouse*, XIVe siècle, BNF, Paris.)

1 Qui sont ces personnages ?

2 Quel est le sort réservé aux personnes considérées comme hérétiques ?

Exercices

Socle commun

Je révise

1 Je me repère dans le temps

À imprimer

Recopiez la frise chronologique ci-contre et indiquez ce qui caractérise chacune des deux périodes représentées.

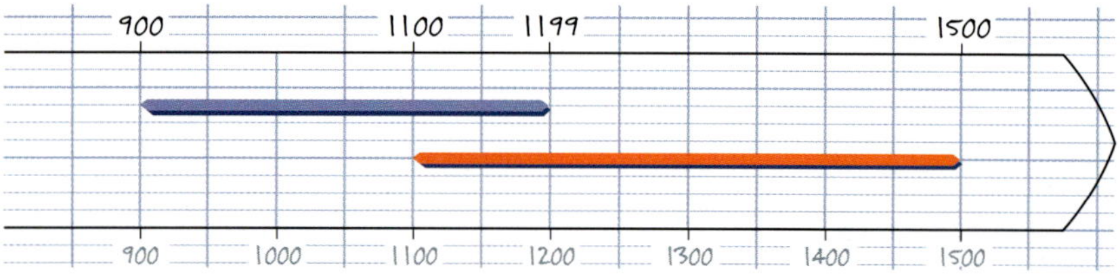

2 Je définis les mots clés

Associez chacun des mots clés ci-dessous à sa définition

1. **Clerc** 2. **Ordre religieux** 3. **Église** 4. **Salut** 5. **Pèlerinage** 6. **Laïc** 7. **Sacrement**

A. Voyage vers un lieu saint.

B. Vie éternelle au paradis.

C. Communauté de moines qui obéissent à la même règle.

D. Homme d'Église.

E. Avec un « É » majuscule, désigne l'ensemble du clergé, à partir du XIe siècle.

F. Chrétien n'appartenant pas au clergé.

G. Acte religieux, institué par l'Église, par lequel l'homme se rapproche de Dieu.

3 Je raconte et j'explique

1 Comment la religion est-elle présente dans la vie des chrétiens, de la naissance à la mort ?

2 Racontez qui est François d'Assise.

3 Décrivez et expliquez l'organisation et le fonctionnement d'une abbaye.

4 Décrivez une église romane ou une cathédrale gothique.

4 Je distingue l'art roman et l'art gothique

À quel art correspond chacune de ces images ? Justifiez vos réponses.

1. Voûte de la basilique de Vézelay (Yonne).

2. Voûte de la cathédrale Saint-Pierre de Beauvais (Oise).

3. Chapiteau de l'église de Saint-Nectaire (Puy-de-Dôme).

4. La Vierge à l'enfant, statue de marbre, Notre-Dame de Paris.

5. Vitrail de Notre-Dame de Reims (Marne).

6. Façade de Notre-Dame-la-Grande de Poitiers (Vienne).

5 J'analyse un texte et je relève des informations

Le pape, chef de la chrétienté

Le vicaire[1] de Jésus-Christ possède à la fois les clés du ciel et le gouvernement de la terre [...]. Nous sommes établis par Dieu au-dessus des peuples et des royaumes. Rien de ce qui se passe dans l'univers ne doit échapper à l'attention et au contrôle du Souverain Pontife[2]. Dieu, créateur du monde, a mis au firmament deux grands astres pour l'éclairer : le soleil, qui préside aux jours, la lune, qui commande aux nuits. De même, dans le firmament de l'Église universelle, il a été institué deux hautes dignités : la papauté qui règne sur les âmes, et la royauté qui domine les corps. Mais la première est très supérieure à la seconde. Comme la lune reçoit sa lumière du soleil, qui l'emporte de beaucoup sur la quantité et la qualité de son rayonnement, le pouvoir royal tire son éclat et son prestige du pouvoir pontifical.

Innocent III, pape de 1198 à 1216.

1. Vicaire : prêtre assistant le curé d'une paroisse. Ici, le pape.
2. Souverain Pontife : le pape.

1 Qui est l'auteur de ce texte ? De qui parle-t-il ?

2 Quel pouvoir est attribué au pape ?

3 Quel pouvoir est donné au roi par l'Église ?

4 Le pouvoir du pape est-il égal au pouvoir du roi ?

5 D'après vos connaissances, nommez la cérémonie qui place le roi sous la dépendance du pape.

6 Je mets en relation un texte et une image

a À l'école d'un monastère

— **Les élèves** : Nous, les enfants, nous te demandons, maître, de nous apprendre à bien parler latin parce que nous sommes ignorants.

— **Le maître (un moine)** : Acceptez-vous d'être battus pour apprendre ?

— **Les élèves** : C'est mieux que de rester ignorants. Mais nous savons que tu ne nous donneras pas de coups à moins que nous ne le méritions.

— **Le maître** : Ô, chers enfants, élèves attentifs, votre maître vous demande de vous préparer aux exercices religieux et de bien vous conduire en tous lieux. Chantez ensemble, demandez pardon pour vos péchés, et sortez de la classe sans dire de plaisanteries.

D'après *Le Colloque d'Aelfric*, XIIe siècle.

b Un cours à l'université

Au XIIIe siècle, dans les grandes villes, des universités sont créées sous la protection du pape pour étudier la théologie, le droit ou la médecine. (Enluminure, XIVe siècle, bibliothèque municipale de Cambrai.)

1 Qui sont les maîtres dans ces deux lieux d'enseignement ?

2 Qu'enseigne-t-on à l'école du monastère ? Comment apprend-on à l'université ?

3 Ces élèves et ces étudiants sont-ils disciplinés ?

Socle commun

7 Arts Je décris une enluminure

Mémo' Art

L'enluminure

- **Origine :** du latin *illuminare*, éclairer. Illustration en couleurs d'un manuscrit.
- **Nature :** peinture sur parchemin traité pour fixer l'encre (noir, rouge, violet, bleu, rose, bleu-vert) qui peut être une :
  – **lettrine historiée** (première lettre d'un livre ou d'un chapitre) ;
  – **miniature** (décoration d'une page écrite).
- **Outils :** le calame, pour écrire et dessiner ; des pinceaux pour peindre ; règle, compas.
- **Les enlumineurs :** des moines copistes, spécialisés dans l'art d'illustrer des manuscrits, ou des laïcs dans les villes.

1 Dans quel ouvrage a été réalisée cette enluminure ?

2 Identifiez les personnages représentés et décrivez la scène.

3 Quels aspects des croyances et des pratiques religieuses du chrétien cette scène illustre-t-elle ?

4 De quel type d'enluminure s'agit-il ? En vous aidant de la fiche technique, racontez comment elle a été réalisée.

Marguerite d'Orléans devant son livre ouvert, priant la Vierge à l'enfant. En bas, pèlerins sur le chemin de Saint-Jacques-de-Compostelle. (*Livre d'heures de Marguerite d'Orléans*, 1426-1438, BNF, Paris.)

8 B2i Je trouve des informations sur Internet

[Compétence 4.5. – Je sais sélectionner des résultats lors d'une recherche.]

1 Rendez-vous sur le site http://classes.bnf.fr

2 Cliquez sur « Ressources par thème ».

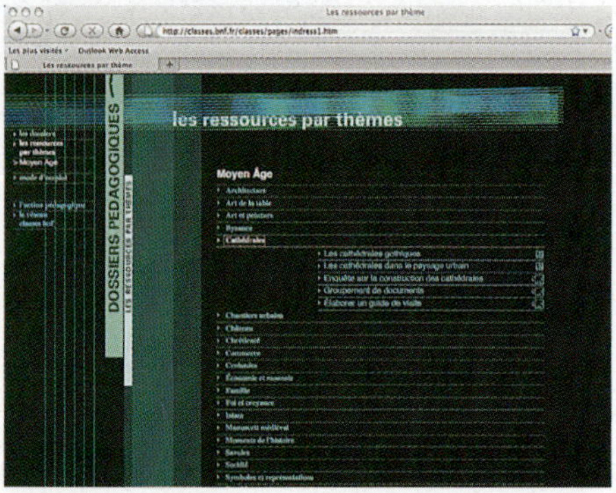

3 Cliquez sur « Cathédrale » puis sur « Élaborez un guide de visite ». Lisez l'introduction (jusqu'à « l'extérieur de la cathédrale ») et cliquez sur « document ». Observez les images présentées.

4 Créez un document traitement de texte auquel vous donnerez un titre.

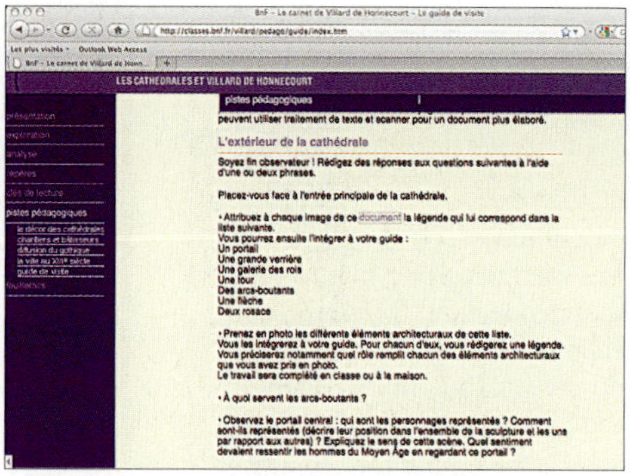

5 Sélectionnez « Document », copiez-le et collez-le dans votre document traitement de texte. Écrivez sous chaque image le mot qui lui correspond. Vous pouvez aussi légender le document afin d'expliquer la visite de l'intérieur de la cathédrale. Imprimez votre document traitement de texte et collez-le dans votre cahier.

9 Récit J'écris un récit sur un événement de la vie de Louis IX

L'année suivante (1232), il advint dans cette même église (Saint-Denis) que le très saint Clou, un de ceux dont notre seigneur fut crucifié [...] tomba du vase où il était gardé pendant qu'on le donnait à baiser aux pèlerins et il fut perdu parmi la multitude des gens qui le baisaient le tiers jour des calendes de mars (28 février). Le saint roi Louis[1] et sa noble mère[2], quand ils apprirent la perte de ce très haut trésor et ce qui était advenu au saint Clou sous leur règne, eurent grande douleur et dirent qu'on ne pouvait pas leur apporter de nouvelle plus cruelle. [...] Le très bon et très noble roi Louis se mit à crier bien haut qu'il préférerait que la meilleure cité de son royaume fût détruite. Il fit commander et crier dans tout Paris, par les rues et les places, que si quelqu'un l'avait trouvé ou recelé, il devait le rendre aussitôt et il aurait cent livres de la bourse du roi. Quand ceux de Paris entendirent le cri du roi et la nouvelle de la perte du saint Clou, ils furent très tourmentés et beaucoup d'hommes, femmes, enfants, clercs, écoliers commencèrent à crier du fond du cœur, en pleurs et en larmes ; ils coururent dans les églises pour appeler l'aide de Dieu dans un si grand péril. Ce n'est pas seulement Paris qui pleurait, mais tous ceux qui dans le royaume de France apprirent la perte du saint et précieux Clou. Beaucoup d'hommes sages craignaient qu'à cause de cette cruelle perte advenue au début du règne, il n'arrive de grands malheurs ou épidémies et que cela ne présageât la destruction de tout le royaume de France.

Guillaume de Nangis, *Vie de Saint Louis*, XIIIe siècle.

1. Louis IX.
2. Blanche de Castille.

1 Pour comprendre l'événement présenté dans ce récit, recopiez et complétez le tableau ci-contre.

2 À partir des indications du tableau, racontez les réactions suscitées par la perte de la relique du saint Clou. Rédigez votre récit au présent de l'indicatif.

Les lieux	Où se déroule cette histoire ?
Les personnages	Qui sont-ils ? – Personnage principal – Autres personnages
Le temps	– Quand se déclenche cette histoire ? – Quels indices montrent qu'elle dure ?
L'intrigue	– Quel événement déclenche cette histoire ? – Quelle ampleur prend-il ensuite ? – Quelle crainte déclenche-t-il ?

POUR ALLER PLUS LOIN

À lire

- **A. Erlande-Brandenburg** *Quand les cathédrales étaient peintes*, Découvertes Gallimard, Paris, 1993.

- **J. Martin et J. Pleyers** *Les aventures de Jhen*, Tome 5, *La Cathédrale*, Casterman, 1993.

À consulter

- Pour visiter une cathédrale en couleurs, www.cathedrale-amiens.images-en-somme.fr

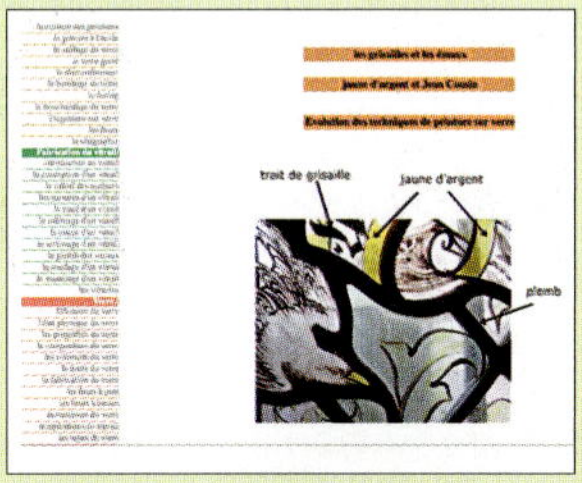

- Pour s'informer sur la fabrication et l'entretien des vitraux, www.infovitrail.com
- Pour mieux comprendre les techniques de construction au Moyen Âge www.college.bayard.free.fr
- Pour mieux voir les églises et cathédrales du chapitre, http://architecture.relig.free.fr/

Chapitre 5

L'expansion de l'Occident (XIe-XVe siècle)

Quels sont les aspects de l'expansion économique et religieuse de l'Occident entre le XIe et le XVe siècle ?

1 L'expansion de la chrétienté (XIe-XVe siècle)

Dans quelles directions l'expansion religieuse de l'Occident s'effectue-t-elle ?

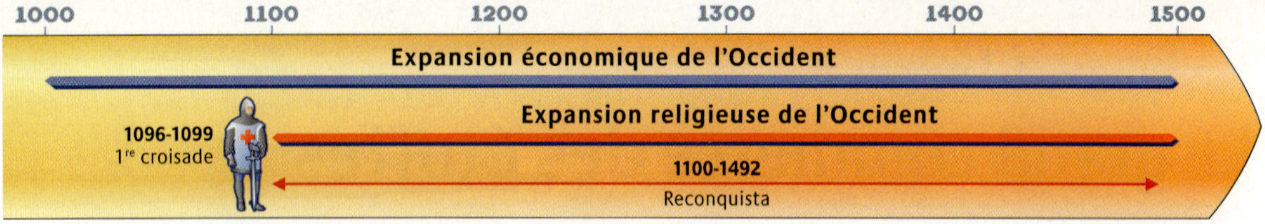

2 **L'essor du commerce et des villes**

(*Les Effets du bon gouvernement*, Ambrogio Lorenzetti, 1338-1340, fresque, Palais public, Sienne.)

➡ **Quelles activités pouvez-vous repérer dans ce lieu ?**

1100 — 1500
Essor du grand commerce

Le grand commerce des étoffes

• Au XIe siècle s'ouvre une période de paix qui permet aux activités commerciales de se développer dans toute l'Europe chrétienne. Les **draps** de laine, le coton et la soie alimentent un **commerce international** de grande ampleur. Cette activité enrichit les marchands et entraîne l'essor des **villes**, qui deviennent des lieux de fabrication et d'échange.

▶ ***Quelles sont les caractéristiques du commerce des étoffes entre le XIe et le XVe siècle ?***

1 Les marchands-voyageurs

Les marchands de tissus cheminent en caravanes. (Détail d'un tableau italien du XIVe siècle.)

2 Un métier qui enrichit

Moi Ruffin Falconus, marchand, ai eu en commande de toi, Otton Ferrario, drapier, huit pièces de tissus de soie dorée, estimées soixante-douze livres de Gênes. Cette commande, je dois la porter à la foire de Provins et en Flandre pour la négocier et, de là, revenir à Gênes. (…) Au retour, une fois déduit le capital, je dois avoir le quart du gain.

Contrat commercial passé à Gênes en 1234.

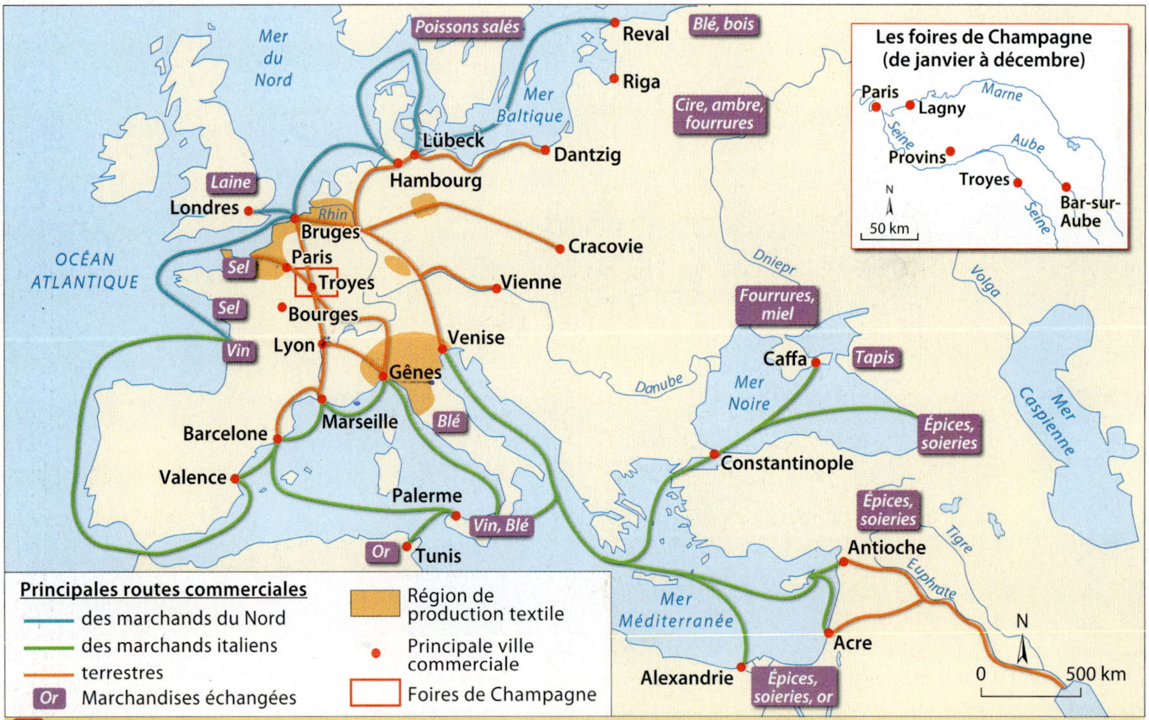

3 Routes et foyers du commerce des étoffes (XIIe au XVe siècle)

4 Le commerce des draps à Bruges (Flandre)

À Bruges, il y a deux très grandes maisons en manière de très grands palais, lesquelles s'appellent « halles ». Dans une halle on ne vend que les draps de laine entiers et elle n'ouvre que trois jours de la semaine, le mercredi, le vendredi et le samedi. Dans l'autre halle on vend aussi des draps de laine entiers et à la coupe et de toutes les façons qu'on voudrait les avoir et elle est ouverte toute la semaine. (...)

La foire de Bruges commence le 8e jour après Pâques ; le 14e jour après le début, au matin, on commence à exposer la draperie ; il y a trois jours d'exposition.

F. Balducci Pegolotti, *La Pratica della mercatura*, 1335, trad. par J.-C. Hocquet.

5 Des religieuses travaillent la laine

Le commerce des étoffes permet à de nombreuses activités artisanales de se développer. (Miniature extraite de *Historia ordinis humiliatorum*, XVe siècle.)

6 Dans la boutique d'un marchand de drap

(Extrait d'un manuscrit du XIVe siècle, Pavie ou Milan.)

Questions

Je me situe dans le temps et l'espace

1 Quand le grand commerce des étoffes se développe-t-il ?

2 **Doc 3.** Quelles régions d'Europe sont les plus concernées par les échanges ?

Je décris et j'explique

3 **Docs 1 et 3.** Qui sont les marchands d'Europe ? Quels sont leurs différents modes de circulation ?

4 **Docs 5 et 6.** Qui fabrique les étoffes et où ? Qui les vend et où ?

5 **Docs 2 et 3.** Repérez sur la carte le voyage que doit faire le marchand Ruffin Falconus.

6 **Docs 2 à 4.** Quel est le rôle des foires dans le commerce des étoffes ?

7 **Docs 5 et 6.** Quels métiers sont nécessaires au commerce des étoffes ?

Récit

Racontez la rencontre d'un marchand italien et d'un marchand allemand lors d'une foire.

Conseils

Pour écrire ou dire le récit :
- présentez leur vie de marchands d'étoffes ;
- expliquez ensuite comment ils échangent entre eux leur marchandise.

Découvrir

Jacques Cœur, un marchand-banquier

• Au XVe siècle, les grands marchands deviennent hommes d'affaires et banquiers. C'est le cas du Français **Jacques Cœur**, dont la réussite est exceptionnelle. Il développe ses activités commerciales à travers la France, l'Europe et en Méditerranée. Il devient banquier, prête de l'argent aux nobles et au roi Charles VII. Il accumule une fortune considérable.

Vocabulaire

Argentier : surintendant des Finances. Personne chargée par le roi de veiller sur les finances du royaume.

Quelle est la vie d'un grand marchand-banquier du XVe siècle ?

1 Jacques Cœur

Jacques Cœur. (Sculpture, 1874-1879, Bourges.)

Vers 1395 : naissance à Bourges dans la famille d'un marchand de fourrures.

• **Activités commerciales et financières**

Vers 1420 : il se lance dans le grand commerce, devient changeur et banquier. Il pratique le prêt à intérêt.

1439-1451 : il devient argentier du roi, puis entre au Conseil royal. Il développe le commerce de l'or et de l'argent, il fonde des industries (armes, mines, tissage de la soie) et il achète plusieurs seigneuries.

1447 : il fait frapper une monnaie d'argent, le Gros de Jacques Cœur.

• **La fin de sa vie**

1453 : il est arrêté sur ordre du roi et condamné pour s'être trop enrichi. Ses biens sont confisqués.

1454 : il parvient à s'enfuir à Rome.

1456 : il meurt à Chio (île proche de la Turquie) lors d'une expédition contre les Turcs.

Le Gros de Jacques Cœur.

2 Jacques Cœur, un grand marchand

Le premier de tous les Français de son temps, il équipa et arma des galères qui, chargées de draps de laine et d'autres produits manufacturés français, parcouraient les rivages d'Afrique et d'Orient jusqu'à Alexandrie d'Égypte. Elles en rapportaient, en remontant le Rhône, des étoffes de soie et toutes sortes d'aromates, toutes marchandises qui, répandues ensuite non seulement en France mais en Catalogne et dans les contrées voisines, devaient servir à l'usage de ces pays. Avant lui, un tel commerce était tout à fait insolite et c'était seulement par les soins d'autres nations : Vénitiens, Génois, Catalans, que ces marchandises parvenaient en France.

D'après Thomas Basin, *Histoire de Charles VII*, 1470.

3 Une galère de Jacques Cœur

La flotte de Jacques Cœur transporte des marchandises et des pèlerins en route pour Jérusalem. (Vitrail du palais de Jacques Cœur, XVIe siècle.)

4 Les affaires de Jacques Cœur

5 Un riche financier au service du roi

Il y avait alors dans les bureaux de la maison du roi Charles VII, un homme industrieux et avisé, Jacques Cœur de Bourges, d'origine populaire, mais de grande et vive intelligence et d'une prodigieuse habileté dans les choses de ce siècle. Il était argentier du roi. (...) Cet homme toujours plein de zèle pour tout ce qui touchait à l'honneur du roi et au bien du royaume (...) offrit spontanément de prêter au roi une masse d'or et lui fournit une somme montant, dit-on, à 100 000 écus d'or. C'est grâce à ce puissant secours que les places anglaises de Falaise, puis de Domfront et enfin de Cherbourg furent assiégées.

Jacques Cœur s'était enrichi et illustré par le commerce maritime. La magnifique demeure qu'il a fait construire dans la ville de Bourges en est le plus clair témoignage. Elle est si belle, décorée de tant d'ornements, que dans toute la France, je ne dis pas l'aristocratie moyenne, mais même, à cause de ces vastes dimensions, jusque chez le roi, on pourrait difficilement trouver demeure plus magnifique.

D'après Thomas Basin, *Histoire de Charles VII*, 1470.

6 Le palais de Jacques Cœur à Bourges

Construite entre 1443 et 1450, la « grande maison » témoigne de la richesse de son propriétaire.

Questions

Je me situe dans le temps

1 À quelle époque et où Jacques Cœur développe-t-il ses affaires ?

Je décris et j'explique

2 **Docs 1, 2 et 4.** Citez les marchandises dont Jacques Cœur fait le commerce.

3 **Docs 2 et 3.** Où se rend-il pour échanger ses marchandises ? Par quel moyen de transport ?

4 **Doc 4.** Quelles sont les différentes activités de Jacques Cœur dans le royaume de France ? Comment est organisée son entreprise ?

5 **Docs 1, 4 et 5.** Quelles sont les activités financières de Jacques Cœur ? Avec qui le mettent-elles en contact ?

6 **Docs 5 et 6.** Comment la demeure de Jacques Cœur incarne-t-elle sa réussite dans les affaires ?

Récit

Racontez la vie du marchand-banquier Jacques Cœur.

Conseils

Pour écrire ou dire le récit :
- présentez ses différentes activités ;
- donnez ensuite quelques explications à son enrichissement exceptionnel.

Venise, une cité florissante

• Dès le XIe siècle **Venise** profite de l'essor du commerce et s'affirme comme le grand **carrefour maritime** entre l'Orient et l'Occident. Au XIIIe siècle, elle compte 70 000 habitants et se construit un empire commercial en Méditerranée. Cette **cité** indépendante est dirigée par un **doge**, issu des grandes familles marchandes. Ses somptueux monuments, civils et religieux, témoignent de sa richesse.

▶ ***Qu'est-ce qui fait la richesse de Venise au Moyen Âge ?***

Vocabulaire

Doge : personne élue par les grandes familles marchandes pour diriger la république de Venise.

Lagune : étendue d'eau séparée de la mer par un cordon de sable, le Lido.

1 Une ville construite sur la mer

(Gravure, 1588, Bibliothèque universitaire, Salamanque.)
❶ Terre ferme ❷ Lido ❸ Place Saint-Marc et palais des Doges ❹ Arsenal
❺ Grand Canal ❻ Rialto (quartier des affaires)

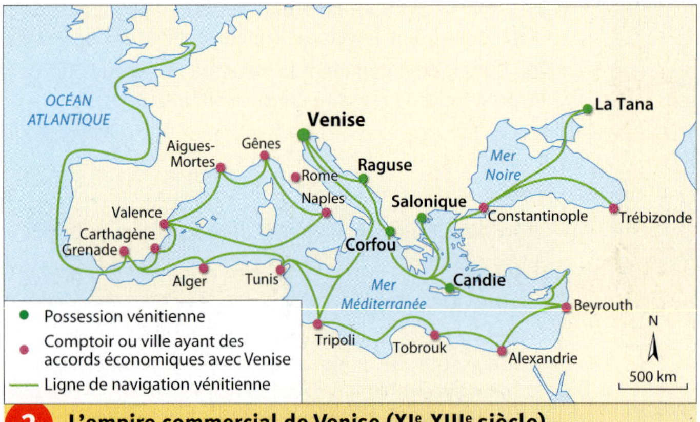

2 L'empire commercial de Venise (XIe-XIIIe siècle)

3 Les marchands vénitiens dans l'Empire byzantin

En récompense des services rendus, ma Majesté impériale a bien voulu que les Vénitiens reçoivent chaque année un revenu de 20 livres. (...) En plus, je leur donne les magasins dans le quartier de Perama (à Constantinople) avec plusieurs étages et trois débarcadères au même endroit. Je leur accorde le droit de commercer toutes les marchandises à Constantinople et dans toutes les régions qui sont en mon pouvoir sans qu'ils aient à payer de taxe pour aucune transaction.

D'après le chrysobulle de l'empereur byzantin Alexis Comnène, 1082.

4 Une procession sur la place Saint-Marc, les marchands omniprésents

Le jour de la Saint-Marc, un cortège part du palais des Doges et fait le tour de la place pour entrer enfin dans la basilique où sont célébrés tous les grands événements de l'histoire de Venise. (*Procession sur la place Saint-Marc*, G. Bellini, huile sur toile, 1496, Venise.)

1 Basilique 2 Palais des Doges 3 Grands marchands
4 Membres du gouvernement issus des familles marchandes
5 Clergé et membres des confréries

5 La Ca d'Oro, « maison d'Or »

Cette riche demeure a été construite au XVe siècle par un des marchands les plus fortunés de Venise. Sa façade de marbre était à l'origine recouverte de 23 000 feuilles d'or.

Questions

Je me situe dans le temps et l'espace

1 **Docs 1 et 3.** Où Venise est-elle située ?

2 À quelle époque la ville s'enrichit-elle ?

Je décris et j'explique

3 **Doc 1.** Quelles activités le site de Venise favorise-t-il ? Lesquelles peut-on repérer ?

4 **Doc 2.** Où se situent les possessions de Venise ? Selon vous, comment ces possessions contribuent-elles à enrichir la ville ?

5 **Doc 3.** Où les Vénitiens se sont-ils installés ? Quels avantages ont-ils obtenus de l'empereur byzantin ?

6 **Doc 4.** Qui sont les personnes qui participent à cette procession ? Comment l'artiste montre-t-il que Venise est une cité dirigée par des marchands ?

7 **Docs 4 et 5.** En quoi les monuments de Venise sont-ils le reflet de la richesse de la ville ?

Récit

Racontez la richesse de Venise au Moyen Âge au travers de la vie d'un marchand vénitien.

Conseils

Pour écrire ou dire le récit :
- présentez les activités commerciales du marchand et sa participation à la vie de la ville ;
- puis décrivez les monuments de la ville et expliquez leur fonction.

Cours 1

L'expansion du commerce et des villes en Occident

➤ *Comment les marchands enrichissent-ils l'Occident entre le XIe et le XVe siècle ?*

A Le développement du grand commerce

1. À partir du XIe siècle, un climat de paix permet l'essor du grand commerce en Europe. Les foyers les plus actifs sont l'**Italie du Nord** et l'**Europe du Nord**.

2. Aux XIIe et XIIIe siècles, marchands italiens et marchands de Flandre et d'Allemagne se rencontrent dans les **foires** internationales, comme celles de **Champagne**. Ils y échangent principalement des **étoffes** (voir pp. 88-89) et des **épices**, contre des **monnaies** de forte valeur comme le ducat de Venise.

B Les marchands-banquiers

1. Au XIVe et au XVe siècle, les marchands deviennent **hommes d'affaires**. Ils dirigent de puissantes **compagnies commerciales** et ouvrent des **filiales** dans les villes d'Occident et d'Orient où des correspondants les représentent.

2. Ces grands marchands sont aussi **banquiers** et pratiquent la **lettre de change** (doc 1) et le **prêt à intérêt**. Ils prêtent aux princes et aux rois : les Fugger en Allemagne (doc 2a), les Médecis à Florence (doc 2b), Jacques Cœur en France (voir pp. 90-91).

C L'essor des villes

1. La multiplication des échanges favorise le développement des **villes** (doc 4). Marchands et artisans s'installent au croisement des routes commerciales et s'associent en **guildes**. Les villes s'étendent, et s'embellissent (Bruges, Venise, Florence...). Elles se dotent de nouveaux édifices civils : halles, **hôtels de ville**, **beffroi**, luxueuses demeures (voir p. 93).

2. Afin de défendre leurs intérêts, les **bourgeois** se libèrent de l'autorité du seigneur ou de l'évêque. Les villes deviennent des **communes**, dirigées par de riches marchands (doc 3).

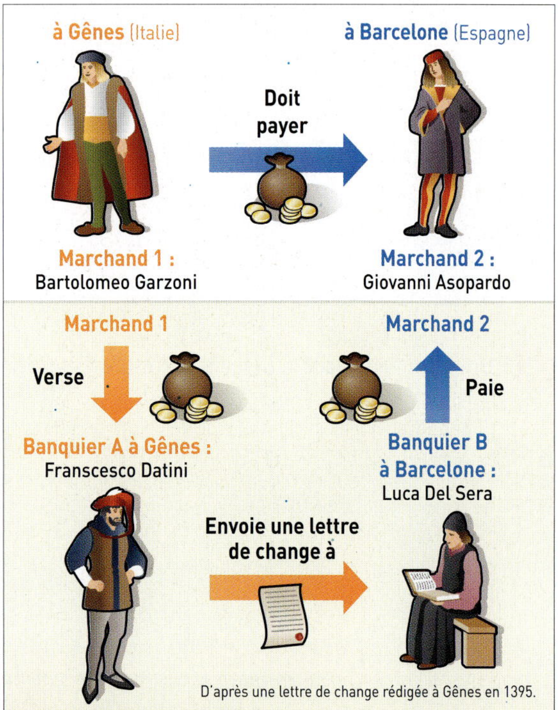

D'après une lettre de change rédigée à Gênes en 1395.

1 La lettre de change

➔ **Expliquez comment fonctionne le paiement entre marchands par lettre de change.**

Vocabulaire

Beffroi : haute tour construite par une ville. Elle abrite la cloche qui avertit les habitants en cas de danger et sonne les horaires de travail.

Bourgeois : habitants du bourg, de la ville.

Commune : association d'habitants pourvue de droits.

Compagnie commerciale : société qui regroupe de nombreux associés autour d'une famille de marchands.

Filiale : entreprise nouvelle, sous la direction de l'entreprise mère.

Guilde : association de marchands ou d'artisans d'une ville.

Hôtel de ville : édifice où se réunissent ceux qui dirigent la commune.

Lettre de change : écrit par lequel une personne donne à une autre personne l'ordre de payer une certaine somme d'argent à une troisième personne, dans un autre lieu.

2 De puissantes familles de marchands-banquiers

b Les Médicis à Florence (Italie)

À sa mort en 1429, Giovanni laisse un patrimoine considérable : terres, maisons en ville, rentes sur l'État, participation majoritaire à une compagnie commerciale et bancaire de premier plan. Côme (mort en 1464) consolide la compagnie commerciale. Elle contrôle dix filiales à Rome, Venise, Milan, Naples, Pise, Genève, Lyon, Avignon, Bruges, Londres et deux ateliers de tissage et de soie. Elle fait commerce de tout, en particulier d'argent, qu'elle prête aux princes et aux rois. Côme s'entoure de collaborateurs avisés. Il lui reste du temps pour gouverner la ville de Florence, construire le couvent Saint-Marc, l'église Saint-Laurent, le palais familial, rassembler des bibliothèques, stimuler les artistes, se comporter en homme d'État et en mécène, sans jamais abandonner l'allure et le ton du marchand.

Ch.-M. de la Roncière, *Les Médicis*, Encyclopædia Universalis.

a Les Fugger en Allemagne

La famille est installée à Augsbourg. Sur les tiroirs à l'arrière-plan, on peut lire le nom des villes où les Fugger ont ouvert des filiales : Rome, Venise, Cracovie, Lisbonne... (Dessin de 1518, musée Herzog Anton Ulrich, Brunswick, Allemagne.)

➔ **Quelles sont les activités de ces grandes familles ? Pourquoi sont-elles si puissantes ?**

3 La commune de Troyes

Moi Thibaut, comte de Champagne et de Brie, nommera chaque année 13 hommes[1] de la commune de Troyes, et ces 13 personnes éliront l'une d'entre elles comme maire. Ces 13 personnes jureront sur les saints Évangiles de garder et gouverner la ville et les affaires de la ville en toute bonne foi. Les 12 jurés et le maire lèveront les impôts.

Je donne aux habitants de la commune de Troyes la justice sur la ville.

Je conserve la justice et la garde de mes églises, de mes chevaliers et de mes vassaux.

D'après la charte de commune de Troyes, 1230.

1. Marchands et artisans de la ville.

➔ **Qui dirige désormais la ville de Troyes ?**

4 Le marché dans la ville

Le marché de Champeaux à Paris. (Miniature tirée de *Le chevalier errant* de T. de Saluce, vers 1400, Bibliothèque nationale, Paris.)

➔ **Quelles marchandises sont échangées sur ce marché ?**

La première croisade (1096-1099)

• Le 27 novembre 1095, le pape Urbain II lance en Occident l'appel à la **croisade** : il faut libérer la **Terre sainte**, tombée aux mains des Turcs musulmans, et rétablir le pèlerinage au **Saint-Sépulcre** à Jérusalem. Des milliers de chevaliers et de pauvres gens de toute l'Europe se mettent en marche.

Comment se déroule la première croisade ?

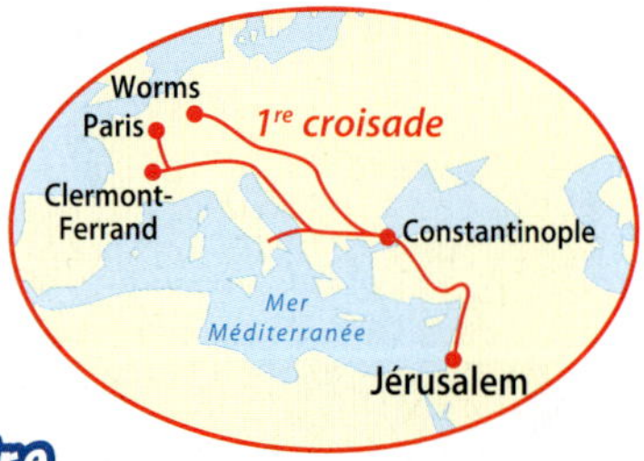

1 Un chevalier croisé

(Miniature du *Psautier de Westminster*, manuscrit du XIIe siècle, British Library, Londres.)

Vocabulaire

Croisade : « guerre sainte » ; expédition militaire des chrétiens d'Occident pour conquérir la Terre sainte dominée par les musulmans.

Saint-Sépulcre : tombeau présumé de Jésus-Christ, lieu de pèlerinage le plus saint de la chrétienté.

Terre sainte : la Palestine, lieu où Jésus-Christ aurait vécu.

2 L'appel à la croisade du pape Urbain II (1095)

Il importe que, sans tarder, vous vous portiez au secours de vos frères chrétiens. En effet un peuple venu de Perse, les Turcs, s'est avancé jusqu'à la mer Méditerranée et a envahi les terres des chrétiens. Beaucoup sont tombés sous leurs coups. Leurs églises ont été détruites. Je vous supplie, chevaliers ou piétons, riches ou pauvres de vous rendre au secours des chrétiens et de repousser ce peuple néfaste loin de nos territoires chrétiens. À tous ceux qui partiront et périront en route ou en combattant, leurs péchés seront pardonnés. Qu'ils aillent donc au combat contre les infidèles, ceux qui jusqu'ici se battaient contre les fidèles. Qu'ils soient des chevaliers du Christ, ceux qui n'étaient que des brigands !

D'après Foucher de Chartres, *Histoire du pèlerinage des Francs à Jérusalem*, XIIe siècle.

3 La croisade populaire

Les comtes et les chevaliers songeaient encore à leurs préparatifs que déjà les pauvres faisaient les leurs, fort attachés à un moine prédicateur, Pierre l'Ermite. Chacun délaissait sa maison, sa vigne, les vendait à bas prix et partait joyeux. Des pauvres ferraient leurs bœufs comme des chevaux et les attelaient à des chariots sur lesquels ils mettaient des provisions et leurs petits enfants.

D'après Guibert de Nogent, *Histoire des Francs*, XIe siècle.

Les pauvres n'atteignirent pas Jérusalem. Ils furent massacrés par les Turcs en Asie Mineure.

4 La prise de Jérusalem vue par les musulmans

Les Francs marchèrent sur Jérusalem et y mirent le siège pendant plus de quarante jours. La ville tomba le vendredi vingt-deux Sha'ban [15 juillet 1099]. La population fut passée par le fil de l'épée et les Francs massacrèrent les musulmans pendant une semaine. Une petite troupe s'était retranchée dans l'Oratoire de David[1]. Les Francs leur accordèrent la vie sauve, et les laissèrent partir de nuit. Dans la mosquée Al Aqsâ[2], au contraire, les Francs massacrèrent plus de soixante-dix mille musulmans.

D'après Ibn al-Athir, 1231.

1. Chapelle en mémoire du roi des Hébreux, David.
2. Lieu où aurait été construit le temple de Salomon.

❶ Pierre l'Ermite encourage les croisés
❷ Godefroy de Bouillon indique le chemin de l'assaut sur une tour roulante
❸ Tour de siège
❹ Musulmans à l'intérieur de Jérusalem

Après la prise de Jérusalem, Godefroy de Bouillon est proclamé roi de l'État de Jérusalem, créé par les croisés.

5 La prise de Jérusalem vue par les Francs (juillet 1099)

(Roman de Godefroy de Bouillon et de Saladin, manuscrit enluminé sur parchemin, 1337, BNF, Paris.)

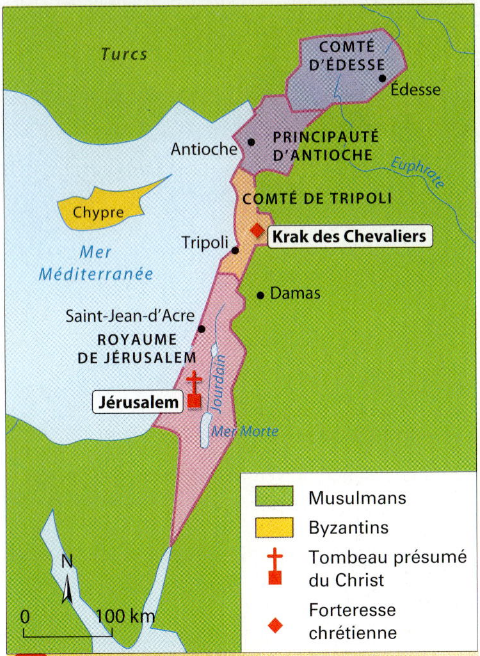

6 Les États latins d'Orient fondés par les croisés au XIIe siècle

Questions

Je me situe dans le temps et l'espace

1 Combien de temps dure la première croisade ?

2 D'où partent les croisés et où se rendent-ils ?

Je décris et j'explique

3 **Doc 2.** Pourquoi le pape lance-t-il un appel ? À qui s'adresse-t-il ?

4 **Docs 1 et 3.** Qui répond à cet appel ?

5 **Docs 4 et 5.** Décrivez le siège de Jérusalem vu par les Francs puis vu par les musulmans.

6 **Doc 6.** Quels sont les territoires conquis par les croisés ? De quel type d'États s'agit-il ?

Récit

Racontez la participation d'un chevalier à la première croisade.

Conseils

Pour écrire ou dire le récit :
- indiquez qui appelle à partir en croisade et pourquoi ce chevalier répond à cet appel ;
- puis faites-lui raconter la prise de Jérusalem.

Cours 2

L'expansion religieuse de l'Occident (XIe-XVe siècle)

Pourquoi les chrétiens d'Occident veulent-ils s'emparer de nouveaux territoires ?

A Des croisades en Orient

1. En 1095, le pape Urbain II, inquiet de l'avancée des Turcs en Orient, appelle les chrétiens d'Occident à partir reprendre aux musulmans **Jérusalem** et le **tombeau du Christ** : c'est la **première croisade** (1096-1099) (voir p. 96).

2. Victorieux, les croisés s'installent en Terre sainte et fondent quatre **États latins d'Orient** (voir p. 97). Pour protéger leurs territoires, ils construisent de puissantes forteresses défendues par des moines-soldats (doc 4). Mais au XIIIe siècle, les musulmans reprennent le combat. Ils s'emparent de Jérusalem et menacent les États latins.

3. Six **croisades** chrétiennes sont organisées pour les sauver, sans succès. Les États latins disparaissent définitivement en 1291. Les croisades ont cependant permis une formidable **expansion commerciale** de l'Occident en Méditerranée, dont Venise est la principale bénéficiaire (voir pp. 92-93). Les contacts ont été facilités par l'installation définitive de nombreux croisés en Orient (doc 1).

B Des croisades en Europe

1. Depuis le VIIIe siècle, une grande partie de **l'Espagne** est sous domination musulmane. À partir du XIe siècle, les rois chrétiens d'Aragon, de Castille et de Navarre, aidés de chevaliers européens, entreprennent sa **reconquête** : c'est la ***Reconquista***, encouragée par le pape (docs 2 et 5). En 1212, la bataille de Las Navas de Tolosa est une victoire décisive pour les chrétiens. D'abord repoussés, les musulmans sont définitivement chassés d'Espagne en **1492**, à la suite de la prise de Grenade.

2. Le nord de l'Europe est aussi le lieu d'avancées du christianisme. Dès le XIIe siècle, sur les rives de la mer Baltique, des **chevaliers Teutoniques** et des missionnaires sont envoyés par l'Église pour convertir au christianisme les populations païennes (doc 3).

1 Vivre en Orient

Nous qui étions des Occidentaux, nous sommes devenus Orientaux. Celui qui était de Reims ou de Chartres, est maintenant de Tyr[1] ou d'Antioche[1]. Nous avons déjà oublié les lieux de notre naissance. L'un possède des demeures familiales ; l'autre a épousé une syrienne, ou une Sarrasine admise à la grâce du baptême. Celui-ci possède des vignes, cet autre des champs. On utilise diverses langues en alternance.

Celui qui était un étranger est maintenant presque un indigène. Ceux qui, là-bas, étaient pauvres, Dieu ici les a faits riches (...) Pourquoi retournerait-il en Occident, celui qui a découvert l'Orient ? »

D'après F. de Chartres, *Historia Hierosolymitana*, XIIe siècle.

1. Tyr et Antioche : villes appartenant aux États latins d'Orient.

Comment vivent les croisés qui se sont installés en Orient ?

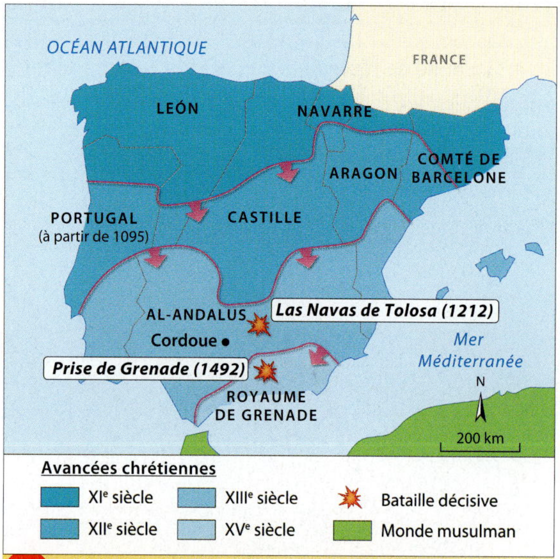

2 La reconquête chrétienne de l'Espagne

En combien de temps la reconquête de l'Espagne par les chrétiens s'est-elle effectuée ?

Vocabulaire

Chevaliers teutoniques : moines soldats allemands.

Reconquista : reconquête de l'Espagne par les rois catholiques.

3 L'évangélisation en Europe du Nord

Le troisième jour, Otton[1] vint à Pyritz, la première place forte en arrivant en Poméranie[2]. Il y resta 14 jours à appeler ses habitants à la foi. Mais les habitants, eux, se montraient absolument hostiles, poussant le serviteur de Dieu à gagner d'autres lieux, affirmant qu'ils ne pouvaient s'engager dans cette foi nouvelle sans l'accord de leurs chefs. Finalement, comme le pieux Otton faisait d'incessantes prières, l'esprit de Dieu les toucha. Ils donnèrent leur adhésion. Soumettant leur nuque au joug de la foi, tous ceux-là furent baptisés.

D'après Ebbon, *Vie d'Otton*, XIIe siècle.

1. Otton : soldat-missionnaire.
2. Poméranie : région côtière de la mer Baltique, située en Allemagne et en Pologne.

➔ Comment Otton parvient-il à convertir les habitants de Poméranie au christianisme ?

4 Le Krak des Chevaliers

Forteresse édifiée au début du XIIe siècle par les chrétiens pour résister aux attaques des musulmans.

1 Décrivez cette forteresse et sa situation.

2 Quelle peut être son utilité pour les chrétiens ?

5 Les batailles de la *Reconquista*

a Bataille entre croisés et musulmans
(Enluminure du XIIIe siècle, bibliothèque de l'Escorial, Madrid.)

b La victoire de Las Navas de Tolosa (1212)

Des chrétiens de diverses parties du monde étaient venus à Tolède. Ils voulaient obtenir le pardon des péchés accordé par le pape à ceux allant en guerre au secours de la chrétienté d'Espagne. Quelque temps après, la bataille fut engagée. Chaque roi, entouré de ses compagnons, attaquait les Sarrasins avec la plus grande bravoure. Dès lors, l'armée des Sarrasins s'enfuit à la suite du roi Miramolin qui avait pris la fuite le premier. Béni soit en toutes choses le Seigneur Jésus-Christ, qui par sa miséricorde, a donné victoire aux chrétiens catholiques.

Lettre de l'évêque de Narbonne à l'abbé de Cîteaux, XIIIe siècle.

1 Comment reconnaît-on les combattants chrétiens et les combattants musulmans ? 2 D'où viennent les chevaliers chrétiens qui combattent à Las Navas ? Pourquoi peut-on dire que ce combat est une croisade ?

1 Je me repère dans l'espace

À imprimer

1 Recopiez le fond de carte ci-contre, puis indiquez :

a. le nom des mers

b. le nom des États (Royaume d'Angleterre, Royaume de France, Saint Empire, Pologne, Royaume de Hongrie, Russie)

c. *Reconquista*

d. Croisades

e. Chevaliers teutoniques

f. Djihad

2 Complétez la légende avec les éléments suivants :

g. Chrétiens catholiques

h. Musulmans

i. Chrétiens orthodoxes

j. Région devenue catholique entre le XIe et le XVe siècles

k. Croisade catholique

l. Guerre sainte musulmane

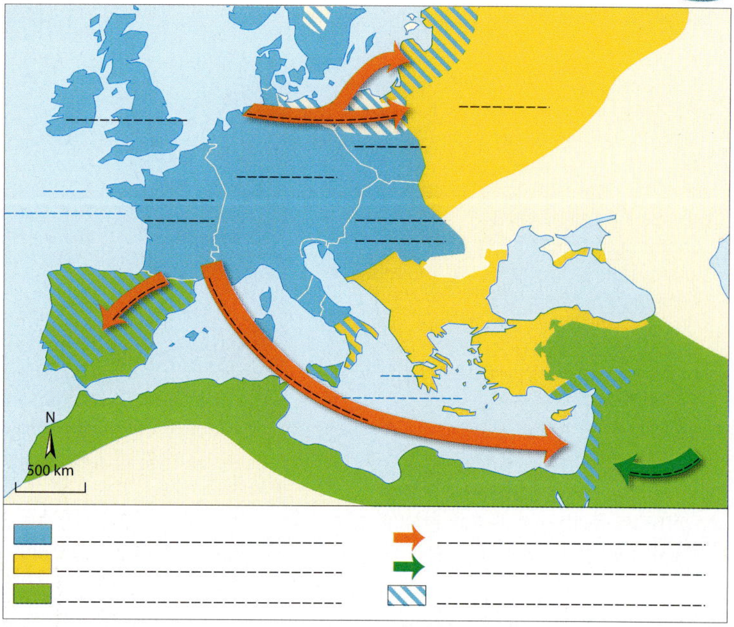

2 Je me repère dans le temps

À imprimer

Recopiez la frise ci-dessous et complétez-la en plaçant au bon endroit les éléments suivants :

– Expansion économique de l'Occident

– Expansion religieuse de l'Occident

– Première croisade

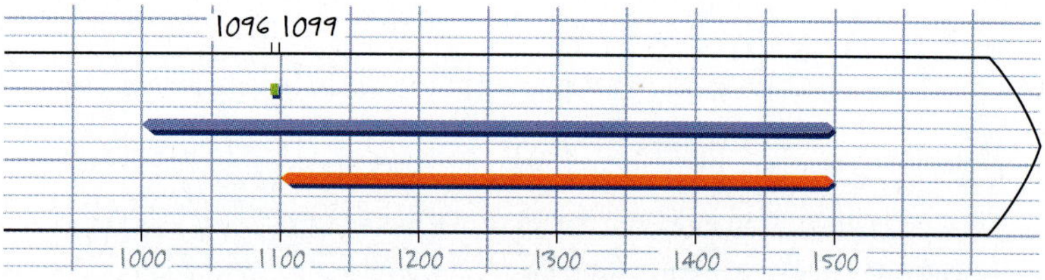

3 Je définis les mots clés

Associez chacun des mots clés ci-dessous à sa définition

1. Croisade **2. *Reconquista*** **3. Bourgeois**

4. Commune **5. Beffroi**

A. Habitants du bourg, de la ville.

B. « Guerre sainte », expédition militaire des chrétiens d'Occident pour conquérir la Terre sainte dominée par les musulmans.

C. Haute tour construite par une ville. Elle abrite la cloche qui avertit les habitants en cas de danger et sonne les horaires de travail.

D. Reconquête de l'Espagne musulmane par les chrétiens.

E. Association d'habitants pourvue de droits.

4 Je raconte et j'explique

1 Quelles sont les activités des marchands-banquiers aux XIVe et XVe siècles ?

2 Avec l'essor du commerce à partir du XIIe siècle, comment les villes se transforment-elles ?

3 Comment se déroule la première croisade ?

4 Qu'est-ce que la *Reconquista* ?

5 Je mets en relation un texte et une image

a La carrière de Giovanni Arnolfini

Giovanni Arnolfini est né vers 1400 à Lucques dans une famille de riches marchands. En 1420, il est envoyé par son père à Bruges, où il travaille dans le milieu de la banque, dominé par d'autres Lucquois, les Rapondi. Il se lance alors dans des affaires hardies qui lui rapportent beaucoup d'argent qu'il investit dans le commerce. En 1423, le duc de Bourgogne[1] lui achète « six tapisseries faites et ouvrées richement ».

Dès lors, Arnolfini est en relations constantes avec le duc, à qui il prête régulièrement de l'argent. En 1425 il lui vend des draps de laine pour une somme sur laquelle il gagne 25 %.

Les prêts, les gains, les ventes à la cour du duc de Bourgogne l'enrichissent à tel point qu'il devient le plus important des marchands lucquois de Bruges. Vers 1434, il épouse Giovanna Cenami, d'une riche famille de banquiers et marchands de Lucques. En 1442, il devient bourgeois de Bruges. Après avoir résidé quelques années à Paris comme conseiller financier du roi Louis XI, il rentre à Bruges où il meurt en 1472.

D'après J.-C. Hocquet, *Venise et Bruges*, La documentation photographique, 1999.

1. Le duc de Bourgogne est aussi comte de Flandre et réside souvent à Bruges.

b Portrait de Giovanni Arnolfini et sa femme
(*Les époux Arnolfini*, Jan Van Eyck, 1435, 29 x 20 cm, Gemäldegalerie, Berlin.)

1. Retracez les étapes de la carrière du marchand Giovanni Arnolfini (doc a).
2. Montrez qu'il s'agit d'une carrière européenne (doc a).
3. Quelles sont les principales origines de sa fortune (doc a) ?
4. Décrivez le tableau en montrant comment il illustre la richesse du marchand-banquier (docs a et b).

6 Je relève des informations dans un texte et je les confronte à un autre texte

Les Francs mènent encore avec zèle la guerre contre les musulmans ; ceux-ci en revanche font preuve de manque d'énergie et d'union dans la guerre, chacun essayant de laisser cette tâche aux autres. Ainsi les Francs sont-ils parvenus à conquérir des territoires beaucoup plus grands qu'ils n'en avaient l'intention, exterminant et avilissant leurs habitants. Et ils poursuivent leur effort afin d'agrandir leur entreprise. (...) Les musulmans doivent être sûrs maintenant de leur obligation personnelle de combattre pour la foi. Il faut absolument que le sultan s'emploie chaque année à attaquer les territoires des infidèles et à les en chasser, ainsi qu'il est demandé à tous les chefs musulmans.

Al-Sulami, *Traité du djihâd*, 1105.

1. Relevez les termes qui désignent les chrétiens.
2. Que leur est-il reproché ?
3. Qui doit les combattre ? Au nom de quoi ?
4. Comparez ce texte avec avec l'appel à la croisade d'Urbain II p. 96.
   – Qui appelle à la guerre et contre qui ?
   – Pourquoi cet appel ?
   – Que signifie le terme « infidèles » ?

Socle commun

7 Arts J'analyse un bâtiment : le palais des Doges à Venise

[Art et pouvoir]

1 D'après le plan de Venise p. 92, indiquez où se situe le palais des Doges par rapport à la ville et par rapport à la mer.

2 Décrivez la forme des arcs du rez de chaussée puis ceux du premier étage. D'après vos connaissances, à quel style d'architecture correspondent ces formes d'arc ?

3 Observez et décrivez le mur et les créneaux sur le toit. Pourquoi peut-on dire qu'ils sont la preuve des liens de Venise avec l'Orient ?

Le palais des Doges a été construit au IXe siècle et transformé au XIVe siècle. Il est fait de pierre blanche et de marbre rose. Le doge, chef de la cité élu à vie, y réside.

8 Récit Je raconte la vision des chrétiens par un musulman

Alors que je[1] visitais Jérusalem, j'avais l'habitude d'entrer dans la mosquée al-Aqsâ. Sur un de ses côtés, les Francs avaient installé une église. Quand donc j'entrai dans la mosquée al-Aqsâ, lieu de séjour de mes amis templiers[2], ils mettaient à ma disposition cette église pour que j'y fasse mes prières. Un jour j'entrai, je dis la formule Allah akbar [Allah est grand] et j'allais commencer la prière lorsqu'un Franc se précipita sur moi, m'empoigna et me tourna le visage vers l'orient en disant : « C'est ainsi qu'on prie ! » Tout de suite, des templiers intervinrent (...) et s'excusèrent envers moi en disant : « C'est un étranger ! Il vient d'arriver du pays des Francs et il n'a jamais vu quelqu'un prier sans se tourner vers l'Orient. » « J'ai assez prié », répondis-je, et je sortis, stupéfié par ce démon qui s'était tellement irrité et agité en me voyant prier en direction de La Mecque.

Usâma, *Des enseignements de la vie*, XIIe siècle, in F. Gabrieli, *Chroniques arabes des croisades*, Sindbad, 1977.

1. Il s'agit d'Usâma, prince syrien (1095-1188).
2. Les templiers sont des moines-soldats chrétiens ; la mosquée Al Aqsâ est devenue leur résidence à Jérusalem à l'époque des croisades.

1 Recopiez et complétez le tableau ci-dessous :

Les éléments du récit	Les questions à se poser	Les réponses aux questions
Des repères dans le temps et l'espace	Où se déroule cette histoire ?	
	Qu'est devenue la mosquée Al Aqsâ ? D'après vous, pourquoi ?	
Des personnages et des faits	**Personnage 1 / fait 1** Qui est le narrateur ? Que veut-il faire ?	
	Personnage 2 / fait 2 Qui s'adresse au narrateur ? Pourquoi ?	
	Personnage 3 / fait 3 Qui intervient ? Que se passe-t-il ?	

2 Par cette anecdote, quelle image Usâma donne-t-il des chrétiens ? Avec lesquels a-t-il de bonnes relations ? Avec lesquels en a-t-il de mauvaises ?

9 B2i Je sais trouver un document et sa source

[Compétence 4.4 – Je sais relever des éléments me permettant de connaître l'origine de l'information]

1 Sur le site www.bnf.fr, recherchez « L'offre pédagogique », puis rendez-vous à la page : « ressources par thème ».

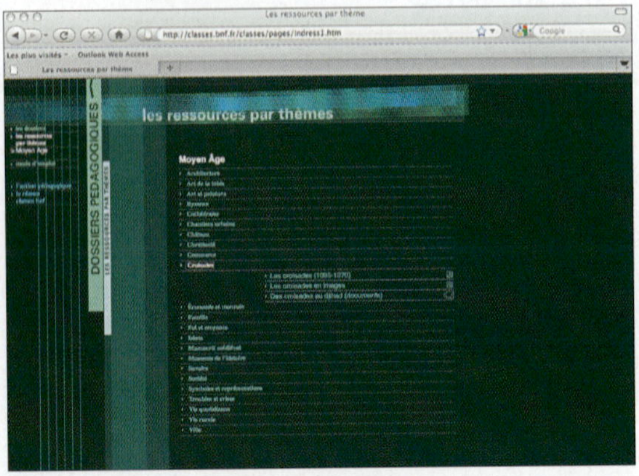

2 Cliquez sur le thème « croisades », puis sur « croisades en images ».

3 Choisissez une des images, cliquez dessus afin d'accéder à toutes les informations fournies.

4 Copiez l'image choisie dans un fichier traitement de texte et donnez-lui un titre.

5 Sous l'image, copiez la source (auteur, titre, lieu de publication, date), puis en vous aidant des informations du site, présentez le document.

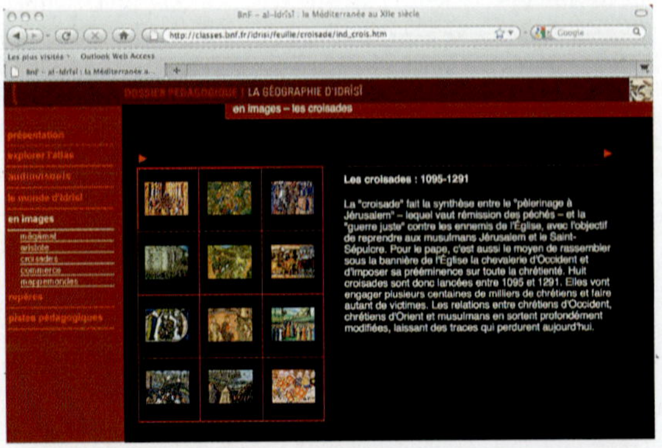

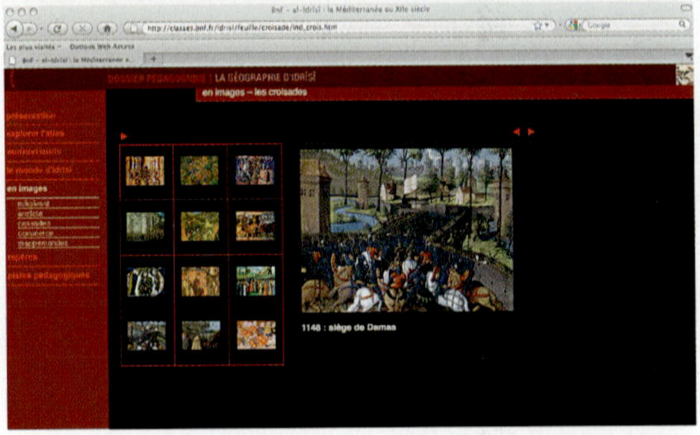

POUR ALLER PLUS LOIN

À lire

- **E. Beaumont, C. Sagnier,** *Le Moyen Âge*, Imagia, Fleurus, 2001.

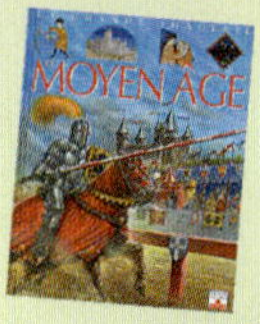

- **S. Mirza,** *Sur les traces de Marco Polo*, Gallimard jeunesse, collection « Sur les traces de... », 2002.

- **C. Rice, M. Rice,** *Les Croisades*, Gallimard jeunesse, collection « Les Yeux de l'Histoire » n° 10, 2001.

À consulter

- Musée de l'histoire de France, château de Versailles, salles des croisades avec une visite virtuelle http://www.museehistoiredefrance.fr/index.php?option=com_musee&cid=11&view=detail&ssid=ms_croisades
- Bibliothèque nationale : http://www.bnf.fr
- Musée du Moyen Âge, hôtel de Cluny. http://www.musee-moyenage.fr

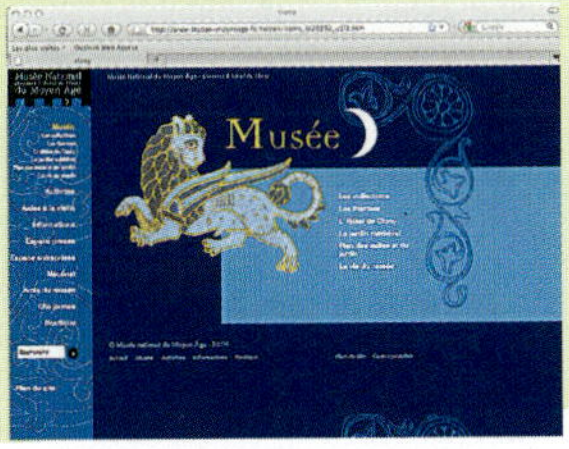

Chapitre 6

Regards sur l'Afrique (VIIIe-XVIe siècle)

▶ Quelles civilisations se développent en Afrique subsaharienne entre le VIIIe et le XVIe siècle ?

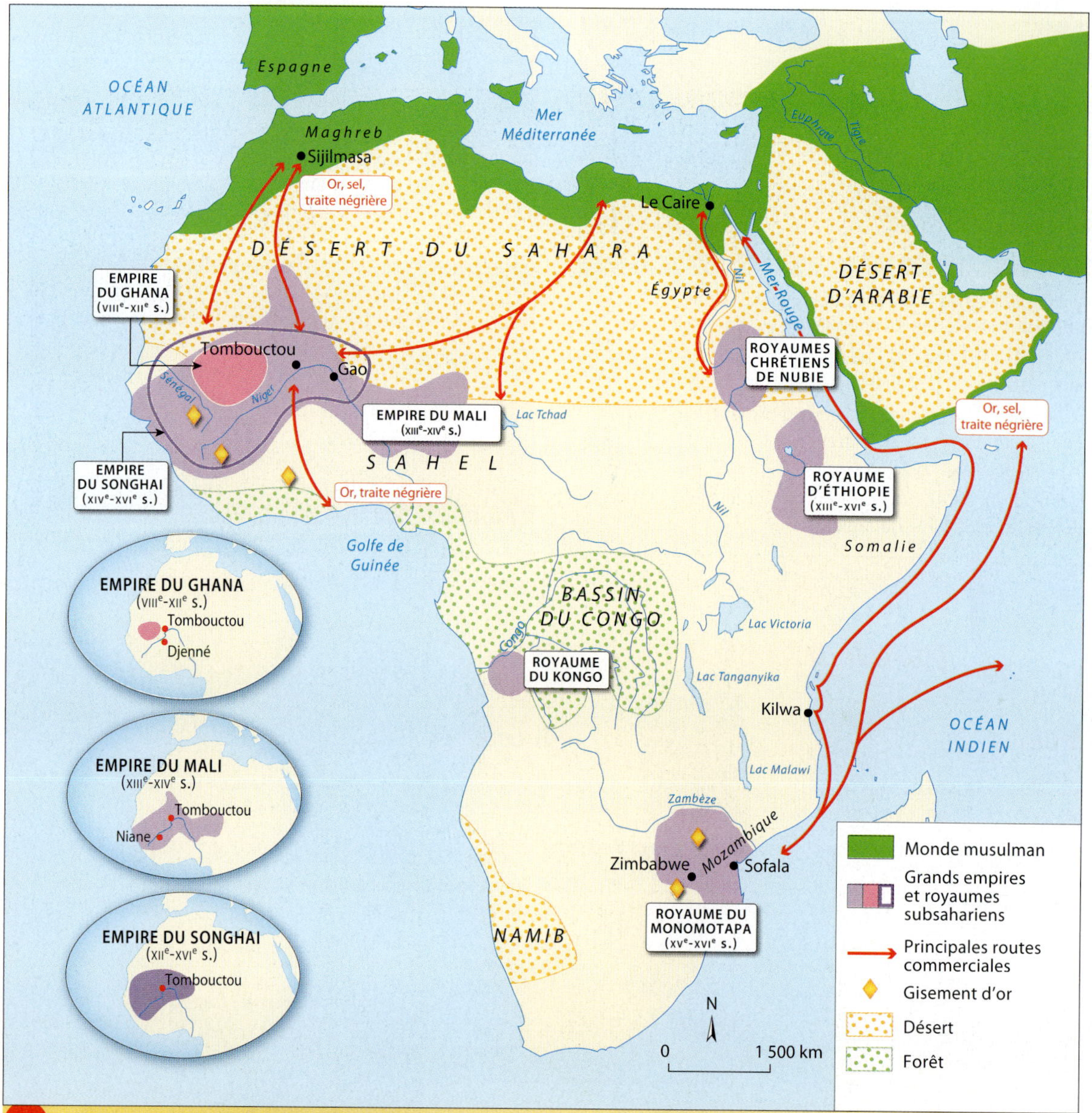

1 L'Afrique et ses échanges (VIIIe-XVIe siècle)

➔ Nommez les différents empires africains. Quelles relations entretiennent-ils avec le monde musulman ?

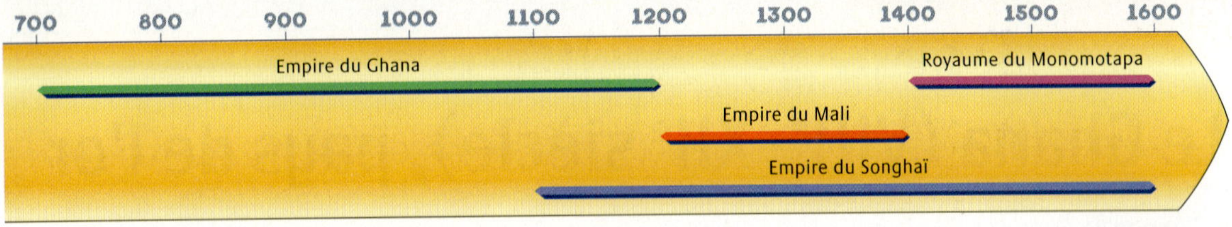

2 Le tombeau des Askias (rois) à Gao, capitale de l'Empire du Songhaï (1495)

Ce monument est caractéristique de l'architecture des empires soudanais (Ghana, Mali, Songhaï) : pyramide en pierre recouverte d'un enduit de terre de rizière mêlée à de la paille de riz coupée. Il se situe dans l'enceinte d'une mosquée.

Où et quand ce monument a-t-il été construit ? Pour qui ?

Découvrir

Le Ghana (VIIIe-XIIe siècle), pays de l'or

• L'**Empire du Ghana** est le premier empire d'Afrique occidentale à réunir des populations noires. Il naît vers 700 et dure cinq siècles. Il connaît son apogée au XIe siècle, sous la dynastie des Cissé. L'or fournit au Ghana l'essentiel de sa richesse. Ses villes contrôlent les routes commerciales du nord et du sud.

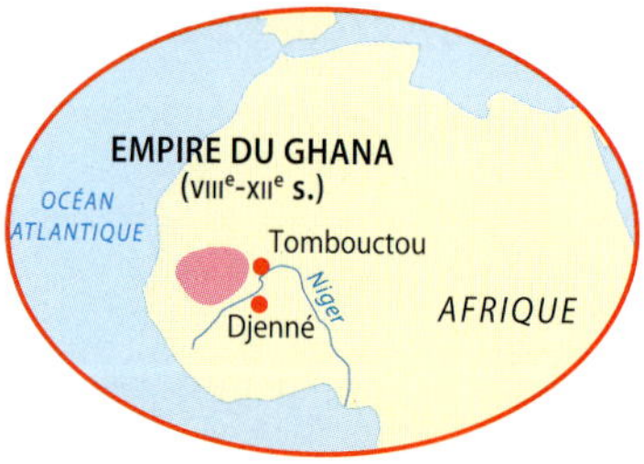

Pourquoi appelle-t-on le Ghana « le pays de l'or » ?

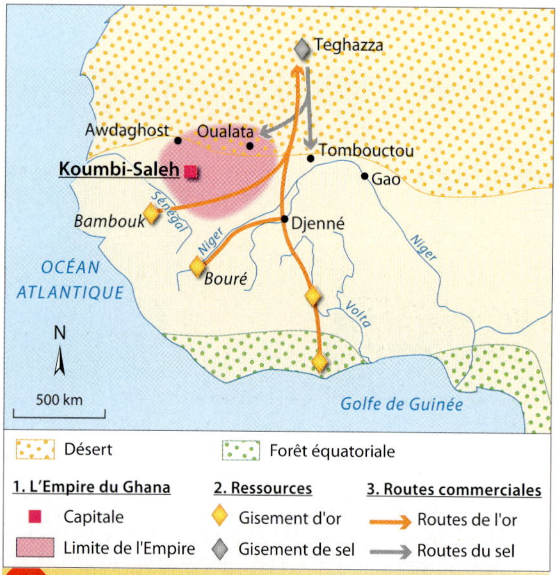

1 L'empire du Ghana à son apogée (XIe siècle)

2 Awdaghost, une ville prospère

Awdaghost est une grande ville, bien fréquentée, dans les sables. (...) On y trouve une grande mosquée et de nombreux oratoires[1] de quartiers, bien fréquentés. Dans tous, on trouve des maîtres du Coran.

Autour de la ville, on trouve des jardins de dattiers, où l'on cultive le blé à la bêche. Seuls les princes et les gens de qualité se nourrissent des produits de ce jardin. Le reste de la population mange du mil. (...) La ville possède des puits d'eau douce. L'élevage des bœufs et des moutons y est des plus prospères. (...)

Le marché bat son plein tout le jour. On n'entend pas ce que dit son interlocuteur, tant les gens y sont nombreux et bruyants. Les achats sont payés en or, puisque chez eux il n'y a pas d'argent. (...) En ville, il y a des maisons bâties et des demeures élégantes.

Al Bakri, géographe arabo-andalou, 2e moitié du XIe siècle, *Livre des itinéraires et des royaumes*.

1. Oratoire : chapelle de petite taille.

3 Une caravane de sel en 2005

Aujourd'hui, comme au Moyen Âge, le sel gemme est extrait des mines par plaques, puis transporté sur de longues distances par caravanes, à dos de chameau. Dans ces pays chauds où la transpiration fait perdre à l'homme le sel contenu dans son corps, le sel est considéré comme « l'essence de la vie ».

4 De l'or contre du sel

Dans les sables de ce pays, il y a de l'or en quantité inestimable. Les marchands l'échangent contre du sel, qu'ils transportent à dos de chameau à partir des mines. Ils partent d'une ville nommée Sijilmasa [au Maroc] et, comme s'ils naviguaient sur la mer, ils traversent le désert grâce à des guides qui s'orientent d'après les étoiles ou les rocs. Ils emportent six mois de provision ; parvenus au Ghana ils pèsent leurs chargements de sel, qu'ils échangent contre un certain poids d'or... le cours étant fonction du marché et des disponibilités.

Abu Hamid d'Andalousie, XIe siècle.

6 Pectoral en or du Sénégal

Disque d'or qui était probablement un ornement porté sur la poitrine par un haut personnage (XIIIe-XVIIIe siècle, Institut français d'Afrique noire, Dakar.)

7 L'or au cœur des échanges

Dans le pays de Ghana, l'or pousse comme des plantes dans le sable, comme poussent des carottes. On le cueille au lever du soleil.

Ibn al-Faqih, début du Xe siècle.

C'est dans cette contrée de l'or (...) que vit une peuplade qui trafique sans se montrer ni communiquer avec les marchands étrangers. Ceux-ci déposent leurs marchandises et se retirent ; le lendemain ils trouvent, à côté de chaque colis, une certaine quantité d'or. S'ils acceptent le marché, ils prennent l'or et laissent leur pacotille ; dans le cas contraire, ils l'emportent sans toucher à l'or ; pour faire entendre qu'ils veulent un prix plus élevé, ils laissent à la fois l'or et la marchandise.

Al-Masudi, *Les Prairies d'or*, Xe siècle.

5 Le pouvoir et la richesse du roi du Ghana

Ghana est le titre que portent les rois de ce peuple. (...) Le roi se pare de colliers et de bracelets. Pour coiffure, il porte plusieurs bonnets dorés. Quand il donne audience au peuple afin d'écouter ses griefs[1] et d'y remédier, il s'assied dans un pavillon autour duquel sont rangés dix chevaux couverts de caparaçons[2] en étoffe d'or ; derrière lui se tiennent dix pages portant des boucliers et des épées montées en or ; à sa droite sont les fils des princes de son empire, ayant les cheveux tressés et entremêlés avec de l'or. Le gouverneur de la ville est assis par terre devant le roi, et tout autour se tiennent les vizirs, dans la même position. Pour saluer le souverain, ses sujets se mettent à genoux et se jettent de la poussière sur la tête. Le roi prélève un droit d'un dinar d'or sur chaque âne chargé de sel qui entre dans son pays, et deux dinars d'or sur chaque charge de sel que l'on exporte

Al Bakri, géographe arabo-andalou, 2e moitié du XIe siècle, *Livre des itinéraires et des royaumes*.

1. Grief : plainte.
2. Caparaçon : housse de protection pour les chevaux.

Questions

Je me situe dans l'espace et le temps

1 **Doc 1.** Où se situe l'Empire du Ghana ? Quand atteint-il son apogée ?

Je décris et j'explique

2 **Docs 1 et 2.** Quelles activités économiques sont pratiquées à Awdaghost ? Quel moyen de paiement est utilisé ?

3 **Doc 2.** Quelle religion pratiquent les habitants de cette ville ? Relevez les informations qui l'indiquent.

4 **Docs 1, 4 et 7.** Contre quelle marchandise l'or est-il échangé ? D'où vient-elle et comment ?

5 **Docs 3 et 4.** Comment le sel est-il transporté ?

6 **Docs 5, 6 et 7.** Comment ces documents montrent-ils l'importance de l'or au Ghana ?

7 **Doc 5.** Quels éléments illustrent la puissance du roi du Ghana ?

Récit

Racontez pourquoi le Ghana est « le pays de l'or ».

Conseils

Pour écrire ou dire le récit :
- commencez par indiquer où est l'or, et par quel moyen il arrive au Ghana ;
- puis précisez les marchandises échangées contre de l'or ;
- enfin, montrez la place qu'accorde le roi à l'or.

Découvrir

Kankou Moussa, le plus grand empereur du Mali

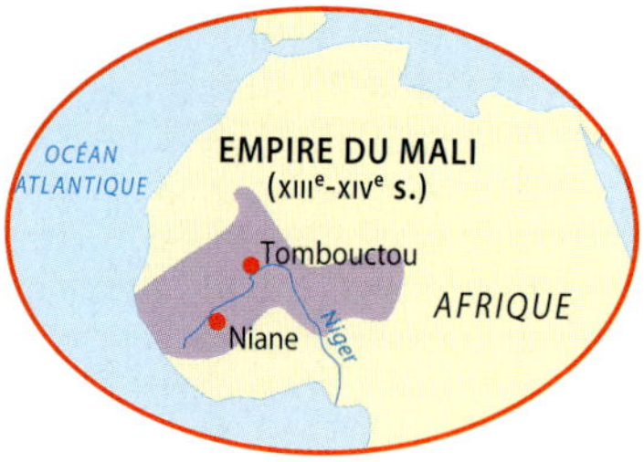

• Au XIIIe siècle, un chef de guerre, **Soundiata Keita**, s'empare du territoire du **Mali** et le transforme en **empire**. Soixante ans plus tard, son descendant **Kankou Moussa** (1312-1337) arrive au pouvoir et fait du Mali un empire très puissant. Sa renommée atteint toute l'Afrique et même l'Europe.

▶ ***Sur quoi repose la puissance de Kankou Moussa ?***

1 Mansa Kankou Moussa

- **1307 :** naissance de Kankou Moussa.
- **1312 :** Kankou Moussa devient *Mansa* (roi).
  – Sous son règne, l'Empire du Mali atteint son apogée : conquêtes de Gao et de Tombouctou, qui devient la capitale ; soumission des Touaregs.
  – Kankou Moussa a un droit exclusif sur l'or extrait des mines.
- **1324-1325 :** Kankou Moussa effectue un pèlerinage à La Mecque en grand cortège. 60 000 hommes l'auraient accompagné, dont 500 esclaves portant chacun une barre d'or de 2 kg. Il revient accompagné de poètes, de savants et d'architectes.
  – Il fait construire une mosquée à Tombouctou ainsi qu'une grande bibliothèque. Il fait bâtir une salle d'audience à Niani, la capitale de l'empire.

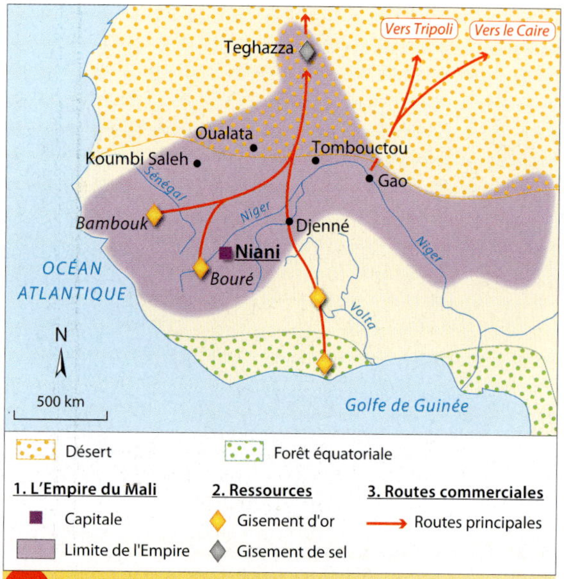

2 L'Empire du Mali (XIIIe-XVe siècle)

L'Empire du Mali est un des plus vastes du monde. Il faut 4 mois pour le parcourir du nord au sud et d'est en ouest.

3 Le pèlerinage à La Mecque du Mansa Moussa

Le cortège impérial fait son entrée au Caire en 1324 et provoque l'admiration des Cairotes.

Le sultan quitta son royaume, en y laissant pour lieutenant son fils Mohammed, et il se mit en route, vers Allah et son prophète. Il accomplit les rites du pèlerinage, il visita le tombeau du prophète. (...)
Moussa, durant son séjour au Caire (...), avait la même attitude de piété et de direction, vers Allah. (...)
Un témoin m'a raconté : « Je lui ai suggéré de se rendre au palais pour rencontrer le sultan, mais il a refusé sous le prétexte que son voyage n'était qu'un pèlerinage. J'ai bien compris qu'une telle rencontre lui répugnait parce qu'il lui aurait fallu, face au sultan, baiser le sol, ou encore lui baiser la main. Il fut noble et généreux, faisant largement l'aumône et le bien. »

Il était sorti de son pays avec cent charges[1] d'or qu'il dépensa au cours de son pèlerinage. (...)

D'après Al-Umari, *L'Afrique*, XIVe siècle.

1. Entre 10 et 13 tonnes.

4 L'organisation de l'empire

- **L'empire est divisé en provinces.** La province est dirigée par un gouverneur (*farba*). Chaque province est divisée en cantons (*kafo*), eux-mêmes divisés en villages (*dugu*).
- **Autour, dans les royaumes vassaux,** les rois doivent se soumettre à l'empereur, paient un impôt, lèvent des hommes pour l'armée de l'empereur. Ils dirigent leur royaume avec le *farba* de l'empereur.
- **Les royaumes les plus éloignés** sont sous la protection de l'empereur ; ils lui envoient des cadeaux.

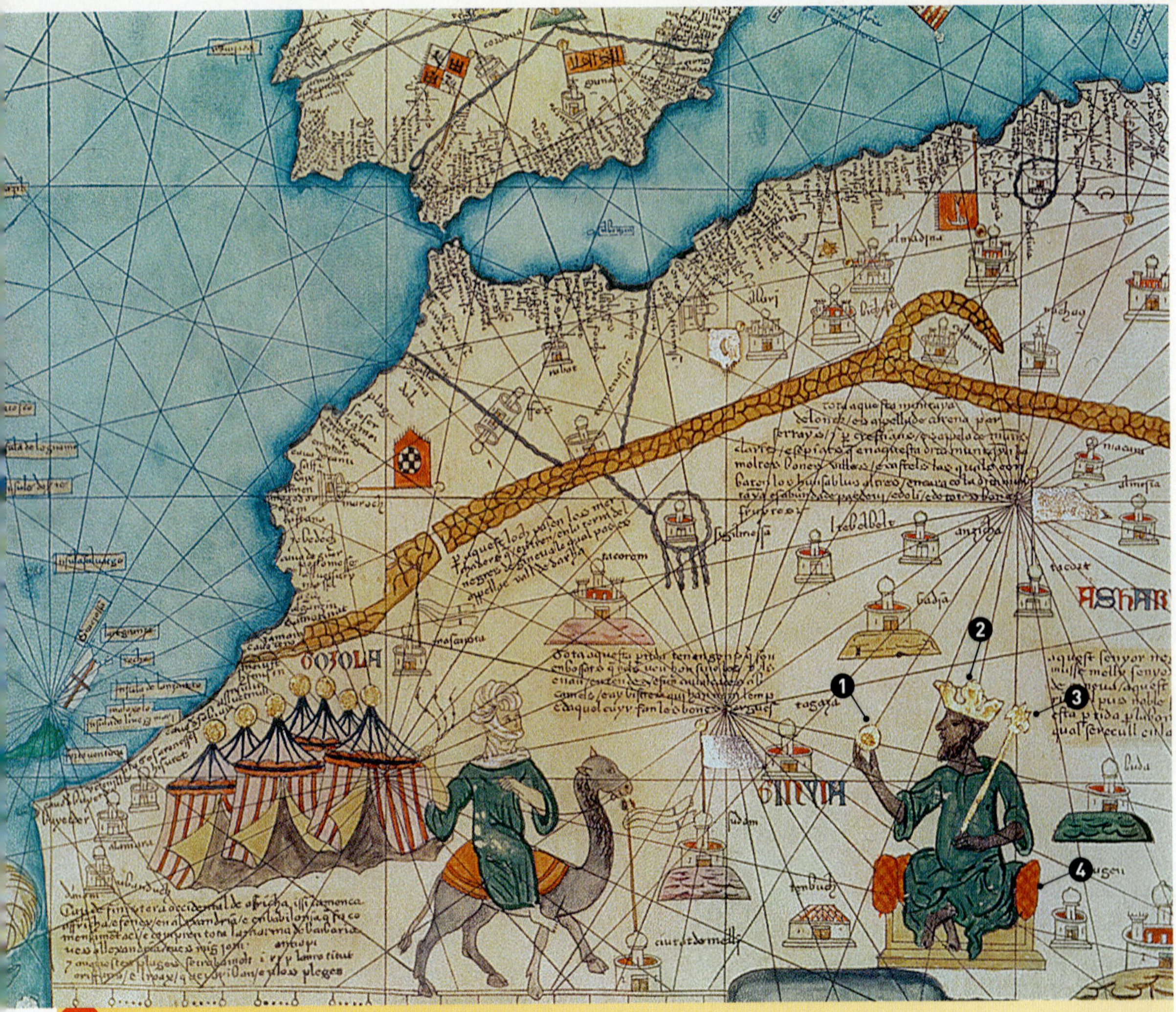

5 L'empereur Moussa et les routes du Sahara

Mansa Moussa brandit une pépite d'or alors qu'un marchand arabe arrive à cheval pour discuter affaires. Sous les pieds de l'empereur coule le Niger. (Atlas catalan, 1375, BNF, Paris.) ❶ Une pépite d'or ❷ La couronne ❸ Le sceptre ❹ Le trône

Questions

Je me situe dans l'espace et dans le temps

1 **Doc 2.** Où se situe l'empire du Mali ? Quelles sont ses limites ?

2 Combien de temps a-t-il existé ?

Je décris et j'explique

3 **Docs 1 et 4.** Qui est Kankou Moussa ? Comment administre-t-il son empire ?

4 **Docs 1 et 3.** Pourquoi Kankou Moussa se rend-il à La Mecque ? Quelle attitude adopte-t-il lors de son pèlerinage ?

5 **Doc 5.** Relevez sur cette image les attributs du pouvoir d'un roi d'Europe. Sur quel élément semble reposer la puissance de l'empereur du Mali ?

Récit

Racontez ce qui fait la puissance de l'empereur du Mali, Kankou Moussa.

Conseils

Pour écrire ou dire le récit :

- commencez par présenter l'Empire du Mali (limites, capitale, fleuve) ;
- puis présentez Kankou Moussa (dates de règne, faits marquants de son règne) ;
- enfin, expliquez comment il montre sa puissance.

Cours 1 L'Afrique subsaharienne au Moyen Âge

Quelles civilisations se développent en Afrique subsaharienne ?

A De grands empires

1. Entre le VIIIe et le XVIe siècle se constituent en Afrique des **empires** où les **peuples** sont **noirs** et se transmettent leur histoire par **tradition orale**.

2. En Afrique de l'Ouest, dans la région appelée **Soudan**, trois empires s'épanouissent : le **Ghana** (VIIIe-XIIe siècle) détruit au XIIe siècle par des conquérants musulmans ; le **Mali** (XIIIe-XIVe siècle), dont l'immense territoire s'étend jusqu'à l'Atlantique ; l'Empire du **Songhaï** (XIIe-XVIe siècle) qui s'agrandit aux dépens du Mali.

3. Au sud de l'Afrique se développe le vaste empire guerrier du **Monomotapa** (XVe-XVIe siècle) (doc 3).

B Des rois prestigieux

1. Ces empires sont dirigés par des **rois** tout-puissants vivant dans des palais et entourés de **fonctionnaires** (docs 1 et 4). Ils disposent d'une **armée très nombreuse**, cavaliers et fantassins armés d'arcs et de lances. Au Soudan, ils imposent l'**islam** aux populations **animistes** et font construire des **mosquées** (doc 2).

2. Afin d'accroître leur prestige, les rois accueillent **savants et artistes de l'empire musulman**. **Mansa Moussa**, le roi du Mali, est le plus grand d'entre eux (voir pp. 108-109).

C L'or, à l'origine de la prospérité

1. Les empires africains tirent leur richesse du **commerce de l'or**, métal précieux présent en grande quantité dans le sol. Les rois organisent ce commerce à leur profit (voir pp. 106-107). L'**or**, le **sel**, l'**ivoire**, les **esclaves** sont les principaux produits échangés avec les marchands arabes (doc 4).

2. Au Soudan, le **commerce transsaharien** emprunte les **routes caravanières** reliant les **villes du Maghreb** aux **villes soudanaises** (Gao, Tombouctou...) (voir carte p. 104). En Afrique australe, les échanges se font par l'océan Indien.

1 Entrée du palais-forteresse de Zimbabwe

Ce palais-forteresse en pierres, de 100 mètres de diamètre, abritait vraisemblablement le roi et sa suite ainsi que des lieux saints et des greniers. Centre du royaume du Monomotapa, il était entouré d'une enceinte de granit, haute de 10 mètres et large de 6 mètres à sa base. En dehors de l'enceinte, selon les estimations établies à partir de l'examen des ruines, vivaient entre 15 000 et 20 000 personnes.

D'après B. Davidson, *Les Royaumes africains*, Time-Life, 1977.

Quelle est la fonction de ce bâtiment ? En quel matériau est-il construit ?

Vocabulaire

Animisme : religion qui attribue une âme aux animaux, aux phénomènes et aux objets naturels.

Caravane : groupe de marchands qui traversent ensemble un désert.

Mansa : nom du roi au Mali ; le roi du Ghana est appelé Ghana ; le roi du Songhaï est appelé Askia.

Tradition orale : transmission orale de l'histoire et de la culture d'un peuple.

Zimbabwe : « grandes demeures de pierre » en langue des Shonas, peuple de l'Empire du Monomotapa.

2 La mosquée de Djenné au Mali

3 L'Empire du Monomotapa

Dans l'Empire du Monomotapa se trouvent un grand nombre de mines d'or ; on l'exporte vers les pays voisins. Les habitants de l'empire sont nombreux, païens, noirs, ardents au combat.

L'empereur [du Monomotapa] a plusieurs armées disséminées dans les provinces (...) car, étant un grand seigneur, il est constamment obligé de guerroyer pour maintenir son État. Les armes sont les arcs, les flèches. Parmi ces légions, celles des femmes sont les plus valeureuses, les plus estimées du roi et le nerf de ses forces militaires. Les femmes se brûlent le sein gauche pour ne pas être gênées en tirant à l'arc, à la manière des Amazones antiques. Sur le champ de bataille, elles usent habilement de ruses de guerre : elles ont coutume de simuler la fuite et la déroute, mais elles se retournent fréquemment en accablant l'ennemi de flèches (...) et les massacrent.

Pigafetta et D. Lopez, *Description du royaume de Congo*, 1591.

1 Sur quoi la puissance du souverain s'appuie-t-elle ?

2 Qui constitue les légions les plus valeureuses ? Quelles sont leurs qualités ?

4 Gao, une ville majeure

Gao est une très grande ville, à 150 lieues de Tombouctou [650 km]. Parmi les maisons, il en est quelques-unes de très belle apparence où logent le roi et sa cour. Ses habitants sont de riches commerçants qui circulent constamment dans la région avec leurs marchandises. Il y vient une infinité de Noirs qui apportent une grande quantité d'or pour acheter des objets apportés de Barbarie et d'Europe. Mais ils ne trouvent jamais suffisamment de ces objets pour employer leur or.

La ville est très policée. Le pain et la viande y sont en extrême abondance. Les melons, les concombres, les courges excellentes y abondent et le riz y est en quantité énorme. Les puits d'eau douce sont nombreux. Il existe une place où l'on vend les jours de marché une infinité d'esclaves.

Le roi possède un palais spécial réservé à un nombre énorme de femmes. Il a aussi une garde importante de cavaliers et de fantassins armés d'arcs. De chaque côté de la cour du palais une galerie sert aux audiences. Bien que le roi expédie lui-même toutes ses affaires, il est assisté de nombreux fonctionnaires.

D'après Léon l'Africain, érudit arabe, *Description de l'Afrique*, XVIe siècle.

1 Relevez les informations montrant la richesse de la cité de Gao.

2 D'où vient la richesse de ses habitants ? et de ceux qui viennent régulièrement dans la ville ?

3 Expliquez comment le roi gouverne son empire.

→ **Sculpture**
Art et sacré

Les masques africains

À la fin du XIVe siècle, le peuple des Dogons quitte l'Empire du Mali pour fuir l'islamisation forcée mise en place par le roi Kankou Moussa. Il se réfugie dans les falaises de Bandiagara, dans l'actuel Mali, pour continuer à pratiquer l'animisme. Chez les Dogons, le masque en mouvement est le support de l'âme de l'ancêtre. Lors d'une cérémonie, les hommes portent les masques avec un costume de fibres ou de tissus et dansent avec des accessoires au son d'instruments de musique.

➤ ***Quelle est la fonction du masque dans les croyances africaines ?***

1 Masque *walu* (antilope) du peuple dogon, Mali

(Bois, fibres végétales, hauteur : 63 cm. Musée Barbier-Mueller, Genève)

Le masque est porté par un homme qui brandit un bâton, avec lequel il fait semblant de semer des graines, afin que les récoltes soient bonnes.

2 Masque *kanaga* (oiseau), Mali

(Bois, cordon de cuir et de peau, filet d'écorce, hauteur : 115 cm, début du XXe siècle, Musée Barbier-Mueller, Genève.)

Lors de la cérémonie des funérailles, le porteur du masque se penche vers le sol, afin d'établir le lien entre la terre et le ciel. Il conduit ainsi l'âme du mort à son repos éternel.

3 **Une cérémonie au pays dogon avec un masque kanaga en 2007**

Cérémonie funéraire. Les mouvements des danseurs sont censés rappeler les gestes du dieu créateur au moment de la création du monde.

Mémo' Art

Les masques africains

Matière

Bois taillé et peint.

Formes

– Forme animale (masque zoomorphe).
– Figure humaine (masque anthropomorphe).
– Forme anthropozoomorphe (il associe traits animaux et traits humains, voir docs 1 et 2).

Styles

Style cubiste (ou géométrique).
Style naturaliste (la représentation du réel).

Fonction

Le masque est le support temporaire d'une force divine. Il a pour fonction le maintien de l'ordre du monde, de la société et des familles.

Usages

Le masque est utilisé à l'occasion de cérémonies religieuses d'initiation, pour accompagner les morts dans le monde des ancêtres, ou encore obtenir le bon déroulement des semailles et des récoltes.

Questions

Je situe l'œuvre d'art

1 Où et par qui ces masques ont-ils été fabriqués ?

Je décris l'œuvre d'art

2 **Docs 1 et 2.** En quel matériau ces masques sont-ils fabriqués ?

3 **Docs 1 et 2.** À quelle forme et à quel style appartient chacun de ces deux masques ?

4 **Docs 1 à 3.** Dans quelles circonstances les Dogons utilisent-ils les masques ? Pourquoi ?

Je fais le lien entre l'art et l'histoire

5 Dans quelle religion ces masques sont-ils utilisés ? Comment les Dogons ont-ils conservé leurs croyances et leurs pratiques religieuses ?

B2i **MON MUSÉE VIRTUEL**

• Pour découvrir un autre masque dogon, rendez-vous sur le site Internet http://modules.quaibranly.fr/visite-flash/. Faites défiler les œuvres jusqu'à « Masque satimbe ». Vous pouvez copier dans un document traitement de texte la photographie du masque et sa description.

Découvrir

Les traites négrières à travers le Sahara

• À partir du VIIe siècle, les **négriers** organisent l'achat, le transport et la vente des esclaves noirs d'Afrique : c'est la **traite négrière**. Capturés pour la plupart en Afrique noire, les esclaves sont principalement envoyés en Afrique du Nord et au Moyen-Orient, mais aussi dans d'autres sociétés d'Afrique noire, en Inde, ou en Chine. Ils sont transportés par caravanes vers les marchés du monde arabo-musulman. Ils empruntent les routes commerciales ponctuées d'oasis qui traversent le désert du Sahara.

► ***Comment le trafic des esclaves noirs s'organise-t-il en Afrique ?***

Vocabulaire

Négrier : qui pratique la traite des Noirs. Le terme désigne ceux qui les capturent, souvent africains eux-mêmes, et ceux qui les achètent pour les vendre : musulmans africains et arabes.

Traite négrière : transport et commerce organisés d'esclaves noirs.

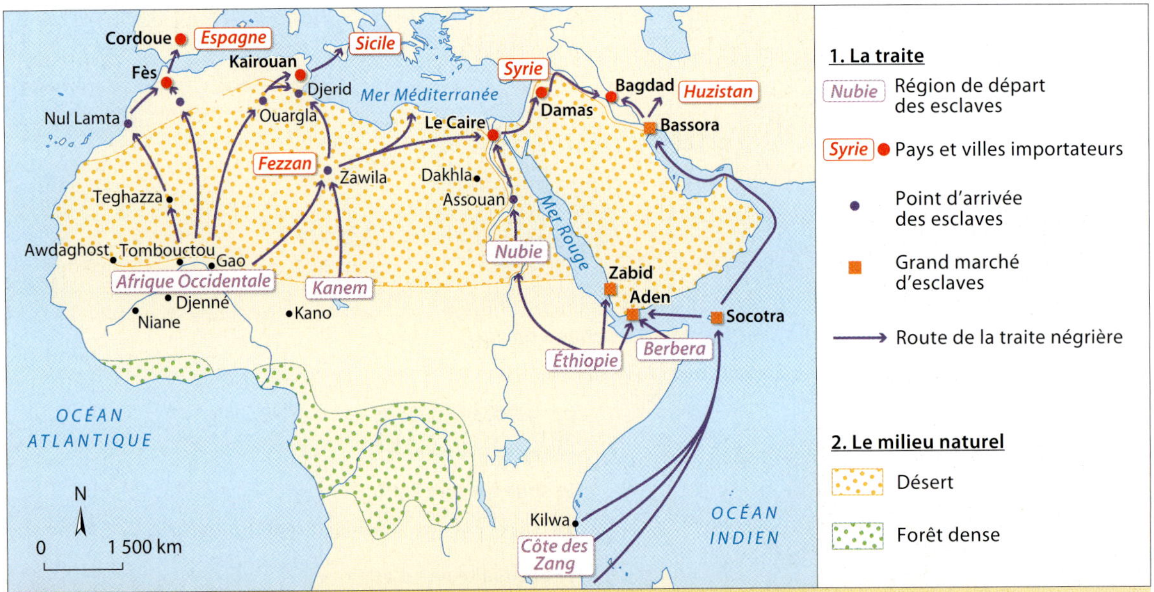

1 Le commerce des esclaves noirs au Moyen Âge

2 La capture des esclaves

Au sud de ce Nil[1] existe un peuple noir. Ce sont des païens qui portent des cicatrices sur leurs visages et sur leurs tempes. Les habitants de Ghana[2] et de Tekrour[2] font des incursions dans le territoire de ce peuple pour faire des prisonniers. Les marchands arabes auxquels ils vendent leurs captifs les conduisent dans le Maghreb, pays dont la plupart des esclaves appartiennent à cette race nègre.

Ibn Khaldoun, *Les Prolégomènes*, 1332-1406.

1. Le fleuve Niger.
2. Populations noires de royaumes du Soudan.

3 La traversée du Sahara

Au Sahara, les routes sont conditionnées par la présence de points d'eau, puits et oasis. Pour éviter la saison chaude, les caravanes descendent vers le sud du Sahara à l'automne. Les marchands échangent le sel, les bijoux, les cauris qu'ils ont transportés contre les captifs, considérés comme des marchandises. Les esclaves parcourent des milliers de kilomètres à pied, sous un soleil brûlant le jour, saisis par le froid la nuit. Une escale pour « rafraîchir » les survivants est nécessaire afin qu'ils recouvrent leur force et soient vendus au meilleur prix. Parfois, des caravanes entières disparaissent, englouties par les tempêtes de sable ou attaquées par les pillards. Ceux qui ralentissent le convoi sont achevés sans pitié. Vingt pour cent des captifs meurent durant la traversée du désert.

O. Pétré-Grenouilleau, historien, « La traite oubliée des négriers musulmans », *L'Histoire* n°280, octobre 2003.

4 Les oasis, point de rencontre des caravanes

a L'oasis de Dakhla en Égypte
Les oasis permettaient aux caravanes de s'approvisionner en eau et en nourriture.

b Zawila, une étape dans le désert

C'est une ville sans murailles, en plein désert. C'est le début du pays des Sudan. On y trouve une grande mosquée, des bains et des marchés. Les caravanes s'y rassemblent de partout et en repartent dans toutes les directions. Zawila possède des dattiers et des jardins qu'on irrigue avec des chameaux. (...) On exporte de Zawila des esclaves en Afrique et dans les contrées voisines. Les ventes se font au moyen de courtes étoffes rouges. Entre Zawila et le pays de Kanem, il y a quarante jours de marche.

Al-Bekri, *Le livre des itinéraires et des royaumes*, 1068.

5 Des cauris

Ces petits coquillages servaient de monnaie d'échange.

6 Le marché aux esclaves de Zabid (Yémen)

Ce marché est l'un des plus grands au Moyen Âge. Les esclaves étaient avant tout destinés à servir comme domestiques. (Manuscrit du XIIIe siècle, BNF, Paris.)

❶ Deux marchands pèsent l'or des échanges commerciaux
❷ Trois esclaves sont à vendre
❸ Le marchand discute du prix avec l'acheteur, une femme ❹

Questions

Je me situe dans le temps et dans l'espace

1 À partir de quand la traite négrière se développe-t-elle en Afrique ?

2 **Doc 1.** Dans quelle partie de l'Afrique la traite se déroule-t-elle ?

Je décris et j'explique

3 **Docs 1 et 2.** Qui capture les Noirs du Soudan ? Que deviennent-ils ?

4 **Doc 3.** Dans quelles conditions les esclaves traversent-ils le Sahara ?

5 **Doc 4.** Qu'est-ce qu'une oasis ?

6 **Docs 2, 5 et 6.** Par qui les esclaves noirs sont-ils vendus ? Quelles sont les « monnaies » d'échange ?

Récit

Racontez les différentes étapes de la traite négrière transsaharienne, de la capture à la vente des esclaves.

Conseils

Pour écrire ou dire le récit :
- expliquez d'abord où et par qui les captifs sont faits prisonniers ;
- décrivez ensuite les conditions de la traversée du Sahara (désert et oasis) ;
- dites enfin où les esclaves sont vendus.

Cours 2

Les traites négrières en Afrique

➤ *Comment les traites sont-elles organisées entre le VIIe et le XVe siècle ?*

A L'apparition de la traite négrière en Afrique

1. À partir du VIIe siècle en Afrique, le commerce des **esclaves noirs** se développe à grande échelle (doc 1). Il concerne l'ensemble de l'Afrique noire, de l'Atlantique à la mer Rouge. Les **négriers**, Arabes ou Noirs islamisés, **razzient** les populations noires, les utilisent sur place ou les conduisent vers le nord, à travers le **désert** et l'**océan Indien**.

2. La **traite négrière** s'organise en réseaux sillonnés de routes. Les **régions de départ** des captifs (Afrique occidentale, Kanem, Éthiopie, côte des Zang...) se distinguent des **régions d'arrivée** (Afrique du Nord, Espagne mauresque, Proche-Orient, Inde, Chine...). Au cœur de ces réseaux, les villes sont les lieux des **marchés d'esclaves** (Zabid, Le Caire...).

3. La loi musulmane interdit de réduire en esclavage les musulmans, les Africains animistes sont donc la cible des marchands d'esclaves. Cette condition fait d'eux des objets et non plus des hommes.

B Des traites négrières multiples

1. Les Africains pratiquent entre eux la **traite interne**. Ils se font la guerre et réduisent en esclavage leurs prisonniers. Ils effectuent aussi des razzias dans les tribus rivales. Posséder de nombreux esclaves est le moyen de devenir riche et puissant.

2. Les **traites orientales** sont une réponse aux besoins de l'Empire musulman en pleine expansion : la **traite transsaharienne** emporte les Noirs en **caravanes** vers le Maghreb et l'Égypte ; la **traite d'Afrique de l'Est** les transporte en bateau vers l'Asie.

3. Très nombreux, les esclaves jouent un **rôle économique** important. Ils travaillent surtout dans l'agriculture, mais aussi dans les mines d'or, de sel... Dans les villes, ils sont artisans, domestiques, soldats (docs 2 et 3).

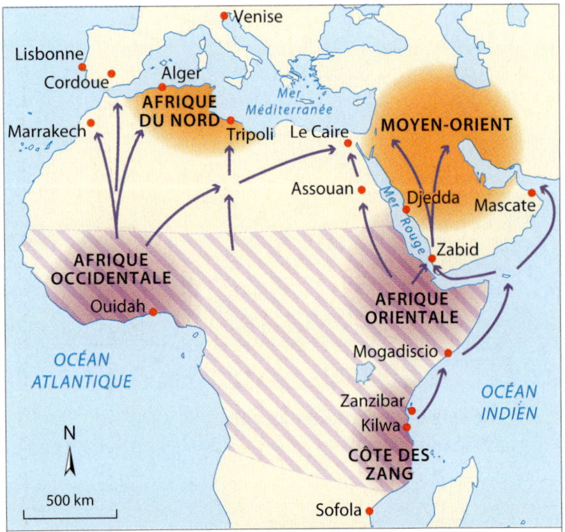

- Traite orientale (monde musulman)
- Ports et villes impliquées dans la traite
- Régions de départ des esclaves
- Régions concernées par les traites internes à l'Afrique noire
- Régions d'arrivée des esclaves

1 Les traites négrières en Afrique (VIIe-XVe siècle)

2 Dès le Moyen Âge, des esclaves noirs sont employés comme domestiques en Europe

(Miniature du *Livre d'heures de Dom Manuel*, 1517.)

1 Dans quelles régions les négriers se fournissent-ils en esclaves (doc 1) ?

2 Où les esclaves sont-ils notamment utilisés (docs 1 et 2)?

Vocabulaire

Négrier : voir p. 114.

Razzier : prendre dans une razzia, capturer un grand nombre de personnes en même temps.

Traite négrière : voir p. 114.

3 Le travail des esclaves

a Esclaves dans les mines

La mine de cuivre se trouve au-dehors de Teguiddan'Tesoumt [actuel Niger]. On creuse dans le sol et l'on emmène le minerai dans la ville, pour le fondre dans les maisons. Cette besogne est faite par les esclaves des deux sexes. Une fois que l'on a obtenu le cuivre rouge, on le réduit en barres longues d'un empan[1] et demi, les unes minces, les autres épaisses. (...) Ces barres servent de moyen d'échange, en place de monnaie : avec les minces, on achète la viande et le bois à brûler ; avec celles qui sont épaisses, on se procure des esclaves mâles et femelles, le millet, le beurre et le froment.

Ibn Battûta, *Voyages*, XIVe siècle.

1. Empan : unité de mesure qui correspond à la largeur d'une main.

b Esclaves à la ville
Des esclaves montent la garde devant un palais. (Miniature, *Al maqamat*, XIIIe siècle, BNF, Paris.)

1 Quel travail exercent ces esclaves (doc a et b) ?
2 À quoi le cuivre sert-il ? Pourquoi l'auteur parle-t-il de « besogne » (doc a) ?

4 L'opposition à l'esclavage

Les chasseurs déclarent :
La faim n'est pas une bonne chose,
L'esclavage n'est pas non plus une bonne chose ;
Il n'y a pas pire calamité que ces choses-là,
Dans ce bas monde.
La guerre ne détruira plus jamais de village
Pour y prélever des esclaves ;
C'est dire que nul ne placera désormais le mors dans la bouche de son semblable
Pour aller le vendre ;
Personne ne sera non plus battu,
A fortiori mis à mort,
Parce qu'il est fils d'esclave.
Les chasseurs déclarent :
L'essence de l'esclavage est éteinte ce jour,
D'un mur à l'autre, d'une frontière à l'autre du Manden ;
La razzia est bannie à compter de ce jour au Manden ;
Les tourments nés de ces horreurs sont finis à partir de ce jour au Manden.
Quelle épreuve que le tourment !
Surtout lorsque l'opprimé ne dispose d'aucun recours.
L'esclave ne jouit d'aucune considération,
Nulle part dans le monde.

Extrait de la charte du Manden (Mali), rédigée sous le règne de Soundiata Keita (1235-1255). Texte réécrit par Y. Tata Cissé, *Soundjata, la Gloire du Mali*, Karthala, 1991.

1 Quand ce texte a-t-il été rédigé et par qui ?
2 Que dénonce-t-il au sujet de l'esclavage ? Qu'affirme-t-il ?

5 Une razzia dans un village africain

(Gravure, « Manière dont les Maures prennent les esclaves », pratiquée depuis le Moyen Âge, d'après l'*Encyclopédie des voyages*, Paris, 1796.)

➔ Décrivez cette scène. Que se passe-t-il ?

Exercices

Socle commun

Je révise

1 Je me repère dans l'espace

À imprimer

1 Recopiez le fond de carte ci-contre, puis indiquez au bon endroit :

a. Mer Méditerranée
b. Océan Atlantique
c. Océan Indien
d. Fleuves Niger et Sénégal

2 Complétez la légende avec les différents éléments :

e. Empire du Ghana
f. Empire du Mali
g. Empire du Monomotapa
h. Empire du Songhaï
i. Route transsaharienne
j. Mine d'or
k. Gisement de sel

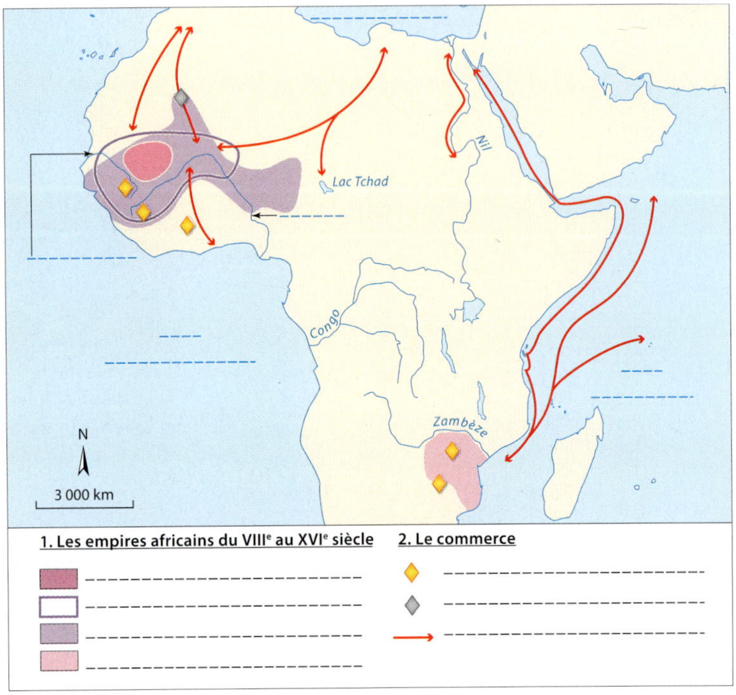

2 Je me repère dans le temps

À imprimer

Recopiez la frise chronologique ci-contre et placez-y le nom des différents empires d'Afrique subsaharienne.

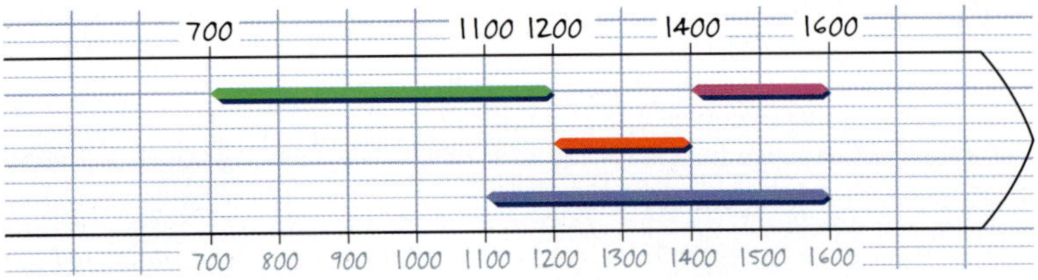

3 Je définis les mots clés

Associez chacun des mots clés ci-dessous à sa définition

1. Mansa **2. Traite négrière** **3. Caravane** **4. Traite orientale**
5. Animisme

A. Commerce d'esclaves par les Arabes.
B. Groupe de marchands qui traversent ensemble un désert.
C. Empereur.
D. Religion qui attribue une âme aux animaux, aux phénomènes et aux objets naturels.
E. Trafic qui consiste à acheter, transporter et vendre des esclaves noirs.

4 Je raconte et j'explique

1 Pourquoi dit-on que le Ghana est le « pays de l'or » ?

2 Qui est Mansa Moussa ?

3 Comment se déroule la traite orientale ? Et la traite transsaharienne ?

4 Expliquez ce que représente le masque dans la société dogon.

5 Décrivez quelques aspects de l'Empire du Monomotapa.

5 Récit Je rédige un récit en histoire

Il y a très longtemps, dans le royaume de Manding [Mali] vivait à Niani le roi Naré Maghan Konaté. Il était entouré de son griot et de quelques conseillers à l'ombre du grand fromager[1] quand soudain jaillit un chasseur étranger qui était devin. Il jeta à terre douze cauris et prédit au roi : « Il n'est pas encore né celui à qui tu transmettras le royaume de tes ancêtres. » Or le roi avait déjà un fils. Le devin poursuivit : « Je vois venir deux chasseurs étrangers dans ton village. Ils sont accompagnés d'une fille bossue et laide. Épouse-la. Elle te donnera un enfant. C'est lui qui sera la gloire immortelle du Manding. »

Des années plus tard, le roi vit arriver devant lui deux chasseurs accompagnés d'une jeune fille bossue, le visage caché.

Les chasseurs racontèrent :

« Le roi du pays de Dô promettait la plus belle fille à celui qui le débarrasserait d'un effroyable buffle qui ravageait les plantations et avait déjà tué soixante-dix-neuf chasseurs. Jour et nuit nous étions aux aguets quand nous aperçûmes une vieille femme assise près d'un marigot[2].

— J'ai faim, supplia-t-elle.

Mon frère lui offrit un morceau de viande séchée. Elle dit :

— Je sais que vous voulez tuer le buffle. Je suis le buffle que vous cherchez. Toi qui m'as donné une part de ton gibier, pour te remercier, je vais te révéler un secret. Prends cette quenouille[3] et cet œuf. Ils te protégeront. Maintenant va dans la plaine où je broute. Avant de tirer avec ton arc, vise-moi d'abord trois fois avec la quenouille. C'est le seul moyen de me blesser, moi, la femme buffle. Avant que je te charge, cours et lance l'œuf derrière toi. Je tomberai dans un bourbier sans pouvoir me relever. Achève-moi. Pour preuve de ta victoire, coupe la queue du buffle qui est en or, rapporte-la au roi et réclame ta récompense. Mais tout ceci a un prix.

— Lequel ?

— Ne choisis pas la plus belle fille du pays de Dô, mais prends la plus laide. On l'appelle Sougoulou Konté, c'est elle mon double. Elle est bossue mais quelle femme extraordinaire si tu arrives à la posséder !

Tout se passa comme elle l'avait dit. Mon frère choisit la femme la plus laide.

Si la vieille a dit vrai, cette femme extraordinaire doit être celle d'un roi. Veux-tu l'épouser ? »

Le roi Naré Maghan Konaté se souvint des paroles du devin : il épousa Sougoulou Konté. Neuf mois plus tard, le tonnerre gronda, suivi d'un violent éclair qui illumina le ciel. Le vent se leva et le palais trembla. Sougoulou Konté accoucha d'un garçon le vendredi 20 août 1190. Et déjà le griot chantait ses louanges : « Il est né l'enfant Lion, l'enfant Buffle, celui que le monde entier attendait. » Il reçut le nom de sa mère et du père de sa mère : Soundiata, et le nom de son père : Keïta.

Après avoir vaincu son demi-frère qui lui avait volé le trône, puis le roi de Sosso, Soundiata Keita régna sur l'Empire du Mali.

D'après Dialiba Konaté, *L'Épopée de Soundiata Keïta*, Seuil jeunesse, 2002.

1. Fromager : grand arbre tropical.
2. Marigot : tout petit cours d'eau.
3. Quenouille : tige utilisée pour filer le textile.

1 Répondez aux questions suivantes.

a. Où l'histoire se déroule-t-elle ?
b. Quand ?
c. Qui est le roi ?
d. Que lui annonce le chasseur?
e. Qui arrive quelques années plus tard ?
f. Relevez les trois formes que prend la femme dans le récit des chasseurs.
g. Que fait le roi ?
h. Qui naît alors ?

2 À partir de vos réponses, racontez la légende de la naissance de Soundiata Keïta.

POUR ALLER PLUS LOIN

À lire

● **G. Calame-Griaule**, *Contes dogon du Mali*, Karthala, 2006.

● **M. Giard**, *L'Afrique*, Castor Doc, 2008.

● **D. Konaté**, *L'Épopée de Soundiata Keïta*, Seuil Jeunesse, 2002.

Chapitre 7

Une nouvelle vision de l'homme et du monde (XVe-XVIIe siècle)

Quels bouleversements culturels transforment l'Europe entre le XVe et le XVIIe siècle ?

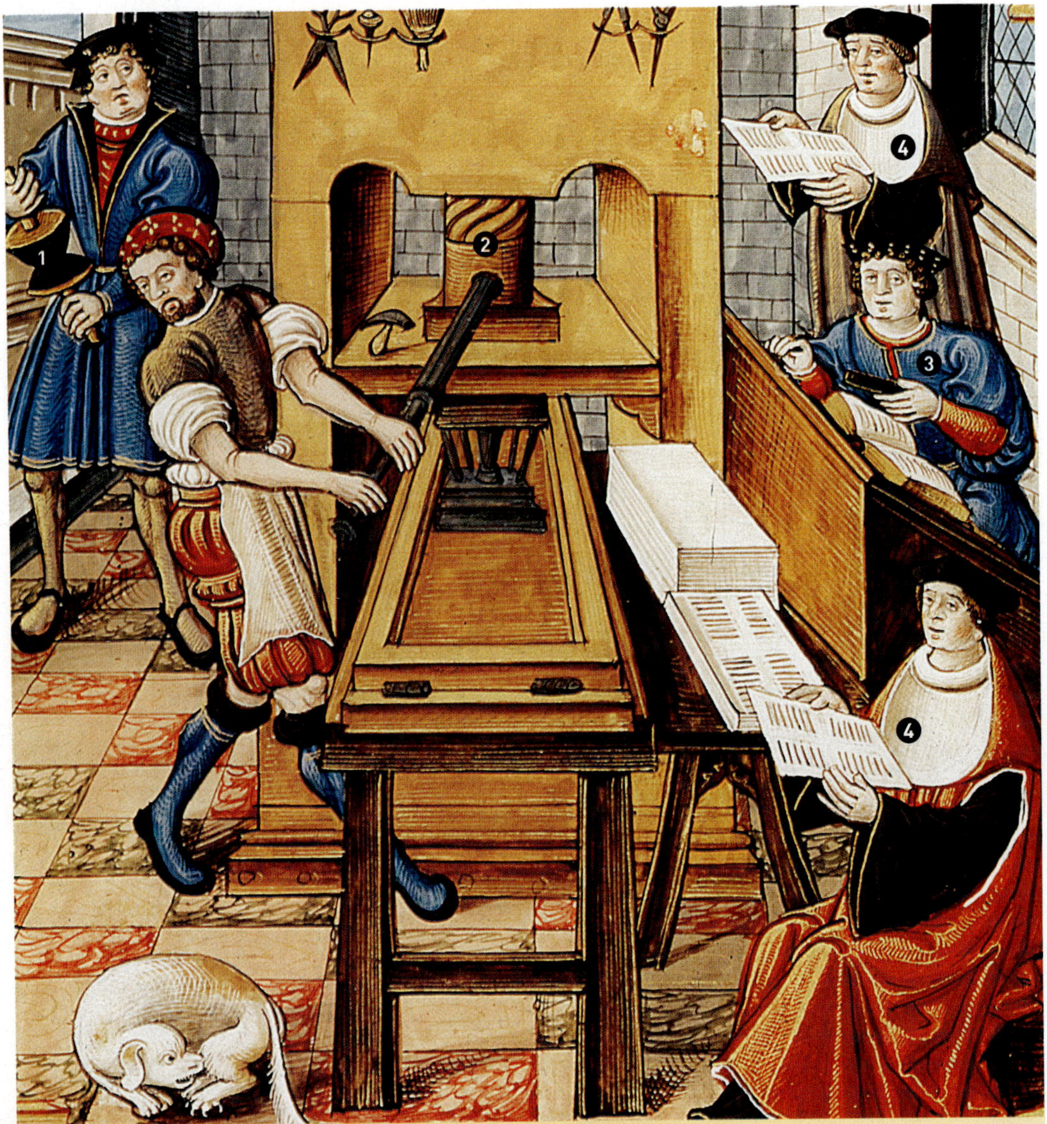

1 L'atelier d'un imprimeur en 1530 : la « révolution » du livre

(Manuscrit, XVIe siècle, BNF, Paris.)

❶ Tampon encreur servant à enduire les plaques d'impression ❷ Presse servant à imprimer le papier
❸ Composition des plaques d'impression à l'aide de caractères mobiles ❹ Relecture des pages qui sortent de la presse

Que fabrique-t-on dans cet atelier ? De quelle manière ?

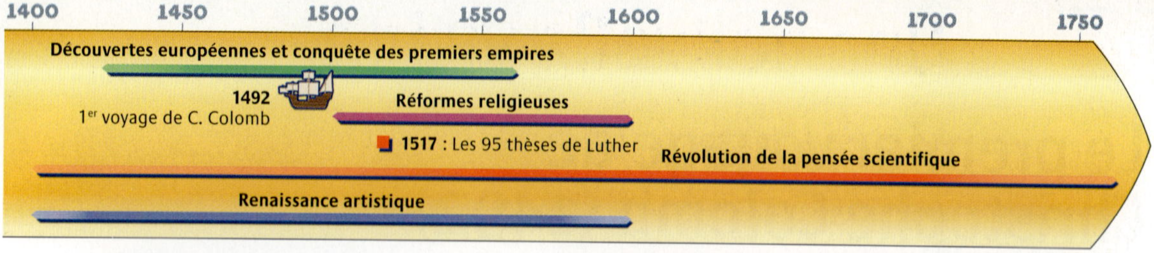

2 *L'Annonciation*

Peintre du Quattrocento établi à Ascoli Piceno (Italie), Crivelli célèbre dans cette peinture l'Annonciation et l'anniversaire de la liberté de la ville d'Ascoli, accordée par l'Eglise. Il met en pratique la technique la plus moderne de l'époque, la perspective horizontale, qui donne un effet de profondeur. (Carlo Crivelli, *L'Annonciation* (1486), détrempe et huile sur bois, 207 x146 cm, National Gallery, Londres.)

❶ La Vierge ❷ L'archange Gabriel ❸ L'évêque de la ville ❹ Le rayon divin ❺ Les marchands

➔ **Décrivez cette peinture. D'après vous, pourquoi est-elle représentative, par son thème et par sa technique, d'un esprit nouveau ?**

Le premier voyage de Christophe Colomb (1492)

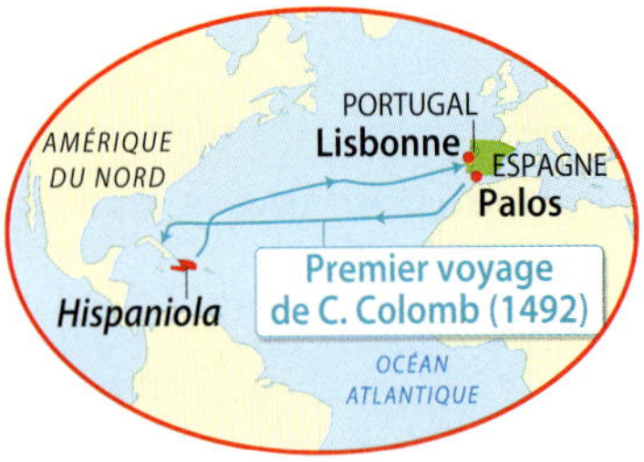

• Le 3 août 1492, le marin **Christophe Colomb** embarque à Palos, petit port espagnol, avec une centaine d'hommes. Selon lui, les côtes de l'Europe et de l'Asie ne sont pas très éloignées et il est sûr qu'en partant vers l'ouest, il va découvrir une nouvelle route vers les Indes, leur or et leurs épices. Les souverains espagnols soutiennent son projet. Il est le premier navigateur connu à partir en tournant le dos à la terre !

➤ ***Quel nouveau monde découvre Christophe Colomb ?***

Vocabulaire

Caravelle : petit navire résistant et très maniable grâce à ses voiles carrées ou triangulaires et à son gouvernail d'étambot, placé à l'arrière et adapté aux manœuvres délicates.

1 Christophe Colomb

• Un marin

1451 : naissance à Gênes en Italie.

1465-1476 : marin et corsaire.

• Un géographe

1477-1484 : installation au Portugal. Ouverture d'un atelier de cartographie. Projet d'expédition maritime pour rejoindre les Indes en partant vers l'Ouest.

• Un explorateur

1483-1484 : son projet est rejeté par Jean II du Portugal.

1485-1492 : il met 6 ans à faire accepter son projet par les souverains espagnols.

1492-1504 : quatre voyages dans les îles Caraïbes. Il pense qu'il est en Asie.

• Un aventurier

Il obtient des souverains espagnols : l'anoblissement, le titre de gouverneur des terres de la « mer Océane », le dixième des richesses découvertes.

1506 : il meurt sans savoir qu'il a découvert un nouveau continent.

1507 : l'existence d'un nouveau continent est reconnue. Il est appelé « Amérique », du nom de l'explorateur Amerigo Vespucci.

2 Les caravelles de Christophe Colomb

(Céramique de Zuloaga, Musée naval, Madrid.)

3 L'itinéraire du voyage : les arguments de Colomb

Entre l'extrémité de l'Espagne et le commencement de l'Inde, la masse des eaux n'est pas d'une grande largeur.

Plus de la moitié du quart de la Terre où nous sommes nous est inconnu, et il y a des cités encore inconnues aux savants. La Terre est ronde et sphérique.

Notes de Christophe Colomb, en marge de son exemplaire de l'*Imago Mundi* de Pierre d'Ailly, paru en 1410.

4 Le journal de bord de Christophe Colomb

• 3 août-12 octobre : le voyage aller, partir vers l'inconnu

Nous partîmes de Palos le vendredi 3 août à 8 heures. Nous allâmes vers le sud, ce qui était le chemin des Canaries.

6 septembre

Escale aux Canaries

Nous étant pourvus d'eau douce, de bois, de viande, je remis à la voile vers l'ouest.

9 septembre

Ce jour-là, nous perdîmes complètement de vue la terre. Beaucoup soupiraient et pleuraient. Je fis ce jour 19 lieues mais décidai d'en compter moins pour ne pas décourager les hommes si le voyage se faisait très long.

22-23 septembre

Grosse mer et vents contraires.

24 septembre

Les hommes ont vu des oiseaux mais cet indice de terre se révèle vain... La peur grandit, les marins sont mécontents. Ils contestent les ordres de l'amiral.

11 octobre

La terre est en vue !

• 12 octobre-16 janvier : l'exploration

Au lever du jour, je me rendis à terre avec quelques hommes à bord d'une chaloupe. Je déployai la bannière royale et pris possession de l'île.

Beaucoup de gens de l'île se rassemblèrent, ils étaient nus. J'ai donné à quelques-uns des bonnets rouges et des perles de verre, des choses de peu de valeur dont ils eurent grand plaisir. Ils doivent être bons serviteurs et je crois qu'aisément ils se feraient chrétiens.

15 octobre

J'aperçus une autre île à l'ouest. Je lui donnai le nom de Santa Maria de la Conception et une île plus grande à laquelle je donnai le nom de Fernandina[1].

21 octobre

Christophe Colomb recherche de l'or et des épices mais n'en trouve pas.

16 décembre

Que Vos Altesses veuillent croire que ces terres sont bonnes et fertiles et que ces îles sont leurs tout autant que la Castille. Il suffit de s'y établir. Les Indiens sont propres à être commandés, à travailler, à semer, à bâtir des villes, à ce qu'on leur enseigne à aller vêtus et à prendre nos coutumes.

• 16 janvier-4 mars 1493 : un retour mouvementé

L'expédition doit affronter des tempêtes, l'attaque des Portugais au large des Açores. Christophe Colomb arrive enfin à rejoindre l'Espagne où il est reçu solennellement par les souverains espagnols.

D'après Christophe Colomb, *Journal de bord*, Éditions La Découverte, Paris, 2002.

1. Le prénom du roi d'Espagne est Fernando.

Christophe Colomb arrive dans l'île d'Hispaniola (Haïti) en 1492. (Gravure de Théodore de Bry, 1596, BNF, Paris.)

Questions

Je me situe dans le temps et l'espace

1 Quand a lieu le premier voyage de Christophe Colomb ? Où veut-il aller ? Où arrive-t-il en réalité ?

Je décris et j'explique

2 **Docs 1 et 3.** Pour quelles raisons Christophe Colomb tente-t-il cette expédition ?

3 **Doc 2.** Quels bateaux utilise-t-il ? Quels en sont les avantages ?

4 **Doc 4.** Recopiez le tableau ci-dessous et complétez-le par les informations relevées dans le journal de bord pour décrire les difficultés rencontrées par Colomb.

L'équipage	La nature	Les ennemis

5 **Doc 4.** Selon vous, pourquoi les Espagnols plantent-ils une croix ? Quelle est l'attitude des Indiens face aux Espagnols ? Quels éléments de l'image ne correspondent pas au récit du journal de bord ?

Récit

Racontez l'aventure d'un marin embarqué sur l'une des caravelles de Christophe Colomb en 1492.

Conseils

Pour écrire ou dire votre récit :
- présentez votre capitaine ;
- décrivez les terres et les populations découvertes ;
- expliquez les dangers du voyage.

Cortés à la conquête du Mexique

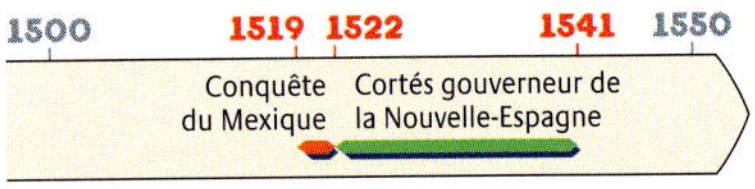

• À partir des îles découvertes par Christophe Colomb entre 1492 et 1504, les Espagnols se lancent à la conquête du continent américain. En mars 1519, le **conquistador** Hernán Cortés débarque sur les côtes du Mexique à la tête de 500 hommes, 16 chevaux et 14 canons. « Au service de Dieu et du roi », il mène pendant 2 ans une guerre sans pitié contre l'Empire **aztèque** qui domine la région.

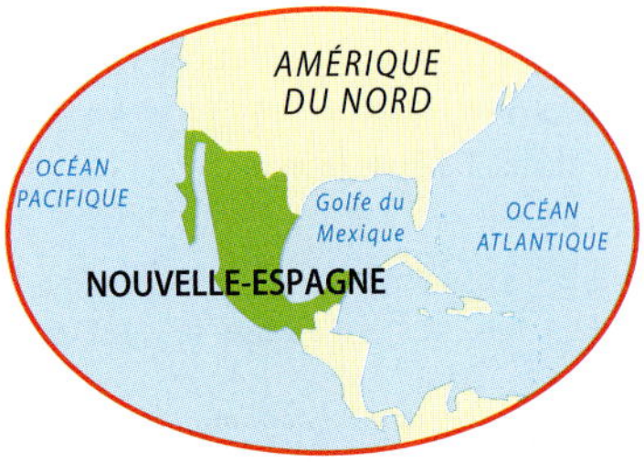

Comment l'Empire aztèque est-il vaincu par les Espagnols ?

Vocabulaire

Aztèque : peuple dominant le Mexique et les différentes populations indiennes qui y vivent au moment de la conquête espagnole (environ 25 millions de personnes).

Colonie : territoire conquis et administré par un État qui l'exploite à son profit.

Conquistador : nom donné aux aventuriers espagnols partis à la conquête de l'Amérique.

1 Hernán Cortés

• **Un aventurier**

1485 : naissance d'Hernán Cortés en Espagne.

1504 : départ pour les îles d'Amérique découvertes par Christophe Colomb, et où des Espagnols se sont installés. Il est successivement colon, chercheur d'or, notaire, secrétaire du gouverneur de Cuba.

• **Un conquérant**

1519 : il entreprend la conquête du Mexique. Les terres conquises deviennent une colonie espagnole, la Nouvelle-Espagne.

1522 : il est nommé gouverneur de la Nouvelle-Espagne et en organise l'exploitation.

1541 : retour en Espagne.

1547 : mort près de Séville.

2 Les Espagnols vus par les Aztèques

L'empereur aztèque Moctezuma surveille l'avancée des Espagnols depuis leur arrivée au Mexique. Il envoie des ambassadeurs qui l'informent sur ces nouveaux venus.

L'étonnement des Aztèques est grand quand ils découvrent la puissance militaire espagnole.

Grande fut la stupeur de Moctezuma quand on lui raconta comment éclate le canon. Quand le coup part, une espèce de boule de pierre sort de la pièce, elle projette une pluie de feu, elle répand des étincelles... Si le coup touche un arbre, il le met en pièces.

Les guerriers se revêtent de fer, un heaume de fer couvre leur tête, leurs épées sont de fer, de fer leurs arcs, leurs boucliers, leurs lances.

Alvarado Tezozomóc, *Crónica mexicana*, cité par M. Leon-Portilla, *Le Crépuscule des Aztèques*, Casterman, 1965.

3 La rencontre entre Cortés et Moctezuma (novembre 1519)

En novembre 1519, Moctezuma accueille Cortés devant sa cité de Tenochtitlán (Mexico), avec les marques du plus grand respect. (Codex du XVIe siècle, *Lienzo de Tlaxcala*, BNF, Paris.)

4 La christianisation forcée

Il y a dans cette grande ville des temples d'une très belle architecture. Dans le plus grand de ces temples il y a trois salles où se trouvent les idoles principales. Je fis enlever du dessus des autels et jeter au bas des escaliers les plus importantes d'entre elles, celles dans lesquelles ils avaient le plus de foi. Je fis laver ces chapelles qui étaient pleines du sang de leurs sacrifices et je mis à leur place des images de la Vierge et d'autres saints. Moctezuma et son peuple étaient indignés.

D'après Hernán Cortés, *Lettres à Charles Quint*, *La Conquête du Mexique*, Éditions La Découverte, Paris, 1996.

5 La *Noche triste*, la « triste nuit »

À Tenochtitlán, une violente bataille oppose les Aztèques et les Espagnols dans la nuit du 30 juin 1520. (Codex du XVIe siècle, *Lienzo de Tlaxcala*, BNF, Paris.)

6 La fin de l'Empire aztèque

Après la « Noche triste », Cortés, avec l'appui des peuples indiens révoltés contre les Aztèques, assiège Tenochtitlán de mai à août 1521. La population assiégée finit par se rendre.

Dans les rues, sur les places on ne voyait pas autre chose que des morts. Cortés permit aux Indiens encore en vie d'aller se réfugier en terre ferme. Pendant trois jours et trois nuits, les trois chaussées qui rejoignaient la terre furent absolument couvertes d'Indiens, de femmes et d'enfants sortant à la file sans discontinuer, si maigres, si sales, si jaunes, si infects que c'était vraiment pitié de les voir. (...) Le sol de la ville était partout remué pour mettre à nu les racines des plantes que les assiégés faisaient bouillir pour leur nourriture. Ils avaient même mangé l'écorce des arbres. Nous ne trouvâmes pas la moindre trace d'eau douce dans la ville, seulement de l'eau salée.

D'après Bernal Díaz del Castillo, *Histoire véridique de la conquête de la Nouvelle-Espagne*, Éditions La Découverte, Paris, 2009.

Questions

Je me situe dans le temps et l'espace

1 **Doc 1.** De quel territoire Cortés fait-il la conquête ? Combien d'années lui faut-il pour le conquérir ?

Je décris et j'explique

2 **Doc 3.** Décrivez la scène en montrant comment se différencient ces deux groupes.

3 **Doc 4.** Quelle est l'attitude de Cortés face à la religion des Aztèques ?

4 **Doc 5.** Comment les Indiens réagissent-ils face à la violence des Espagnols ? Décrivez précisément cette scène de combat.

5 **Docs 2 et 5.** Comment expliquer que quelques centaines d'Espagnols aient réussi à vaincre un empire de 25 millions de personnes ?

6 **Doc 6.** Pourquoi la ville de Tenochtitlan se rend-elle aux Espagnols en août 1521 ?

Récit

Racontez un épisode de la conquête : la *Noche triste*.

Conseils

Pour écrire ou dire votre récit :
- expliquez les circonstances de cet événement ;
- décrivez les adversaires ;
- expliquez le déroulement de la *Noche triste*.

Les découvertes européennes et les premiers empires

• Au XVe et au début du XVIe siècles, les **Portugais** et les **Espagnols** entreprennent de grandes explorations maritimes, pour découvrir de nouvelles terres. Par le traité de Tordesillas (1494) ces deux pays se partagent les terres découvertes. Ils y fondent de vastes **empires**, ou y installent des **comptoirs**. De leur côté, **Français** et **Anglais** se lancent à la découverte de l'Amérique du nord. Au XVIIe siècle, les Hollandais explorent l'océan Indien et l'océan Pacifique. L'Europe « s'installe » dans le monde et tire profit de ses richesses.

▶ ***Pourquoi les Européens dominent-ils le monde à partir du XVIe siècle ?***

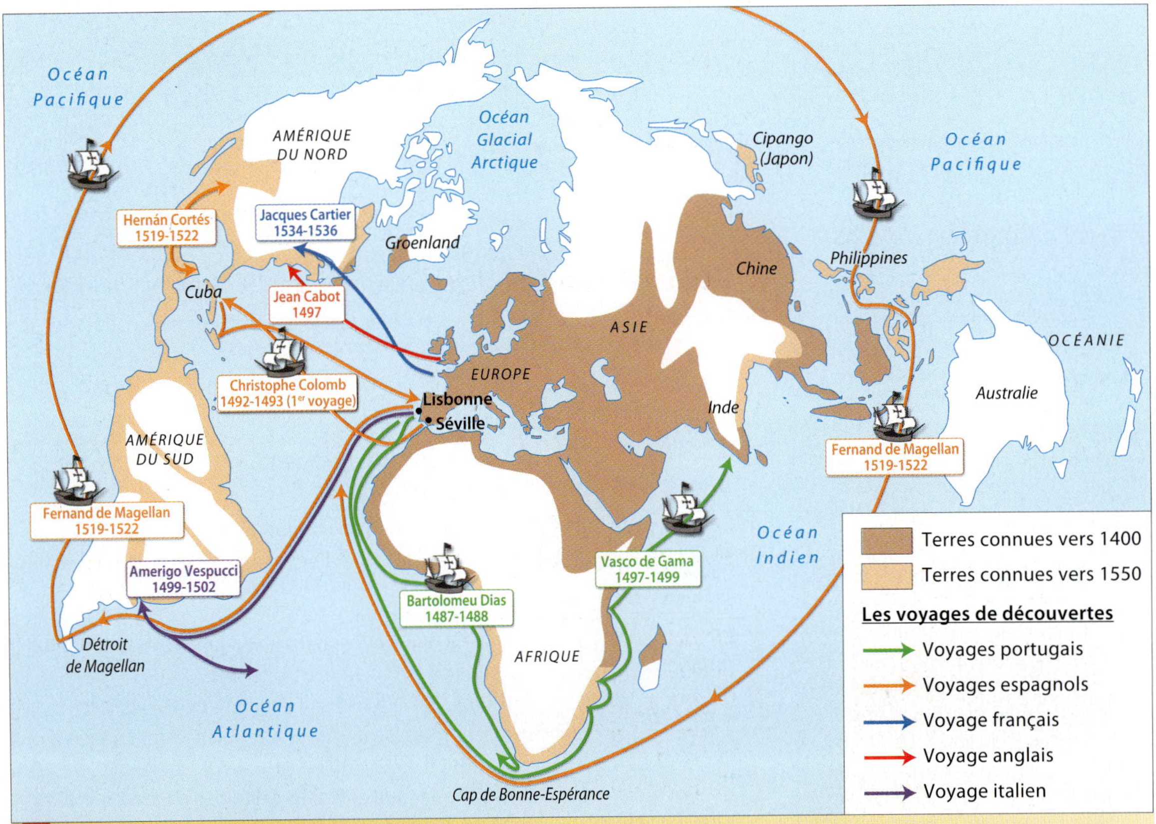

1 Les Européens découvrent de nouveaux mondes

2 Les explorations aux XVIe et XVIIe siècles

Dès la fin du XVIe siècle, l'Angleterre et la Hollande entreprennent de grandes expéditions maritimes, ainsi que la France mais dans une moindre mesure.

• **Expéditions anglaises**

1577 : tour du monde de l'Anglais Francis Drake qui prend possession du Nord-Ouest de l'Amérique.

• **Expéditions hollandaises**

– **Dès 1550**, les Hollandais créent en Indonésie un vaste empire commercial.

– **1605 :** Willem Janzoon atteint l'Australie.

– **1640 :** Abel Tasman découvre la Tasmanie et la Nouvelle-Zélande.

• **Expéditions françaises**

1603 : Samuel Champlain fait du Canada la « Nouvelle-France ». Il fonde Québec en 1608.

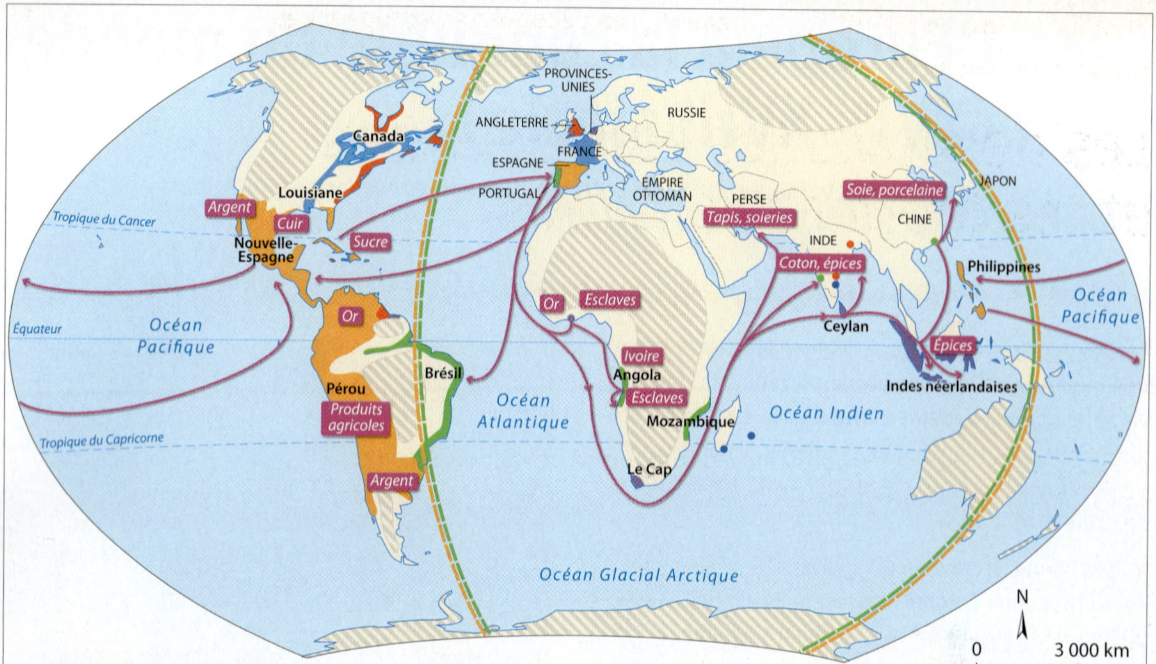

1. Les empires coloniaux

- Possessions espagnoles
- Possessions portugaises
- Possessions hollandaises
- Possessions anglaises
- Possessions françaises
- Ligne de partage du monde entre l'Espagne et le Portugal (Traité de Tordesillas, 1494)

2. Le commerce

- Routes commerciales
- Ivoire : Marchandises rapportées en Europe
- Terres inconnues des Européens en 1700

3 Les empires coloniaux aux XVIe et XVIIe siècles

4 La France réclame sa part

Je voudrais bien savoir la clause du testament d'Adam qui m'exclut du partage du monde. Le soleil ne luit-il pas pour moi comme pour les autres ? Le fait de trafic et d'échanges de marchandises est de tous les droits un des plus naturels et des plus autorisés.

François Ier (1494-1547).

Questions

Je me situe dans le temps

1 **Doc 1.** Classez dans l'ordre chronologique les voyages de découvertes indiqués sur la carte. Qui sont les premiers explorateurs ?

Je me situe dans l'espace

2 **Doc 1.** Quelles sont les régions découvertes entre 1400 et 1550 ?

3 **Docs 1 et 2.** Nommez les régions conquises par les Espagnols, les Portugais, les Anglais et les Français.

Je décris et j'explique

4 **Doc 1.** Comment les voyages de découvertes permettent-ils à toutes les parties du monde de communiquer ?

5 **Docs 1, 3 et 4.** Expliquez le mécontentement de François Ier.

Récit

Racontez comment les Européens dominent le monde au XVIe siècle.

Cours 1

L'Europe à la conquête du monde (XVIe-XVIIe siècle)

▶ *Quels bouleversements l'ouverture de l'Europe sur le monde entraîne-t-elle ?*

A Les grands voyages de découvertes

1. Dès le XVe siècle, afin de se libérer de l'intermédiaire des musulmans, les **Européens** partent à la découverte de nouvelles **routes maritimes** vers les Indes et leurs richesses. Pour se diriger en mer, ils disposent de **portulans** et d'instruments comme la **boussole** et l'**astrolabe** (doc 1).

2. Les Portugais contournent l'Afrique. Les Espagnols, avec **Christophe Colomb**, traversent l'Atlantique (voir pp. 122-123). L'expédition de l'Espagnol **Magellan** (1519-1522) réalise le premier tour du monde. Elle prouve que la Terre est ronde et que toutes les parties du monde communiquent par les océans (voir pp. 126-127).

B Les premiers empires coloniaux

1. Les pays européens cherchent à augmenter leurs richesses et à faire progresser la religion catholique (doc. 2). Par le traité de Tordesillas (1494), l'**Espagne** et le **Portugal** se partagent le monde : les Espagnols fondent un immense **empire colonial** en Amérique (voir pp. 124-125) ; les Portugais ouvrent des **comptoirs** en Afrique et en Asie et **colonisent** le Brésil.

2. D'autres États d'Europe se lancent plus tardivement dans la conquête de colonies : la **France**, les **Provinces-Unies**, l'**Angleterre**, en Amérique du Nord, dans l'océan Indien et le Pacifique. Partout les Européens imposent leurs langues et leur religion.

C L'exploitation des nouveaux mondes

1. En Amérique, les **conquistadores** s'emparent des biens des Indiens : terres, mines d'or et d'argent. Ils leur imposent le **travail forcé** (doc 3). Décimés par les maladies et les mauvais traitements, les Indiens sont remplacés par des **esclaves noirs** amenés d'Afrique.

2. En Europe, l'or, l'argent, les épices affluent vers les **ports de l'Atlantique** qui connaissent une grande prospérité (Lisbonne, Séville, Anvers, Amsterdam...) (doc 4).

1 Le cabinet du navigateur

(Peinture anonyme, XVe siècle, musée de la Marine, Lisbonne.)

❶ équerre ❷ portulan ❸ maquette de bateau ❹ astrolabe ❺ compas ❻ Sphère armilaire pour déterminer la latitude

➔ **Quels sont les instruments du navigateur ?**

Vocabulaire

Astrolabe : instrument servant à mesurer la latitude de l'endroit où l'on se trouve à une heure précise.

Boussole : instrument qui indique le nord magnétique et permet de s'orienter.

Coloniser : conquérir et exploiter un territoire.

Comptoir : port établi par un pays dans un autre pays pour y organiser un commerce.

Portulan : carte marine des XVe et XVIe siècles. Les navigateurs y reportent le tracé des côtes, les courants marins, la localisation des ports.

2 Les motivations des explorations portugaises

L'infant dom Henrique[1] désirait savoir quelles terres il y avait au-delà des îles Canaries, car jusqu'à cette époque, personne ne savait quelle terre il y avait au-delà.

La deuxième raison fut que, si en ces terres se trouvaient des chrétiens, ou quelques ports où l'on aborderait sans danger, on pourrait en rapporter beaucoup de marchandises bon marché.

La troisième fut qu'il s'ingénia à envoyer des gens en quête de renseignements, pour savoir jusqu'où allait la puissance des infidèles.

La quatrième raison fut qu'il désirait savoir si, en ces régions-là, il y aurait quelques princes chrétiens assez forts pour l'aider contre ces ennemis de la foi.

La cinquième raison fut son grand désir d'augmenter la sainte foi de Notre Seigneur Jésus-Christ et d'amener à elle toutes les âmes désireuses d'être sauvées.

D'après G. Eanes de Azurara, *Chronique de la découverte de la Guinée*, 1543.

1. Fils héritier du roi du Portugal (1394-1460).

Pour quelles raisons les Portugais se sont-ils lancés dans les voyages de découvertes ?

1 Décrivez l'évolution de la population indienne entre 1519 et 1605 (doc b).

2 Parmi les explications possibles, quelle est celle qui nous est donnée par le dessin (doc a) ?

3 La destruction des populations indiennes

a Les Indiens maltraités

Le gouverneur des mines du Potosí punit les Indiens du village. (F. Guaman Poma de Ayala, *Nueva corónica y buen gobierno*, codex péruvien, 1615, BNF, Paris.)

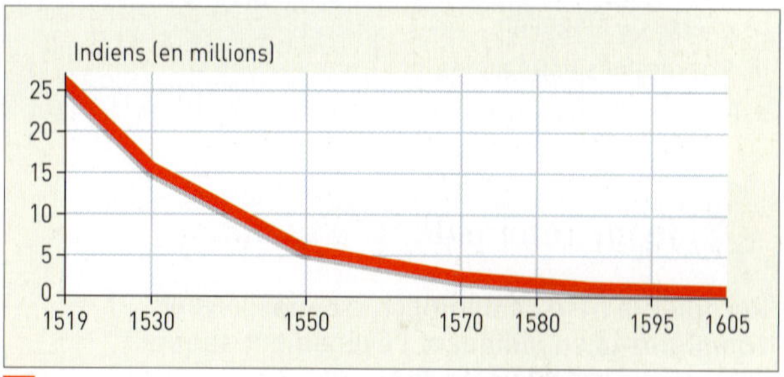

b La disparition des Amérindiens au XVIe siècle

4 Séville au XVIe siècle

Séville s'enrichit considérablement au XVIe siècle : l'arrivée d'or américain y est de 0,8 tonne en 1500 et 30 tonnes en 1610. (Tableau de Francisco Pacheco, musée des Amériques, Madrid.)

Relevez les éléments montrant que Séville est un grand port qui s'enrichit au XVIe siècle.

Socle commun

Je révise

1 Je me repère dans l'espace

1 Recopiez le fond de carte ci-dessous en indiquant :

a. Océan Pacifique
b. Océan Atlantique
c. Océan Indien
d. Europe
e. Océanie
f. Amérique du Nord
g. Amérique du Sud
h. Afrique
i. Asie

2 Complétez la légende :

j. Voyage de Colomb
k. Voyage de Vasco de Gama
l. Voyage de Magellan
m. Possessions espagnoles
n. Possessions portugaises

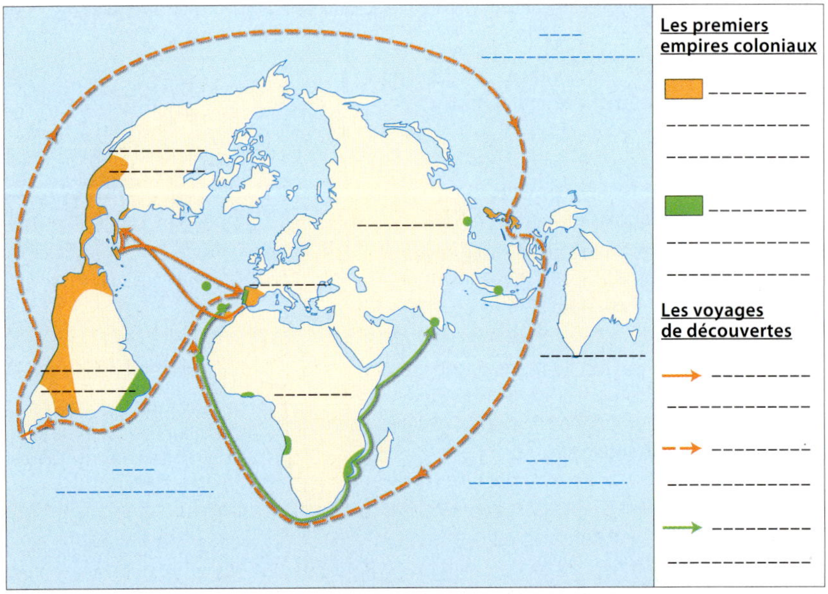

2 Je me repère dans le temps

Recopiez la frise chronologique ci-dessous et complétez-la en indiquant l'événement auquel correspond chaque date citée.

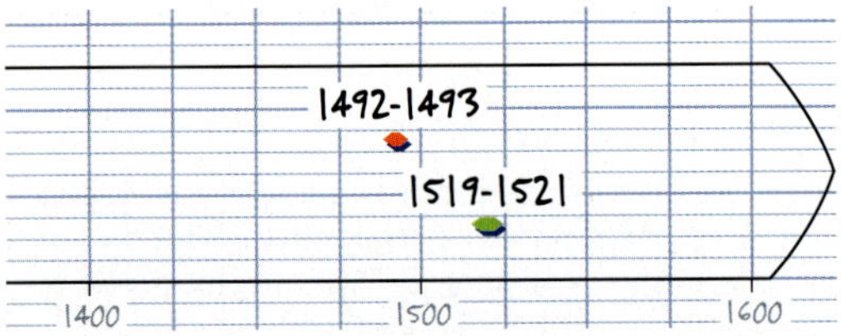

3 Je définis les mots clés

Classez les mots suivants dans le tableau ci-dessous après l'avoir recopié et associez à chaque mot la définition qui lui correspond.

1. Comptoir 2. Boussole 3. Caravelle 4. Conquistador 5. Coloniser

A. Instrument qui indique le nord magnétique et permet de s'orienter.

B. Conquérir et exploiter un territoire.

C. Port établi par un pays dans un autre pays pour y organiser un commerce.

D. petit navire résistant et très maniable grâce à ses voiles carrées ou triangulaires et à son gouvernail d'étambot, placé à l'arrière et adapté aux manœuvres délicates.

E. Nom donné aux aventuriers espagnols partis à la conquête de l'Amérique.

Vocabulaire des découvertes		Vocabulaire de la conquête	
Mot	Définition	Mot	Définition

4 Je raconte et j'explique

1 Pourquoi les Européens se lancent-ils dans de grandes expéditions maritimes aux XVe et XVIe siècles ? Racontez le voyage de Christophe Colomb.

2 Que deviennent les terres découvertes par les navigateurs ? Racontez la conquête du Mexique par Cortés.

3 Comment les Indiens d'Amérique sont-ils traités par les conquérants ?

4 Expliquez l'enrichissement des ports de l'Europe atlantique grâce à la conquête des nouveaux mondes.

Je m'entraîne

5 Je compare deux opinions sur les Amérindiens

En 1550, l'empereur Charles Quint réunit à Valladolid (en Espagne) une commission chargée de lui remettre un rapport sur la colonisation. Sur la situation des Indiens, cette controverse oppose deux opinions.

a L'opinion de Juan de Sepúlveda

Il est favorable à la soumission des Indiens. Ses arguments : l'énormité des crimes commis par ces Indiens, notamment l'idolâtrie et les péchés contre nature ; leur caractère fruste : ce sont des barbares voués par nature à la servitude, donc tenus de servir les peuples les plus évolués, les Espagnols par exemple ; les nécessités de l'évangélisation : la soumission préalable favorise la prédication ; les injustices qu'ils commettent les uns à l'égard des autres, sacrifices humains et cannibalisme.

Résumé du père Domingo de Soto, 1551.

b L'opinion de Bartolomeo de Las Casas

En quarante ans, par suite de tyrannie et des actions infernales des Espagnols, douze millions d'âmes, hommes, femmes et enfants sont morts injustement. Ceux qui sont allés là-bas et qui se disent chrétiens ont eu principalement deux manières habituelles de rayer de la surface de la terre ces malheureuses nations. L'une en leur faisant des guerres injustes, cruelles, sanglantes. L'autre, en les opprimant dans la plus dure, la plus horrible et la plus brutale servitude à laquelle on a jamais soumis hommes ou bêtes.

D'après Bartolomeo de Las Casas, *Très Brève Relation de la destruction des Indes*, 1552.

1 Recopiez le tableau ci-dessous et indiquez-y les mots et expressions qui révèlent l'opinion de chacun des deux hommes sur les Indiens et les Espagnols.

2 Les arguments de Sepúlveda l'ont emporté à l'époque. De quel côté seriez-vous aujourd'hui ? Justifiez votre réponse.

	Les Indiens	Les Espagnols
Sepúlveda		
Las Casas		

6 Récit J'écris un récit à partir d'un texte et d'une image

a La navigation sur des mers inconnues

Au cours de son voyage vers l'Amérique, le navigateur italien Girolamo Benzoni et son équipage rencontrent un banc de poissons volants. (Gravure de Théodore de Bry, XVIe siècle, service historique de la marine, Vincennes.)

b La découverte de l'autre

Antonio Pigafetta est marin dans l'expédition de Magellan et rédige le journal de bord. L'expédition se trouve aux îles Philippines.

En cette île, on trouve chiens, chats, riz, millet, gingembre, figues, oranges, citrons, cannes douces, miel, coco, sucre, viandes de plusieurs sortes, vin de palme et or. Cette île est grande et possède un bon port qui a deux entrées. Elle se nomme Zzubu.

Nous sommes arrivés ensuite à une grande île. Son roi, pour faire paix avec nous, se tira du sang de la main gauche dont il s'ensanglanta le corps, le visage et le bout de la langue en signe de plus grande amitié. Nous avons fait aussi comme lui.

Antonio Pigafetta, *Relation du premier voyage autour du monde de Magellan*, Tallandier, Paris, 1999.

1 Quelle expérience font les marins de cette expédition (doc a) ?

2 Quelles informations recueille Pigafetta sur les terres découvertes (doc b) ?

3 À partir de ces deux documents, racontez pourquoi l'on peut dire que ces voyages sont des voyages d'exploration.

Léonard de Vinci, un artiste de la Renaissance

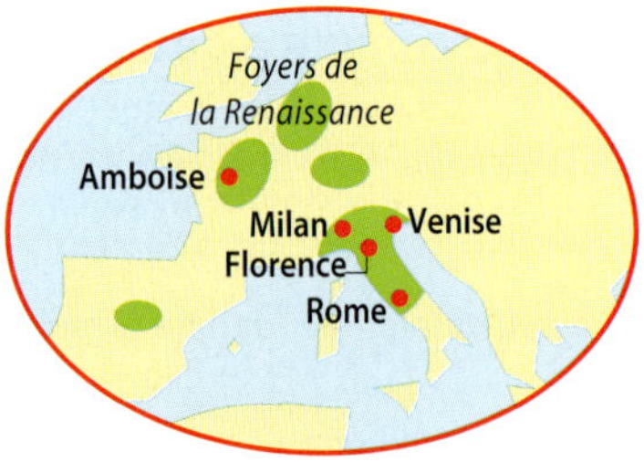

• Originaire de Florence, Léonard de Vinci (1452-1519) est un savant curieux de tout : il est peintre, dessinateur, sculpteur, architecte, ingénieur, anatomiste, mathématicien... À l'époque de la Renaissance, ses talents font de lui un artiste reconnu des puissants. Protégé des plus grands princes de son temps et appelé à travailler pour eux, il voyage de cour en cour.

► ***Qu'est-ce qui fait de Léonard de Vinci le symbole de l'artiste de la Renaissance ?***

Vocabulaire

Mécène : voir p. 134.

Renaissance : nom donné par le peintre Vasari vers 1550 au renouveau de l'art italien. Il correspond aux XVe et XVIe siècles, période de profondes transformations intellectuelles et artistiques en Europe.

1 Léonard de Vinci

– 1452 : naissance à Vinci, près de Florence.

• Les années de formation

– 1469 : début de son apprentissage d'ingénieur et d'artiste dans le prestigieux atelier de Verrochio, peintre, orfèvre, sculpteur, architecte, musicien. Il y côtoie les grands maîtres de la peinture comme Botticelli.

• L'artiste de cour

– 1482 : ingénieur et « ordonnateur des fêtes princières » de Ludovic Sforza, prince de Milan et mécène de Léonard.

• L'artiste total

– 1499 : devient ingénieur militaire dans plusieurs cités italiennes lors des guerres contre le roi de France. Il peint, enseigne la peinture, poursuit ses recherches scientifiques.

• En France

– 1516 : il est appelé par le roi de France, François Ier, à la cour du château d'Amboise. Il est le « premier peintre, ingénieur et architecte du roi ».

– 1519 : mort à Amboise. Il laisse des milliers de notes sur ses ses travaux, et quelques-unes de ses œuvres : *La Joconde* ; *La Vierge, l'Enfant Jésus et et Sainte Anne*...

2 Léonard ingénieur

En guerre contre la France, le duc de Milan est à la recherche d'un ingénieur militaire et d'un artiste qui développe les arts dans sa cité. Léonard lui écrit.

Très illustre seigneur,

Je sais, pour le siège d'une place, vider l'eau des fossés, construire une infinité de ponts, béliers, échelles et autres machines relatives à l'opération (...).

Je fabriquerai des chars couverts, sûrs et inattaquables, qui entreront dans les lignes ennemies avec leur artillerie et enfonceront toute formation de troupes, si nombreuse soit-elle (...)

En temps de paix, je crois pouvoir donner toute satisfaction, à l'égal de quiconque, en architecture, en construction d'édifices publics et privés, en adductions d'eau.

Je peux exécuter en sculpture, marbre, bronze ou terre, ou, aussi bien, en peinture, des ouvrages à l'égal de qui que ce soit.

D'après la lettre de Léonard de Vinci à Ludovic Sforza, duc de Milan, vers 1482.

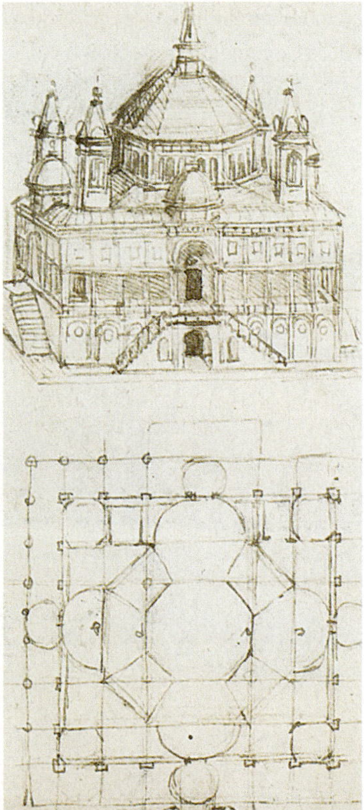

3 Léonard architecte

(Dessin d'église vers 1490, bibliothèque de l'Institut de France, Paris.)

4 Léonard peintre : de l'observation à l'œuvre

a Des drapés « habités »

Léonard étudiait beaucoup sur nature et il lui arrivait de fabriquer des modèles en terre glaise, sur lesquels il plaçait des étoffes mouillées, enduites de terre, qu'il s'appliquait ensuite à peindre patiemment sur des toiles très fines ; il obtenait des effets merveilleux.

D'après G. Vasari, *Les Vies des meilleurs peintres, sculpteurs et architectes*, Florence, 1568.

b Étudier la lumière

Les figures auront plus de grâce si elles sont éclairées par la lumière naturelle, plutôt que par des éclairages limités et ponctuels, parce que la lumière naturelle, lorsqu'elle n'est pas trop puissante, fait ressortir les reliefs des objets et les œuvres exécutées sous de tels éclairages apparaissent empreintes de grâce.

Léonard de Vinci, *Traité de la peinture*, vers 1490.

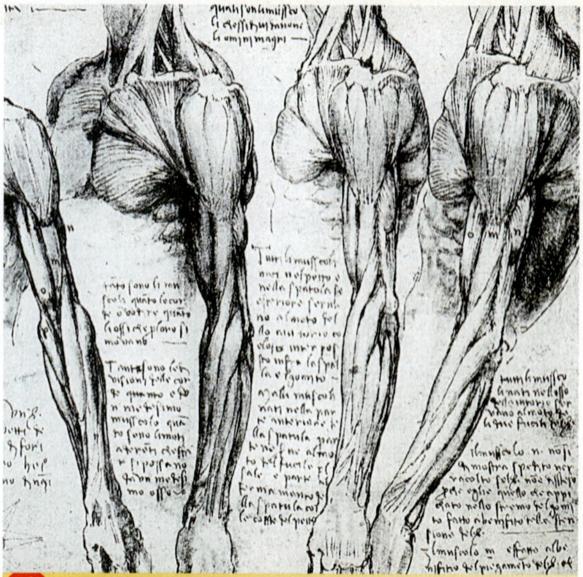

5 L'étude du corps humain

Léonard se livre à de nombreuses études d'anatomie. Pour mieux saisir les mouvements du corps humain, il pratique secrètement des dissections. (Léonard de Vinci, bibliothèque Royale, château de windsor.)

6 *La Vierge, l'Enfant Jésus et sainte Anne*

(Léonard de Vinci, huile sur bois, 168 x 130 cm, 1508-1510, musée du Louvre, Paris.)

Questions

Je me situe dans le temps et l'espace

1. Où et quand Léonard de Vinci est-il né ? Où et quand est-il mort ?
2. Dans quelles grandes villes a-t-il travaillé ?

Je décris et j'explique

3. **Docs 1 et 2.** Comment Léonard devient-il artiste et ingénieur ? Où exerce-t-il ses talents ?
4. **Doc 1.** Quels éléments montrent que Léonard est un artiste reconnu pendant la Renaissance ?
5. **Docs 1 à 6.** Faites la liste des talents de Léonard de Vinci.
6. **Doc 4.** Expliquez comment procède Léonard de Vinci pour étudier les drapés et la lumière.
7. **Doc 5.** Décrivez cette image. Montrez que c'est une étude très minutieuse.
8. **Docs 4 à 6.** Montrez que le doc 6 est une mise en œuvre des études réalisées par Léonard (docs 4 et 5).

Récit

Racontez la vie de Léonard de Vinci, génie de la Renaissance.

Conseils

Pour écrire ou dire votre récit :
- évoquez sa formation à Florence ;
- citez les divers aspects de ses talents ;
- expliquez sa réussite artistique et sa reconnaissance en Europe.

François Ier, un roi mécène

• **François Ier** devient roi de France en 1515. Engagé dans les guerres d'Italie et admirateur de la Renaissance italienne, il rapporte de ses campagnes militaires peintures et sculptures des grands maîtres. **Protecteur des arts et des lettres**, il fait venir en France de nombreux artistes italiens, soutient les artistes français, réunit les ouvrages des **humanistes**. Il offre l'image d'un **roi bâtisseur**, qui le glorifie.

En quoi François Ier est-il un grand mécène de la Renaissance ?

Vocabulaire

Humanisme : mouvement intellectuel européen né en Italie au XVe siècle. Il se réfère aux grandes idées de l'Antiquité et affirme sa confiance en l'homme, qui peut se perfectionner grâce à son intelligence et à sa raison.

Mécène : personnage riche qui protège et aide financièrement des artistes.

1 François Ier

• Un roi guerrier

– **1494 :** naissance à Cognac (Charente).

– **1515 :** il est sacré roi dans la cathédrale de Reims. Roi guerrier, il affronte son principal rival, le roi d'Espagne et empereur du Saint Empire romain germanique, Charles Quint.

– **1547 :** il tombe malade et meurt au château de Rambouillet.

• Un protecteur des arts

– Il collectionne de nombreuses œuvres d'art.

– Il accueille à sa cour de nombreux artistes italiens : Léonard de Vinci, le joaillier et sculpteur Benvenuto Cellini, les peintres Rosso Fiorentino et Primatice. Il leur confie de nombreux travaux dans ses châteaux (Chambord, Fontainebleau...), en échange d'un train de vie somptueux. Ces artistes forment « l'école de Fontainebleau ».

– Il soutient également de nombreux artistes français : l'architecte Pierre Lescot, le sculpteur Jean Goujon, le peintre François Clouet...

• Un protecteur des lettres

– Il crée l'Imprimerie royale.

– **1518 :** il crée la Bibliothèque royale. Aucun livre ne doit quitter la France sans qu'un exemplaire ait été remis à la Bibliothèque.

– **1536 :** il fonde le Collège royal ou collège des trois langues (aujourd'hui Collège de France) et en confie la direction à l'humaniste Guillaume Budé.

– Il protège des poètes et hommes de lettres comme Clément Marot ou François Rabelais.

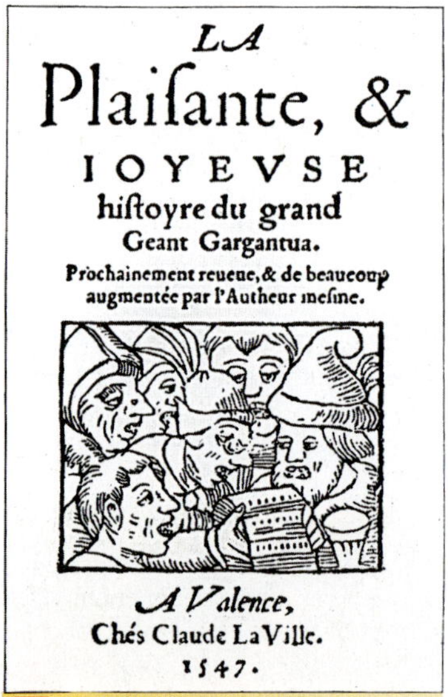
LA
Plaiſante, &
IOYEVSE
hiſtoyre du grand
Geant Gargantua.
Prochainement reueue, & de beaucoup augmentée par l'Autheur meſme.

A Valence,
Chés Claude La Ville.
1547.

2 Gargantua, de François Rabelais

Soutenues par François Ier, les imprimeries françaises se perfectionnent et permettent aux écrivains humanistes de diffuser leurs œuvres.

3 François Ier et les humanistes

Un humaniste présente au roi sa traduction d'un auteur grec de l'Antiquité. Sur ordre du roi, le français devient langue officielle en 1539.(Miniature de Jean Clouet, 1532, musée Condé, Chantilly.)

4 La galerie François Ier du château de Fontainebleau

En 1528, François Ier fait construire un château en forêt de Fontainebleau, près de Paris. La décoration de la galerie est confiée à des artistes italiens. Les fresques mettent en scène les vertus du roi et des sujets mythologiques, au milieu d'un décor de stuc (mélange de plâtre et de poudre de marbre pour former des statues ou des motifs décoratifs). Les lambris de bois de noyer sculpté et doré portent les emblèmes de François Ier.

❶ décor de stuc ❷ fresque ❸ lambris ❹ plafond à caissons

5 François Ier admirateur de l'art italien

Le Rosso, peintre florentin, vint en France où il fut reçu très chaleureusement par ses compatriotes. Ayant peint plusieurs tableaux, il les donna au roi François Ier à qui ils plurent beaucoup, mais qui plus encore, fut ébloui par la présence, la manière d'être de Rosso. Il lui donna aussitôt une pension et une maison à Paris que le Rosso habita peu car il demeura le plus souvent à Fontainebleau. Il fut bientôt nommé responsable des bâtiments, des peintures et de tous les embellissements du château. Il construisit d'abord une galerie qu'il recouvrit non pas d'une voûte mais d'un plafond composé de panneaux de bois magnifiquement disposés. Le Rosso peignit aussi une autre salle appelée Le Pavillon où il mit de riches ornements en stuc, des statues, des animaux. Il y peignit aussi des fresques de divinités antiques.

D'après G. Vasari, *Les Vies des meilleurs peintres, sculpteurs et architectes*, 1568.

Questions

Je me situe dans le temps et dans l'espace

1 **Doc 1.** Quand François Ier a-t-il vécu ? À quelle période artistique son règne correspond-il ?

2 **Doc 1.** Où, en France, François Ier fait-il pénétrer l'influence italienne ?

Je décris et j'explique

3 **Docs 1, 3 et 5.** Relevez les éléments qui montrent que François Ier protège les artistes.

4 **Docs 4 et 5.** Décrivez la galerie du château de Fontainebleau. Quels éléments du doc 4 retrouvez-vous cités dans le doc 5 ?

5 **Docs 1 à 3.** Montrez que le roi s'intéresse aux lettres.

Récit

Racontez la vie de mécène du roi François Ier.

Conseils

Pour écrire ou dire votre récit :
- présentez le roi et évoquez les lieux où il met en œuvre l'art de la Renaissance italienne ;
- montrez son admiration pour l'art ;
- expliquez la façon dont il aide les artistes et les hommes de lettres.

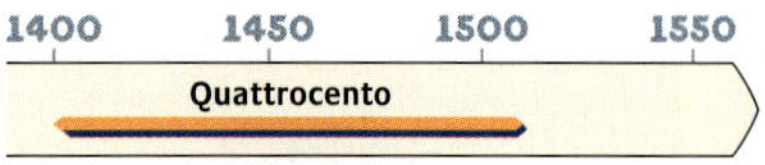

Florence, premier foyer de la Renaissance en Italie

• Au temps du Quattrocento, **Florence** connaît une effervescence artistique sans pareil. Entre 1440 et 1550, plus de cent palais y sont construits à l'initiative des plus puissantes familles de la ville. Florence et ses palais se parent d'œuvres d'art réalisées dans les **ateliers d'artistes**. Les banquiers, les marchands, les ordres religieux rivalisent de largesses à l'égard des plus grands artistes. Florence, face à ses rivales, les autres cités d'Italie, donne d'elle une image triomphante.

Pourquoi Florence est-elle considérée comme la capitale des arts au XVe siècle ?

1 La Renaissance naît à Florence

Quand la nature crée un homme très éminent dans un domaine, d'ordinaire elle ne le crée pas seul (...). La preuve en est l'apparition à Florence, dans une même génération, de Filippo Brunelleschi[1], Donatello[2], Lorenzo Ghiberti, Paolo Uccello et Masaccio[3], chacun si excellent dans son domaine, qu'il a agi par ses beaux ouvrages sur les âmes de ses successeurs, élevant la production artistique au degré de grandeur et de perfection que nous lui voyons aujourd'hui.

D'après G. Vasari, *Les Vies des meilleurs peintres, sculpteurs et architectes*, 1568.

1. Architecte 2. Sculpteur 3. Peintres

2 *David vainqueur de Goliath*

C'est le premier nu sculptural de la Renaissance, inspiré de l'Antiquité. (Donatello, musée du Bargello, statue en bronze, musée du Bargello, vers 1440, 158,2 cm, Florence.)

3 Le dôme de la cathédrale de Florence

(Filippo Brunelleschi, architecte du dôme de la cathédrale, 1420-1436, Florence.)

Hauteur : 115 m ; poids : 27 000 tonnes ; diamètre : 41 m. Élevée sans échafaudage, la coupole se soutient d'elle-même. Les poussées vont vers le haut et sont bloquées par la lourde lanterne de marbre. C'est une véritable prouesse technique.

4 ***Le Printemps* de Botticelli**

Ce tableau a été commandé par Laurent de Médicis en cadeau de mariage pour l'un de ses cousins. (Sandro Botticelli, *Le Printemps*, 1478, huile sur toile, 203 x 314 cm, galerie des Offices, Florence.)

5 **Laurent « le Magnifique », un grand mécène de Florence**

Laurent de Médicis (1449-1492) est issu d'une grande famille de banquiers florentins qui dominent la cité à partir de 1434. Il dirige la ville de 1469 à sa mort en 1492.

Laurent de Médicis songea à rendre sa cité plus grande et plus belle. Comme elle renfermait beaucoup d'espaces dépourvus d'habitations, il fit tracer sur ces terrains de nouvelles rues pour y construire des bâtiments, ce qui la rendit plus belle et plus grande. Grâce à lui, la ville, chaque fois qu'elle n'était pas en guerre, était perpétuellement en fête, assistant à des tournois, à des cortèges où l'on représentait les événements et les hauts faits de l'Antiquité. Son but était de maintenir l'abondance dans la patrie, l'union parmi le peuple et de voir la noblesse honorée. Il chérissait et s'attachait tous ceux qui excellaient dans les arts ; il protégeait les gens de lettres (...). Afin que la jeunesse de Florence pût se livrer à l'étude des belles-lettres, il fonda l'université de Pise où il appela les hommes les plus instruits qui fussent alors en Italie.

Nicolas Machiavel, *Histoires de Florence*, Livre VIII, vers 1520.

Questions

Je me situe dans le temps

1 Quand la Renaissance s'épanouit-elle à Florence ?

Je décris et j'explique

2 **Doc 1.** Selon Vasari, qu'ont apporté les artistes florentins ?

3 **Docs 2, 3 et 4.** À quels domaines artistiques appartiennent ces trois œuvres ? Qu'ont-elles de nouveau ?

4 **Doc 4.** Pourquoi ce tableau a-t-il été réalisé ? Quels éléments donnent l'impression de vie et de mouvement ?

5 **Doc 5.** Comment Florence se transforme-t-elle sous Laurent de Médicis ? Montrez que Médicis est un mécène.

6 **Docs 2, 4 et 5.** Quelle période de l'histoire est admirée dans la Renaissance florentine ?

Récit

Racontez pourquoi Florence est considérée comme le premier foyer de la Renaissance en Italie.

Conseils

Pour écrire ou dire votre récit :
- évoquez les artistes prestigieux et leurs œuvres ;
- présentez les transformations de la ville ;
- expliquez le rôle des riches familles auprès des artistes.

Le portrait à la Renaissance

Au XVIe siècle, lors de la Renaissance, l'art du portrait se diffuse. C'est un genre nouveau, profane, qui se distingue des scènes religieuses. Ce ne sont plus seulement les aristocrates qui se font représenter, mais aussi les banquiers, les marchands qui veulent immortaliser leur réussite sociale, laisser leur image à la postérité.

► ***Comment le portrait reflète-t-il la nouvelle place de l'individu dans la société ?***

1 Georg Gisze, marchand allemand de Londres

Georg Gisze était membre de la riche corporation des marchands allemands de Londres. (Holbein le Jeune, huile sur bois, 96 x 86 cm, 1532, Gemäldegalerie, Berlin.)

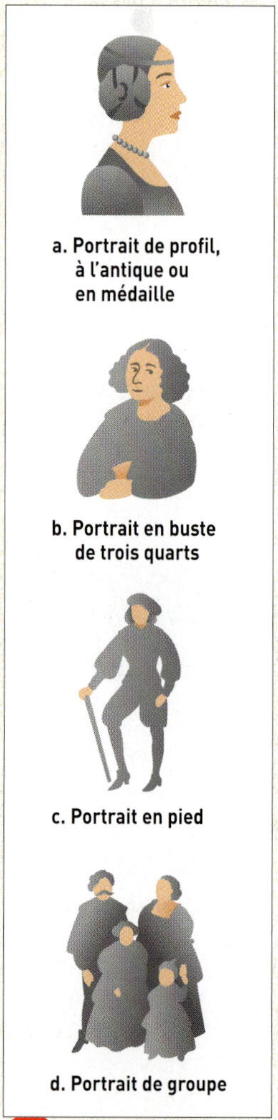

2 Les différents types de portrait

Mémo' Art

Le portrait

Formes

À l'origine, les portraits sont des tableaux de petites dimensions. Au cours de la Renaissance, le portrait en buste de trois quarts se diffuse. Il permet de saisir l'expression du regard et des mains, donc de la personnalité. La ressemblance avec le modèle est primordiale.

Techniques

– **La peinture à l'huile** : mise au point par le Flamand Jan Van Eyck au début du XVe siècle, elle nuance les couleurs et les effets de lumière.

– **La toile**, nouveau support pour appliquer la peinture : fixée sur un cadre de bois, elle est travaillée sur un chevalet. Elle peut en être détachée et transportée.

Sens

La Renaissance met au premier plan l'individu et sa réussite personnelle. Le portrait fixe pour la postérité ses qualités, sa richesse ou son pouvoir, dans son environnement quotidien.

Usages

Exposition des portraits dans les demeures de ceux qui les ont commandés.

3 Portrait d'Isabelle d'Este, marquise de Mantoue

À 60 ans, la marquise de Mantoue commande à Titien un portrait d'elle jeune. Il le réalise d'après un autre tableau. Devant ce portrait, elle s'exclame : « Le portrait de la main de Titien nous plaît beaucoup, de sorte que nous doutons d'avoir été, à l'âge représenté, de la beauté qui apparaît ici. »
(Titien, huile sur toile, 102 x 64 cm, 1534-1536, Kunsthistorisches Museum, Vienne.)

Questions

Je situe les œuvres d'art

1 **Docs 1 et 3.** Où et quand ces deux tableaux ont-ils été peints ? Par qui ?

Je décris les œuvres d'art

2 **Docs 1 à 3.** À quel type de portrait appartiennent les docs 1 et 3 ?

3 **Doc 1.** Décrivez l'espace qui entoure Georg Gisze. Où se porte son regard ? Que nous indique la position de ses mains ?

4 **Doc 3.** Où se porte le regard d'Isabelle ? Décrivez son attitude.

5 Imaginez leur portrait en buste, de profil. Leur personnalité vous apparaîtrait-elle de la même manière ? Pourquoi ?

Je fais le lien entre l'art et l'histoire

6 D'après vous, qu'a voulu montrer Georg Gisze en se faisant représenter dans l'environnement peint par Holbein ?

7 À votre avis, pourquoi Isabelle d'Este a-t-elle souhaité, à 60 ans, faire réaliser un portrait de jeunesse ?

B2i MON MUSÉE VIRTUEL

- Rendez-vous sur le site internet du musée du Louvre www.louvre.fr
- Recherchez dans les activités le « Parcours Renaissance ». Choisissez un portrait. Copiez-le dans un document traitement de texte et écrivez quelques phrases à son sujet à partir des commentaires qui l'accompagnent. Ajoutez les raisons pour lesquelles vous avez choisi ce portrait.

Cours 2

L'Italie, berceau de la Renaissance artistique

Pourquoi les arts se renouvellent-ils d'abord en Italie ?

A Des conditions favorables

1. La **Renaissance** voit le jour en Italie. Les villes affirment leur puissance à travers les arts qu'elles développent. Les fouilles archéologiques remettent l'**Antiquité** à l'honneur (doc 2). L'architecture antique, la représentation de l'homme inspirent architectes, sculpteurs, peintres (doc 4).

2. Les **artistes** de la Renaissance sont des savants et des créateurs (voir pp. 132-133). Placés au sommet de la hiérarchie des métiers, ils sont protégés par des **mécènes**, princes qui les accueillent à leur cour, comme la famille Médicis à Florence.

B De nouveaux thèmes, de nouvelles techniques

1. Les artistes recherchent la **beauté idéale** et veulent émouvoir. Les peintres réalisent des sujets religieux, des scènes mythologiques, des paysages, des portraits (doc 1).

2. Les peintres italiens inventent la **perspective** (docs 3 et 5). Ils adoptent la peinture à l'huile (voir pp. 138-139), mise au point en Flandre, qui facilite les jeux de lumière.

C Les grands foyers de la Renaissance italienne

1. **Florence** est au XVe siècle le plus grand foyer de la Renaissance italienne. On y rencontre des artistes renommés, par exemple le peintre Botticelli, l'architecte Brunelleschi ou le sculpteur Michel-Ange (voir pp. 136-137).

2. Au début du XVIe siècle, Florence est surpassée par **Rome**, où les mécènes sont les papes. Parmi eux, Jules II invite Michel-Ange à décorer l'immense voûte de la chapelle Sixtine.

3. Dans le courant du XVIe siècle, **Venise** passe au premier plan, sous l'influence des riches marchands de la ville.

1 Federico da Montefeltro, duc d'Urbino (1422-1482)

Federico da Montefeltro est un ancien soldat parvenu au pouvoir avec le soutien des Médicis de Florence. (Pedro Berruguete, *Portrait de Federico da Montefeltro d'Urbino et de son fils Guidobaldo*, huile sur bois, 134,5 x 75,5 cm, vers 1476, Urbino.)

Comment Federico se fait-il représenter par le peintre ? Selon vous, pourquoi ?

Vocabulaire

Mécène : personnage riche qui protège et aide financièrement des artistes.

Perspective : règles mathématiques qui permettent de représenter la profondeur d'un espace sur une surface plane.

2 La cour d'Urbino

Federico da Montefeltro fit orner son palais d'une multitude de statues de marbre et de bronze, de tableaux rares, d'instruments de musique de toutes sortes. En outre, il collectionna à grands frais nombre d'excellents et rares livres grecs, latins et hébraïques, tous reliés d'or et d'argent, estimant qu'ils constituaient le plus précieux trésor de son magnifique palais. L'usage, pour tous les gentilshommes de la maison, était de se rendre, aussitôt après le souper, dans les appartements de la duchesse. Là, à côté d'autres divertissements, musique et danses qui s'y déroulaient en permanence, on proposait parfois quelques devinettes ou quelques jeux d'esprit.

Baldassar Castiglione, *Le Parfait Courtisan*, Venise, 1528.

Quels sont les différents aspects de la culture d'un seigneur italien pendant la Renaissance ? Montrez son attachement à l'art et à l'Antiquité.

3 La perspective

Il y a trois sortes de perspectives : la première fait diminuer la taille des objets à mesure qu'ils s'éloignent de l'œil. La seconde est la manière dont les couleurs se modifient en s'éloignant de l'œil. La troisième, et dernière, consiste à définir comment les objets doivent être achevés avec d'autant moins de minutie qu'ils sont plus éloignés.

D'après Léonard de Vinci, *Traité de la peinture*, 1490.

Qu'est-ce que la perspective ?

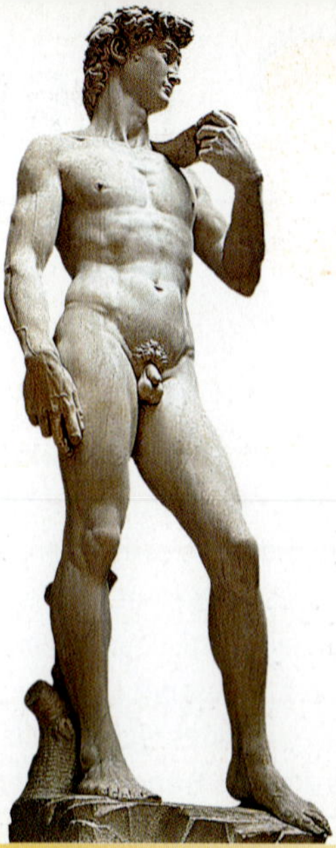

4 *David*, de Michel-Ange

(Statue de marbre, 410 cm, (1501-1504), musée de l'Académie, Florence.)

Décrivez cette sculpture. Comment l'artiste a-t-il représenté le corps humain ?

5 La perspective appliquée

Cette fresque a été commandée par le pape Sixte IV pour décorer la Chapelle Sixtine, qu'il a fait construire à Rome de 1473 à 1483.
(Le Pérugin, *Le Christ remettant les clés du paradis à saint Pierre*, 335 x 550 cm, 1486, Chapelle Sixtine, Rome.)

1 À quelle époque semblent appartenir les éléments architecturaux de la place ?

2 Montrez que la définition de la perspective selon Léonard de Vinci (doc 3) est appliquée.

Cours 3

La Renaissance en Europe

► *Quelles sont les caractéristiques de la Renaissance artistique hors d'Italie ?*

A L'influence de l'Italie

1. Dès le XVe siècle, l'**imprimerie** permet la reproduction d'œuvres d'art. Grâce à la circulation des artistes, des humanistes et des marchands, les connaissances nouvelles traversent les frontières. C'est ainsi que la Renaissance artistique italienne se diffuse au XVIe siècle à travers l'Europe. Les foyers d'art se développent dans les grandes régions urbaines, principalement aux **Pays-Bas**, en **France**, en **Allemagne** (doc 3).

2. Les **princes** de l'Europe attirent les artistes italiens à leur cour (voir pp. 132-133). Pour de nombreux **artistes** européens, le « séjour en Italie » est une étape incontournable de leur formation. Les grands **marchands** forment une élite urbaine cultivée et riche pour laquelle **collectionner** des œuvres d'art est un signe de réussite sociale.

B Des foyers artistiques actifs

1. En **Europe du Nord**, l'influence italienne est moins directe et s'adapte aux sensibilités et aux traditions artistiques locales. Aux **Pays-Bas**, le peintre **Jan Van Eyck** (doc 2), inventeur de la peinture à l'huile, donne l'effet de perspective par des dégradés de couleurs. **Pieter Brueghel** peint les gens du peuple et met à l'honneur les paysages (doc 4). En **Allemagne**, les peintres les plus remarquables sont **Hans Holbein** et **Albrecht Dürer**, maître de la **gravure** (doc 1). Tous représentent des sujets religieux, des portraits, des scènes de la vie quotidienne, avec réalisme et avec le souci du détail.

2. Les guerres d'Italie favorisent la rencontre entre la **France** et la Renaissance italienne. Le roi **François Ier** s'entoure d'artistes italiens, comme **Léonard de Vinci** (voir pp. 132-135), **Rosso**, **Primatice**, et leur confie l'embellissement des résidences royales : les **châteaux du Val de Loire** tel Chambord, et ceux d'Île-de-France, tel **Fontainebleau**. À Paris, l'architecte **Pierre Lescot** et le sculpteur **Jean Goujon** transforment la forteresse du **Louvre** en un palais élégant, par la réalisation d'une façade « Renaissance » imitant l'architecture de l'Antiquité.

1 L'art de la gravure

(Albrecht Dürer, *La Vierge à l'Enfant avec un singe*, gravure au burin, XVIe siècle, Museum of fine arts, Houston.)

1 **Quelle est la technique de cette œuvre d'art ?**

2 **Décrivez la scène représentée : quels éléments rappellent l'influence italienne ?**

Vocabulaire

Gravure : dessin sur un support de bois ou de métal, qui est imprimé. Le burin est un instrument tranchant, utilisé en orfèvrerie, qui produit des traits précis et fins sur le cuivre. Les volumes sont rendus par le rapprochement plus ou moins serré de petits traits parallèles ou entrecroisés. Le papier utilisé pour l'impression doit être moelleux et élastique afin de pouvoir pénétrer dans les traits encrés. Il est légèrement humidifié.

2 L'art du détail

Le Concert des anges, (Frères Van Eyck, extrait du retable polyptyque *L'Agneau mystique*, huile sur bois, 350 x 461 cm, 1424-1432, cathédrale de Gand, Belgique.)

➔ **Quelle technique de peinture est utilisée ? Quel en est l'effet ?**

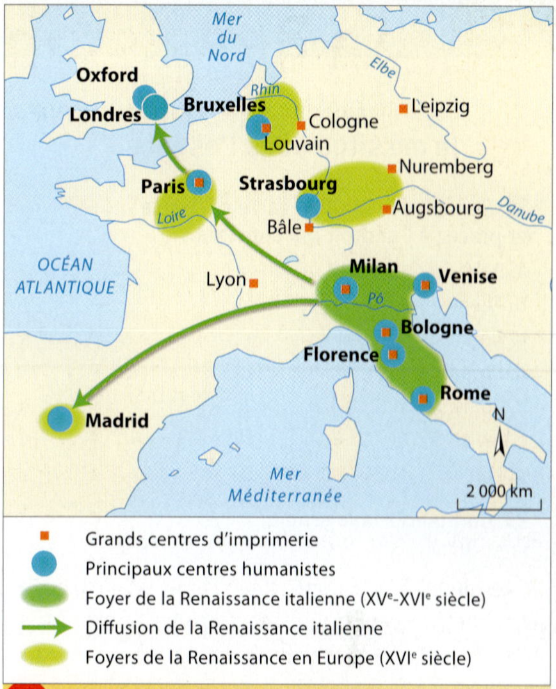

3 Les grands foyers de la Renaissance en Europe

1 **Dans quelle région la Renaissance apparaît-elle ?**

2 **Quel lien peut-on faire entre les foyers artistiques et les centres d'imprimerie ?**

4 L'art du paysage

(Pieter Brueghel, peintre flamand, *Paysage d'hiver*, huile sur bois, 38 x 56 cm, 1601, musées royaux des beaux-arts de Belgique, Bruxelles.)

➔ **Décrivez ce paysage en montrant le souci du détail du peintre et son utilisation de la perspective.**

Socle commun

Je révise

1 Je me situe dans l'espace

À imprimer

1 Recopiez le fond de carte ci-contre et placez à l'endroit qui convient :

a. Italie
b. Allemagne
c. Florence
d. Pays-Bas
e. Rome
f. Venise
g. France

2 Complétez la légende.

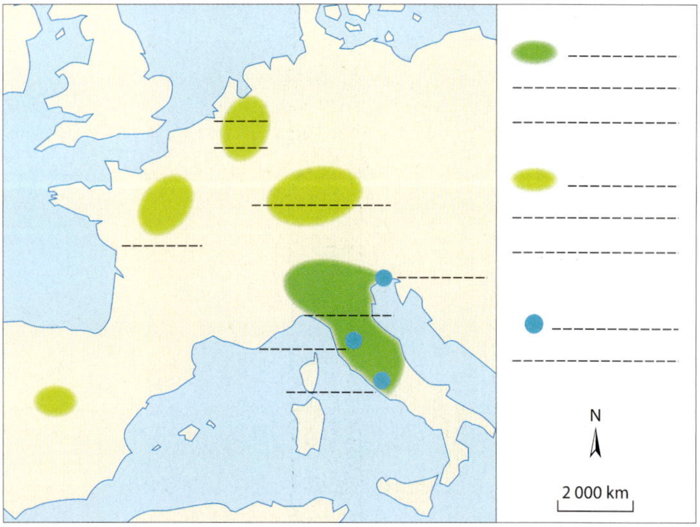

2 Je me situe dans le temps

À imprimer

1. Recopiez la frise chronologique ci-dessous.
2. Dessinez une barrette de couleur correspondant à la période de la Renaissance.
3. Hachurez la période que les Italiens appellent le « Quattrocento ».

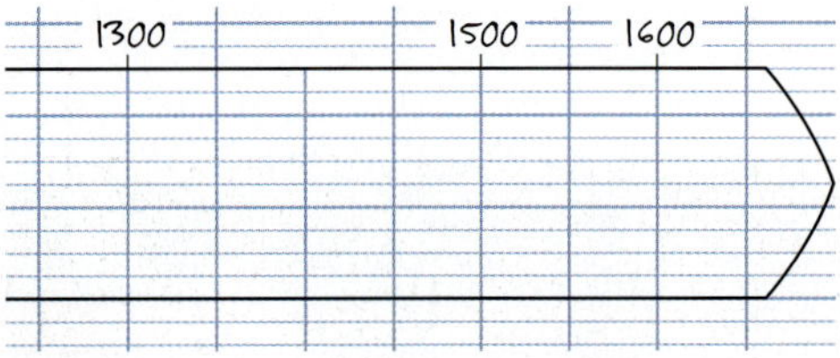

3 Je définis les mots clés

Recopiez et complétez le tableau ci-dessous en indiquant à chaque fois le mot ou la définition manquants.

Mot ou notion	Définition
	Personnage riche qui protège et aide financièrement des artistes.
Renaissance	
Peinture à l'huile	
	Règles mathématiques qui permettent de représenter la profondeur d'un espace sur une surface plane.

4 Je raconte et j'explique

1 Quelles sont les principales caractéristiques de l'art de la Renaissance ?

2 Pourquoi Florence est-elle considérée comme le berceau de la Renaissance ?

3 Quelles relations entretiennent les artistes et leurs mécènes ? Appuyez-vous sur des exemples.

5 Je sais attribuer une œuvre à son auteur

Dites à quel artiste appartient chacune des œuvres ci-dessous.

1. Léonard de Vinci **2.** Michel-Ange **3.** Brunelleschi

A

B

C

6 J'étudie le rôle du mécène dans la réalisation d'une œuvre d'art

a Lettre d'un peintre à son mécène

Le peintre florentin Filippo Lippi écrit à son mécène Cosme de Médicis, pour obtenir 60 florins supplémentaires afin d'achever son tableau.

J'ai respecté vos instructions concernant la peinture et me suis appliqué scrupuleusement sur chaque détail. Le personnage de saint Michel est maintenant si près d'être terminé que, comme son armure doit être d'argent et d'or ainsi que les autres vêtements, je suis allé voir Bartolomeo Martelli ; il m'a dit que je devais faire exactement comme vous le souhaitiez.

Je ferai toujours comme il vous plaira en toute occasion.

Lettre de Filippo Lippi à Cosme de Médicis, 1457.

b Une commande passée à un peintre florentin

Ce jour, le 23 octobre 1485, Fra Bernardo di Francesco, présentement prieur de l'hôpital des Innocents de Florence, commande et confie la tâche à Domenico Ghirlandaio de peindre un panneau que ledit Francesco a fait faire. Il devra le peindre et le mettre en couleur de sa propre main, à la manière dont il a été convenu, selon le modèle dessiné sur le papier avec les personnages et de la manière qui y sont indiqués et tous les détails qui ont été décidés. Il doit mettre le panneau en couleur à ses frais avec de bons pigments et de la poussière d'or sur les ornements qui le demandent. Il livrera le panneau dans trente mois à partir d'aujourd'hui. Il recevra 115 gros florins si je juge que le travail en vaut la peine.

Contrat passé entre Domenico Ghirlandaio et le prieur de l'hôpital des Innocents en 1485, cité dans Wordly Goods, Macmillan, 1996, Londres.

1 Pour chaque document, indiquez le nom du peintre et celui de son mécène.

2 Relevez dans les deux documents les expressions qui montrent que l'artiste doit respecter scrupuleusement les consignes données par le mécène.

3 Sur quels éléments portent ces consignes ?

4 Montrez que la vie et l'œuvre des artistes dépendent de leurs mécènes.

7 J'étudie la perspective

1 À l'aide d'un papier-calque, délimitez les différents plans du tableau.

2 Reliez les lettres A, B, C à la lettre D, vous obtenez le « point de fuite » du tableau.

3 À partir de votre relevé et en décrivant précisément le tableau, expliquez comment le peintre crée l'illusion de la profondeur.

(Léonard de Vinci, *L'Annonciation*, huile et détrempe sur bois, 98 x 217 cm, vers 1472-1475, galerie des Offices, Florence.)

Socle commun

8 Arts J'étudie l'autoportrait d'un artiste

1 Quelle est la nature de ce portrait ?

2 Dans quel espace le personnage se met-il en scène ?

3 Qu'est-ce qui donne l'impression de profondeur dans ce tableau ?

4 Montrez que l'autoportrait est le symbole de la nouvelle place de l'artiste dans la société. Quel élément, visible sur le tableau, confirme ce fait ?

« En 1498, j'ai peint ceci d'après ma propre image. J'avais 26 ans. Albrecht Dürer. »

Autoportrait de Dürer
Albrecht Dürer est un peintre allemand qui a beaucoup voyagé, notamment en Italie et en Flandre, pour apprendre son métier, découvrir les nouvelles formes de l'art. (Albrecht Dürer, *Autoportrait*, huile sur bois, 52 x 41 cm, 1498, musée du Prado, Madrid.)

9 B2i Je réalise un dossier sur le château de Chambord

[Compétence 3.1 – je sais modifier la mise en forme des caractères et des paragraphes, paginer automatiquement – Compétence 3.3 – Je sais regrouper dans un même document plusieurs élément – Compétence 4.5. – Je sais sélectionner des résultats lors d'une recherche.]

1 Rendez-vous sur le site officiel du château de Chambord (www.chambord.org).

Aide
Votre dossier doit comporter :
– un sommaire ;
– une introduction ;
– une à deux pages présentant l'histoire du château (le cadre, des anecdotes peut-être...) ;
– une conclusion.
N'oubliez pas les illustrations ni la numérotation de vos pages.

2 Déroulez le menu « Services éducatifs » et choisissez « Préparez votre venue ».

3 Ouvrez ensuite le « Dossier enseignant ».

4 À partir de ce dossier, créez un document de traitement de texte et constituez votre propre dossier en sélectionnant les éléments qui vous paraissent essentiels.

10 Récit J'écris un récit en histoire

a ***Le Déluge universel***

Le pape Jules II charge Michel-Ange de décorer la voûte de la chapelle construite à la fin du XVe siècle.
Il peint à 20 mètres de hauteur une immense fresque qui représente les épisodes de la Genèse, premier livre de la Bible.
(Michel-Ange, *Le Déluge universel*, 1508-1512, fresque, détail de la voûte de la chapelle Sixtine, Rome.)

b La Genèse

Dieu dit à Noé : « La fin de toute chair est arrivée, je l'ai décidé, car la terre est pleine de violence à cause des hommes et je vais les faire disparaître de la terre. Fais-toi une arche en bois résineux (Genèse 6, 13-14). Car encore sept jours et je ferai pleuvoir sur la terre pendant quarante jours et quarante nuits et j'effacerai de la surface du sol tous les êtres que j'ai faits. » (Genèse 7, 4) Au bout de sept jours, les eaux du déluge vinrent sur la terre. (Genèse 7, 10)

1 Décrivez précisément le doc a : repérez et détaillez les différents plans, les personnages et décrivez l'impression générale qui se dégage du tableau.

2 Repérez dans le doc b les éléments que vous avez détaillés dans le doc a.

3 À partir de ces deux documents, racontez en quelques phrases l'épisode du déluge.

POUR ALLER PLUS LOIN

À lire

- **S. Léonard**, *Il était une fois... L'art de la Renaissance*, coll. « Petites histoires de l'art, » CRDP Montpellier, 2006.

- **K. Safa** ; *Au temps de la Renaissance : 1469-1472*, coll. « Le journal d'un enfant », Gallimard jeunesse, 2006

À voir

- *Léonard de Vinci*, coll. « Allo la Terre », 1996, lesite.tv
- *La Renaissance italienne*, coll. « Parcours d' histoire », Galilée, 1999.

À consulter

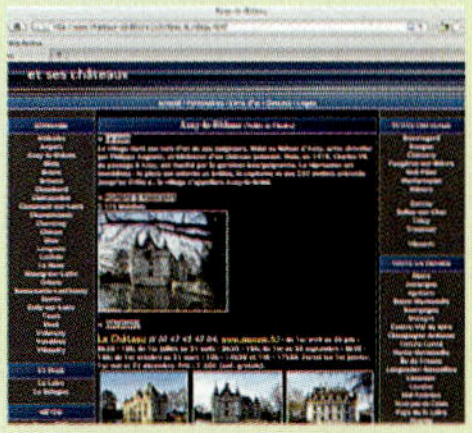

- http://artdevinci.free.fr
- http://www.aparences.net
- http://www.chateaux-valdeloire.com

Martin Luther, le premier protestant

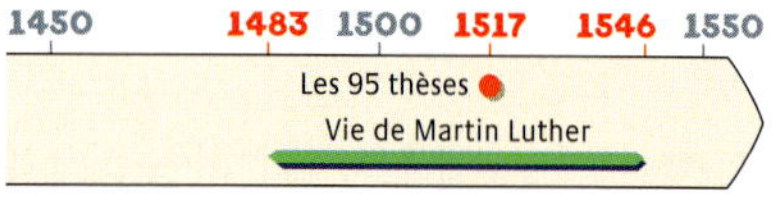

• Au début du XVIe siècle, de nombreux **chrétiens** perdent confiance en l'Église. Ils s'indignent de voir le pape et les évêques mener une vie de grands seigneurs avides d'argent. Ils jugent les prêtres ignorants et dans l'incapacité de les aider à gagner le paradis. Face au commerce des **indulgences**, ils protestent. Parmi eux, le moine allemand **Luther** affirme que pour faire son salut, il suffit de croire en Dieu.

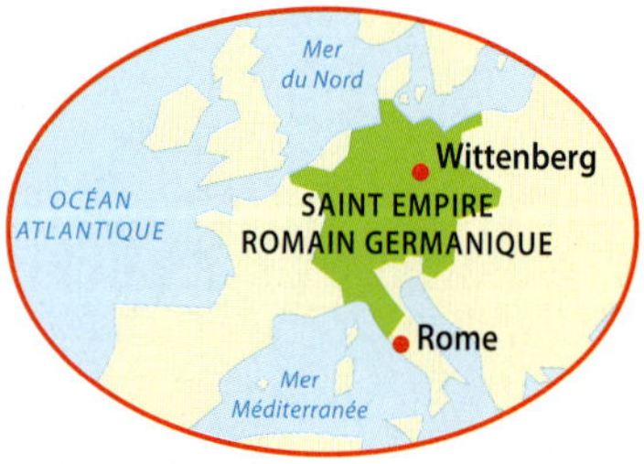

Quel est le rôle de Martin Luther dans la naissance de la religion chrétienne protestante ?

1 Martin Luther

– 1483 : naissance à Eisleben, en Saxe.

• Un moine...

– 1505 à 1517 : professeur de théologie à l'université de Wittenberg ; il commente la Bible dans l'église de la ville.

– 31 octobre 1517 : il affiche ses « 95 thèses » sur la porte de l'église de Wittenberg pour dénoncer la décision du pape Léon X de financer par la vente d'indulgences la construction de l'église Saint-Pierre de Rome.

•... exclu de l'Église catholique

– 1520 : il est excommunié par le pape et banni de l'empire par l'empereur. Caché et protégé par un prince allemand, il traduit la Bible en allemand.

– 1525 : il se marie.

– 1546 : il meurt en laissant de nombreux écrits théologiques qui étaient interdits, mais se diffusent grâce à l'imprimerie.

Vocabulaire

Indulgences : pardon des péchés accordé par l'Église en échange de bonnes actions ou d'un don d'argent.

2 Les 95 thèses de Luther

Thèse 6. Le pape ne peut pardonner les péchés qu'au nom de Dieu.

Thèse 27. C'est une invention humaine de prêcher que sitôt que l'argent résonne dans la caisse, l'âme s'envole du purgatoire[1].

Thèse 32. Tous ceux qui pensent gagner le ciel par des lettres de pardon délivrées par les hommes s'en iront en enfer avec ceux qui les endoctrinent[2] ainsi.

Thèse 62. Le vrai trésor de l'Église, c'est le saint Évangile de la gloire et de la grâce de Dieu.

Thèse 86. Pourquoi le pape, dont le sac est aujourd'hui plus gros que celui des plus riches, n'édifie-t-il pas au moins cette basilique de saint-Pierre avec ses propres deniers, plutôt qu'avec l'argent des pauvres fidèles ?

Luther, 1517.

1. Purgatoire : lieu où pour les catholiques les âmes attendent le pardon de leurs péchés.
2. Endoctriner : faire la leçon à quelqu'un pour le convaincre d'adhérer à un point de vue.

3 La vente des indulgences

« Sitôt que le sou résonne, l'âme va au ciel », dit le parchemin que le pape tend à l'acheteur. (Lucas Cranach le Jeune, *La Vente des indulgences*, 1545, bois gravé.)

4 L'excommunication de Luther

Le 10 décembre 1520, Luther (à gauche de l'image) brûle, avec l'aide de ses étudiants, le texte de son excommunication de l'Église catholique par le pape. (Gravure extraite de *Historien der Heyligen ausserwählten Gottes Zeugen*, Ludvig Rabus, Strasbourg, 1557.)

5 La doctrine de Luther

Nous avons tous le même baptême, le même Évangile, la même foi, et nous sommes tous égaux comme chrétiens (...).

Nous sommes tous prêtres. Pourquoi ne sentirions-nous pas aussi bien que les papes ce qui est conforme ou contraire à la foi ?

Tous les chrétiens appartiennent vraiment à l'état ecclésiastique[1]. Il n'existe entre eux aucune différence. Ce sont le baptême, l'Évangile et la foi qui seuls forment l'état ecclésiastique. (...)

La foi suffit à un chrétien, il n'a besoin d'aucune œuvre pour assurer son salut (...). Des œuvres bonnes et justes ne font jamais un homme bon et juste, mais un homme bon et juste fait de bonnes œuvres.

D'après Martin Luther, *De la Liberté du chrétien*, extraits, 1520.

1. Tous les chrétiens sont égaux dans la communauté religieuse.

6 Luther traduit la Bible

Dans ma traduction de la Bible, je me suis efforcé de parler un allemand pur et intelligible. J'ai tâché de parler allemand, non grec ou latin. Or pour parler allemand, ce n'est pas les textes de langue latine qu'il faut interroger. La femme dans son ménage, les enfants dans leurs jeux, les bourgeois sur la place publique, (...) chers amis, vous avez maintenant votre Bible en allemand. Ayez soin d'en faire bon usage après ma mort.

La Bible de Luther est éditée en 1534. En 40 ans, 100 000 exemplaires seront imprimés.

D'après G. A. Hoff, *Luther, fragments extraits de ses œuvres*, Lausanne, 1887.

Questions

Je me situe dans le temps et dans l'espace

1 Où vit Luther ? À quelle époque ?

Je décris et j'explique

2 **Docs 1 et 3.** Décrivez le doc 3. Quel est le rôle des indulgences pour le pape ? et pour Luther ?

3 **Doc 2.** Que reproche Luther au pape ? Relevez dans ses « 95 thèses » ses arguments contre les indulgences.

4 **Doc 5.** Quelle phrase du texte justifie la position prise par Luther dans ses thèses ?

5 **Docs 1 et 4.** Qu'arrive-t-il à Luther, à la suite de l'affichage de ses thèses ? Que devient-il ensuite ?

6 **Doc 6.** Pourquoi Luther traduit-il la Bible en allemand ?

7 **Docs 1, 5 et 6.** Quelles sont les croyances et les pratiques religieuses des chrétiens protestants qui partagent les idées de Luther ?

Récit

Racontez les débuts de la religion protestante.

Conseils

Pour écrire ou dire votre récit :
- présentez les personnages concernés par cette religion et expliquez les circonstances à l'origine de cette religion ;
- présentez les idées de Luther et expliquez comment elles remettent en cause les croyances et les pratiques catholiques.

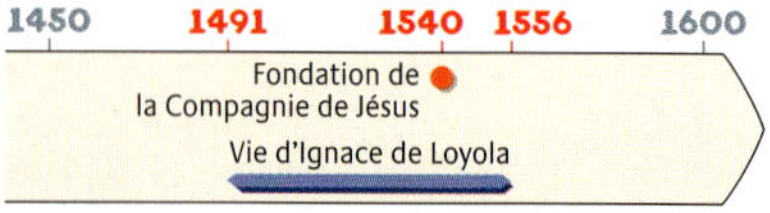

Ignace de Loyola

• **Ignace de Loyola** vit dans un Occident qui, au XVIe siècle, est en plein bouleversement religieux. Des chrétiens catholiques critiquent leur clergé et, inquiets pour leur salut, recherchent une religion plus proche d'eux. L'**Église réformée** répond à leurs attentes. Dans une Europe, où de nombreux catholiques sont devenus protestants, Ignace de Loyola se met au service de la défense et de la diffusion de la **religion catholique**.

Quel est le rôle d'Ignace de Loyola dans le renouveau de la religion catholique au XVIe siècle ?

Vocabulaire

Compagnie de Jésus : fondée par Ignace de Loyola, elle rassemble des prêtres qui s'engagent à enseigner la religion catholique, pour lutter contre le protestantisme. Ses membres sont appelés « jésuites ».

Église réformée : nouvelle Église chrétienne créée au XVIe siècle par les protestants (ou réformés), mécontents de l'Église catholique.

2 Rendre la religion catholique universelle

En 1539, Ignace de Loyola rédige la Constitution de la Compagnie de Jésus.

Tout ce que Sa Sainteté[1] nous ordonnera pour le bien des âmes ou la propagation de la foi, nous sommes tenus de l'exécuter sans tergiversation ni excuse, immédiatement et autant qu'il est en notre pouvoir, qu'il nous envoie chez les Turcs, aux nouveaux mondes, chez les Luthériens[2] ou chez n'importe quels autres fidèles ou infidèles... Ce vœu peut nous disperser en diverses parties du monde.

Cité dans J. Lacouture, *Jésuites*, Points Seuil, 1995.

1. Sa Sainteté : le pape. 2. Luthériens : protestants.

1 Ignace de Loyola

– **1491 :** Ignace de Loyola naît en Espagne.

Il mène une vie de courtisan et de militaire.

• Un chrétien

– **1520 :** il est grièvement blessé lors du siège de Pampelune par les Français.

Il s'engage dans la défense et la diffusion de la religion catholique, à la manière de François d'Assise.

Il étudie la théologie dans des universités espagnoles et à Paris.

• Le fondateur de la Compagnie de Jésus

– **1540 :** il fonde la Compagnie de Jésus, avec le soutien du pape Paul III.

Dans toute l'Europe, des collèges et des séminaires sont créés pour former les clercs.

– **1556 :** mort d'Ignace à Rome. La Compagnie compte 1 000 membres (13 000 au début du XVIIe siècle).

– **1622 :** il est canonisé 60 ans après sa mort.

3 La fondation de la Compagnie de Jésus

Le pape Paul III autorise la fondation de la Compagnie de Jésus. (Peinture sur bois anonyme, église du Gesù, Rome.)

❶ Le pape Paul III et les ecclésiastiques ❷ Ignace de Loyola et ses compagnons

4 Le Triomphe de saint Ignace

(Claude Vignon, *Le Triomphe de Saint Ignace*, huile sur toile, musée des Beaux-arts, Orléans.)

1. les catholiques
2. Une femme des nouveaux mondes
3. Femmes
4. Saint Ignace
5. Jésus
6. La Vierge Marie
7. Dieu appuyé sur un globe terrestre
8. La colombe, ou Saint-Esprit

5 Les jésuites, l'« armée du Christ »

Première règle : Ayant supprimé tout jugement propre, il faut toujours tenir l'esprit disposé à obéir à notre Sainte Mère qui est l'Église catholique et hiérarchique[1] car il faut croire sans hésitation que l'Esprit de Jésus-Christ et celui de son Église sont identiques.

Sixième règle : Louer[2] les reliques, la vénération et l'invocation des saints ; de même les pieux pèlerinages, les indulgences, les cierges que l'on a coutume d'allumer dans les églises pour notre piété et notre dévotion.

Huitième règle : Louer en outre la décoration des églises et leur ornementation, et aussi les images, que l'on vénère à cause de ce qu'elles représentent.

Neuvième règle : Confirmer tous les commandements de l'Église et ne les attaquer en aucune façon mais les défendre promptement contre ceux qui les attaquent.

D'après Ignace de Loyola, *Exercices spirituels*, 1548.

1. Hiérarchique : qui définit l'ordre de l'autorité. Le pape est au sommet de la hiérarchie catholique.
2. Louer : vénérer.

Questions

Je me situe dans l'espace et dans le temps

1 Où et quand naît Ignace de Loyola ? Où finit-il sa vie ?

2 Quand la Compagnie de Jésus est-elle fondée ?

Je décris et j'explique

3 **Doc 1.** Quelle décision prend Ignace de Loyola en 1520 ? Comment se concrétise-t-elle en 1540 ?

4 **Docs 1 et 3.** Décrivez cette scène : quel événement évoque-t-elle ? Qui sont les personnages ? Quelle est leur attitude ?

5 **Docs 1, 2 et 5.** Relevez les termes qui montrent la stricte obéissance des jésuites au pape.

6 **Doc 5.** Expliquez la première règle et faites la liste des pratiques recommandées par les jésuites.

7 **Docs 2 et 4.** À partir des expressions soulignées (doc 2) et des personnages du tableau (doc 4), montrez que la mission d'Ignace se veut universelle.

Récit

Racontez comment la Compagnie de Jésus a contribué au renouveau de la religion catholique au XVIe siècle.

Conseils

Pour écrire ou dire votre récit :
- évoquez la situation religieuse en Occident au XVIe siècle ;
- présentez le personnage d'Ignace de Loyola ;
- décrivez son action.

Cours 4

Les chrétiens divisés au XVIe siècle

▶ *Quelle rupture connaît la chrétienté occidentale au XVIe siècle ?*

A La réforme protestante

1. Au XVIe siècle, le moine allemand **Luther** critique violemment la vente des **indulgences** par la papauté car elle fait de l'accès au paradis une affaire d'argent. Il affirme que, selon la Bible, seule la foi permet au chrétien de faire son salut. Il rejette alors l'autorité du pape et crée une **Église réformée ou protestante** (voir pp. 148-149).

2. Ses idées, diffusées grâce à l'**imprimerie**, se répandent rapidement en Allemagne. Elles influencent, sous une forme différente, le Français **Calvin** qui crée à Genève une Église protestante plus sévère (doc 1). Ces nouvelles Églises convainquent le roi d'Angleterre Henri VIII, qui fonde l'**Église anglicane**.

B La réaction catholique

1. L'Église catholique se lance alors dans la lutte contre le protestantisme. En 1540, **Ignace de Loyola** fonde la **Compagnie de Jésus**, et les **jésuites** se donnent pour mission de diffuser la religion catholique partout dans le monde (voir pp. 150-151). Le pape rétablit l'**Inquisition**, qui poursuit les protestants, et il interdit les livres jugés dangereux.

2. L'Église catholique entreprend aussi sa propre réforme. Le **concile de Trente** (1545-1563) réaffirme les **dogmes** catholiques et ouvre des **séminaires** pour former les prêtres (doc 4).

C La division de la chrétienté en Europe

1. Dans l'Europe du XVIe siècle, **protestants et catholiques** s'affrontent (doc 3). Les **Provinces-Unies** calvinistes se libèrent de l'Espagne catholique en 1579 après une cruelle guerre civile (doc 2). La **France** est ravagée par 40 ans de guerres religieuses (de 1562 à 1598).

2. Il en est de même dans le **Saint Empire** où les guerres s'achèvent quand l'empereur accepte la division religieuse de l'**Allemagne**, d'abord en 1555, puis définitivement à la fin de la **guerre de Trente Ans**, en 1648.

1 Le calvinisme

318. Combien y a-t-il de sacrements dans l'église de Jésus-Christ ? Il en existe deux, en tout et pour tout, auxquels toute la communauté des fidèles participe : le baptême et la communion.

365. Les pasteurs qui ont à distribuer les sacrements sont-ils tenus d'y admettre n'importe qui, sans distinction ? (...) Pour la communion, le pasteur évitera de la donner à quelqu'un qui n'en serait pas digne.

370. Une discipline dans l'Église est-elle nécessaire ? Certainement, une discipline est indispensable si l'on veut une Église bien ordonnée. Il conviendra donc d'élire les anciens pour prévenir les scandales et veiller aux bonnes mœurs.

D'après Jean Calvin (1509-1564), extraits du *Catéchisme de Genève*, 1545.

➔ **Montrez que la religion calviniste donne des préceptes de vie.**

2 La guerre civile aux Pays-Bas

En 1573, la ville protestante de Haarlem est mise à sac par les soldats catholiques du duc d'Albe. La garnison de la ville et 400 bourgeois sont massacrés. (Hogenberg, gravure, fin du XVIe siècle, bibliothèque de l'Université, Genève.)

➔ **Décrivez la violence de cette scène. Qui sont les victimes ?**

Vocabulaire

Dogme : croyances fondamentales d'une religion.

Indulgences : voir p. 148.

Inquisition : voir p. 80.

Réforme : mouvement religieux qui a donné naissance à la religion protestante.

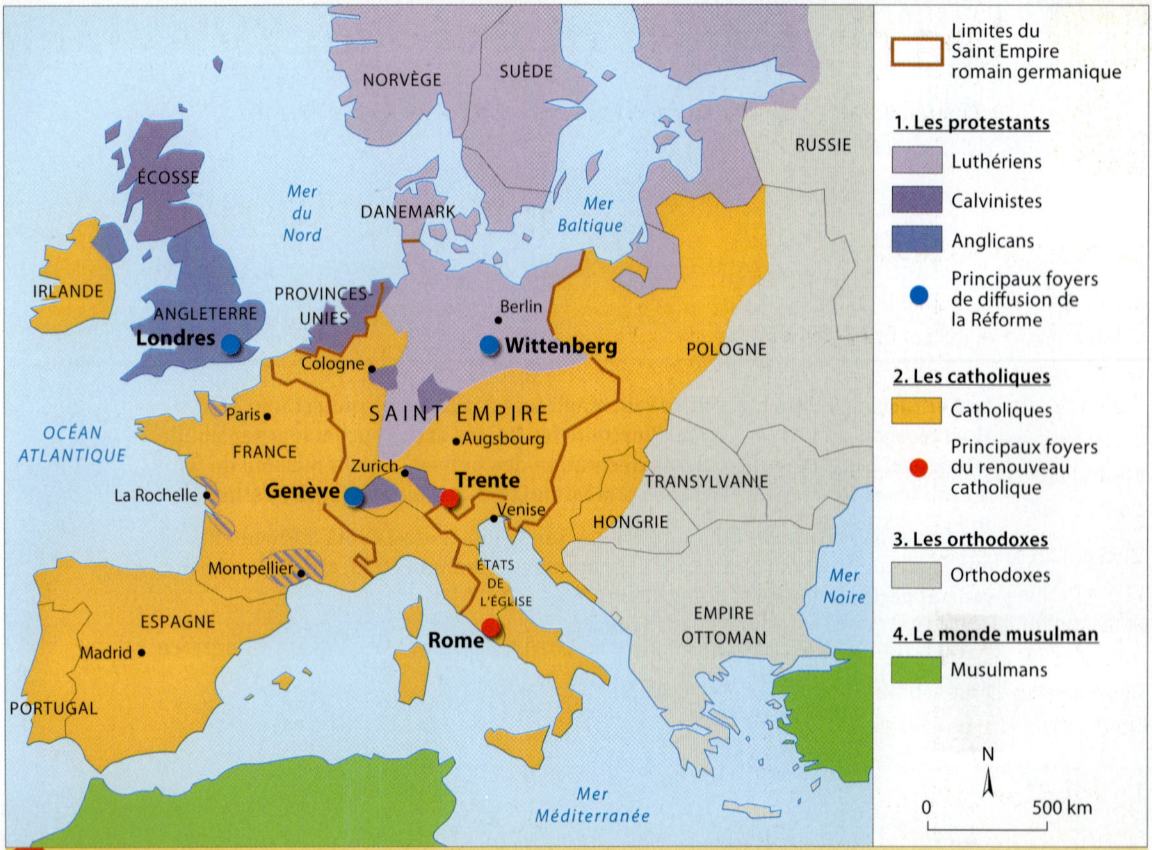

3 La chrétienté divisée au XVIe siècle

1 Comment la carte montre-t-elle la division de l'Occident chrétien ?

2 Dans quels États vivent les protestants ? et les catholiques ?

3 Quelle est la particularité religieuse de la France et du Saint Empire ?

4 Les principes catholiques rappelés par le concile de Trente

– Que personne, se fiant à son propre jugement, n'ait l'audace d'interpréter lui-même l'Écriture contrairement au sens qu'a donné la Sainte Mère l'Église.

– Les œuvres (dons, pèlerinages…) contribuent à aider le chrétien à atteindre le paradis.

– L'Église a introduit des cérémonies, des ornements, pour rendre les esprits des fidèles sensibles à la contemplation des choses divines cachées dans la messe.

– Les évêques doivent être irréprochables, sobres, chastes, honnêtes, comme il est convenable à des ministres de Dieu.

– Les enfants doivent suivre un enseignement religieux : le catéchisme

D'après les décrets du concile de Trente, 1563.

➔ Quels principes le concile de Trente réaffirme-t-il ?

5 Être catholique, être protestant

	Catholiques	Protestants
La foi	Croyance en Dieu et Jésus-Christ	Croyance en Dieu et Jésus-Christ
Le salut	Par la foi et les bonnes œuvres	Par la foi
La Bible	En latin	Dans la langue du peuple
Sacrements	Sept sacrements	Deux sacrements : le baptême et la communion
Culte de la Vierge et des saints	Important	Refusé
Images et ornements dans les lieux de culte	Pour l'instruction et l'émotion des fidèles	Seule la croix est autorisée

➔ Relevez les éléments communs aux catholiques et aux protestants. Relevez les éléments qui les opposent.

Les trompe l'œil baroques de l'église Saint-Ignace

Au XVIe siècle, l'Église catholique veut réagir face à la Réforme protestante. L'art est alors reconnu comme un moyen d'instruire les fidèles et de toucher leur sensibilité religieuse. L'art baroque, dans la décoration des églises, a pour mission de faire revenir les chrétiens, tentés par le protestantisme, au sein de l'Église catholique.

Les fresques en trompe l'œil de l'église Saint-Ignace-de-Loyola à Rome en sont une saisissante illustration. Son auteur, le père Andrea Pozzo, affirme : « Je suis venu apporter le feu de la foi sur la terre ».

Comment les fresques des églises baroques se mettent-elles au service de la religion catholique ?

1 Dôme en trompe l'œil de l'église Saint-Ignace

La construction de l'église a débuté en 1626. À cause de problèmes techniques et financiers, une véritable coupole n'a pas pu être édifiée. Le peintre réalise alors une « fausse » coupole, sur une surface plane, grâce à la technique du trompe l'œil. (Andrea Pozzo, fresque de l'église Saint-Ignace-de-Loyola, fin des années 1680.)

Mémo' Art

Les trompe l'œil baroques

Formes
Baroque : prédominance des lignes courbes et exagération du mouvement, exubérance des couleurs, profusion du décor, effets dramatiques.

Technique
La peinture à fresque (*a fresco* : « à frais »). Sur le mur, l'artiste dessine ses figures puis il les peint en quelques heures sur un enduit lisse et humide.

Le trompe l'œil
Technique de perspective verticale. Elle donne l'illusion de profondeur et de volume. Les jeux d'ombre et de lumière empêchent la distinction entre l'espace réel, quasiment plat, et l'espace virtuel, très profond, du ciel.

Sens
Répandre sur les quatre continents la religion catholique réformée par le concile de Trente.

Usages
Provoquer l'émotion, transmettre un enseignement, ramener les chrétiens dans la foi catholique.

2 La fresque de la voûte

Cette fresque en trompe l'œil célèbre le triomphe de saint Ignace de Loyola et l'œuvre missionnaire des jésuites à travers le monde entier.

1 Le Christ
2 Saint Ignace
3 Amérique
4 Afrique
5 Europe
6 Asie

Questions

Je décris les œuvres d'art

1 **Doc 1.** Qu'est-ce qui caractérise la « coupole » de l'église Saint-Ignace ? Quelles impressions s'en dégagent ?

2 **Doc 2.** Quel est l'élément central sur lequel se porte le regard ?

3 **Doc 2.** Comment l'impression de continuité entre la terre et le ciel est-elle rendue ? Relevez et décrivez deux éléments de cette perspective verticale.

Je fais le lien entre l'art et l'histoire

4 Expliquez comment ces décors peuvent renforcer la foi des catholiques.

Socle commun

Je révise

1 Je me repère dans l'espace

À imprimer

1 Recopiez le fond de carte ci-dessous.

2 Sur la carte, placez au bon endroit les éléments suivants :

a. Genève
b. Wittenberg
c. Rome
d. Trente

3 Complétez la légende avec les éléments suivants :

e. luthériens
f. calvinistes
g. catholiques
h. anglicans
i. limites du Saint Empire
j. principaux foyers du renouveau catholique
k. principaux foyers de diffusion de la Réforme

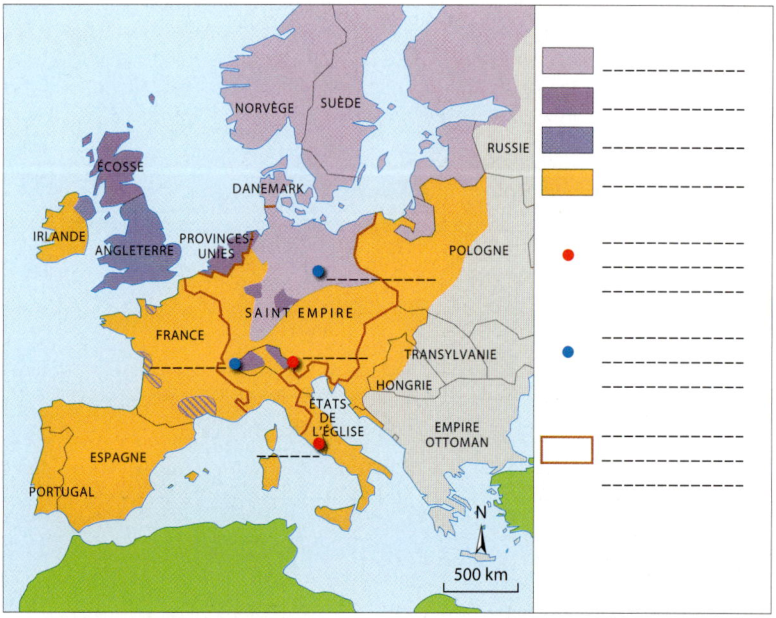

2 Je me repère dans le temps

Recopiez la frise chronologique ci-dessous et complétez-la en plaçant les éléments suivants :

À imprimer

a. Les 95 thèses de Luther
b. Le concile de Trente.
c. La fondation de la Compagnie de Jésus

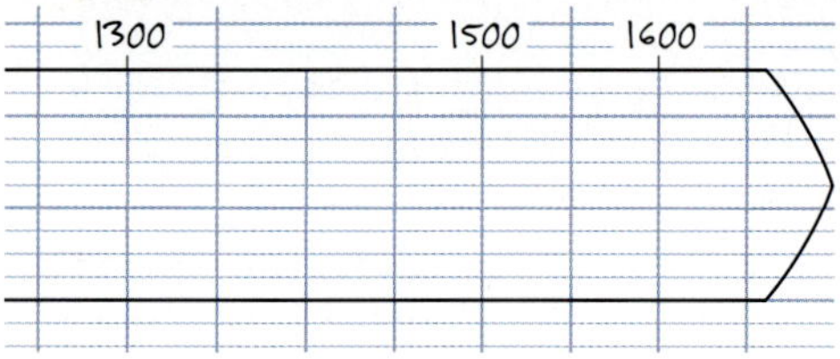

3 Je définis les réformes du XVIe siècle

Recopiez les éléments ci-dessous et reliez à chaque réforme les propositions qui lui correspondent.

Réforme protestante •

Réforme catholique •

- La Bible en latin
- Une foi plus personnelle
- La Bible dans la langue nationale
- Deux sacrements
- Sept sacrements
- Rejet de la croyance en la Vierge et les saints
- Affirmation de la croyance en la Vierge et les saints

4 Je raconte et j'explique

1 Racontez qui est Luther et expliquez comment ses idées sont à l'origine d'un bouleversement religieux en Europe.

2 Qu'appelle-t-on « réforme protestante » ?

3 Racontez qui est Ignace de Loyola et expliquez son rôle dans l'évolution de l'Église catholique.

4 De quelles différentes manières l'Église catholique réagit-elle face à la crise religieuse du XVIe siècle ?

5 Je décris et j'explique des faits

a Le pillage de l'église Saint-Antoine d'Aubeterre

Il est dit qu'au mois de mai dernier, le treizième jour dudit mois, il [le notaire] était audit lieu de Saint-Antoine. Un grand nombre de gens armés arrivèrent, certains à pied, d'autres à cheval, conduits par un nommé le capitaine Chanterrac. Il vit qu'une partie de la troupe, qui était de la nouvelle secte et religion appelée Huguenaulx[1], entra en l'église Saint-Antoine. Les hommes rompirent, démolirent entièrement les chapelles, autels et autres choses qui y étaient, les vitraux et vitres qui étaient autour de l'église et non contents de ce, ils prirent les images, les ornements, les livres, écrits en parchemin, et les jetèrent dans un feu qu'ils avaient fait devant l'église.

Témoignage du notaire Mathurin Robin (mai 1562), d'après les archives départementales de la Vienne.

1. huguenots : terme qui désigne les protestants.

b Ce que condamne Calvin

Les hommes se sont bâti des images visibles pour figurer Dieu, de bois, de pierre, or, argent et toute matière corruptible. Chaque fois que l'on représente Dieu en image, sa gloire est méchamment corrompue. Dieu, en sa Loi, a dit : « tu ne te feras image ou statue aucune ».

D'après Calvin, *Institution de la religion chrétienne*, 1559.

1. Quels faits raconte ce témoignage (doc a) ? Par qui sont-ils commis ?
2. En vous appuyant sur le doc b, expliquez au nom de quoi le saccage a eu lieu.
3. Montrez que ces deux documents sont représentatifs de la division religieuse de l'Europe.

6 Arts J'analyse une œuvre baroque

Mémo' Art

La peinture baroque

- **Les couleurs :** chaudes et vives, allant du blanc au rouge et au brun, jouant sur les contrastes.
- **La lumière :** contraste entre l'obscur et le clair.
- **Le mouvement :** mouvement exagéré des corps à travers les gestes de l'effort ou de l'émotion pour donner une intensité dramatique à la scène.
- **Le sens :** œuvre au service de la religion catholique : réaffirmation des croyances par la présence des saints.
- **L'usage :** renforcer la foi des chrétiens catholiques.

Pour répondre aux questions suivantes, vous pouvez vous aider des pp. 154-155.

1. Que représente cette scène ?
2. Décrivez l'attitude des hommes et celle des femmes.
3. Comment sont rendus l'émotion et le mouvement ?
4. Quels étaient le sens et l'usage de ce tableau ?

La Descente de la croix
Ce tableau a été commandé par les moines capucins de Lille, pour être placé derrière l'autel de leur église. (Peter Paul Rubens, peintre flamand. Huile sur toile, 425 x 295 cm, vers 1617, Palais des Beaux-arts de Lille.)

❶ Saint Jean ❷ Sainte Marie-Madeleine ❸ La Vierge Marie

Galilée, messager des étoiles

• Au XVIe siècle, l'astronome polonais **Copernic** (1473-1543) remet en question l'idée que l'on se faisait alors de l'univers : ce n'est pas la Terre qui est au centre de l'univers mais le Soleil. La Terre n'est qu'une planète comme les autres… et elle tourne autour du Soleil ! Le savant italien **Galilée**, presque 100 ans plus tard, le prouve par des observations astronomiques.

► ***Pourquoi les découvertes de Galilée sont-elles considérées comme « révolutionnaires » ?***

1 Le savant Galilée

• Un scientifique novateur

– **1564 :** naissance à Pise.

Professeur de mathématiques à l'université de Pise puis de Padoue, en Italie. Il mène des recherches qui allient théorie et expérimentation.

• L'astronomie

– **1609 :** la lunette astronomique est inventée en Hollande. Galilée la perfectionne. Ses mises au point, qui permettent une meilleure observation des étoiles, apportent les preuves des idées de Copernic.

Ses résultats scientifiques sont reconnus et font l'admiration des esprits éclairés de l'époque.

• L'affrontement avec l'Église catholique

Ses ennemis « scientifiques » l'attaquent, soutenus par l'Église.

– **1616 :** premier procès contre lui par l'Inquisition ; il lui est interdit d'enseigner les thèses de Copernic.

– **1633 :** deuxième procès, suite à la parution de son ouvrage *Dialogue sur les deux grands systèmes du monde*. Il est condamné à la prison à vie et doit renier ses idées.

– **1642 :** mort de Galilée.

2 La lunette astronomique de Galilée

(Musée des sciences, Florence.)

3 La lune

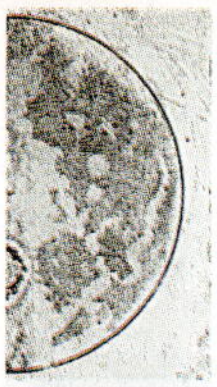

a Dessin de la Lune, par Galilée

Les Grecs et l'Église affirmaient que la Lune était lisse. Galilée, grâce à sa lunette astronomique, y découvre des montagnes et des vallées. (Dessin publié dans *Le Messager des étoiles*, 1610.)

b Photographie actuelle de la Lune prise par satellite

4 L'univers selon Copernic (XVIe siècle)

(Gravure sur cuivre colorée, 1660, BNF, Paris.)

Après de longues recherches, je me suis enfin convaincu que le Soleil est une étoile fixe entourée de planètes qui roulent autour d'elle et dont elle est le centre et le flambeau.

Copernic

5 Vérité scientifique, vérité religieuse

a Le point de vue de Galilée

Il me semble que dans les disputes relatives aux problèmes de la nature, on devrait commencer par invoquer, non pas l'autorité des Écritures[1], mais bien les expériences sensibles et les démonstrations nécessaires (...). Je crois qu'il serait très prudent de ne permettre à personne de s'arroger le droit de faire donner aux Écritures des conclusions sur la nature qui pourraient s'opposer à l'expérience et aux démonstrations. Qui voudra imposer des limites à la pensée humaine ? Qui voudra affirmer que tout a été vu et su de ce qui est sensible et connaissable dans le monde ?

Lettre de Galilée à Christine de Lorraine, 1615.

1. Écritures : la Bible.

b La censure des idées de Copernic par l'Inquisition en 1616

Première proposition à étudier : le Soleil est au centre du monde et complètement immobile de mouvement local.

À l'unanimité, cette proposition est déclarée insensée et absurde en philosophie, et formellement hérétique, en tant qu'elle s'oppose expressément aux sentences de la Sainte Écriture, en plusieurs endroits, soit sur le sens littéral des mots, soit sur l'interprétation commune des Saints Pères de l'Église.

La théorie copernicienne est condamnée. La décision du pape est appliquée dans tous les pays catholiques.

Cité dans E. Namer, *L'Affaire Galilée*, Gallimard, 1975.

6 Le procès de Galilée en 1633

a Le procès (Peinture anonyme italienne, XVIIe siècle.)

b L'abjuration de Galilée

Moi, Galiléo, âgé de soixante-dix ans, ici traduit pour y être jugé, agenouillé devant les très éminents et révérés cardinaux inquisiteurs contre toute hérésie dans la chrétienté, touchant de ma main les Saintes Évangiles, jure que j'ai toujours tenu pour vrai, et tiens encore pour vrai, et avec l'aide de Dieu tiendrai pour vrai dans le futur, tout ce que la Sainte Église catholique et apostolique affirme, présente et enseigne. [Je réfute] que le Soleil est le centre du monde, et est sans mouvement, et que la Terre n'est pas le centre, et se meut.

22 juin 1633, couvent dominicain de Santa Maria, Italie.

Questions

Je me situe dans l'espace et dans le temps

1 Dans quelles villes Galilée a-t-il enseigné ? Quelles sont les dates des procès qui lui sont faits par l'Église ?

Je décris et j'explique

2 **Doc 4.** Quelle est la principale différence entre ces deux conceptions de l'univers ? De quand datent l'une et l'autre ?

3 **Doc 3.** Comparez le dessin de Galilée et la photographie prise du satellite. Que constatez-vous ?

4 **Docs 1 à 5.** Montrez que Galilée se fonde sur l'observation et l'expérience pour affirmer ses théories.

5 **Doc 5b.** Quels sont les arguments de l'Église pour condamner Galilée ? Sont-ils conciliables avec la pensée scientifique ?

6 **Docs 1 et 6.** Décrivez cette scène : qui sont les personnes présentes ? Quelle est leur attitude ? Où se trouve Galilée ?

7 **Doc 6b.** Que déclare Galilée lors de son procès ? Selon vous, pourquoi abjure-t-il ses idées?

Récit

Racontez le débat qui oppose Galilée à l'Église catholique.

Conseils

Pour écrire ou dire votre récit :
- présentez les thèses de Copernic défendues par Galilée ;
- faites la liste des arguments du scientifique et de ceux de ses ennemis ;
- expliquez comment il est mis fin à ce débat.

Cours 5

La naissance de la science moderne (XVe - XVIIe siècle)

Pourquoi peut-on parler de « révolution scientifique » aux XVe et XVIIe siècles ?

A Une curiosité scientifique nouvelle...

1. Dès le XVe siècle, les **humanistes** recherchent des manuscrits antiques, qu'ils traduisent fidèlement. Ils prennent conscience que c'est l'**observation** de la nature et l'**expérimentation** qui permettent de faire progresser la connaissance de l'homme et du monde.

2. À la même époque, les **grands voyages de découverte** et l'invention de **nouveaux instruments** remettent en cause la vision de l'homme et du monde des savants de l'Antiquité (voir pp. 122-123) et celle de l'Église au Moyen Âge.

3. L'**imprimerie**, mise au point en Allemagne par Gütenberg au XVe siècle, permet de diffuser les connaissances nouvelles. Le livre imprimé est une révolution pour les savants. Avec sa table des matières, ses chapitres, ses gravures, il est facile à consulter. Moins cher que le manuscrit, il est accessible à de nouveaux publics.

B ... qui entraîne des ruptures

1. Au XVIe siècle, la **connaissance anatomique** de l'homme progresse. Dans les universités européennes, les étudiants pratiquent des **dissections**. Le Flamand **Vésale** publie la première observation scientifique des muscles du corps et critique les thèses du savant grec Galien (doc 2).

2. La découverte de l'univers progresse, mais l'Église condamne les astronomes (voir pp. 158-159) qui contredisent les idées du Grec Aristote : la Terre est au centre de l'univers car elle abrite les créatures de Dieu. Le Polonais **Copernic** (1473-1543) élabore à partir d'observations la théorie de l'**héliocentrisme**, confirmée un siècle plus tard par l'Italien Galilée (voir pp. 158-159). Leurs livres sont interdits.

3. Les **mathématiques** et la **physique** deviennent des disciplines à part entière (docs 1, 3 et 4). Une nouvelle méthode de **raisonnement** est mise en place : il s'agit de poser un problème, de procéder à une expérience, d'en déduire une loi (doc 3).

1 Parmi les savants des XVIe et XVIIe siècles

Giordano Bruno (1548-1600)
Il devient moine en 1575. Il mène ses recherches en théologie, astronomie, mathématiques... Il démontre de manière philosophique que l'univers est infini, qu'il existe d'autres mondes habités que la Terre. Il est condamné pour hérésie par l'Inquisition romaine et brûlé vif en 1600.

William Harvey (1578-1657)
Cet anatomiste et médecin anglais démontre les mécanismes de la circulation sanguine et contredit les affirmations du médecin grec antique Galien.

Blaise Pascal (1623-1662)
Ce Français est considéré comme le père de la physique moderne. En 1641, il invente la première machine à calculer. Ses expériences sur le vide lui permettent de démontrer que les idées de l'Antiquité sur ce sujet sont fausses : il découvre la pression atmosphérique.

Christian Huygens (1629-1695)
est un mathématicien et astronome néerlandais. Il écrit le premier livre sur les probabilités en 1657.

1 Quels domaines scientifiques explorent ces savants ?

2 De quels pays sont-ils originaires ?

Vocabulaire

Héliocentrisme : théorie selon laquelle la Terre et d'autres planètes tournent autour du Soleil.

Humanisme : mouvement intellectuel européen né en Italie au XVe siècle. Il se réfère aux grandes idées de l'Antiquité et affirme sa confiance en l'homme, qui peut se perfectionner grâce à son intelligence et à sa raison.

2 Les recherches anatomiques de Vésale

a Une des illustrations du livre de Vésale, *De humani corporis fabrica*, 1543.

b Au-delà des interdits

L'anatomie était alors traitée de manière si superficielle que, m'étant entraîné tout seul, sans guide, à disséquer des animaux, au cours de la troisième dissection à laquelle heureusement j'assistais, mes camarades et mes professeurs me poussèrent et je fis en public une dissection plus poussée que celle qui devait avoir lieu et qui devait concerner, comme le veut la coutume, presque exclusivement les seuls viscères. Quelque temps plus tard, je fis une deuxième dissection. Mon propos était de mettre à jour les muscles de la main et de disséquer plus à fond les viscères : car, à l'exception de huit muscles de l'abdomen honteusement déchiquetés dans le mauvais ordre, personne ne nous avait montré un muscle, ou un os et encore moins un réseau nerveux, des veines et des artères.

André Vésale, *De humani corporis fabrica*, 1543.

➔ Comment le médecin découvre-t-il les secrets du corps humain ?

3 Descartes et la pensée rationnelle

Descartes définit quatre règles à suivre, parmi lesquelles :

– Ne recevoir jamais aucune chose pour vraie que je ne la sache évidemment être telle.

– Diviser chacune des difficultés que j'examinerais, en autant de parcelles qu'il se pourrait, et qu'il serait requis pour les mieux résoudre.

– Conduire par ordre mes pensées, en commençant par les objets les plus simples et les plus aisés à connaître, pour monter peu à peu comme par degrés jusqu'à la connaissance des plus composés (...).

D'après René Descartes, *Le Discours de la méthode*, 1637.

En 1633, Descartes apprend avec émotion la condamnation de Galilée. Par prudence, il décide de remettre à plus tard la parution de son Traité du monde et de la lumière *et oriente son travail vers la méthode scientifique.*

1 Expliquez la première règle de la méthode de Descartes.

2 Que recommande-t-il pour former sa pensée ?

4 Les études mathématiques

Luca Pacioli est un moine mathématicien. Il enseigne à travers toute l'Italie, notamment dans les cours princières. (Peinture de Jacopo de Barbari, *Luca Pacioli avec son élève Guidobaldo de Montefeltro*, 1495, musée Capodimonte, Naples.)

➔ Décrivez l'image et expliquez comment Luca Pacioli est montré comme un scientifique qui transmet son savoir.

Socle commun

Je révise

1 Je connais des savants du XVIe et du XVIIe siècle

À imprimer

En vous aidant des pp. 158 à 161, recopiez et complétez les fiches d'identité ci-dessous.

Galilée

Dates de vie
……………………………………
……………………………………

Pays
……………………………………

Domaine(s) scientifique(s)
……………………………………
……………………………………

William Harvey

Dates de vie
……………………………………
……………………………………

Pays
……………………………………

Domaine(s) scientifique(s)
……………………………………
……………………………………

Blaise Pascal

Dates de vie
……………………………………
……………………………………

Pays
……………………………………

Domaine(s) scientifique(s)
……………………………………
……………………………………

Giordano Bruno

Dates de vie
……………………………………
……………………………………

Pays
……………………………………

Domaine(s) scientifique(s)
……………………………………
……………………………………

2 Je définis un mot clé

À l'aide des mots suivants, construisez la définition d'« héliocentrisme ». Attention, il y a des intrus !

tourne autour – Terre – Soleil – Lune – univers – planète – est au centre de

3 Je raconte et j'explique

1 Quelles sont les découvertes scientifiques de Copernic et de Galilée ? Expliquez leur nouveauté.

2 Racontez les débats qui opposent Galilée à l'Église catholique en présentant les arguments de l'un et de l'autre. Expliquez comment ils se terminent.

3 Pourquoi peut-on parler de « révolution scientifique » aux XVIe et XVIIe siècles ?

4 Je sais reconnaître un courant de pensée

Recopiez le tableau ci-dessous. Retrouvez le courant de pensée auquel appartient chacune des propositions suivantes et classez-la dans la colonne du tableau qui lui correspond.

a. La Terre est au centre de l'univers

b. Le Soleil est au centre de l'univers

c. La Terre tourne autour du Soleil

d. La science de l'Antiquité n'est pas contestable

e. L'observation de la nature ne peut pas contredire la Bible

f. La connaissance ne peut venir que de l'observation et de l'expérience

g. Seule la dissection permet de connaître le fonctionnement du corps humain

Penseurs de l'Antiquité	Église catholique	Pensée scientifique des XVIe et XVIIe siècles

5 Arts J'analyse un tableau de Rembrandt

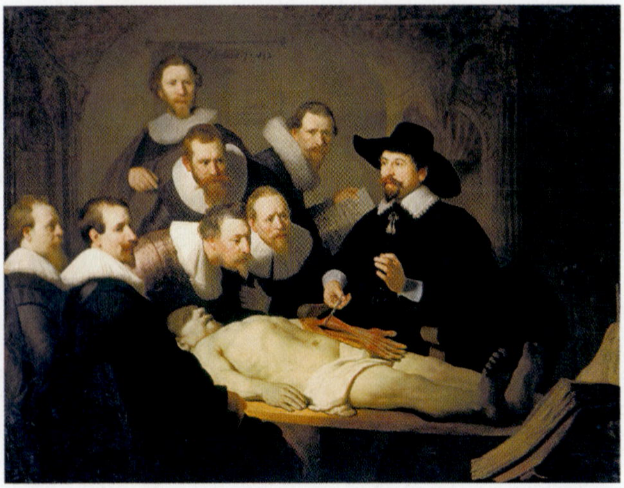

1 Quand ce tableau a-t-il été peint ?

2 Quelle scène est ici représentée ?

3 Décrivez l'attitude du professeur Tulp. Quels sentiments peut-on lire sur le visage des participants ?

4 Qui a commandé ce tableau ? Pourquoi ?

5 Montrez comment le peintre applique à son tableau la technique du clair-obscur.

La Leçon d'anatomie du professeur Tulp
Ce tableau a été commandé au peintre Rembrandt par la guilde des chirurgiens d'Amsterdam (Provinces-Unies), en janvier 1632. Les personnages qui entourent Tulp sont des chirurgiens et des notables de la ville. (Rembrandt, huile sur toile, 1632 , 169,5 x 216,5 cm, Mauritshuis, La Haye.)

6 B2i Je compare deux représentations de l'univers au XVIe siècle

[Compétence 1.2 – Je sais accéder aux logiciels et aux documents disponibles à partir de mon espace de travail.
Compétence 1.3 – Je sais organiser mes espaces de stockage.
Compétence 3.3 – Je sais regrouper dans un même document plusieurs éléments.]

1 Rendez-vous sur le site de la BNF : http://expositions.bnf.fr/cartes/index.htm.

2 Dans « Gros plans », choisissez : « Représenter le ciel ».

3 Écoutez le commentaire puis allez dans la rubrique « Observatoires ».

4 Retrouvez les images représentant les idées de Copernic et celles d'un autre astronome, Tycho Brahe.

5 Créez un document traitement de texte et copiez les images concernant les deux scientifiques.

6 Dans votre document, répondez aux questions suivantes :
– Quel est l'auteur de ces représentations ?
– De quand datent-elles ?

7 Rédigez une courte description des deux systèmes puis comparez-les.

POUR ALLER PLUS LOIN

À lire

- **B. Labbé, P.-F. Dupont-Beurier**, *Galilée*, Milan jeunesse, coll. « De vie en vie », 2009.

À consulter

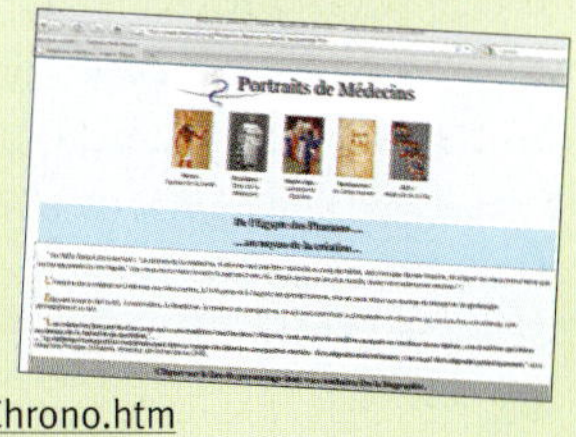

- http://www.cosmovisions.com/AstronomieChrono.htm
- http://expositions.bnf.fr/cartes/index.htm
- http://expositions.bnf.fr/ciel/index.htm
- http://www.medarus.org/Medecins/MedecinsTextes/aaccuemed.htm

Exercices

Socle commun

7 Bilan : une nouvelle vision de l'homme et du monde (XVe - XVIIe siècle)

1 Le planisphère de Mercator

Mappemonde réalisée selon la projection du mathématicien et géographe flamand Mercator. Ce type de projection est encore utilisé aujourd'hui. (Mercator, 1587, Royal geographical society, Londres.)

1 Comment ce planisphère rend-il compte des découvertes faites lors des expéditions maritimes du XVIe siècle ?

2 De quelle manière Mercator parvient-il à représenter ces nouvelles connaissances ?

2 La méthode scientifique en médecine

Paracelse est médecin ; né en Suisse en 1493, il meurt en Autriche en 1541 après avoir pratiqué la médecine à travers toute l'Europe.

a Qui donc ignore que la plupart des médecins de notre temps ont failli à leur mission de la manière la plus honteuse, en faisant courir les plus grands risques à leurs malades ? Ils se sont attachés, avec un pédantisme extrême, aux sentences d'Hippocrate, de Galien et d'Avicenne[1]. Ce sont donc l'expérience et la raison, et non les autorités [Hippocrate, Galien, Avicenne] qui me guideront lorsque je prouverai quelque chose.

D'après Paracelse, *Liber paragraphorum*, épître, vers 1527.

1. Médecins de l'Antiquité.

b Voici mon vœu : parfaire l'art de la médecine et ne jamais m'écarter de ce but. Aussi longtemps que Dieu me le permettra, m'opposer à tous les enseignements erronés. Puis, aimer les malades, en général et en particulier, plus que s'il s'agissait de mon propre corps. Ne porter aucun diagnostic superficiel, mais les baser sur des symptômes précis. N'administrer aucune médecine sans avoir compris. Ne réclamer aucun argent sans l'avoir mérité. Ne croire aucun apothicaire et ne faire aucune violence à un enfant. Ne pas deviner, mais savoir.

D'après Paracelse, *Paragranum*, 1531.

3 À qui Paracelse s'oppose-t-il ? Quels sont ses principes pour pratiquer la médecine (doc a) ?

4 Relevez trois résolutions du médecin qui prouvent qu'il applique une méthode scientifique (doc b).

5 En prenant appui sur vos connaissances, montrez que Paracelse est un humaniste.

3 *Les Ambassadeurs* (1533)

À gauche Jean de Dinteville, ambassadeur de France en Angleterre. À droite, l'évêque Georges de Selve, ambassadeur de France à Venise et à Rome. (Hans Holbein le Jeune, peintre allemand, *Les Ambassadeurs*, huile sur panneau de bois, 209 x 207 cm, National Gallery, Londres.)

❶ sur l'étagère supérieure : globe céleste, cadran solaire, astrolabe
❷ sur l'étagère inférieure : globe terrestre, livre de mathématique, luth, livre de psaumes luthériens (ouvert), flûtes.

6 D'après vos connaissances, à quel nouveau type de représentation artistique de la Renaissance appartient ce tableau ?

7 Classez les différents objets représentés en cinq grands thèmes.

8 Pourquoi peut-on dire que cette œuvre fait le « bilan » du XVIe siècle ?

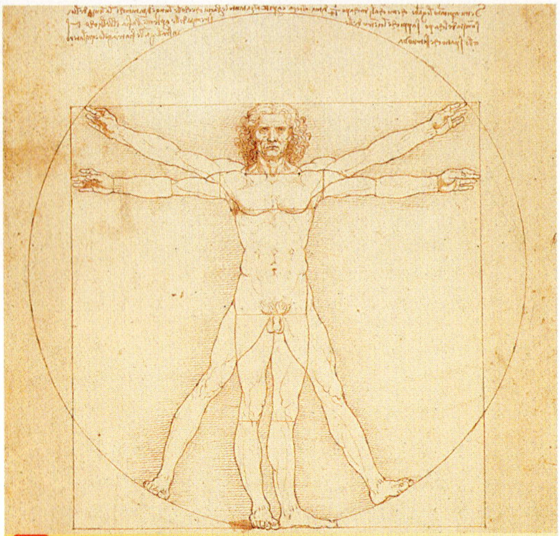

4 Les proportions du corps humain

(Léonard de Vinci, schéma de proportions du corps humain d'après Vitruve (architecte romain, Ier siècle avant J.-C.), plume et encre, 34,4 x 24,5 cm, vers 1490, Venise.)

9 À quelle période vit l'inspirateur de cette recherche de Léonard de Vinci ?

10 Selon vous, pourquoi l'artiste recherche-t-il les proportions idéales du corps humain ?

Bilan

Les documents de ces deux pages montrent que les bouleversements culturels et intellectuels ont transformé la vision de l'homme et du monde au cours des XVe et XVIIe siècles.
Chaque progrès entraîne des conséquences dans les autres domaines de la société ou de la pensée.

11 Recopiez et complétez le tableau ci-contre en indiquant le ou les domaines abordés dans chaque document :

Voyages de découverte, **réformes**, **astronomie**, **mathématiques**, **anatomie**, **renouveau artistique**.

Doc 1	Doc 2	Doc 3	Doc 4

12 Expliquez les relations existant entre ces différents domaines qui symbolisent les grandes transformations des XVe et XVIIe siècles.

Chapitre 8

L'émergence du « roi absolu » (XVIe-XVIIe siècle)

▶ Comment le pouvoir royal s'affirme-t-il en France ?

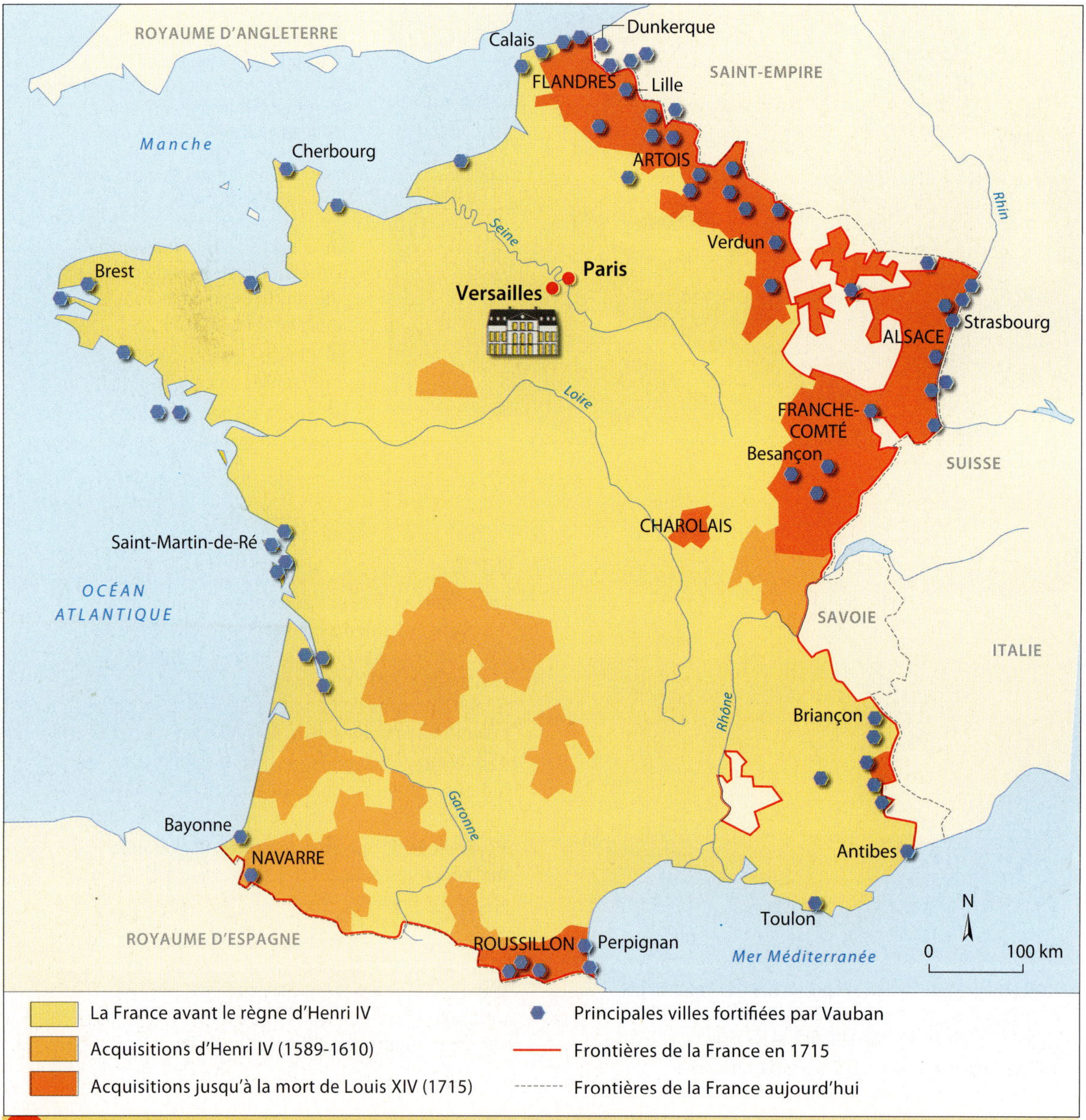

1 L'évolution territoriale du royaume de France du XVIe siècle à 1715

Comment évolue le territoire du royaume de France du XVIe siècle à la mort de Louis XIV ?

2 Louis XIV dominant le monde

(Huile sur toile de H. Testelin, 1667, 390 x 290 cm, musée national du château de Versailles.)

➔ **Quels éléments du tableau montrent que Louis XIV est roi ? Quelle image du pouvoir royal ce tableau donne-t-il ?**

Découvrir

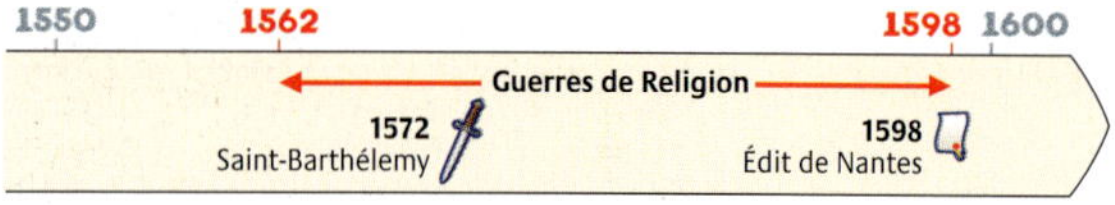

Henri IV et l'édit de Nantes

• En imposant **l'édit de Nantes** en 1598, le roi de France **Henri IV** rétablit la paix et impose son pouvoir, après 30 années de guerres sanglantes entre **catholiques** et **protestants**. Il réaffirme la religion catholique comme religion du royaume tout en accordant aux protestants le droit de célébrer leur culte. Un nouveau principe est affirmé : la liberté de conscience.

Comment l'édit de Nantes renforce-t-il le pouvoir royal ?

Vocabulaire

Catholique : voir p. 153

Édit : décision royale qui a valeur de loi.

Protestant : voir p. 153

Sainte Ligue : parti catholique formé par le duc de Guise en 1576, qui rejette les protestants.

1 Un royaume divisé par les guerres de Religion

De 1562 à 1598, huit guerres de Religion se succèdent, entrecoupées de trêves précaires. La France est dévastée.

2 Henri IV, victorieux des catholiques, entre triomphalement à Paris le 22 mars 1594

Au début de son règne, Henri IV doit imposer son autorité et reconquérir son royaume, dominé par la Sainte Ligue catholique. (Huile sur toile de François Gérard, vers 1790, châteaux de Versailles et de Trianon.)

3 Henri IV

1553 : naissance d'Henri de Navarre.

1572 : Henri, protestant, épouse Marguerite de Valois, sœur du roi, catholique.

1589 : assassinat du roi Henri III. Avant de mourir, il désigne Henri de Navarre comme son successeur.

1593 : il abjure la religion protestante et se convertit au catholicisme pour pouvoir être roi.

1594 : sacré roi, il devient Henri IV et doit conquérir son royaume sur les troupes de la Sainte Ligue.

1598 : il met fin aux guerres de Religion en signant l'édit de Nantes.

1610 : Henri IV est assassiné.

5 Henri IV et la paix retrouvée

(Tableau attribué à F. Bunel, fin XVIe siècle, château de Pau.)

❶ La paix ❷ Henri IV ❸ La religion chrétienne ❹ Rameau d'olivier, symbole de paix ❺ Calice, symbole des catholiques ❻ Bible, symbole des protestants

4 L'édit de Nantes, un texte de tolérance

Préambule : Nous avons jugé nécessaire de donner maintenant à nos sujets une loi générale (...) pour établir entre eux une bonne et durable paix.

Article 3 : Ordonnons que la religion catholique soit rétablie en tous les lieux et endroits de notre royaume (...) pour y être paisiblement et librement exercée, sans aucun trouble ni empêchement.

Article 9 : Nous permettons à ceux de la religion prétendue réformée[1] de continuer l'exercice de leur religion dans toutes les villes et lieux où ils la pratiquaient en 1597.

Article 22 : Ordonnons qu'il ne sera fait ni différence ni distinction entre les religions pour être admis dans les universités, collèges et écoles.

Article secret : Sa Majesté (...) accorde aux protestants que toutes les places, villes et châteaux qu'ils tenaient (...) demeureront en leur garde, sous l'autorité de sa Majesté.

Fait par le roi en son conseil à Nantes, avril 1598.

1. La religion protestante.

Questions

Je me situe dans l'espace et le temps

1 **Doc 1.** Quand et où se déroulent les guerres de Religion ? Qui opposent-elles ?

Je décris et j'explique

2 **Doc 2.** Décrivez cette scène. Quelle image du pouvoir royal ce tableau veut-il donner ?

3 **Docs 3 et 4.** Comment Henri IV met-il fin aux guerres de Religion ? Quelle religion est affirmée religion du royaume ? Quelle autre religion est reconnue ?

4 **Doc 4.** Comment l'édit de Nantes règle-t-il les relations entre catholiques et protestants ?

5 **Docs 4 et 5.** Quels éléments du tableau (doc 5) montrent que l'édit de Nantes réconcilie les Français autour de leur roi ?

Récit

Racontez ce qu'est l'édit de Nantes.

Conseils

Pour écrire ou dire le récit :

- expliquez d'abord l'origine de l'édit de Nantes ;
- présentez ensuite les décisions de cet édit et nommez les personnes concernées ;
- enfin, montrez comment cet édit permet à Henri IV de restaurer l'autorité royale.

Cours 1

La monarchie française face aux conflits religieux (XVIe siècle)

Comment la monarchie française parvient-elle à surmonter les conflits religieux et à s'imposer ?

A La monarchie affaiblie par les haines religieuses (1560-1598)

1. Dans la première moitié du XVIe siècle, le **pouvoir royal s'affirme**. François Ier unifie le royaume : il impose le français comme langue officielle et applique le principe « Si veut le roi, si veut la loi ». Mais ses successeurs ne parviennent pas à s'imposer dans un royaume où l'influence des **protestants** grandit, provoquant l'hostilité des **catholiques**.

2. À partir de 1562, la France entre dans une période de **guerre civile** entre catholiques et protestants. Massacres et assassinats se multiplient. Le plus sanglant est celui de la Saint-Barthélemy (doc 1). Le **pouvoir royal est affaibli** : ce sont les **guerres de religions**. À la tête des catholiques, le duc de Guise forme la **Sainte Ligue** pour lutter contre le protestantisme et contester l'autorité du roi (doc 2).

B L'autorité royale restaurée par Henri IV

1. En 1589, le protestant Henri de Navarre est désigné par Henri III comme son successeur. Devenu le roi **Henri IV**, il doit se battre contre la Sainte Ligue qui lui est hostile et contrôle la plus grande partie du royaume.

2. Henri IV veut être reconnu comme roi. Il **abjure** le protestantisme et se convertit au catholicisme (doc 3). Puis il se fait **sacrer roi** à Chartres en 1594 (doc 4). La même année, victorieux de la Sainte Ligue, il entre triomphalement à Paris. Il a **reconquis son royaume** et le peuple s'est rallié à lui.

3. Afin de réconcilier les Français et d'établir une paix durable, il oblige le **Parlement** à enregistrer l'**édit de Nantes** en 1598 (doc 5). Ce texte confirme le catholicisme comme religion officielle mais accorde la liberté de culte aux protestants (voir pp. 168-169). Cet acte de tolérance est unique en Europe. L'autorité royale et la paix sont rétablies.

1 Le massacre des protestants par les catholiques la nuit de la Saint-Barthélemy (24 août 1572)

❶ Palais du Louvre ❷ Catherine de Médicis, mère du roi ❸ Duc de Guise, chef de la Sainte-Ligue ❹ Gaspard de Coligny, chef des protestants.

Quel se passe-t-il lors de la Saint-Barthélemy ?

2 Le roi contesté par la Sainte Ligue

En 1588, Henri III fait assassiner les chefs de la Sainte-Ligue. À Paris, le mécontentement monte contre le roi.

Les universités déclarèrent et publièrent que tout le peuple était libéré du serment de fidélité et d'obéissance qu'il avait juré à Henri de Valois. Elles rayèrent son nom des prières de l'Église, firent entendre au peuple qu'il pouvait s'unir et s'armer pour lui faire la guerre, comme à un tyran exécrable[1]. D'un autre côté, les religieux se mirent à vomir une foule d'injures contre le roi.

D'après le *Journal* de Pierre de l'Estoile, 1574-1589.

1. Exécrable : détestable

Quelle est l'attitude des catholiques vis-à-vis du roi ?

Vocabulaire

Abjuration : acte solennel par lequel un fidèle abandonne sa religion pour se convertir à une autre.

Parlement : tribunal qui rend la justice au nom du roi et enregistre les édits royaux.

3 L'abjuration d'Henri IV

a Sa profession de foi

Henri de Navarre : Je suis le Roy, qui demande d'estre reçu au giron de l'Église catholique, apostolique et romaine.

Archevêque de Bourges : Le voulez-vous sincèrement ?

Henri de Navarre : Je proteste et je jure, devant la face de Dieu tout-puissant, de vivre et mourir dans la religion catholique, apostolique et romaine, de la protéger et défendre envers tous, au péril de mon sang et de ma vie, renonçant à toutes hérésies contraires à la doctrine de ladite Église.

Profession de foi d'Henri IV en la basilique Saint-Denis, 1593.

b L'abjuration à la basilique Saint-Denis
(Huile sur toile de Nicolas Bollery, fin du XVIe siècle, musée d'Art et d'Histoire de Meudon.)

➔ **Quelle décision est prise par Henri de Navarre ? Devant qui et où ?**

4 Le sacre d'Henri IV (27 février 1594)

Henri IV est sacré roi à Chartres et non à Reims, comme le veut la coutume, car ce lieu est aux mains de la Sainte Ligue.
(Dessin de Desmarets, BNF, Paris.)

1 **Que représente cette scène ?**

2 **Pourquoi cette cérémonie est-elle importante pour le roi ?**

5 Henri IV devant le Parlement

a La réaffirmation de son autorité

Je vous prie d'enregistrer l'édit que j'ai accordé à ceux de la religion réformée. Ce que j'ai fait est pour le bien de la paix. (…) Je suis roi maintenant et parle en roi, et veux être obéi. Faites seulement ce que je vous commande. Vous ne le ferez pas seulement pour moi, mais aussi pour vous et pour le bien de la paix.

Discours devant le parlement de Paris, 7 février 1599.

b L'enregistrement de l'édit
(Gravure de Jan Wiken, 1599, BNF, Paris.)

➔ **Comment Henri IV impose-t-il son autorité ?**

Versailles, le château du Roi-Soleil

• En **1661**, **Louis XIV** veut installer sa résidence officielle hors de Paris. Il choisit **Versailles**, où se trouve le pavillon de chasse de son père, qu'il fait agrandir et embellir par les artistes les plus renommés. Le château doit incarner la gloire du roi et « faire éclater aux yeux de tous la grande splendeur de la puissance royale » (Bossuet). En **1682**, Louis XIV s'y installe, avec la cour et le gouvernement.

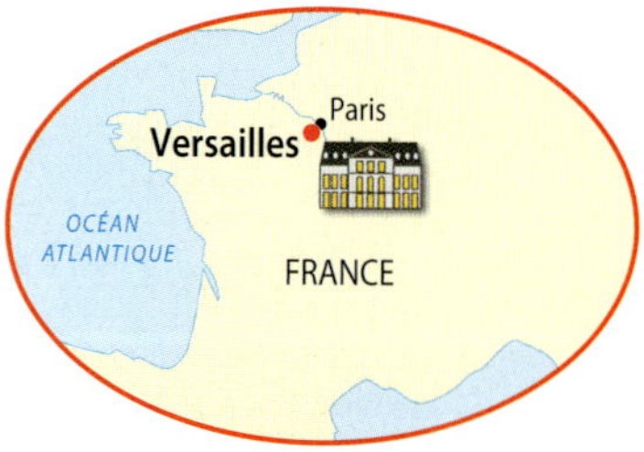

Comment le château de Versailles représente-t-il le pouvoir absolu de Louis XIV ?

1 Le Roi-Soleil

a Une devise à la gloire du roi

Ce fut là que je commençai à prendre la devise que j'ai toujours gardée depuis ; et que vous voyez en tant de lieux. (…) Elle devait représenter, en quelque sorte, les devoirs d'un prince, et m'exciter éternellement moi-même à les remplir. On choisit pour corps le soleil, qui dans les règles de cet art, est le plus noble de tous. (…) On me persuada d'ajouter le globe de la terre et pour âme *Nec pluribus impar* [À lui seul il surpasse la plupart].

Louis XIV, *Mémoires pour l'année 1662.*

b L'horloge de la cour de Marbre

Le Roi-Soleil est au centre de l'horloge.

2 La galerie des Glaces

Longue de 73 mètres, la galerie des Glaces a été réalisée par Mansart de 1678 à 1686 et décorée par Le Brun. On y trouve 400 miroirs provenant de la manufacture royale de Saint-Gobain et 30 peintures racontant la vie glorieuse du roi. C'est là que Louis XIV reçoit les ambassadeurs et la cour.

3 Versailles, symbole de la puissance du roi

❶ Galerie des Glaces ❷ Chambre du roi ❸ Bassin de Latone
❹ Ville de Versailles (symbolise le royaume)

4 Le bassin d'Apollon dans les jardins du château

Apollon est un dieu grec guerrier et protecteur des arts.
Le char d'Apollon sortant de l'eau représente le lever du soleil.

Questions

Je me situe dans l'espace et le temps

1 Où se situe Versailles ? Quand le château de Versailles a-t-il été construit ?

Je décris et j'explique

2 **Doc 1.** Expliquez le choix de la devise de Louis XIV.

3 **Doc 2.** Décrivez cette galerie. Selon vous, pourquoi est-elle aussi luxueuse ?

4 **Doc 3.** Décrivez la photographie et ses différents plans. Comment est situé le château par rapport à la ville et aux jardins ?

5 **Docs 2 et 3.** Comment sont situées la chambre du roi et la galerie des Glaces dans l'ensemble du château ? Pourquoi peut-on dire que ces deux pièces sont les lieux les plus importants de Versailles ?

6 **Doc 4.** Comment expliquer le choix d'Apollon pour cette grande statue ?

Récit

Racontez comment Versailles symbolise la puissance et la grandeur du roi.

Conseils

Pour écrire ou dire votre récit :
- indiquez le cadre du récit (où ? qui ? quand ?) ;
- décrivez les éléments qui composent le château de Versailles et son environnement ;
- expliquez en quoi Versailles montre la puissance de Louis XIV.

Découvrir

1643 1650 1661 1700 1715

Naissance de Louis XIV — Règne personnel de Louis XIV

Louis XIV, roi absolu

• Sacré roi en 1654, **Louis XIV** attend 1661 pour gouverner seul, sans Premier ministre. C'est le début d'un long règne personnel qui dure jusqu'à la mort du roi en 1715. Louis XIV ne partage l'autorité royale avec personne. Il veut être un roi de gloire et **faire de la France un État puissant**.

▶ ***Quels sont les pouvoirs d'un roi absolu ?***

Vocabulaire

Roi absolu : roi considéré comme le représentant de Dieu sur terre et qui détient tous les pouvoirs.

1 Louis XIV réunit le Conseil des Parties (Haute cour de justice)

Louis XIV se fait présenter le sceau royal en 1672. Au bout de la table, on applique le sceau sur les documents que vient de signer le roi. (Peinture anonyme du XVIIe siècle, 128 x 110 cm, musée national du château de Versailles.)

2 Louis XIV préside le Conseil d'En Haut

(Gravure de l'almanach royal de 1682.)

❶ Louis XIV ❷ Le Tellier, chancelier ❸ Louvois, secrétaire d'État à la Guerre ❹ Colbert, contrôleur général des Finances

3 Gouverner seul

En 1661, à la mort de Mazarin, Louis XIV annonce que dorénavant, il gouvernera seul les affaires du royaume.

Je commandai aux quatre secrétaires d'État de ne plus rien signer du tout sans m'en parler ; au surintendant de même, et qu'il ne se fît rien aux finances sans être enregistré dans un livre (...) où je pusse voir à tout moment et d'un coup d'œil, l'état des fonds et des dépenses faites ou à faire.

Le chancelier eut un pareil ordre, c'est-à-dire de ne rien sceller[1] que par mon commandement. (...)

Je résolus sur toutes choses de ne point prendre de Premier ministre. (...) Les rois sont seigneurs absolus. Celui qui a donné des rois aux hommes a voulu qu'on les respectât comme ses lieutenants, se réservant à lui seul le droit d'examiner leur conduite. Sa volonté est que quiconque est né sujet obéisse sans discernement.

Louis XIV, *Mémoires pour l'instruction du Dauphin*, 1666.

1. Sceller : effectuer de façon définitive.

4 Louis XIV roi de guerre

Le passage du Rhin, lors de la guerre contre les Pays-Bas protestants (1672-1678). L'armée de Louis XIV est la plus puissante de son temps. Elle contribue à l'agrandissement du royaume. (Tableau de A. Van der Meulein, musée national du château de Versailles.)

5 Louis XIV affirme sa puissance

L'ambassadeur de Perse, Méhémet Réza-Bey, s'incline devant Louis XIV, après avoir parcouru les 73 mètres de la galerie des Glaces avec de multiples révérences. (Tableau de Ch.-A. Coypel, 1715, musée national du château de Versailles.)

Questions

Je me situe dans le temps

1 Quand Louis XIV règne-t-il ? Pendant combien de temps ?

Je décris et j'explique

2 **Doc 1.** Relevez les éléments qui montrent que le roi est le maître.

3 **Doc 2.** Comment l'autorité du roi est-elle mise en valeur ?

4 **Doc 3.** Quelle décision prend Louis XIV en 1661 ? Relevez les expressions qui caractérisent son pouvoir absolu.

5 **Doc 4.** Comment cette peinture représente-t-elle Louis XIV en roi victorieux ?

6 **Doc 5.** Décrivez le tableau. Comment est montré le respect que l'ambassadeur de Perse témoigne au roi ?

Récit

Racontez comment Louis XIV exerce son pouvoir absolu.

Conseils

Pour écrire ou dire votre récit :
- indiquez le cadre du récit (quand ? où ? qui ?) ;
- puis expliquez comment gouverne Louis XIV ;
- enfin, expliquez comment il rend son royaume puissant tout en renforçant sa propre gloire.

À la cour de Louis XIV

• Dès son installation à Versailles en 1682, Louis XIV s'entoure d'une **cour** nombreuse. Il attire les nobles autour de lui afin de mieux les surveiller et les dominer. Louis XIV impose à sa cour une stricte **étiquette** à laquelle chacun doit se soumettre s'il veut obtenir les faveurs royales. Bals, comédies, musique, promenades, chasses... se succèdent, selon la volonté du roi et pour célébrer sa gloire.

➤ ***Comment la vie à la cour illustre-t-elle le pouvoir du roi ?***

Vocabulaire

Cour : entourage du roi, constitué des membres de la famille royale, du gouvernement et de la haute noblesse.

Étiquette : cérémonial, règles que l'on observe à la cour d'un roi.

1 La chambre du roi

a Le lever

À 8 heures, le premier valet de chambre, qui avait couché seul dans la chambre du roi, l'éveillait. Le premier médecin, le premier chirurgien et sa nourrice, entraient en même temps.

Au quart, on appelait le premier gentilhomme de la chambre, avec les courtisans admis à la première heure. Ces messieurs étaient là un moment, et c'en était un de parler au roi s'ils avaient quelque chose à lui demander.

Duc de Saint-Simon, *Mémoires*, 1723-1750.

b Les audiences. Le roi reçoit ses courtisans dans sa chambre. (Huile sur toile de Ch. Le Brun, 1664, bibliothèque des Arts décoratifs, Paris.)

2 Le roi et les courtisanes

Selon l'étiquette, seules les dames distinguées par le roi ont le privilège de pouvoir s'asseoir en sa présence. (Gravure de l'almanach royal de 1667, Bibliothèque nationale, Paris.)

3 Louis XIV danse le menuet sur une musique de Lully

(Gravure de 1882.)

4 La promenade

Promenade de Louis XIV entouré de ses courtisans dans le parterre du Nord du château de Versailles (Peinture d'E. Allegrain, 1688, musée national du château de Versailles.)

5 La soumission des courtisans

a Être vu par le roi

Lorsque le roi ouvre la bouche, tous les courtisans baissent la tête et s'approchent le plus qu'ils peuvent pour l'écouter. La passion des courtisans pour se faire remarquer par le roi est incroyable ; lorsque le roi daigne tourner un regard vers l'un d'entre eux, celui qui en est l'objet croit sa fortune faite et s'en vante auprès des autres en disant : « le roi m'a regardé ». Le roi est un malin ! Que de monde il paie avec un regard !

Jean Baptiste Primi Visconti, *Mémoires sur la cour de Louis XIV*, 1710.

b Le luxe de la cour

Louis XIV aima la splendeur. Ce goût, il l'inspira à sa cour. C'était lui plaire que d'y dépenser en habits, en carrosses, en bâtiments, en jeu. Il parvint à épuiser tout le monde par le luxe, et peu à peu les nobles dépendirent entièrement de ses pensions[1] pour subsister.

Saint Simon, *Mémoires*, 1723-1750.

1. pension : somme d'argent versée par le roi.

Questions

Je me situe dans l'espace et le temps

1 Quand Louis XIV décide-t-il d'installer la cour à Versailles ? Pour quelle raison ?

Je décris et j'explique

2 **Doc 1.** Montrez comment la chambre du roi est un lieu où les courtisans se soumettent à Louis XIV.

3 **Doc 2.** Décrivez cette gravure. Quelle image de la cour donne-t-elle ?

4 **Doc 3.** Comment cette gravure met-elle en avant la personne du roi ?

5 **Doc 4.** Comment peut-on repérer le roi parmi les courtisans ?

6 **Doc 5.** Quelle est l'attitude des courtisans à l'égard de Louis XIV ? Quelle est celle du roi ? Comment l'une et l'autre illustrent-elles la domination du roi ?

Récit

Racontez la vie des courtisans à la cour de Louis XIV.

Conseils

Pour écrire ou dire votre récit :
- indiquez le cadre du récit (où ? quand ? qui ?) ;
- décrivez ensuite les moments de la journée du roi et les divertissements auxquels les courtisans participent ;
- expliquez enfin la soumission des courtisans à l'égard du roi.

Molière et Louis XIV

Roi absolu, Louis XIV contrôle la culture. Amateur de ballets, de théâtre, d'opéra, il protège et aide les artistes de talent qui contribuent à sa gloire par leurs œuvres, en leur versant des pensions. Molière est l'un d'eux. À la demande du roi, Molière crée de nombreuses comédies qui sont jouées lors de fêtes grandioses à Versailles.

► ***Comment Molière contribue-t-il à la gloire de Louis XIV ?***

1 Molière

1622 : naissance de Jean-Baptiste Poquelin. Auteur, acteur et directeur de troupe. Il fonde, sous le pseudonyme de Molière, une troupe de comédiens ambulants.

1659 : la pièce *Les Précieuses ridicules* lui apporte la célébrité. Protégé par Louis XIV, Molière reçoit des commandes du roi.

1670 : il écrit la comédie-ballet *Le Bourgeois Gentilhomme*, mis en musique par Lully.

1673 : Molière meurt lors d'une représentation du *Malade imaginaire*.

2 Le Malade imaginaire

Argan se croit malade et vit entouré de médecins. Toinette, sa servante, se déguise en médecin et offre ses services à Argan.

Toinette [déguisée]. — Je vois, monsieur, que vous me regardez fixement. Quel âge croyez-vous bien que j'ai ?

Argan. — Je crois que tout au plus vous pouvez avoir vingt-six, ou vingt-sept ans.

Toinette. — Ah, ah, ah ! J'en ai quatre-vingt-dix.

Argan. — Quatre-vingt-dix ?

Toinette. — Oui. Vous voyez un effet des secrets de mon art, de me conserver ainsi frais et vigoureux. [...] De quoi monsieur Purgon[1] dit-il que vous êtes malade ?

Argan. — Il dit que c'est du foie, et d'autres disent que c'est de la rate.

Toinette. — Ce sont tous des ignorants : c'est du poumon que vous êtes malade. (...) Votre médecin est une bête. Je veux vous en envoyer un de ma main, et je viendrai vous voir de temps en temps.

D'après *Le Malade imaginaire*, Molière, Acte III, scène 10.

1. Monsieur Purgon : médecin d'Argan.

3 Monsieur Jourdain, un bourgeois qui rêve de devenir noble

Quatre tailleurs font essayer à M. Jourdain un habit neuf.

Garçon tailleur. — Mon gentilhomme, donnez s'il vous plaît, aux garçons quelque chose pour boire.

Monsieur Jourdain. — Comment m'appelez-vous ?

Garçon tailleur. — Mon gentilhomme.

Monsieur Jourdain. — « Mon gentilhomme ! ». Voilà ce que c'est de se mettre en personne de qualité. Allez vous-en demeurer toujours habillé en bourgeois, on ne vous dira point : « Mon gentilhomme ». Tenez (*Donnant de l'argent*), voilà pour « Mon gentilhomme ! ».

Garçon tailleur. — Monseigneur, nous sommes bien obligés.

Monsieur Jourdain. — « Monseigneur ! », Oh, oh ! « Monseigneur ! ». Attendez, mon ami. « Monseigneur » mérite quelque chose, et ce n'est pas une petite parole que « Monseigneur ». Tenez voilà ce que Monseigneur vous donne.

Garçon tailleur. — Monseigneur, nous allons boire à la santé de Votre Grandeur.

Monsieur Jourdain. — « Votre Grandeur ! » Oh, oh, oh ! Attendez, ne vous en allez pas. À moi « Votre Grandeur ! » (*Bas, à part*) Ma foi s'il va jusqu'à l'Altesse, il aura toute la bourse. (*Haut*) Tenez, voilà pour Ma Grandeur.

Le Bourgeois gentilhomme, Molière, Acte II, scène 5.

4 **Représentation du *Malade imaginaire* joué à Versailles devant la cour en 1673.**
Sur la scène se trouve Molière, qui est aussi acteur. (Gravure de Le Pautre, musée du Louvre, Paris.)

5 Divertir pour contrôler

Les peuples se plaisent aux spectacles et on a toujours pour but de leur plaire. Tous nos sujets sont ravis de voir que nous aimons ce qu'ils aiment. Par là, nous tenons leur esprit et leur cœur, plus fortement que par les récompenses.

Louis XIV, *Mémoires*, 1661.

Mémo' Art

Le théâtre

● Pièce de théâtre
Une pièce de théâtre est écrite en vers ou en prose et déroule une histoire. Les actes, divisés en scènes, présentent les personnages et leur situation, l'action et son dénouement.

● Comédie
Pièce de théâtre dont le but est de faire rire par le jeu des acteurs sur la scène. Molière s'inspire des farces et de la commedia dell'arte (petites pièces jouées en Italie par des comédiens masqués).

● Comédie-ballet
Genre inventé par Molière. Les ballets sont dansés et intercalés entre les scènes d'une comédie.

● Usages
Au XVIIe siècle, les pièces sont jouées dans des théâtres publics, des salles privées ou lors de fêtes somptueuses. À Versailles, les comédies ont pour but de divertir la cour et de montrer la puissance du roi.

Questions

Je situe les œuvres d'art

1 À quelle époque ces pièces de théâtre ont-elles été créées ?

Je décris les œuvres d'art

2 **Docs 2 et 3.** Quels sont les genres théâtraux de ces pièces ?

3 **Docs 2 et 3.** Qui Molière ridiculise-t-il dans ces pièces de théâtre ? Quels moyens utilise-t-il ?

4 **Docs 4 et 5.** Où sont jouées ces pièces de théâtre ? Quelle est leur fonction ?

5 **Docs 1 et 5.** Montrez que le succès de Molière est lié à Louis XIV.

Je fais le lien entre l'art et l'histoire

6 Comment Molière participe-t-il à la gloire du Roi-Soleil ?

B2i **MON MUSÉE VIRTUEL**

• Rendez-vous sur les sites Internet http://www.versaillespour-tous.fr/fr/612_C_Fetes.php et http://www.chateauversailles.fr/et trouvez d'autres pièces de théâtre jouées à Versailles pendant le règne de Louis XIV. Aujourd'hui, quels spectacles sont créés dans le château de Versailles ?

Cours 2

Vers la monarchie absolue

► *Comment le pouvoir absolu du roi s'affirme-t-il au XVIIe siècle ?*

A L'affirmation de l'autorité royale

1. Lorsqu'Henri IV meurt en 1610, son fils **Louis XIII** est trop jeune pour gouverner. Sa mère, Marie de Médicis, assure la **régence**, mais elle est contestée par les nobles. Nommé Premier ministre par Louis XIII, le **cardinal de Richelieu** brise toutes les oppositions et réduit les nobles à l'obéissance (doc 1a).

2. En 1643, **Louis XIV** devient roi, à l'âge de 5 ans. Sa mère, la régente Anne d'Autriche, et son Premier ministre **Mazarin** sont à nouveau confrontés à l'opposition des nobles et des membres du Parlement qui exigent de participer au gouvernement. Cette révolte, **la Fronde** (1648-1653), est finalement réprimée et les nobles se soumettent au roi (doc 1b).

3. En 1661, à la mort de Mazarin, **Louis XIV** décide de gouverner sans Premier ministre. C'est le début de son **règne personnel**.

B Louis XIV et l'apogée du pouvoir absolu

1. Louis XIV est **roi de droit divin**. Il affirme détenir son pouvoir de Dieu, donné lors de son sacre (doc. 2). Les Français sont ses sujets et lui doivent obéissance. Mais il doit respecter les **lois fondamentales** du royaume.

2. Louis XIV dispose de **tous les pouvoirs** et prend seul les décisions : il fait les lois, décide de la paix et de la guerre, administre son royaume... Il gouverne, entouré de plusieurs ministres et de conseils (doc 3). Il est représenté dans les provinces par les **intendants**. Guidé par la volonté de rétablir l'unité religieuse de son royaume, Louis XIV **révoque l'édit de Nantes** en 1685 et interdit le culte protestant (doc 4).

3. Louis XIV veut faire de la France une **grande puissance en Europe**. De nombreuses guerres lui permettent d'agrandir son royaume (carte p. 166). Il l'enrichit en créant des **manufactures royales** et en développant le commerce. Les princes d'Europe sont éblouis par le château de **Versailles** et les richesses de la **cour** (voir pp. 172-173).

1 Rétablir l'autorité royale

a Le programme de Richelieu (1624)

Lorsque Votre Majesté [Louis XIII] se résolut à me donner sa confiance pour la direction de ses affaires, je puis dire avec vérité que les protestants partageaient l'État avec elle, que les grands se conduisaient comme s'ils n'eussent pas été ses sujets (...). En un mot, la dignité de Votre Majesté était tellement diminuée qu'il était presque impossible de la reconnaître (...). Je lui promis d'employer toute l'autorité qu'il lui plairait me donner pour ruiner le parti protestant, rabaisser l'orgueil des grands, réduire tous les sujets en leur devoir.

Cardinal de Richelieu, *Testament politique*, 1638.

b La soumission des nobles à Louis XIV

Les chefs de la Fronde se soumettent au jeune roi Louis XIV le 18 août 1653. À ses côtés, sa mère, la régente Anne d'Autriche. (Gravure, XVIIe siècle, BNF, Paris.)

1 À quelles difficultés sont confrontés Louis XIII et Louis XIV ?

2 Comment ces difficultés sont-elles résolues ?

Vocabulaire

Fronde : révolte des nobles et des parlementaires pendant la minorité de Louis XIV.

Intendant : agent, nommé par le roi, qui détient les pouvoirs de justice, de police et de finances dans les provinces.

Lois fondamentales : coutumes que le roi doit respecter (privilèges du clergé, de la noblesse, des provinces...).

Manufacture royale : établissement industriel (tapisseries, meubles) créé et contrôlé par le roi.

Régence : gouvernement établi pendant la minorité d'un roi.

2 Un roi de droit divin

Dieu établit les rois comme ses ministres et règne par eux sur les peuples. Les princes agissent comme ministres de Dieu et ses lieutenants sur la Terre. C'est par eux qu'il exerce son empire. Le trône royal n'est pas le trône d'un homme, mais le trône de Dieu même. Il paraît de tout cela que la personne des rois est sacrée et qu'attenter contre eux est un sacrilège. Il y a donc quelque chose de religieux dans le respect qu'on rend au prince. Il n'y a que Dieu qui puisse juger de leurs jugements et de leurs personnes.

Bossuet, évêque de Meaux, *Politique tirée de l'Ecriture Sainte*, 1678-1704.

1 De qui Louis XIV détient-il son pouvoir ?

2 Relevez quelques expressions montrant que le roi est un être supérieur.

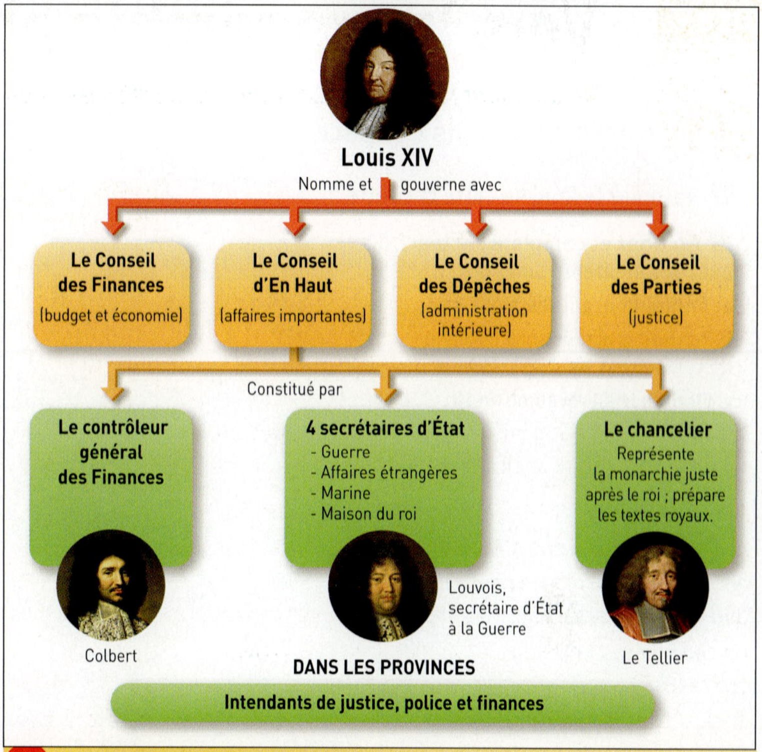

3 Un gouvernement centralisé

1 Qui entoure Louis XIV pour gouverner ?

2 Qui le représente dans les provinces du royaume ?

4 La révocation de l'édit de Nantes

a La conversion forcée des protestants

« Sa Majesté interdit le culte protestant et ordonne la démolition des temples. »
En 1685, Louis XIV oblige les protestants à se convertir au catholicisme.
(Gravure de 1686, musée Carnavalet, Paris.)

b L'édit de Fontainebleau

Art. 1. Faisons savoir, que Nous[1], de notre certaine science, pleine puissance, et autorité Royale, avons par ce présent édit perpétuel et irrévocable, supprimé et révoqué, supprimons et révoquons, l'édit du Roi notre aïeul, donné à Nantes au mois d'avril 1598, en toute son étendue.

Art. 2. Défendons à nos sujets de la religion prétendue réformée[2] de ne plus s'assembler pour faire l'exercice de ladite religion en aucun lieu ou maison particulière, sous quelque prétexte que ce puisse être.

Édit de Fontainebleau, octobre 1685.

1. Le roi Louis XIV.
2. Le protestantisme.

1 Quelle décision est prise par Louis XIV en 1685 ?

2 Par quels moyens impose-t-il sa décision ?

1 Je me repère dans l'espace

À imprimer

1 **Recopiez le fond de carte ci-contre.**

2 **Coloriez et complétez la légende avec les éléments suivants :**

a. Territoires acquis au XVIe siècle

b. Territoires acquis sous le règne de Louis XIV

c. Frontières du royaume en 1715

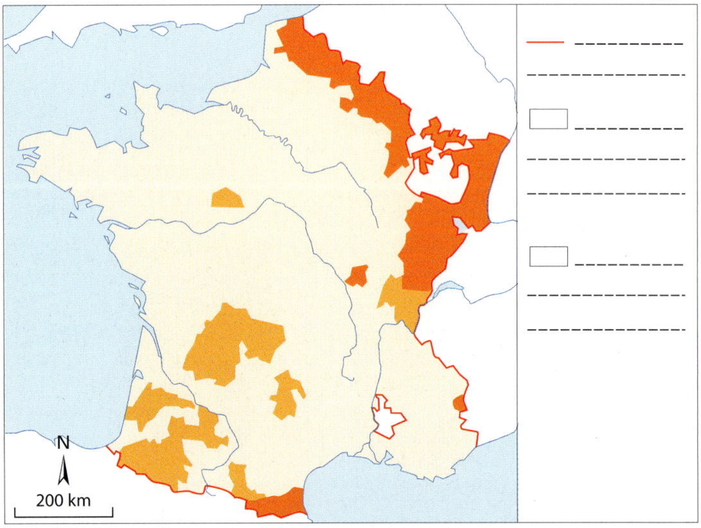

2 Je me repère dans le temps

À imprimer

Recopiez la frise chronologique ci-dessous et associez les éléments suivants aux dates qui leur correspondent :

1. Édit de Nantes
2. Révocation de l'édit de Nantes
3. Règne personnel de Louis XIV
4. Règne d'Henri IV

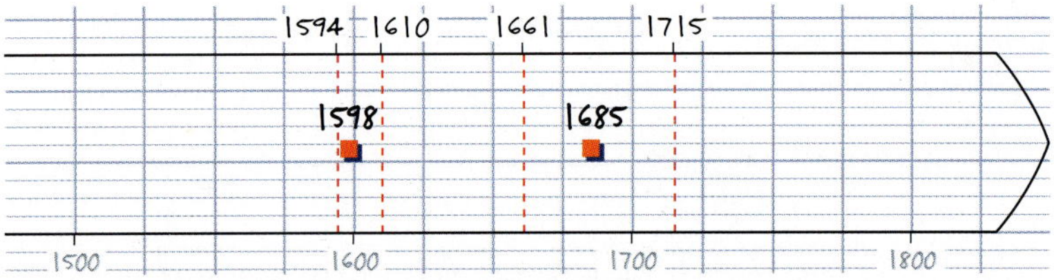

3 Je définis les mots clés

Associez chacun des mots clés ci-dessous à sa définition.

1. **Édit** **2.** **Roi absolu** **3.** **Manufacture** **4.** **Parlement** **5.** **Intendant** **6.** **Cour**

A. Décision royale qui a valeur de loi.

B. Tribunal qui rend la justice au nom du roi et enregistre les édits royaux.

C. Établissement industriel (tapisseries, meubles) créé et contrôlé par le roi.

D. Roi considéré comme le représentant de Dieu sur terre et qui détient tous les pouvoirs.

E. Entourage du roi, constitué des membres de la famille royale, du gouvernement et de la haute noblesse.

F. Agent, nommé par le roi, qui détient les pouvoirs de justice, de police et de finances dans les provinces.

4 Je raconte et j'explique

1 Comment le roi Henri IV a-t-il rétabli la paix et l'unité du royaume de France ?

2 Quel est le sort des protestants dans le royaume de France, sous le règne d'Henri IV et sous le règne de Louis XIV ?

3 Racontez une journée du roi Louis XIV à Versailles : comment chaque instant de la journée illustre-t-il le pouvoir du roi ?

5 Je décris et j'identifie un acteur des guerres de Religion

a Une procession de la Sainte Ligue à Paris en 1590
Le cortège, mené par des ecclésiastiques armés et casqués, conteste la désignation d'Henri de Navarre comme roi. (Huile sur toile, XVIe siècle, musée Carnavalet, Paris.)

b Le manifeste de la Ligue (1576)

Au nom de la Sainte-Trinité, Père, Fils et Saint-Esprit, notre seul vrai Dieu. L'union des princes, seigneurs et gentilshommes catholiques du royaume doit être faite pour rétablir la vraie religion catholique, apostolique et romaine, et pour lutter contre les huguenots[1]. Nous obligerons tous nos ennemis à abjurer. Nous défendrons notre roi Henri III contre ses ennemis pour que la vraie foi catholique triomphe et pour que ses sujets continuent de le servir et de lui obéir.

1. Huguenots : protestants.

1 Qui sont les membres de la Ligue en 1576 et en 1590 ? À quelle religion appartiennent-ils (doc a et b) ?

2 Qui désignent-ils comme leurs ennemis ? Que veulent-ils les obliger à faire (doc b) ?

3 Montrez que la Ligue est prête à utiliser la violence pour faire triompher ses idées (doc a et b).

4 Face à la Ligue, le roi garde-t-il son pouvoir (doc a et b) ?

6 J'analyse et je mets en relation des informations : la révocation de l'édit de Nantes

a L'édit de Fontainebleau

Louis par la grâce de Dieu, Roi de France et de Navarre

Nous avons jugé que nous ne pouvions rien faire de mieux que de révoquer ledit édit de Nantes en faveur de ladite religion protestante.

Art. 1. Nous voulons que tous les temples de ladite Religion Prétendue Réformée (RPR) soient démolis.

Art. 2. Défendons à nosdits sujets de la RPR de s'assembler pour faire l'exercice de ladite religion, en aucun lieu ou maison particulière.

Art. 4. Ordonnons à tous ministères de ladite RPR qui ne voudront pas se convertir à la religion catholique, de sortir de notre royaume sous peine de galères.

Extraits de l'édit de Fontainebleau, 1685.

b Les conséquences de la révocation

Ce projet (...) loin de produire l'effet qu'on en devait attendre, a causé et peut encore causer une infinité de maux :

1. La désertion de 80 000 à 100 000 personnes de toutes conditions, sorties du royaume, qui ont emporté avec elles plus de 30 millions de livres de l'argent le plus comptant.

2. La désertion de nos arts et manufactures particulières qui attiraient en France un argent très considérable de toutes les contrées de l'Europe.

3. La ruine la plus considérable du commerce.

4. Il a grossi les flottes ennemies.

Vauban, *Mémoire pour le rappel des huguenots*, 1689.

1 Indiquez l'auteur et la date du document a.
Quelle décision est prise dans cet édit ?
Que permettait l'édit de Nantes aux protestants ?

2 Pour quelles raisons Vauban critique-t-il la révocation de l'édit de Nantes (doc b) ?

3 Quelles sont les conséquences de la révocation de l'édit de Nantes pour les protestants et pour le royaume de France (doc a et b) ?

4 À l'aide de vos réponses, racontez le sort des protestants dans le royaume de France, sous le règne de Louis XIV.

Exercices

Socle commun

7 Arts J'analyse un tableau du roi Louis XIV

[Art et pouvoir]

1 Indiquez le titre, l'auteur et le genre du tableau (paysage, nature morte, portrait officiel, tableau historique).

2 Quelles couleurs sont utilisées par le peintre pour mettre en valeur Louis XIV ? Recherchez ce que symbolise la couleur pourpre.

3 Décrivez l'attitude du roi. Pourquoi le peintre le représente-t-il ainsi ?

4 À l'aide de la liste, indiquez à quel insigne de la monarchie correspond chaque numéro : **collier de l'ordre du Saint-Esprit, épée, manteau du sacre, sceptre, couronne fermée, main de justice, fleur de lys.**

5 Montrez que Louis XIV réunit tous les pouvoirs.

Louis XIV en costume de sacre par Hyacinthe Rigaud. (Huile sur toile, 1701, 277 x 194 cm, musée du Louvre Paris.)

8 Récit Je raconte une journée du roi Louis XIV à Versailles

a Une journée organisée

Le Roi se lève toujours à huit heures et reste au conseil[1] de dix heures jusqu'à midi et demie, moment où il va à la messe toujours en famille. (...)

Après la messe, il visite les favorites jusqu'à deux heures, heure à laquelle il dîne[2] toujours avec la Reine et en public. Puis, il va à la chasse ou à la promenade ; le plus souvent, il tient encore un conseil. Depuis la tombée de la nuit jusqu'à dix heures, il converse avec les dames, ou joue, ou va à la comédie ou aux bals.

D'après Jean Baptiste Primi Visconti, *Mémoires sur la cour de Louis XIV*, 1710.

1. Conseil : séance de travail dans le cabinet du roi, à laquelle participent les ministres.
2. Dîner : il s'agit aujourd'hui du déjeuner.

b Le rôle des courtisans

L'appartement est une chose bien insupportable. On va au billard et l'on se met sur le ventre, sans que personne ne dise mot. L'on reste ainsi accroupi jusqu'à ce que le Roi ait joué une partie. Après tout le monde va à la musique. Là, on chante un air de vieil opéra. Ensuite, nous allons au bal, qui dure de huit à dix heures. Ceux qui, comme moi, ne dansent pas, restent là assis des heures. Puis, on danse une contredanse comme les enfants qui récitent le catéchisme, alors le bal prend fin.

Princesse Palatine, *Lettres de Madame, duchesse d'Orléans*, vers 1700.

1 Quand le roi s'occupe-t-il des affaires du royaume ? Quand va-t-il à la messe (doc a) ?

2 Quelles sont les distractions du roi après son déjeuner (docs a et b) ?

3 Que fait le roi pendant ses soirées (docs a et b) ?

4 Relevez les informations montrant que la princesse Palatine s'ennuie à la cour (doc b).

5 À l'aide de vos réponses, racontez la journée du roi Louis XIV à Versailles.

9 B2i Je sélectionne des informations sur un site Internet

[Compétence 4.5 – Je sais sélectionner des résultats lors d'une recherche]

Rendez-vous sur le site Internet http://www.chateauversailles.fr, cliquez sur « Espace pédagogique », puis sur « Documentation jeunesse ». Cliquez ensuite sur « Collège » et sur le thème « Monarchie absolue et Versailles ».

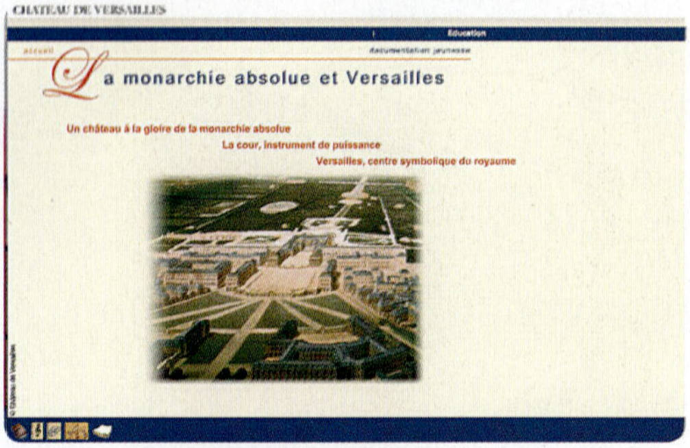

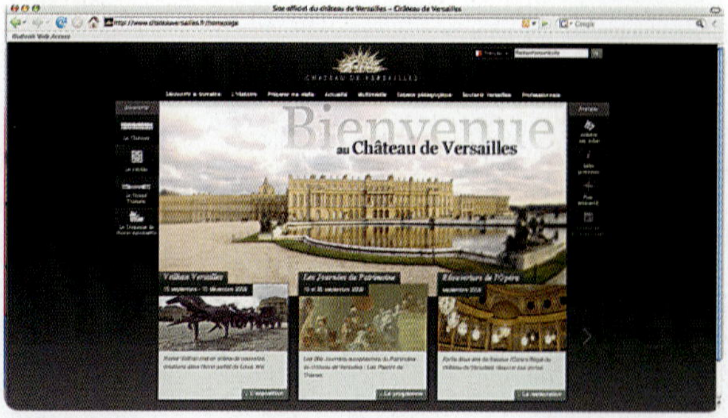

Ouvrez le thème « Un château à la gloire de la monarchie », puis à l'aide de vos recherches, répondez aux questions suivantes :

1 Pourquoi Louis XIV veut-il agrandir le petit château de son père ?

2 Que devient Versailles à partir de 1682 ?

3 Sur le plan de l'intérieur du château, cliquez sur la galerie des Glaces. Où se situe-t-elle ? Quelle est sa fonction ?

4 Sur le plan de l'intérieur du château, cliquez sur la chambre du roi. Où se situe-t-elle ? Montrez que, dans cette pièce, la vie du roi est mise en scène.

Revenez à la page d'accueil, puis cliquez sur le deuxième thème, « La cour, instrument de puissance », afin de répondre aux questions suivantes :

5 Quels personnages composent la cour ?

6 Montrez que la vie à la cour reflète la puissance de Louis XIV.

POUR ALLER PLUS LOIN

À lire

- **T. Aprile**, *Sur les traces de Louis XIV*, Gallimard jeunesse, 2006.
- **Ph. Boitel**, *La Vie du futur roi Louis XIV*, Editions du Sorbier, 2000.
- **J. Garrisson**, *Henri IV, le roi de la paix, 1553-1610*, Tallandier, Historia, 2000.
- **J.-M. Ruffieux**, *Une journée du Roi-Soleil*, L'école des loisirs, 1999.

À consulter

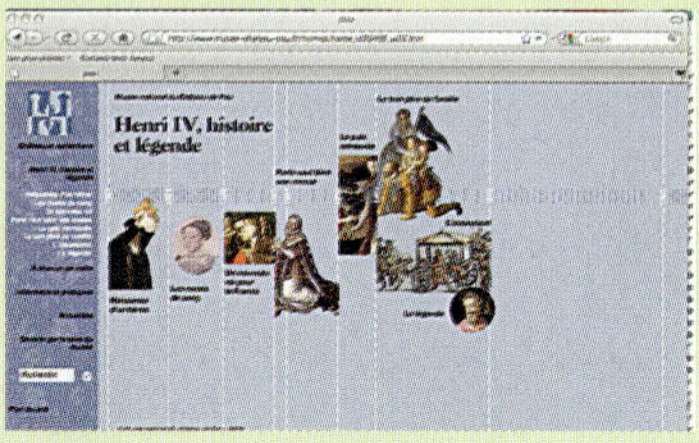

- www.musee-château-pau.fr
- www.chateauversailles.fr
- www.la-fontaine-ch-thierry.net
- www.museeprotestant.org
- http://artic.ac-besancon.fr/Histoire_geographie/Sallet/portrait%20LXIV.html

À voir

- T. Binisti, *Versailles, le rêve d'un roi*, 2007
- N. Companeez, *L'Allée du roi*, 1995
- G. Corbiau, *Versailles, La visite*, 1999
- J. Malaterre, *L'Assassinat d'Henri IV*, 2008

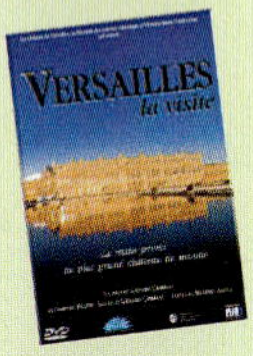

Géographie

Humanité et développement durable

Le développement durable doit répondre aux besoins du présent sans compromettre la capacité des générations futures de répondre aux leurs et correspond aux devoirs des générations actuelles de transmettre un monde vivable, viable et reproductible.

G. H. Brundtland, présidente de la Commission mondiale de l'ONU pour l'environnement et le développement, ONU, 1987.

Partie

1 La question du développement

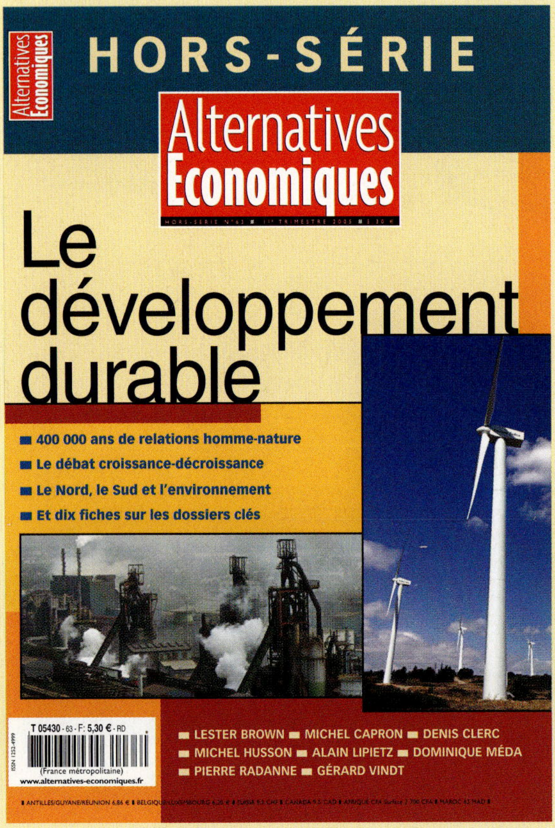

Enjeu 1

Les enjeux du développement durable

- Qu'est-ce que le développement durable ?
- Quels en sont les principaux enjeux ?

→ Chapitre 9 pp. 190-201

durable

Enjeu 2

Les dynamiques de population et le développement durable

Comment assurer aujourd'hui le développement d'une humanité toujours plus nombreuse tout en se préparant aux enjeux démographiques de demain : vieillissement de la population mondiale et évolution de ses modes de vie ?

→ Chapitre 10 pp. 202-225

Chapitre 9

Les enjeux du développement durable

➤ *Quels sont les trois principaux enjeux du développement durable ?*

PLAN DU CHAPITRE

1 Un enjeu d'aménagement : l'élargissement du canal de Panamá

- **1987** — Naissance de l'expression « Développement durable »
- **1992** — « Sommet de la Terre » à Rio de Janeiro (Brésil)
- **2002** — Sommet mondial sur le droit des populations au développement humain à Johannesburg (Afrique du Sud)
- **2007** — Sommet mondial sur le développement durable à Jakarta (Indonésie)
- **2009** — Sommet mondial sur l'avenir du climat à Copenhague (Danemark)

2 Un enjeu d'aménagement : le parc olympique de Whistler pour les JO d'hiver 2010 au Canada

Cette petite station de ski située à 120 km de Vancouver mérite une médaille « verte » : limitation des constructions du village olympique à 220 logements, quota de 8 000 spectateurs seulement admis dans le cirque d'arrivée des épreuves, lieux d'hébergement des sportifs conçus en matériaux « verts » et pour rejoindre la station pendant la compétition, une seule solution : le bus.

Réintroduire l'ours dans les Pyrénées : un aménagement discuté

• Dans les Pyrénées françaises, l'abandon des cultures pose de réels problèmes d'aménagement du territoire. La protection de l'environnement du milieu montagnard pourrait permettre de relancer les activités économiques et de mettre en œuvre un développement durable.

▶ Quels sont les enjeux du développement durable posés par la réintroduction de l'ours ?

Vocabulaire

Aménagement : action volontaire d'une collectivité (État, région, département, commune...) sur l'organisation de son territoire (répartition de la population, distribution des activités économiques, équipements, environnement...).

A Les Pyrénées, un territoire en mutation

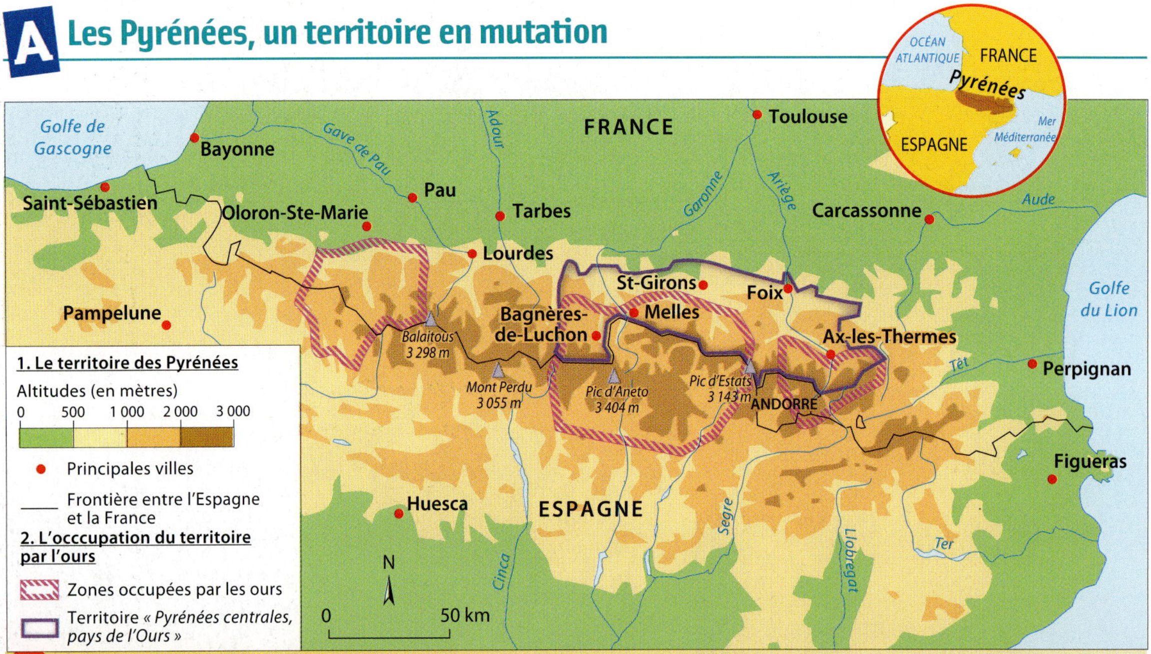

1 Hommes et ours sur un même territoire

2 L'évolution des activités humaines et leurs conséquences

Au XIXe siècle, toute la chaîne des Pyrénées était densément habitée et travaillée ; l'homme occupait presque tout le domaine de l'ours. Celui-ci trouvait sa nourriture dans la forêt et complétait parfois ce régime par quelques emprunts aux vergers et aux champs : elle était donc, pour une grande part, liée aux activités de l'homme. Le XXe siècle a vu au contraire la désertification agricole des Pyrénées. En dehors du Béarn, les troupeaux qui transhument encore sont laissés, l'été, sans berger, dans les hautes vallées. La montagne n'est plus ce qu'elle était mais elle n'est pas vide pour autant. Des résidences secondaires ont envahi les villages désertés et quelques nouveaux résidents permanents s'installent pour développer des élevages de lamas ou de chiens huskies. Les touristes occupent maintenant, à grand bruit, pendant l'été, une grande partie de la haute montagne. Mais ces habitants nouveaux ne créent pas un milieu favorable à l'ours. Ils ne cultivent pas et n'entretiennent guère la nature ; ils apportent beaucoup de déchets.

Si l'ours des Pyrénées est en train de disparaître, c'est probablement parce que les paysans sont partis (ce qui a appauvri le milieu montagnard). C'est aussi, par suite des modes de vie des nouveaux habitants de la montagne, que le milieu favorable à l'ours se réduit encore, tous les jours.

D'après Jacques de Boissezon, *La Nouvelle République des Pyrénées*, 14 août 2006.

❶ Ax-les-Thermes, station thermale
❷ Tour des villages, GR, pistes forestières : 5 000 km de sentiers balisés
❸ Gîte d'étape
❹ Estive
❺ Dent d'Orlu
❻ Réserve de faunes d'Orlu, observatoire de la montagne
❼ Pastoralisme en fond de vallée

3 Vue aérienne de la vallée d'Orlu en Ariège (image en 3D Géoportail).

4 Une décision d'aménagement

Lâcher de Mellba dans la montagne près de Melles.

1996 – Première étape du plan de réintroduction

Deux femelles (dont Mellba) et un mâle d'origine slovène sont relâchés. En 2004, Cannelle (dernière ourse de souche pyrénéenne) est abattue par un chasseur. Sa mort relance le programme de réintroduction.

2006 – Deuxième étape du plan de réintroduction

Quatre femelles et un mâle slovènes sont relâchés. Palouma meurt à la suite d'une chute et Franska est renversée sur une autoroute en 2007.

Questions

Je localise

1 **Docs 1 et 3.** Localisez les Pyrénées en France et en Europe. Quel est le relief dominant de la région ?

Je décris

2 **Doc 2.** Qui habitait les Pyrénées au XIXe siècle ? Qu'y faisait-il ?

3 **Docs 2 et 3.** Qui habite les Pyrénées aujourd'hui ? Quelles activités économiques se développent ?

4 **Doc 2.** Quelles sont les conséquences de ce développement économique sur l'environnement ?

5 **Doc 2.** Historiquement, quel animal cohabite avec l'homme dans les Pyrénées ?

6 **Doc 2.** Pourquoi le nombre d'ours a-t-il diminué au XXe siècle ?

7 **Doc 4.** Que décide le gouvernement français en 1996 ? Pourquoi ?

Je conclus

8 **Docs 1 à 4.** Faites la liste des trois types de changements qui touchent les Pyrénées françaises : changements économiques, changements sociaux et changements environnementaux.

Étude de cas

Réintroduire l'ours dans les Pyrénées : un aménagement discuté

B Préserver la biodiversité : un des enjeux du développement durable

5 La Fondation Nicolas Hulot

Une des affiches de la campagne « Sans nature, pas de futur... parce que nos vies sont liées », lancée en 2004 par la Fondation Nicolas Hulot pour la Nature et l'Homme. (www.fondation nicolas-hulot.org).

6 L'État français explique son choix

L'ours brun a fortement régressé à la fois en Europe et en Amérique du Nord. Par conséquent, sa conservation doit retenir notre attention. Si chaque pays qui abrite une population d'ours bruns, ne met pas en œuvre les mesures nécessaires à son maintien, la régression des populations continuera à se poursuivre de façon inéluctable. Il est donc du devoir de l'État et de ses citoyens de participer à son maintien au niveau de la planète, plutôt que d'y renoncer sous prétexte que d'autres pays s'en occupent. À cette fin, des engagements internationaux ont été contractés par la France. Nous nous devons de respecter nos engagements. Comment exiger d'autres pays la protection de leurs espèces menacées d'extinction si nous ne sommes pas capables de conserver une espèce aussi emblématique que l'ours brun ? Il est clair que le rayonnement international d'un pays repose aussi sur sa capacité à préserver sa biodiversité.

D'après le site de l'État consacré à l'ours, www.ours.ecologie.gouv.fr.

Questions

Je décris et j'explique

9 Docs 1, 4 et 7. Où la manifestation (doc 7) a-t-elle lieu ? Pourquoi ?

10 Doc 7. En observant les banderoles, précisez qui sont les manifestants. Que veulent-ils ?

11 Doc 5. Qui est l'auteur de ce document ? D'après lui, pour qui et pourquoi faut-il préserver l'ours brun ? Comment cette idée est-elle représentée sur l'affiche ?

12 Doc 6. Pourquoi l'État français décide-t-il de réintroduire l'ours dans les Pyrénées ?

13 Doc 8. Quel est le statut de l'espèce « ours brun » en France aujourd'hui ? Peut-il être chassé ?

14 Doc 8. L'ours brun est une « espèce protégée » à trois échelles différentes : lesquelles ?

15 Docs 6 et 8. Expliquez la phrase soulignée du document 6 à l'aide du document 8.

16 Docs 5, 6, 7 et 8. Énumérez les différents groupes de personnes ou organisations présents dans cette double page. Quelle est leur idée commune ?

7 **Manifestation à Oloron-Sainte-Marie (Pyrénées) après la mort de l'ourse Cannelle, en novembre 2004**

1962 – France : parce que l'ours brun est une **espèce menacée**, sa chasse est interdite.

1973 – Monde : l'ours brun est **protégé** par la *Convention internationale de Washington* qui encadre le commerce des espèces protégées.

1979 – Europe : *Convention de Berne* sur la conservation de la vie sauvage et des habitats naturels de l'Europe. L'ours brun y est inscrit comme **espèce strictement protégée**.
Les États s'engagent à prendre des mesures pour maintenir les espèces et à encourager la réintroduction de celles-ci lorsque cette mesure contribue à leur conservation.

1981 – France : l'ours brun est une **espèce protégée**.
Les ministres de l'Environnement et de l'Agriculture peuvent cependant autoriser la capture ou la destruction d'ours pour prévenir des dommages importants au bétail ou dans l'intérêt de la sécurité publique.

1992 – Monde : la France signe la *Convention internationale de Rio de Janeiro* sur la conservation de la biodiversité. Elle doit préserver les écosystèmes et les espaces naturels.

1992 – Europe : *Directive « Habitats »* de l'Union européenne.
L'ours brun figure sur la liste des **espèces prioritaires** au niveau communautaire et pour lesquelles il faut protéger les lieux où elles vivent.

8 **Trois échelles de décision pour un même but**

Réintroduire l'ours dans les Pyrénées : un aménagement discuté

C Les enjeux primordiaux sont la vie des hommes et leurs activités

9 Des élus locaux s'engagent pour le développement durable

Un territoire vivant est un territoire où les activités humaines, riches et dynamiques, cohabitent avec un environnement préservé. Les Pyrénées centrales bénéficient d'un milieu naturel exceptionnel, un atout majeur pour le territoire. Que ce soit le tourisme, la chasse, l'exploitation forestière ou le pastoralisme, ces quatre activités sont directement liées au territoire et à l'écosystème. L'enjeu est donc fort : permettre à l'homme de vivre de ses activités tout en en préservant la richesse principale : l'environnement. Une réflexion sur les enjeux du territoire, la situation actuelle et l'avenir des activités humaines doit permettre de trouver des solutions adaptées et durables. Le retour de l'ours est une occasion d'engager le débat.

D'après l'association Pays de l'ours – ADET.

10 Fromage fermier des « vallées à ours » du Haut-Béarn

11 Un programme européen pour le développement durable

12 L'ours, entre atout et contrainte pour le tourisme

13 Manifestation d'éleveurs à Bagnères-de-Luchon, le 13 mai 2006

Un manifestant, guide de montagne, livre son point de vue.

Le but de cette manifestation, c'est de sensibiliser l'opinion publique et les décideurs sur l'incompatibilité qui existe entre le pastoralisme et la présence de l'ours dans nos Pyrénées. Je suis ici pour défendre l'élevage en montagne. Chez nous, l'élevage et le tourisme sont très liés. Ce sont les éleveurs qui entretiennent le paysage. Les touristes s'arrêtent et profitent d'un paysage entretenu par l'homme. La fin de l'élevage, c'est la fin du paysage qui attire le touriste. Et il faut tenir compte du risque que l'on peut encourir avec l'ours.

D'après le site Internet www.pyrenees-pirenews.com.

Questions

Je décris et j'explique

17 **Docs 9, 10, 11 et 13.** Quelles sont les activités économiques dominantes dans les Pyrénées ?

18 **Doc 9.** Quels sont les objectifs du développement durable dans les Pyrénées centrales d'après les élus ?

19 **Docs 10, 11 et 12.** Montrez que la réintroduction de l'ours peut être un atout pour l'économie régionale.

20 **Doc 13.** Qui sont les manifestants ? Contre quoi manifestent-ils ? Pour quelles raisons ?

21 **Docs 1 et 13.** Pourquoi cette manifestation a-t-elle lieu à Bagnères-de-Luchon ?

22 **Doc 11.** Quels sont les objectifs du programme « Life Coex » en France ?

23 **Doc 11.** Que prouve la nécessité d'un tel programme européen ?

24 **Docs 10, 12 et 13.** Montrez que l'ours sert d'argument dans deux sens opposés.

25 **Docs 9, 10, 11 et 13.** Pourquoi la réintroduction de l'ours lance-t-elle un débat ?

BILAN

J'identifie les enjeux du développement durable

Socle commun

La réponse à la question 18 définit ce que serait un développement durable des Pyrénées centrales. En reprenant vos réponses aux questions 8, 12, 19, 20 et 25, évaluez le degré de réussite de l'aménagement des Pyrénées françaises dans chacun des trois domaines du développement durable en utilisant les signes : – – / – / + ou ++

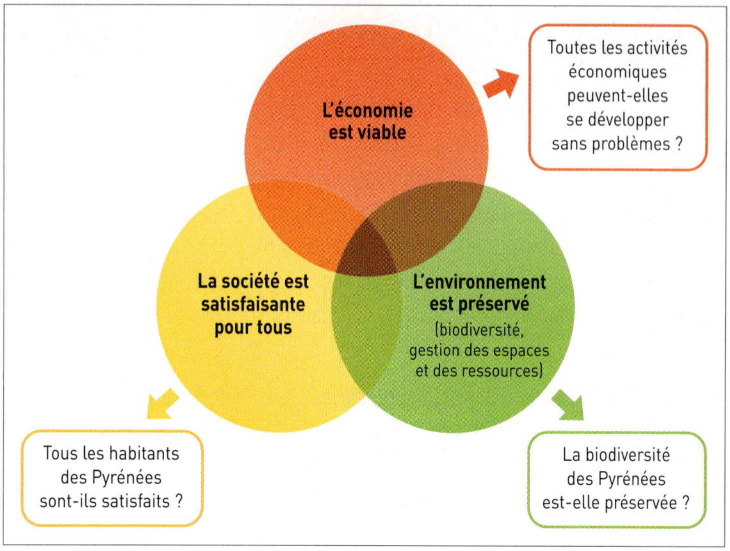

Cours 1

Les enjeux du développement durable

Que nous a appris l'étude de cas ?

A Les Pyrénées françaises constituent un territoire en mutation dont l'avenir dépend des choix d'aménagement faits par différents acteurs (État, habitants, élus...).

B Il s'agit de trouver un mode de développement équilibré qui permette aux hommes de développer leurs activités tout en respectant l'environnement.

Qu'en est-il à l'échelle mondiale ?

A Une nouvelle façon de gérer le monde...

1. L'expression « développement durable » est utilisée à partir de la fin des années 1980 par la Commission mondiale de l'ONU pour l'**environnement** et le développement. Elle définit un projet mondial qui cherche à établir un meilleur équilibre entre le **développement humain**, la croissance économique et la préservation de l'environnement pour les générations futures, qui en constituent les trois piliers ou enjeux.

2. L'idée de développement durable s'est construite progressivement. Elle cherche à améliorer le modèle de développement suivi par les **pays du Nord** depuis le XIXe siècle. Ces pays ont en effet privilégié la croissance économique aux dépens de l'environnement, sans résoudre les inégalités de développement humain.

B ... pour assurer le développement de l'humanité

1. Le succès du développement durable dans les médias tient surtout à la mise en avant des inquiétudes « pour la planète » : catastrophes écologiques, déforestation, désertification, réchauffement climatique, recul de la biodiversité... (doc 1). Pourtant, le **principal enjeu est celui du développement humain aujourd'hui** et des conditions dans lesquelles il pourra se poursuivre demain, afin d'assurer à une population en croissance une vie meilleure.

2. Or, de l'échelle locale à l'échelle mondiale, les acteurs sont nombreux : citoyens, hommes politiques, entreprises, États, organisations internationales, **ONG**... Mais leurs intérêts sont souvent différents pour se partager les ressources naturelles et aménager les territoires. Le développement durable leur offre un cadre de réflexion pour trouver des solutions.

1 La médiatisation de l'enjeu environnemental

Le nouveau film de Yann Arthus-Bertrand (traduit en 23 langues) a été diffusé sur tous les écrans du monde et gratuitement le 5 juin 2009, pour la journée mondiale de l'Environnement des Nations unies.

Vocabulaire

Développement humain : hausse générale du niveau de vie d'une population lui permettant au moins de satisfaire tous ses besoins essentiels (eau, alimentation, instruction...).

Environnement : ensemble des éléments naturels et artificiels au sein duquel se déroule la vie humaine.

ONG : organisation non gouvernementale.

Pays du Nord : pays riches.

« Le développement durable doit répondre aux besoins du présent sans compromettre la capacité des générations futures de répondre aux leurs et correspond aux devoirs des générations actuelles de transmettre un monde vivable, viable et reproductible. »

G. H. Brundtland (présidente de la Commission mondiale de l'ONU pour l'environnement et le développement), « *Notre avenir à tous* », ONU, 1987.

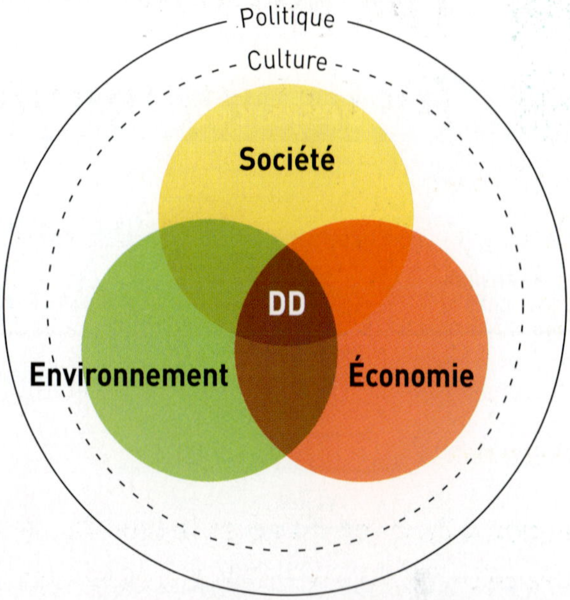

« Les trois cercles, enlacés tels les anneaux olympiques, renvoient au modèle d'équilibre que veut être le développement durable. »

D'après Y. Veyret et P. Arnould, *L'Atlas des développements durables*, Éditions Autrement, 2008.

Une définition ↑ **Une façon de le représenter** ↑

Le DÉVELOPPEMENT DURABLE de L'HUMANITÉ

↓

Trois enjeux pour aujourd'hui et pour demain

Pour la société des hommes

- Comment réduire les inégalités des conditions de vie et de développement des sociétés à toutes les échelles ?

Pour l'économie

- Comment partager équitablement les ressources ?
- Comment les exploiter tout en les préservant ?

Pour l'environnement

- Comment préserver la qualité de l'environnement dans lequel nous vivons (biodiversité, qualité de l'air...) ?

2 Qu'est-ce que le développement durable ?

1 Pourquoi le développement durable est-il représenté sous la forme de trois cercles enlacés ?

2 Quels sont les trois objectifs du développement durable ?

L'essentiel — Les enjeux du développement durable

[Compétence 5.6 – Identifier les enjeux du développement durable.]

3 ENJEUX CLÉS	Les défis d'aujourd'hui – Limiter	Les défis d'aujourd'hui – Favoriser	Pour un développement durable de l'humanité
Société	• Tous les types d'inégalités entre les hommes • Les inégalités entre les territoires	• Le développement des populations dans les pays pauvres	Une société mondiale plus équitable
Économie	• Les écarts de richesse entre les pays • Les écarts de richesse à l'intérieur de chaque pays	• La croissance économique dans les pays pauvres • Des échanges commerciaux plus équilibrés entre les pays riches et les pays pauvres	Un développement économique pour tous
Environnement	• L'exploitation des ressources épuisables • L'impact des activités humaines sur l'environnement	• L'exploitation des ressources renouvelables • La protection de la biodiversité et de l'environnement	La possibilité de transmettre aux générations futures un environnement vivable

1 J'identifie plusieurs façons de représenter le développement durable

[Compétence 5. 5 – Lire et utiliser différents langages.]

a

b

c

d

1 Recopiez le tableau ci-dessous et complétez-le pour chacun des documents :

	Nature du document	Objectif du document	L'expression « développement durable » est-elle utilisée ? Sinon, comment y fait-on référence ?	Y a-t-il une couleur dominante ? Si oui, laquelle ?	Y a-t-il une référence à la planète ? Sous quelle forme ?	Le document fait-il référence aux trois enjeux ? Sinon, sur quel enjeu s'appuie-t-il ?
Doc a						
Doc b						
Doc c						
Doc d						

2 Rédigez un court paragraphe dans lequel vous présenterez le document qui est le plus conforme au développement durable en expliquant pourquoi.

2 J'identifie les enjeux du développement durable dans l'aménagement du parc W

[Compétence 5.6 – Identifier les enjeux du développement durable.]

Le parc naturel W est un espace protégé géré par trois pays d'Afrique de l'Ouest : le Bénin, le Burkina Faso et le Niger. Il tire son nom des méandres du fleuve Niger qui forment un W. Il est classé au de Patrimoine mondial de l'UNESCO pour la diversité biologique qu'il présente.

a Conflits entre éleveurs et forestiers

Dans les pays du Sahel (Niger, Burkina Faso), la transhumance est un déplacement de troupeaux de bovins en direction du Sud (Bénin, Togo) à la recherche de fourrages et d'eau. Or, confrontés depuis les années 1970 à la sécheresse et à la pression démographique, les itinéraires suivis par les éleveurs se sont dirigés vers le parc naturel. De multiples conflits ont vu le jour entre les éleveurs et les forestiers. Dégradation de l'habitat de la faune, compétition entre le bétail et la faune pour les ressources alimentaires, transmission de maladies entre les animaux domestiques et sauvages, braconnage sont reprochés aux éleveurs. Eux-mêmes étant victimes de la prédation des animaux domestiques par les fauves, d'abattages punitifs, par les gardes forestiers, de bovins pâturant « illégalement » dans le parc.

D'après *Pastoralisme et aire protégée*, agritrop.cirad.fr, 2008, et « Gestion de la transhumance dans la zone d'influence du parc W », *Vertigo*, HS n° 4, nov. 2007.

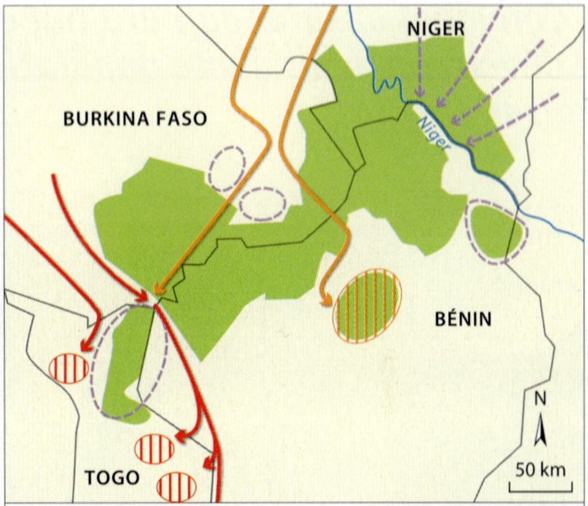

Parc naturel W et réserves périphériques

1. Itinéraires de transhumance
- supprimés
- maintenus
- nouveaux, avec aires de repos et contrôle des entrées et sorties

2. Zones d'accueil des troupeaux
- supprimées
- maintenues
- nouvelles

b Les aménagements pour le maintien d'une transhumance contrôlée dans le parc

1 Qu'est-ce que le parc W ? À quel enjeu du développement durable répond-il ?

2 **Doc a.** À quelles contraintes les éleveurs bovins de la région sont-ils confrontés ? Comment y font-ils face ?

3 **Doc a.** Quelles sont les conséquences de la transhumance à travers le parc W sur l'environnement et la biodiversité ?

4 **Doc a.** Quelles sont les conséquences économiques et sociales de la création du parc W pour les éleveurs ?

5 **Doc b.** Expliquez comment cette proposition d'aménagement répond aux trois enjeux du développement durable en offrant une solution aux usagers du parc W :

Enjeu social	Enjeu économique	Enjeu environnemental

POUR ALLER PLUS LOIN

À lire

- **Dokéo.** *Protéger la terre*, Nathan, 2006.
- **J.-F. Noblet, C. Levesque**, *J'aime ma planète*, Milan Jeunesse, 2006.

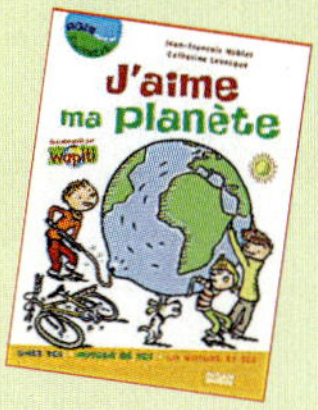

À consulter

- Le site du développement durable : www.ledeveloppementdurable.fr
- Le site un défi pour la terre : www.defipourlaterre.org

Chapitre

10 Les dynamiques de population et le développement durable

➤ Comment assurer aujourd'hui et demain le développement d'une population mondiale croissante ?

1 Le dynamisme démographique de l'Éthiopie

PLAN DU CHAPITRE

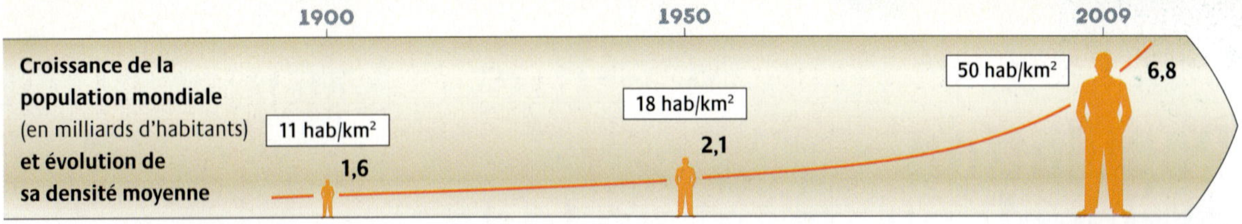

2 Un groupe de touristes américains « seniors » en voyage

Aux États-Unis, les seniors disposent d'un niveau de vie élevé et profitent de nombreuses activités de loisir (voyages, sports…).

Doc 2. Quels secteurs économiques peuvent se développer dans un pays où la population est vieillissante et en bonne santé ?

Étude de cas

Population et développement en Inde

• Avec près de 1,2 milliard d'habitants, l'Inde est en 2009 le pays le plus peuplé du monde après la Chine. Depuis soixante ans, l'État indien relève le défi du développement : maîtriser les naissances et répondre aux besoins croissants de la population, tout en diminuant les inégalités sociales et régionales.

▶ ***Comment assurer le développement d'une population en forte augmentation ?***

Vocabulaire

Croissance démographique : augmentation de la population.

Fécondité : nombre moyen d'enfants par femme âgée de 15 à 50 ans.

Taux de mortalité : nombre de décès pour 1 000 habitants.

Taux de natalité : nombre de naissances pour 1 000 habitants.

A Une croissance démographique spectaculaire qui ralentit

1 Panneaux d'information pour le planning familial

Depuis les années 1950, le gouvernement a mis en place une politique de limitation des naissances.

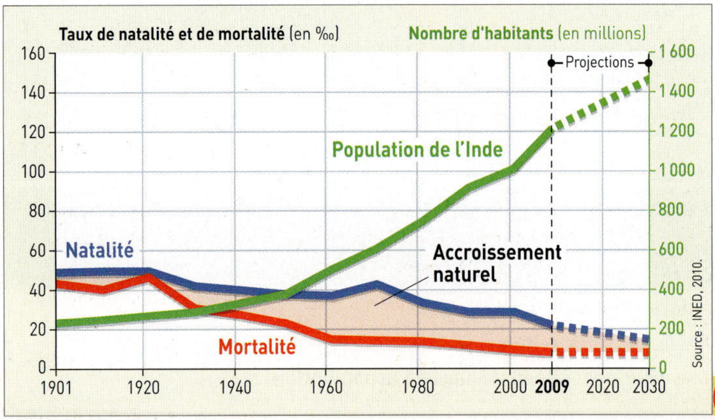

3 L'évolution démographique de l'Inde

2 Les raisons du ralentissement démographique

Le ralentissement de la croissance démographique est dû en premier lieu à la politique de réduction des naissances : la moitié des couples utilise la contraception, aux trois quarts par la stérilisation de la femme, une pratique devenue banale en Inde.

La baisse de la fécondité est également liée à l'extension de l'éducation féminine et au développement social. En effet, les femmes sans instruction ont une fécondité de 3,6 enfants contre 1,8 pour celles qui sont très instruites. Mais la baisse de la natalité demeure inférieure aux objectifs fixés par le gouvernement.

La stabilisation de la croissance démographique risque de prendre du temps. Toutefois, la forte vitalité démographique d'antan a pourtant une conséquence positive : un grand nombre d'actifs et peu de dépendants (enfants ou vieillards), ce qui permet beaucoup d'épargne et d'investissement par les ménages.

D'après F. Landy, « L'Inde ou le grand écart », *Documentation photographique*, nov-déc. 2007.

4 Foule dans les rues de New Delhi

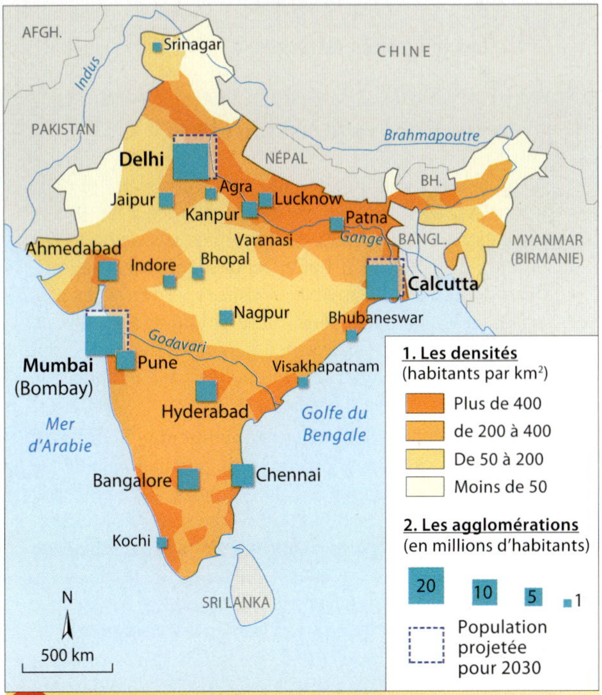

5 Densités de population et principales villes en Inde

Questions

Je localise

1 Localisez l'Inde dans le monde et en Asie.

Je décris et j'explique

2 **Doc 3.** Comment évolue la population indienne depuis 1901 ?

3 **Doc 3.** Décrivez l'évolution des taux de natalité et de mortalité. En quoi explique-t-elle l'augmentation de la population ?

4 **Doc 3.** À quel rythme augmente aujourd'hui la population par rapport aux années précédentes ?

5 **Docs 1 et 2.** Relevez tous les éléments qui expliquent la baisse de la natalité.

6 **Doc 2.** Quels sont les avantages de cette forte croissance démographique ?

7 **Doc 5.** Quelles sont les régions les plus peuplées du pays (plus de 200 habitants par km²) ?

8 **Docs 4 et 5.** Citez les trois plus grandes agglomérations de l'Inde. Combien comptent-elles d'habitants ?

9 **Doc 5.** Que se passera-t-il dans les grandes villes d'ici à 2030 ?

Population et développement en Inde

Vocabulaire

Mortalité infantile : nombre de décès d'enfants de moins de 1 an pour 1 000 enfants nés vivants.

B Un développement réel mais inégal

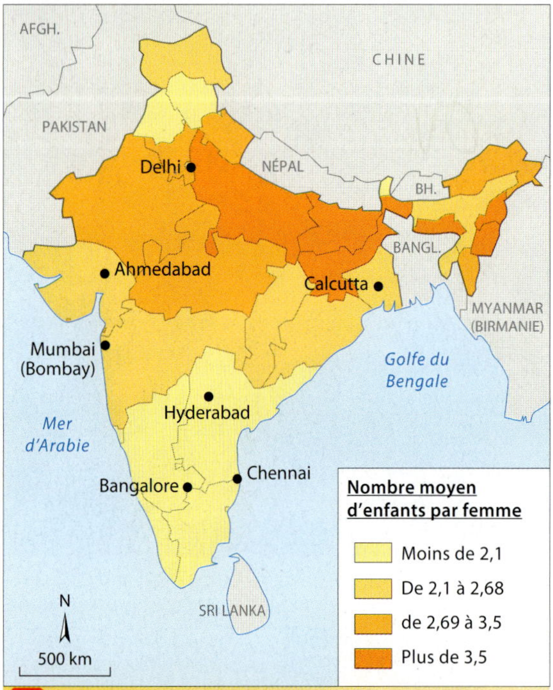

6 Une fécondité inégale suivant les régions

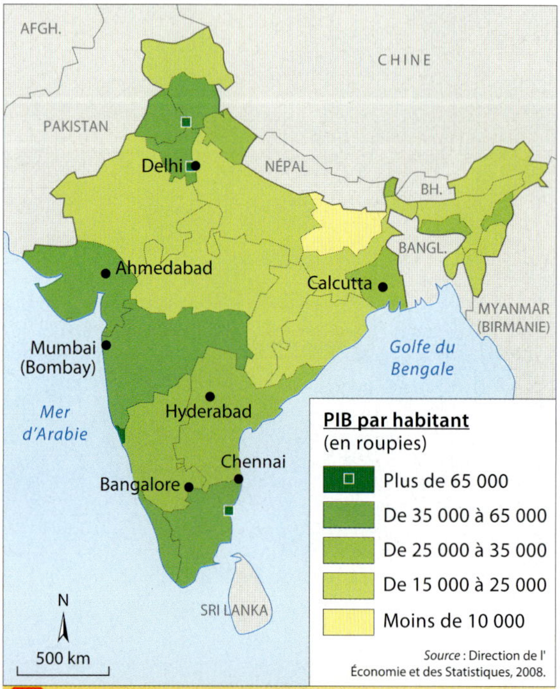

7 Les inégalités de richesse

8 Liens entre démographie et développement

La fécondité indienne se caractérise par de fortes différences entre les États du nord et ceux du sud du pays. Dans les États du Sud (Kerala, Tamil Nadu, Karnataka et Andhra Pradesh), la fécondité se rapproche de deux enfants par femme tandis que dans ceux du Nord (Uttar Pradesh, Bihar, Madya Pradesh, Radjasthan), les femmes continuent de mettre au monde 3 à 4 enfants en moyenne.

La limitation des naissances dépend du niveau de développement des États. Ainsi, les États les plus pauvres sont bien ceux où la fécondité est la plus élevée. Le niveau d'instruction des femmes, le degré de mortalité infantile, le statut de la femme, la politique en faveur du planning familial, l'urbanisation sont autant d'éléments à prendre en considération pour expliquer la baisse de la fécondité.

D'après J. Véron, « La démographie de l'Asie du Sud », *Population*, volume 63, n°1, 2008.

9 La Révolution verte : un succès ?

Le gouvernement indien a fait de l'accroissement de la production agricole une priorité et a lancé dès 1965 la Révolution verte. Les paysans doivent utiliser de nouvelles variétés de céréales à hauts rendements, des engrais, divers traitements et mettre en culture les terres les plus fertiles et les plus arrosées. Cette politique a permis de relever le défi de la croissance démographique. La production de blé et de riz a été multipliée par 2,5 tandis que la population doublait.

Mais sur le plan social et environnemental, le bilan est loin d'être positif. Un cinquième de la population indienne n'a toujours pas accès à une alimentation suffisante, soit qu'elle réside dans des régions qui n'ont pas connu les progrès agricoles, soit qu'elle n'ait pas les moyens d'acheter de la nourriture. Sur le plan environnemental, de nombreuses terres sont saturées de produits chimiques, les nappes phréatiques sont polluées. Les rendements stagnent.

D'après S. Brunel, *Nourrir le monde – Vaincre la faim*, Larousse, Paris, 2009.

10 Une famille dans un centre commercial à New Delhi

11 Quelques indicateurs du niveau de développement

	1951	2009
Nombre d'habitants	361,1 millions	1,2 milliard
Espérance de vie	32 ans	64 ans
IDH (indicateur de développement humain)	**1975 :** 0,420	0,620 (134e rang mondial)
Part de personnes sachant lire et écrire (en %)	**18 %** Hommes : 27 % Femmes : 9 %	**65 %** Hommes : 76 % Femmes : 54 %
Mortalité infantile (pour 1 000 naissances)	**146 ‰**	**66 ‰** Zones rurales : 72 ‰ Zones urbaines : 42 ‰
Fécondité	6,3	2,7

12 Une famille dans un quartier pauvre de New Delhi

Questions

Je décris et j'explique

10 **Doc 6.** Situez les régions où la fécondité est la plus forte ; la plus faible.

11 **Doc 7.** Situez les régions les plus riches du pays ; les plus pauvres.

12 **Docs 6, 7, 10 et 12.** Quel lien pouvez-vous établir entre niveau de richesse et fécondité en Inde ?

13 **Docs 6, 7 et 8.** Comment pouvez-vous expliquer ce lien ?

14 **Doc 9.** Qu'est-ce que la Révolution verte ? A-t-elle été un succès sur le plan alimentaire ?

15 **Doc 9.** Est-ce un succès sur les plans social et environnemental ?

16 **Docs 9 et 11.** Quels progrès ont été réalisés depuis 1951 malgré la forte croissance démographique ?

17 **Doc 9.** Citez cinq grandes inégalités dont souffre la population indienne.

18 D'après l'ensemble de vos réponses, quels Indiens vivent mieux ? Ceux du nord ou ceux du sud du pays ? Justifiez votre réponse.

BILAN — J'identifie les enjeux du développement durable

Socle commun

Recopiez le tableau ci-dessous puis placez dans la bonne colonne les propositions suivantes :

- *Réduire les inégalités de richesse entre les régions*
- *Atténuer les inégalités sociales*
- *Développer une agriculture plus respectueuse de l'environnement*
- *Assurer à tous des conditions de vie décentes*
- *Permettre à toute la population de manger à sa faim*
- *Améliorer la qualité de l'eau*

Enjeu social	Enjeu économique	Enjeu environnemental

Population et développement en Chine

• Avec plus de 1,3 milliard d'habitants, la Chine est le pays le plus peuplé du monde. L'État a d'abord encouragé la natalité puis, considérant ensuite que le poids démographique est un handicap pour le développement, a engagé des politiques de limitation des naissances.

Comment assurer le développement d'une population de plus de 1,3 milliard d'habitants ?

Vocabulaire

Fécondité : nombre moyen d'enfants par femme âgée de 15 à 50 ans.

Taux de mortalité : nombre de décès pour 1 000 habitants.

Taux de natalité : nombre de naissances pour 1 000 habitants.

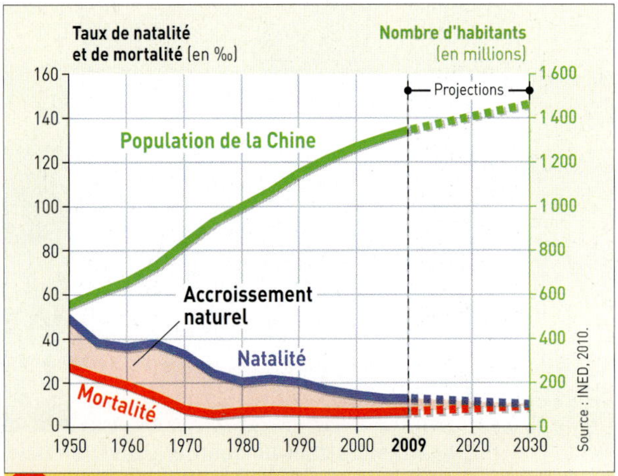

1 L'évolution démographique de la Chine

2 La politique de l'enfant unique

Mise en place en 1979 pour freiner la croissance démographique, elle est obligatoire depuis 2002.

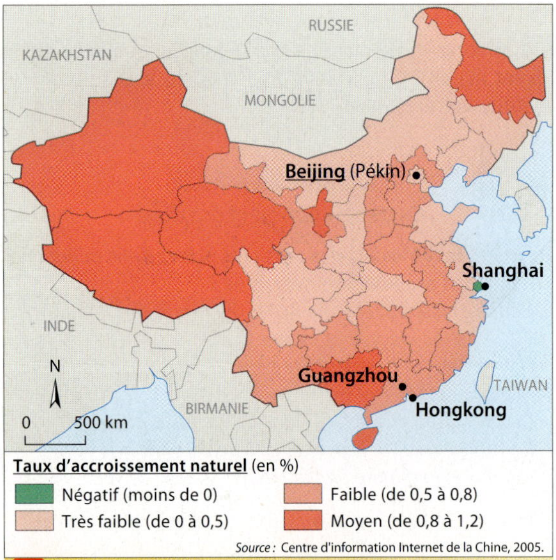

3 La croissance de la population par régions

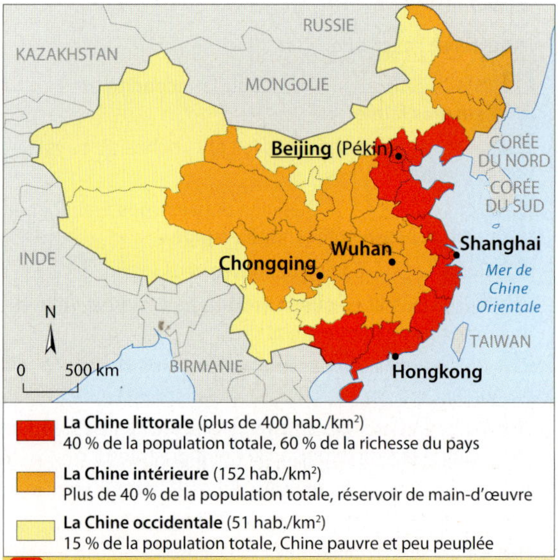

4 Les trois Chine

5 Quelques indicateurs du niveau de développement

	1950	2009
Nombre d'habitants	554 760 millions	1,3 milliard
Espérance de vie	**39 ans**	Hommes : 71 ans Femmes : 75 ans
IDH (indicateur de développement humain)	**1980** : 0,55	0,772 (92e rang mondial)
Part de personnes sachant lire et écrire (en %)	**1980** Hommes : 79 % Femmes : 54,4 %	Hommes : 94,1 % Femmes : 82,1 %
Mortalité infantile (pour 1 000 naissances)	195 ‰	Des garçons : 17 ‰ Des filles : 24 ‰
Fécondité	6,6	1,7

7 Gare de Fuyang (est de la Chine) : arrivée de travailleurs ruraux

6 Le prix du développement

L'agriculture chinoise, qui emploie encore 40 % de la population active, réalise quasiment l'autosuffisance du pays. La Chine est le premier producteur mondial de blé, de riz et de viande de porc. Les hauts rendements des cultures sont obtenus par la consommation d'engrais chimiques et le recours à l'irrigation. La Révolution verte des années 1970 fondée sur des variétés croisées de blé et de riz a été prolongée grâce à de nouvelles avancées technologiques au début des années 2000. Toutefois, cette agriculture reste fragile. Déficit en eau dans la Chine du Nord, concurrence entre usages agricoles, industriels et urbains, pollution des eaux ne cessent de s'aggraver. Surtout, le fossé se creuse entre les revenus ruraux et citadins. Ces derniers sont le triple de ceux des paysans. Cette différence est à la source de migrations touchant quelque 150 millions de ruraux allant tout ou partie de l'année travailler en ville.

D'après Th. Sanjuan, *Dictionnaire de la Chine contemporaine*, Armand Colin, Paris, 2006.

Questions

Je localise

1 Localisez la Chine dans le monde et en Asie.

Je décris et j'explique

2 **Doc 1.** Décrivez l'évolution de la population chinoise depuis 1950.

3 **Docs 1 et 2.** Quels éléments expliquent le ralentissement de la croissance démographique ?

4 **Doc 3.** Quelles sont les régions de plus forte fécondité ?

5 **Docs 3 et 4.** Quel liens pouvez-vous établir entre fécondité et niveau de développement ?

6 **Docs 5 et 6.** Quels défis ont été relevés par les autorités chinoises malgré la forte croissance de la population ?

7 **Docs 6 et 7.** Quelles sont les conséquences des inégalités en Chine ? Décrivez la photographie.

8 **Doc 6.** Quels sont les effets de la Révolution verte sur l'environnement ?

BILAN

J'identifie les enjeux du développement durable

Socle commun

Recopiez le tableau ci-dessous puis placez dans la bonne colonne les propositions suivantes :

- *Réduire les inégalités sociales*
- *Mieux gérer les ressources en eau*
- *Assurer à tous des conditions de vie décentes*
- *Réduire les inégalités de richesses entre les régions*

Enjeu social	Enjeu économique	Enjeu environnemental

Évolution démographique et développement

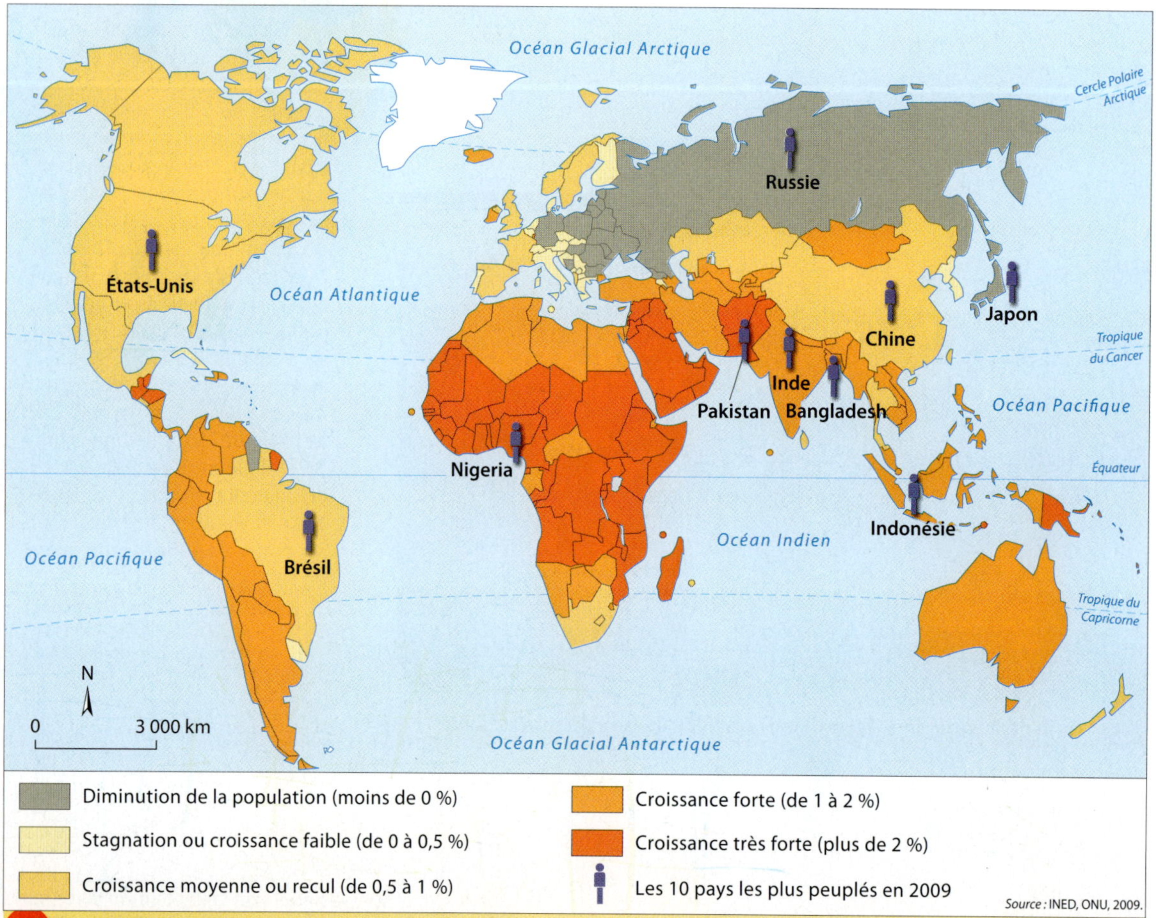

1 **La croissance démographique dans le monde**

Questions

1 **Doc 1.** Dans quelles régions du monde la croissance démographique est-elle forte ou très forte ?

2 **Doc 1.** Lesquelles connaissent une très faible croissance démographique ?

3 **Docs 1 et 2.** À quel type d'évolution démographique correspondent les régions de faible croissance démographique ?

4 **Docs 1 et 2.** À l'aide de la carte 2, expliquez pourquoi la croissance démographique de la plupart des pays d'Afrique est très forte.

5 **Docs 1 et 3.** Quel est le niveau de développement des pays à très forte croissance démographique ?

Vocabulaire

Croissance démographique : augmentation de la population.

IDH : indicateur de développement humain. Il prend en compte l'espérance de vie, le niveau d'instruction et le produit intérieur brut. Il reflète la qualité de vie d'une population.

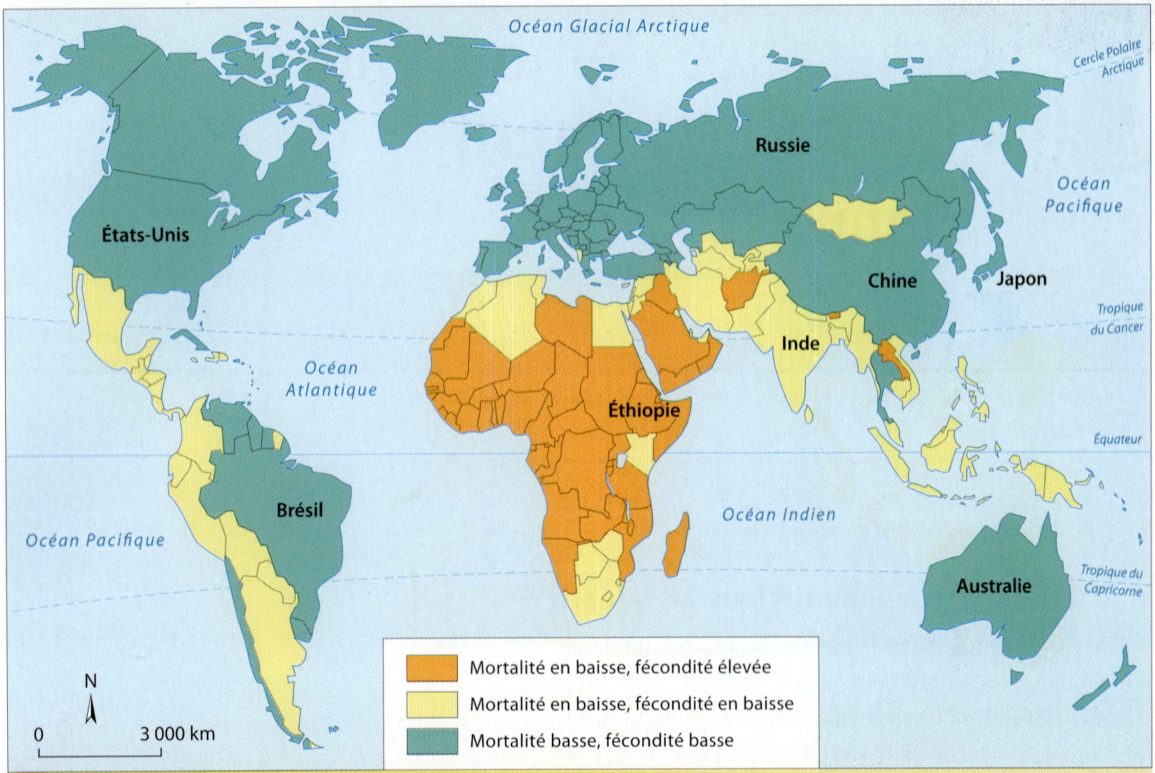

2 Les grands types d'évolution démographique aujourd'hui

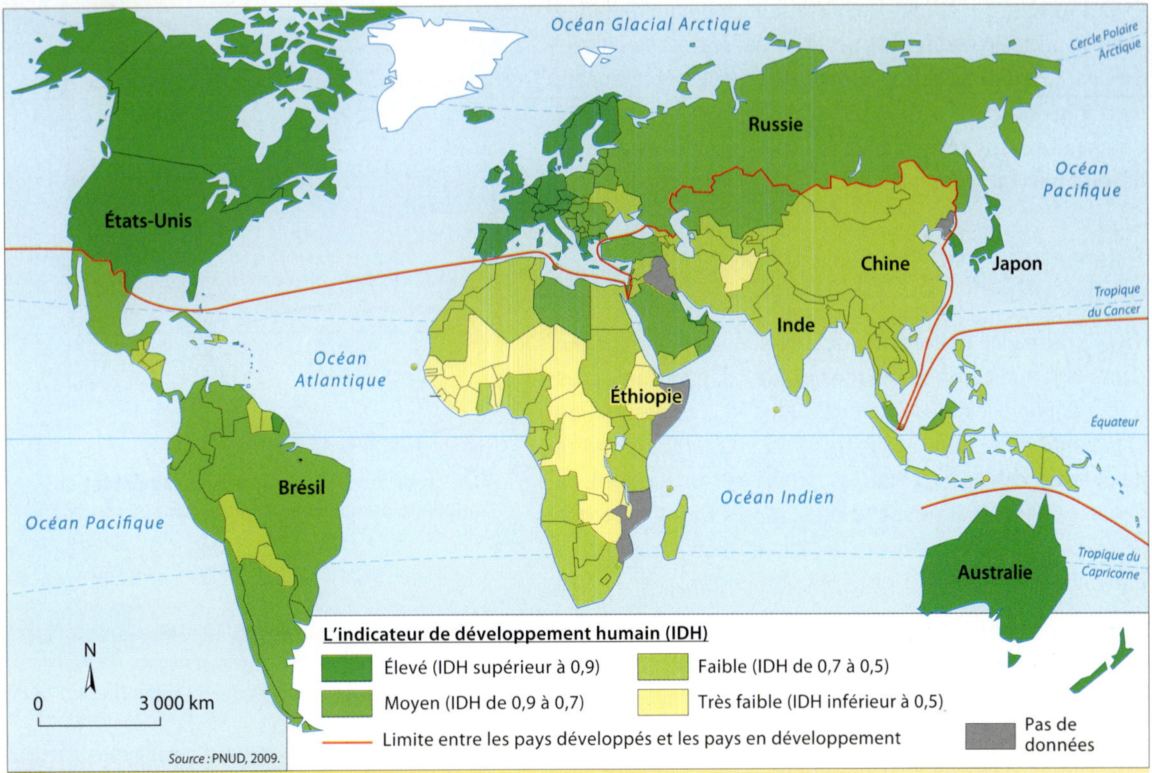

3 Les inégalités de développement

Cours 1

Croissance démographique et développement

• La population mondiale augmente chaque jour de 200 000 personnes.
• Chaque jour dans le monde, 300 personnes fêtent leur 100e anniversaire.

Que nous a appris l'étude de cas ?

A En Inde et en Chine, la population continue d'augmenter même si le rythme de croissance se ralentit.

B Si le développement contribue au ralentissement de la croissance démographique, il doit être en mesure de répondre durablement aux besoins de la population et de réduire les inégalités.

Qu'en est-il à l'échelle mondiale ?

A Une croissance démographique au ralenti

1. En 2009, la population mondiale compte **6,8 milliards d'habitants**. Elle a si fortement augmenté depuis 1800 qu'on parle d'**explosion démographique** (doc 1). Aujourd'hui, cette **croissance démographique** ralentit : la population devrait compter environ 9 milliards d'individus en 2050.

2. Les inégalités entre les territoires sont marquées (doc 2). C'est **l'Afrique** qui enregistre la croissance démographique la plus spectaculaire. En Europe, la croissance est stabilisée. Sur les autres continents, la population augmente encore mais à un rythme moins soutenu. À l'échelle de la planète, **l'humanité est de plus en plus concentrée dans les pays en développement**, pour la moitié en Asie et en Afrique.

B Des enjeux pour le développement de demain

1. La croissance démographique mondiale s'accompagne d'une **uniformisation des modes de vie** : depuis 2008, plus d'un homme sur deux vit en ville (doc 3). Les besoins de l'humanité ne cessent de croître mais, si les **grands foyers de peuplement** sont **au Sud**, les **richesses** sont **au Nord**. La survie de l'humanité dépend donc moins du nombre des hommes que d'une meilleure gestion et d'un partage plus équitable des ressources de la planète (doc 4).

2. Dans tous les pays, la fécondité est en baisse et l'espérance de vie continue de progresser : le **vieillissement démographique** est un phénomène mondial (doc 6). Plus avancé dans les pays du Nord mais plus rapide dans les pays du Sud, il nécessitera des évolutions importantes dans l'organisation des sociétés (retraites, solidarités familiales...).

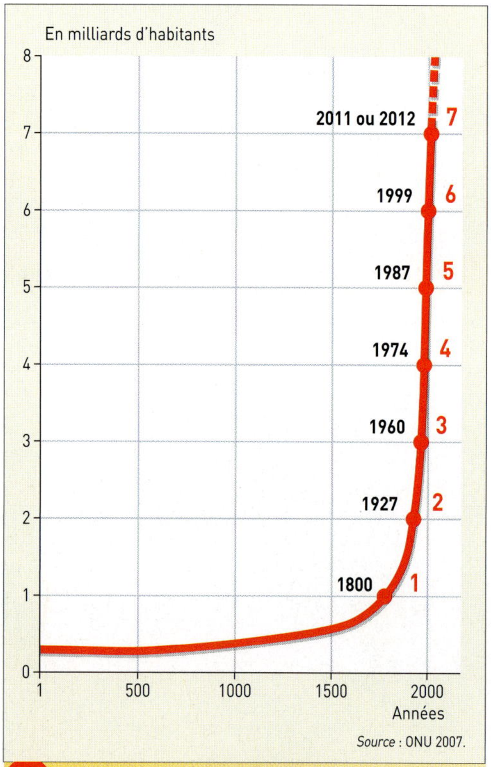

1 L'explosion démographique

Par combien a été multipliée la population mondiale depuis 1800 ? Entre l'an 1 et 1800 ?

Vocabulaire

Croissance démographique : augmentation de la population.

Fécondité (taux de) : nombre moyen d'enfants par femme âgée de 15 à 50 ans.

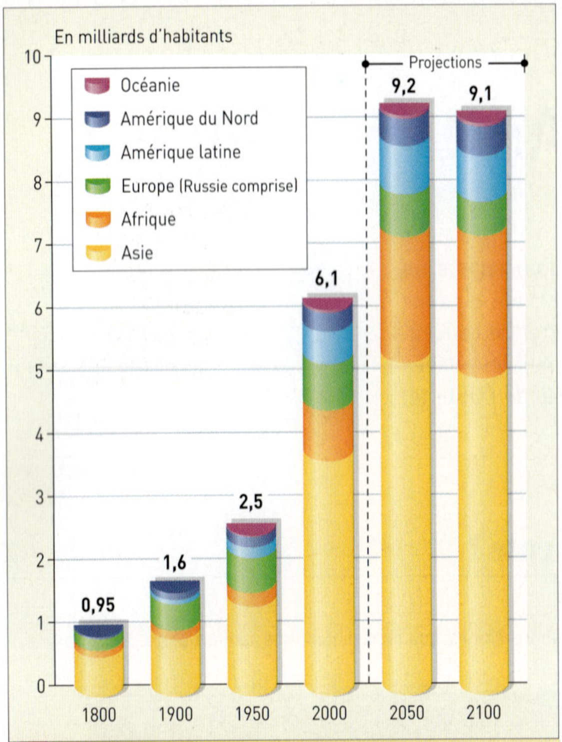

2 **L'évolution de la population mondiale par continent**

➔ **Quel continent prend une part de plus en plus importante dans la population mondiale ?**

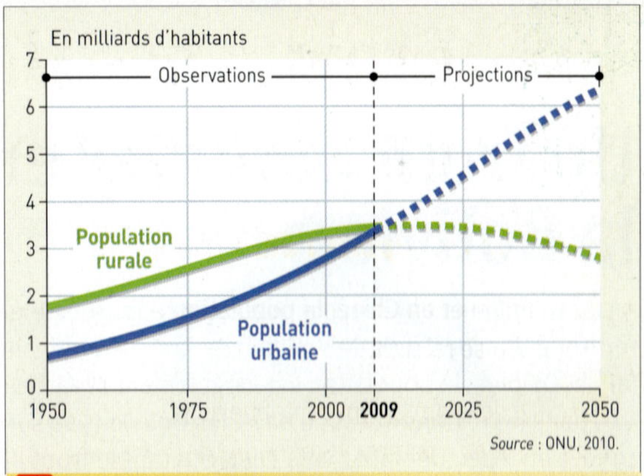

3 **L'urbanisation s'accélère**

4 **Risquons-nous le surpeuplement ?**

Certains dénoncent le risque de surpeuplement : une population trop nombreuse menacerait les ressources disponibles, conduisant à un développement non durable. En réalité, il n'y a pas de relation entre densité et pression sur l'environnement. Ainsi, certains espaces peu peuplés, car fragiles, subissent une dégradation parfois irréversible des terres et des pâturages. À l'inverse, les Pays-Bas ou le Japon, où les densités sont très élevées, ne souffrent pas pour autant de surpeuplement.

D'après Y. Veyret et P. Arnould (sous la dir. de), *Atlas des développements durables*, Éditions Autrement, Paris, 2008.

➔ **D'après le texte, qu'est-ce que le surpeuplement ?**

5 **Transport scolaire en Inde**

6 **Les World Master games**

Sorte de Jeux olympiques réservés aux seniors, ils ont eu lieu en octobre 2009 à Sydney, en Australie.

Un front pionnier en Amérique latine : la Bolivie

• Les 10 millions d'habitants que compte la Bolivie en 2010 occupent un territoire d'un peu plus de 1 million de km². Leur densité moyenne est donc faible. De plus, la population est inégalement répartie : longtemps concentrés dans les régions ouest du pays, les Boliviens se sont, depuis les années 1950, peu à peu déplacés vers l'est, ouvrant le front pionnier de l'Oriente.

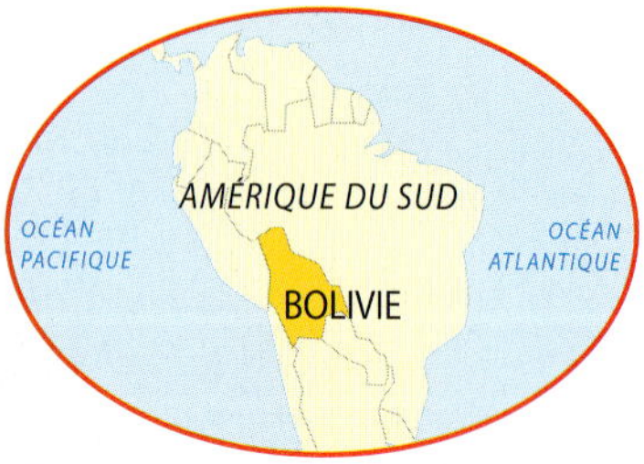

▶ ***Comment et pourquoi des Boliviens sont-ils partis s'installer à l'est du pays ?***

A Qu'est-ce que le front pionnier de l'Oriente ?

1 Le front pionnier de l'Oriente (Image satellite du front pionnier à une centaine de kilomètres au nord-ouest de Santa Cruz.)

2 Un village agricole en carré avec des champs en étoile

3 Champs de soja rectilignes dans la forêt amazonienne

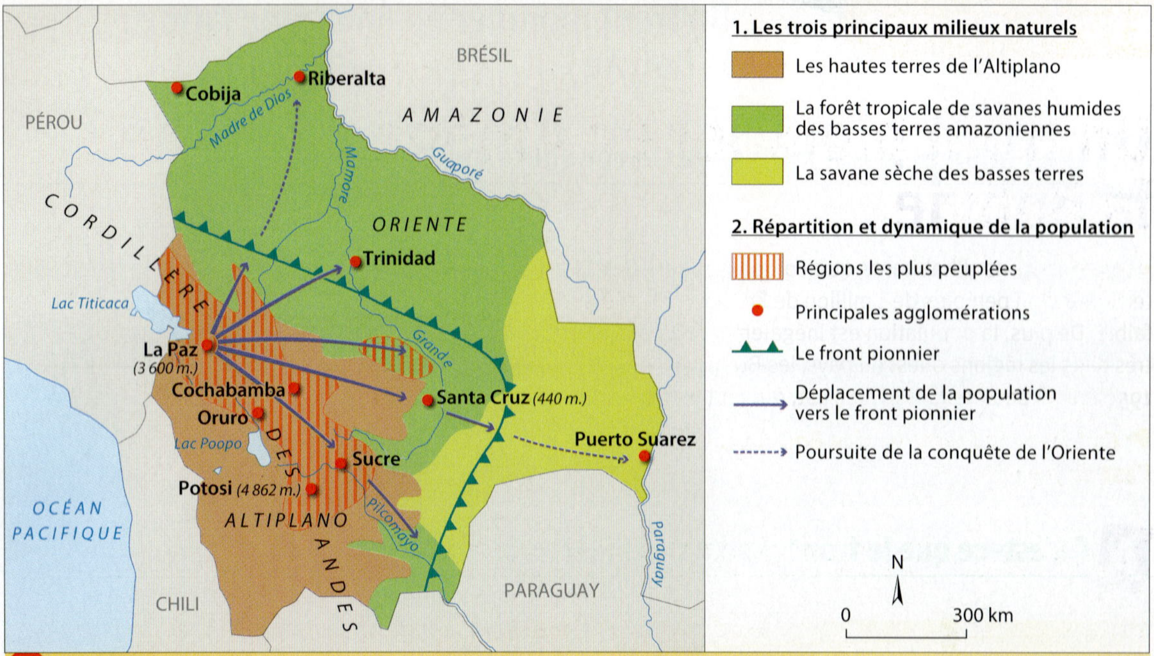

4 Le front pionnier de l'Oriente

5 La construction de la route de Cochabamba à Santa Cruz

Questions

Je localise

1 Localisez la Bolivie en Amérique, puis le front pionnier en Bolivie.

Je décris

2 **Docs 1, 2 et 3.** En vous aidant des documents 2 et 3, réalisez le croquis de l'image satellite (doc 1) correspondant à la légende suivante :

- Zones d'habitations et de champs
- Champs de soja
- Forêt dense
- Relief accidenté, fortes pentes
- Sens de la déforestation

J'explique

3 **Doc 4.** Dans quelle partie du pays est concentré l'essentiel de la population bolivienne ?

4 **Docs 1, 2, 3 et 4.** Dans quelles parties du pays le gouvernement a-t-il incité les Boliviens à s'installer ?

5 **Docs 1, 2, 3 et 4.** Au profit de quelle activité la forêt a-t-elle été défrichée au nord-est de Santa Cruz ?

6 **Doc 5.** Qu'a-t-il fallu ouvrir dans la forêt dense pour permettre l'installation de colons ?

Je conclus

7 Expliquez en une phrase ce qu'est un front pionnier.

B Quel bilan peut-on faire de cette conquête de l'Oriente ?

6 Les champs de soja remplacent la forêt équatoriale (région de Santa Cruz)

Aujourd'hui, peu d'éléments permettent d'imaginer les anciens paysages forestiers. L'homme a totalement aménagé l'espace et transformé les paysages.

7 L'État bolivien ouvre un front pionnier

Les migrations de population rurale vers la région de Santa Cruz ont débuté en 1955, encouragées par le gouvernement bolivien. En effet, la croissance démographique ainsi que la répartition inégalitaire des terres (en 1952, 92 % des terres boliviennes étaient aux mains de 6 % des propriétaires) étaient à l'origine d'un véritable émiettement des parcelles agricoles dans les hautes terres andines. Des terres neuves à l'est devenaient accessibles à de nouveaux venus par achat ou grâce à des aides de l'État.

Pour ce dernier, il s'agissait aussi de favoriser le lancement de cultures de riz, coton et canne à sucre, tous les produits dont la Bolivie manquait et devait assurer de coûteuses importations de l'étranger.

26 millions d'hectares de terres ont ainsi été distribués en Oriente ; 87,5 % à 78 000 grands propriétaires et 13,5 % à 77 000 petits exploitants.

D'après D. Rolland et S. Chassin, *Pour comprendre la Bolivie d'Evo Morales*, L'Harmattan, Paris, 2007.

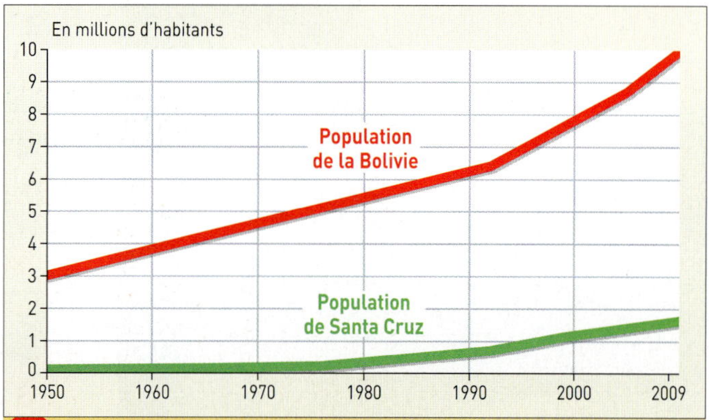

8 Évolution de la population à Santa Cruz et en Bolivie

9 Une meilleure répartition des hommes et des terres ?

	Part du territoire national (en %)	Part de la population (en %)		Taille moyenne des exploitations agricoles en 2005 (en hectares)
		1950	2001	
Zone andine (La Paz, Potosi)	28	58	42	2
Vallées et piémonts (Cochabamba)	13	30	29	3,6
Plaines orientales (Santa Cruz)	59	12	30	30

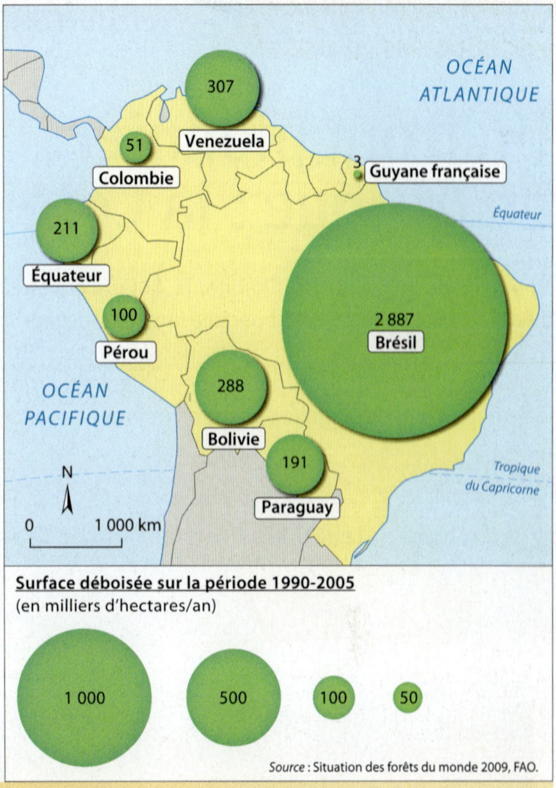

10 La déforestation en Amazonie

11 Front pionnier et environnement

Entre exposition à la contamination au mercure en consommant du poisson et malnutrition, le dilemme est grand. Il se pose aux enfants amérindiens vivant le long des rives du Béni, un affluent bolivien de l'Amazone. Le mercure métallique constitue une toxine très dangereuse pour le cerveau des enfants. Une récente étude fondée sur l'analyse de la teneur en mercure des cheveux menée auprès des femmes et des enfants de 15 communautés établies sur le fleuve révèle la vulnérabilité de ces populations ayant conservé un mode de vie traditionnel dans lequel le poisson constitue un apport essentiel. Les enfants de 5 à 10 ans sont les plus contaminés au mercure. Le développement des activités minières et métallurgiques dans les Andes, l'érosion induite par la déforestation et les activités des chercheurs d'or en Amazonie génèrent de fortes pollutions métalliques de l'environnement.

D'après *Sciences au Sud*, IRD, n°49, avril-mai 2009.

Questions

Je décris et j'explique

8 **Doc 7.** Quand les migrations ont-elles commencé ? Quel est le type de population concerné ?

9 **Doc 7.** Quel était l'objectif économique de l'ouverture du front pionnier ? l'objectif social ?

10 **Docs 6 et 9.** L'objectif économique a-t-il été atteint ? Expliquez.

11 **Docs 7, 8 et 9.** Peut-on parler d'une réussite dans le domaine social ? Pourquoi ?

12 **Docs 8 et 9.** La population bolivienne est-elle mieux répartie aujourd'hui à l'échelle du pays ? Expliquez.

13 **Docs 10 et 11.** Quelles sont les conséquences du front pionnier sur l'environnement ? Quelles sont les populations menacées ?

BILAN

J'identifie les enjeux du développement durable

Socle commun

En reprenant vos réponses aux questions 10, 11, 12 et 13, évaluez la réussite du front pionnier dans chacun des trois domaines du développement durable en utilisant les signes : – – / – / + ou ++

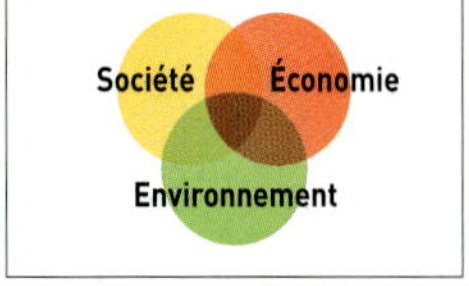

Étude de cas

Un front pionnier en Afrique : la Côte d'Ivoire

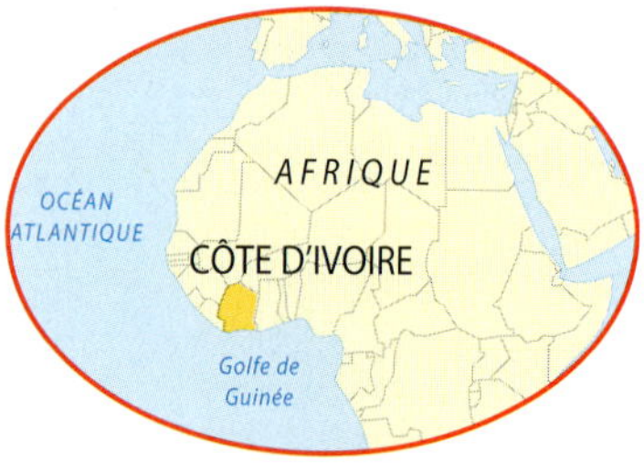

• Peuplée de 21,5 millions d'habitants, la Côte d'Ivoire est un vaste pays d'Afrique occidentale ouvrant par une large façade maritime sur le golfe de Guinée. À l'origine, la moitié sud du pays était occupée par la forêt équatoriale qui couvrait encore 12 millions d'hectares en 1956. Aujourd'hui, la forêt dense n'existe plus sauf dans quelques zones protégées.

Vocabulaire

Culture vivrière : culture consommée par les paysans qui la produisent.

Comment et pourquoi la forêt dense a-t-elle disparu dans le sud de la Côte d'Ivoire ?

1 Évolution de la déforestation dans la région de Yamoussoukro

a Dans un premier temps, ouverture de vastes clairières

b Aujourd'hui, les cultures maraîchères occupent tout l'espace

2 L'État ivoirien planifie le front pionnier

Les densités de population étaient plus élevées dans les savanes du nord du pays, pourtant soumises à des récoltes précaires, que dans les zones forestières du sud, climatiquement inhospitalières mais ouvertes sur la mer. Entamée dès la colonisation française, l'immigration du nord vers le sud s'est poursuivie après l'indépendance (1960), encouragée par l'exploitation du bois puis par les plantations de café et surtout de cacaoyers. Puis, l'État ivoirien a encouragé les « frères » africains[1] à s'installer, notamment en laissant s'appliquer le droit coutumier selon lequel la terre appartient à celui qui la cultive. Ceux qui étaient d'abord venus pour être employés dans les plantations sont devenus eux-mêmes des planteurs, profitant des terres vierges de la grande forêt ivoirienne.

D'après C. Bouquet, « La Crise ivoirienne par les cartes », htpp://geoconfluences.ens.lsh.fr, 2007.

1. Paysans venus des pays voisins de la Côte d'Ivoire.

3 Cultures de plantation et cultures vivrières complémentaires

En zone forestière, de climat chaud et humide, dans le sud de la Côte d'Ivoire, les producteurs associent des cultures vivrières aux jeunes plantations de café ou de cacao. La première année, après le défrichement de la forêt, le producteur plante sur la nouvelle parcelle des espèces vivrières variées (banane plantain, igname, taro, maïs...) et des pieds de café ou de cacaoyer. La banane plantain, qui sert d'ombre aux jeunes cacaoyers, disparaît au cours des années, tandis que les cacaoyers grandissent. Ce système très performant permet de nourrir la famille de l'exploitant, de vendre des produits vivriers avant que les cacaoyers n'entrent en production et d'étendre les plantations grâce à des défrichements renouvelés chaque année. Les limites de ce système tiennent à la disparition des forêts qui entraîne la fin des défrichements.

J.-P. Chauvet, *Nourrir les hommes*, SEDES, 2008.

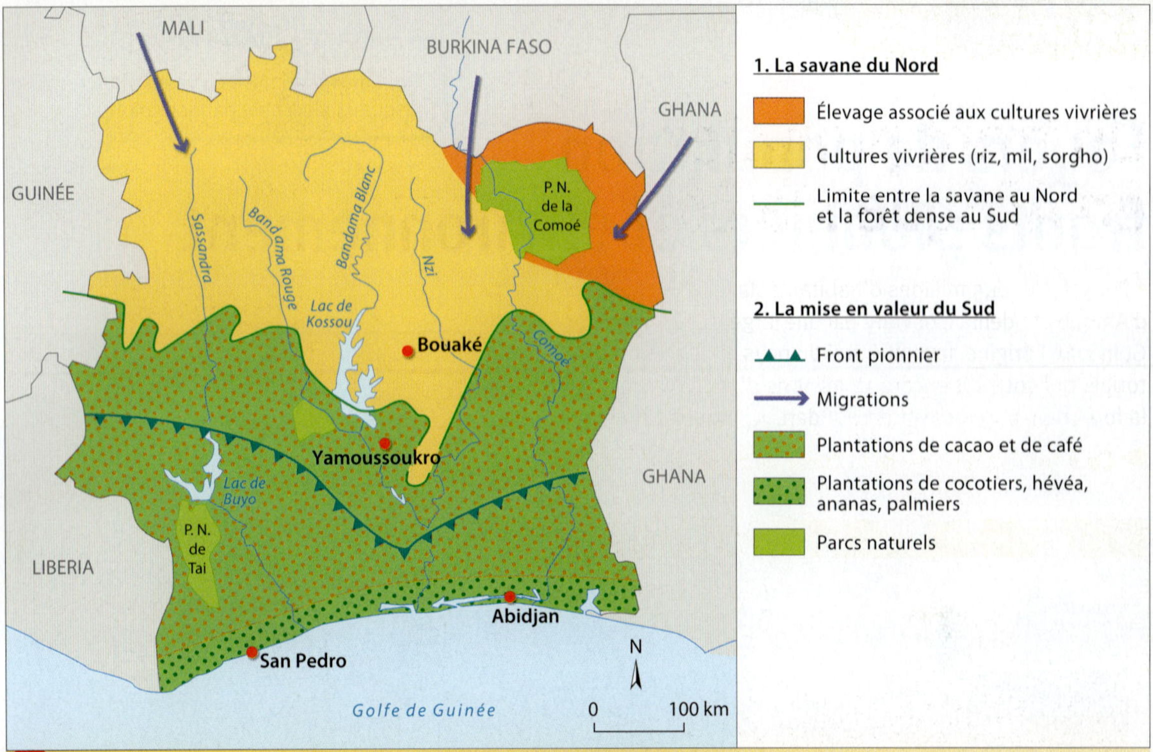

4 Front pionnier et organisation de l'espace en Côte d'Ivoire

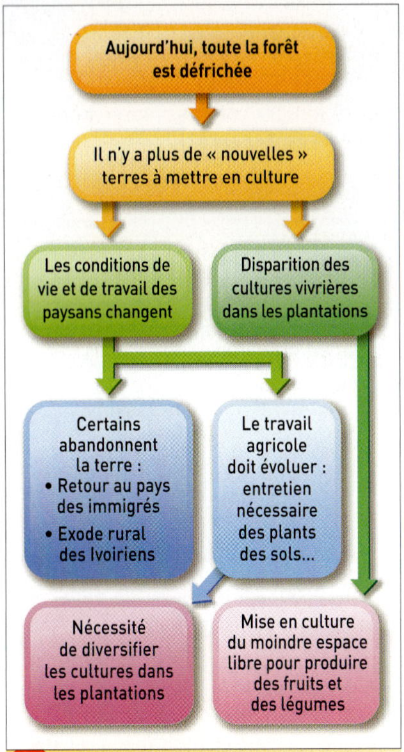

5 Les conséquences de la déforestation

Questions

Je localise

1 Localisez la Côte d'Ivoire en Afrique.

Je décris et j'explique

2 **Docs 1a et 1b.** Décrivez les éléments de chacun des paysages (milieu naturel/aménagements humains). Comment est-on passé de l'un à l'autre ?

3 **Docs 2, 3 et 4.** Expliquez la situation d'origine de la Côte d'Ivoire en recopiant puis en complétant le tableau suivant :

	Moitié nord du pays	Moitié sud du pays
Densité de population		
Milieu bioclimatique		

4 **Docs 2, 3 et 4.** Dans quels buts la forêt est-elle défrichée ? Par quoi est-elle remplacée ?

5 **Docs 2 et 3.** À quelle condition cette mise en valeur du territoire fonctionne-t-elle ?

6 **Docs 4 et 5.** Que se passe-t-il aujourd'hui ?

BILAN

J'identifie les enjeux du développement durable

Socle commun

En reprenant vos réponses aux questions 10, 11, 12 et 13, évaluez la réussite du front pionnier dans chacun des trois domaines du développement durable en utilisant les signes : – – / – / + ou ++

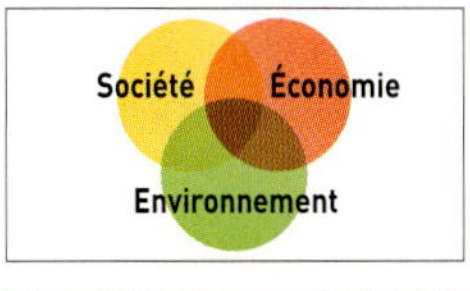

> **Vocabulaire**
> **Front pionnier** : mise en valeur d'un territoire jusque-là inoccupé, par des colons.

Foyers de population, fronts pionniers et environnement

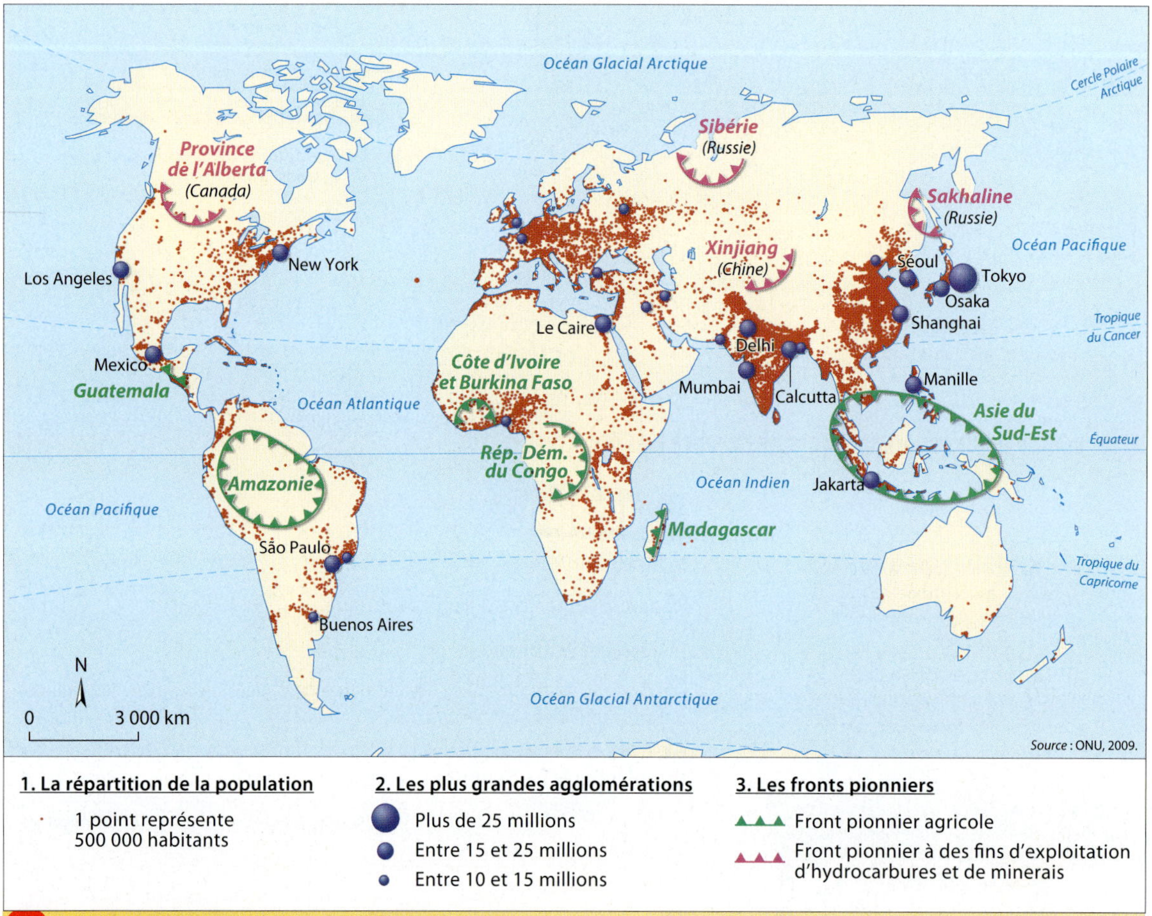

1 Répartition de la population et fronts pionniers

Questions

1 Doc 1. Localisez et nommez les principaux foyers de peuplement et les principaux déserts humains.

2 Docs 1 et 2. L'ouverture des fronts pionniers se fait-elle dans des zones vides ou pleines ? Donnez deux exemples pour justifier votre réponse.

3 Docs 1 et 2. Dans quel milieu naturel les fronts pionniers agricoles sont-ils ouverts ? À quelles contraintes doivent-ils faire face ?

4 Docs 1 et 2. Dans quels milieux les fronts pionniers à des fins d'exploitation d'hydrocarbures ou de minerais sont-ils ouverts ? Quelles contraintes les hommes doivent-ils surmonter ?

5 Docs 1 et 3. Quelle est la conséquence de l'ouverture des fronts pionniers agricoles sur le couvert forestier ?

6 Doc 3. À l'échelle mondiale, quelle forêt semble la plus touchée par ce problème ?

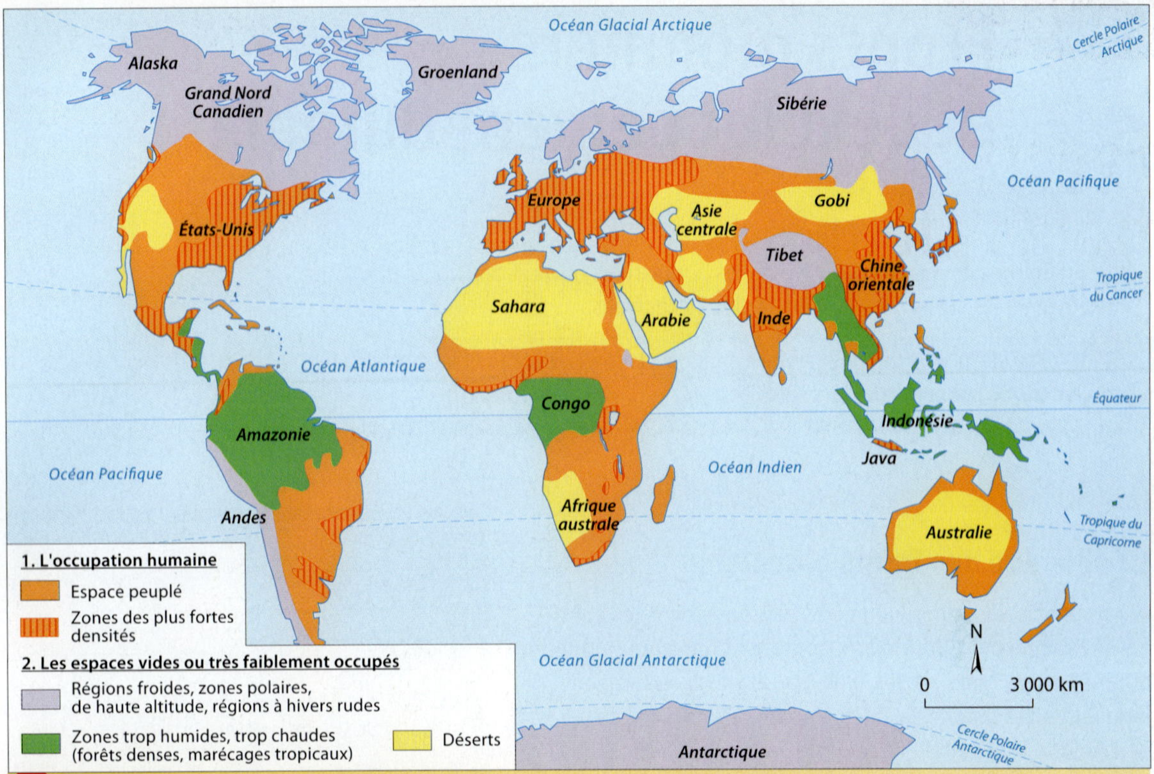

2 Occupation humaine et contraintes naturelles

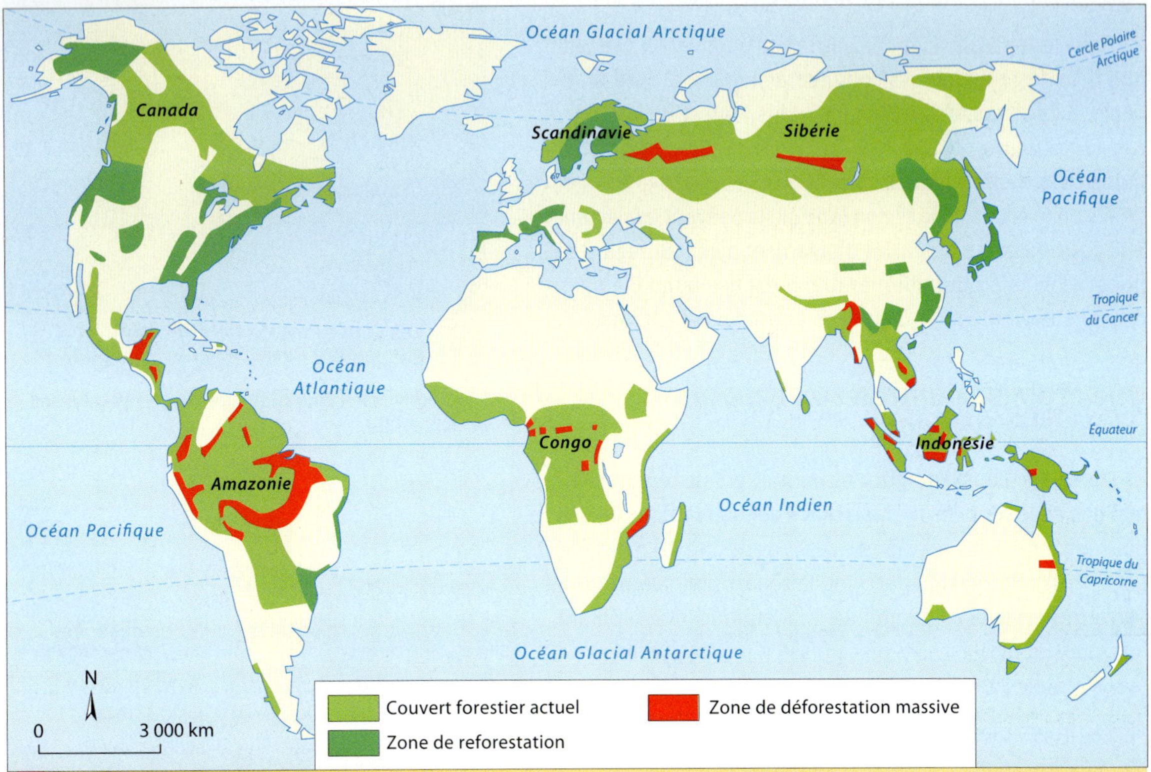

3 La déforestation dans le monde

Cours 2 Fronts pionniers et développement durable

▶ Que nous a appris l'étude de cas ?

A En Bolivie comme en Côte d'Ivoire, les populations ouvrent des fronts pionniers en défrichant les forêts pour étendre les terres cultivées.

B Le bilan social et environnemental est mitigé : la forêt disparaît et les besoins des populations ne sont pas toujours satisfaits.

▶ Qu'en est-il à l'échelle mondiale ?

A La diversité des fronts pionniers

1. Les principales zones pionnières se situent dans les pays en développement du monde tropical : l'Amazonie pour le Brésil et les États andins (voir pp. 214-217), les régions intérieures de l'Indonésie et les grandes régions forestières de l'Afrique occidentale et centrale (voir pp. 218-219). Ces **fronts pionniers agricoles** font progresser les cultures ou les pâturages au détriment de la forêt dense. De nouvelles **cultures commerciales** s'y développent.

2. Dans les pays développés, les fronts pionniers n'existent que dans les grands pays continentaux : Grand Nord américain, Sibérie russe... Le Xinjiang, dans l'ouest de la Chine, constitue lui aussi un vaste front pionnier (doc 2). Les buts sont **industriels et stratégiques** : exploiter les ressources énergétiques ou minières de la région (doc 4). Ils peuvent également être **politiques**. Il s'agit alors d'organiser ou encourager ces fronts pionniers pour affirmer une présence humaine dans des régions frontalières disputées entre plusieurs États.

B Une réponse durable aux besoins de développement ?

1. Les fronts pionniers agricoles permettent de répondre au manque de terres dû à une **croissance démographique élevée** ou à une forte concentration de ces terres entre les mains de grands propriétaires. Cependant, la **répartition inégalitaire des terres** est souvent reproduite à l'identique (doc 1). Quant aux forêts tropicales, elles disparaissent progressivement de la surface de la terre (doc 3).

2. Les fronts pionniers industriels n'aboutissent généralement qu'à la création d'**îlots de peuplement** à proximité des ressources exploitées.

1 Les conditions de vie difficiles des paysans sans-terre en Amazonie

➔ Décrivez les conditions de vie de ces paysans en Amazonie.

Vocabulaire

Cultures commerciales : cultures destinées à la vente.

Front pionnier : mise en valeur d'un territoire jusque-là inoccupé, par des colons.

Îlot de peuplement : zone de concentration de la population au milieu d'un désert humain.

2 Le Xinjiang : un front pionnier dans l'ouest de la Chine

a Le développement des infrastructures de transport

b L'organisation du front pionnier

1 Pourquoi un front pionnier a-t-il été ouvert dans le Xinjiang ?

2 Montrez qu'il s'agit d'une priorité pour le gouvernement chinois.

3 Vers une gestion durable des forêts ?

En Amérique de Sud, malgré la faible densité de population, la déforestation risque de se poursuivre. Les coûts élevés des produits alimentaires et de l'énergie incitent à poursuivre le déboisement qui libère des terres pour l'élevage et la culture d'aliments, de fourrages et de produits transformables en biocarburants afin de répondre à la demande mondiale. La gestion durable des forêts constituera encore un défi dans plusieurs pays où les droits fonciers ne sont pas clairement définis.

En Asie, la situation se stabilisera et s'améliorera dans les pays développés mais elle continuera de diminuer dans les pays à faible et moyen revenu.

L'essor démographique en Afrique et l'augmentation des prix des produits alimentaires aggraveront la situation forestière.

D'après *Situation des forêts du monde*, Rapport 2009, FAO.

➔ Dans un tableau, récapitulez les raisons démographiques, économiques et sociales de la déforestation.

4 Exploitation énergétique dans le Grand Nord canadien, en Alberta

➔ De quel type de front pionnier s'agit-il ?

L'essentiel — Croissance démographique et développement durable

[Compétence 5.6 – Identifier les enjeux du développement durable.]

3 ENJEUX CLÉS	Les défis d'aujourd'hui – Limiter	Les défis d'aujourd'hui – Favoriser	Pour un développement durable de l'humanité
Société	• Les inégalités hommes-femmes • Les inégalités entre les territoires (villes-campagnes/Nord-Sud)	• L'éducation des jeunes filles • L'accompagnement du vieillissement de la population mondiale	Par le développement, agir sur la croissance démographique
Économie	• Les écarts de richesse entre les populations des pays développés et celles des pays en développement	• Un partage plus équitable des ressources • Un développement différent entre les pays du Nord et ceux du Sud	Produire mieux pour satisfaire les besoins d'une population croissante
Environnement	• Le gaspillage des ressources et le contrôle de celles-ci par les pays développés	• Un peuplement, des modes de vie urbains et une exploitation des ressources intégrant les enjeux environnementaux	Mettre en œuvre des modes de vie plus économes en ressources

1 Je reconnais et je caractérise les dix pays les plus peuplés

[Compétence 5.5 – Lire et utiliser différents langages.]

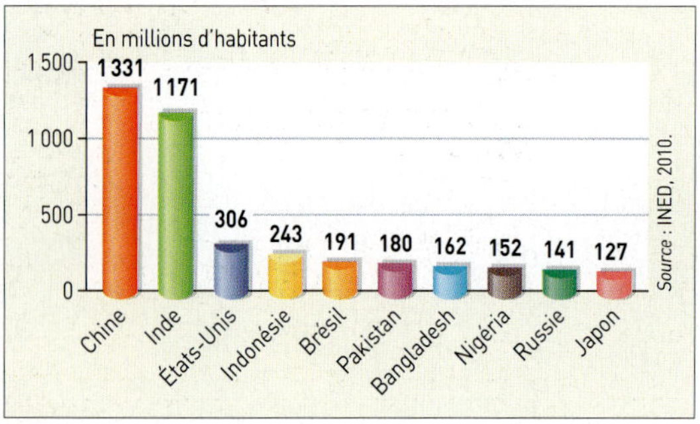

a **Les dix pays les plus peuplés en 2009**

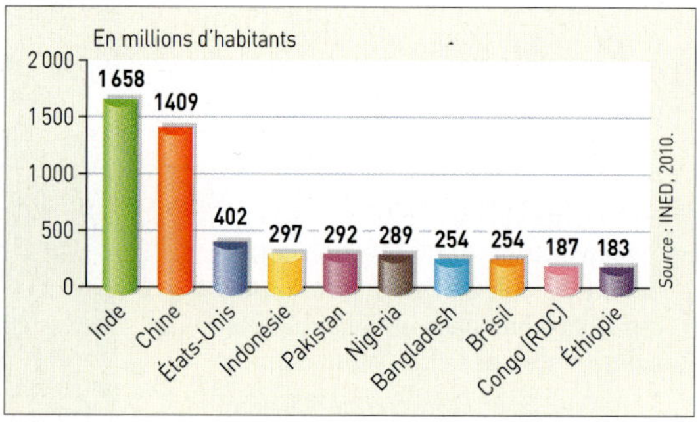

b **Les dix pays les plus peuplés en 2050**

1 Recopiez le tableau ci-dessous et complétez-le pour chaque pays présent sur les graphiques ci-dessus. Vous pouvez vous aider du planisphère de l'IDH p. 211.

2 Quel est le continent le plus représenté ? Pourquoi ?

3 Quels sont les principaux changements intervenus entre les deux classements ? Expliquez-les en utilisant le planisphère de la croissance démographique p. 210.

4 Combien y a-t-il de pays développés dans la liste des pays en 2009 ? dans celle de 2050 ? Quelle explication pouvez-vous donner ?

Pays les plus peuplés en 2009	Continent	Nord ou Sud	Projection en 2050	Continent	Nord ou Sud
1. Chine	Asie	Sud	1. Inde	Asie	Sud
2.					

2 Je définis et j'explique un front pionnier agricole

[Compétence 5.1 – Avoir des repères géographiques.]

Les migrants s'installent dans des espaces à peine touchés par l'agriculture voire presque totalement vides. Ainsi, se constituent les fronts pionniers. Fréquemment, les États en ont été les promoteurs. L'ouverture de nouveaux périmètres cultivés est destinée à la fois à soulager la misère des régions surpeuplées et à répondre à l'accroissement de la consommation alimentaire. Les buts officiellement affichés sont toujours économiques et sociaux. En fait, la colonisation de terres nouvelles répond aussi à d'autres objectifs. Il s'agit de contrôler des espaces « périphériques ». Les considérations géopolitiques et militaires sont rarement absentes, les États en profitant pour assurer leur emprise sur des marges frontalières lointaines.

J.-P. Diry, *Dans les espaces ruraux*, Armand Collin, Paris, 2004.

1 Qui déclenche l'ouverture d'un front pionnier ? Pourquoi ?

2 Pour qu'il y ait ouverture d'un front pionnier, comment doit être répartie la population ?

3 Recopiez le croquis ci-dessous.

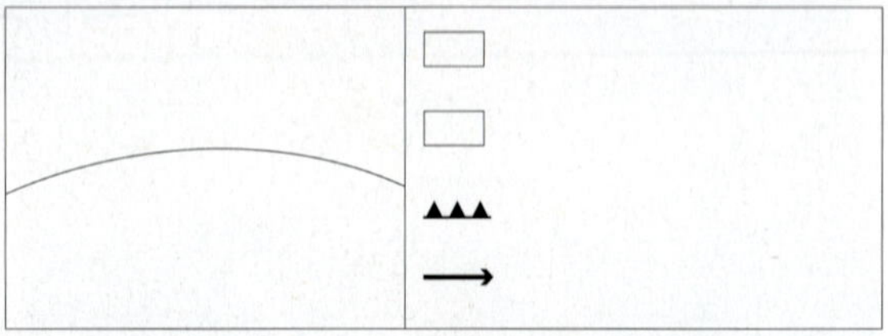

4 Parmi les propositions suivantes, retrouvez celle qui convient à chaque élément de la légende : région faiblement peuplée, déplacement de population, limite du front pionnier, région fortement peuplée.

5 Puis représentez ce front pionnier.

3 B2i J'étudie l'évolution du nombre moyen d'enfants par femme dans trois pays

[Compétence 3 – Créer, produire, traiter et exploiter des données. Compétence 4 – S'informer, se documenter.]

1 Allez sur le site de l'INED, www.ined.fr.

2 Cherchez la rubrique « Tout savoir sur la population », puis cliquez sur « Atlas de la population ». Lancez l'animation.

3 Cliquez sur « Indices démographiques », puis sur « Choisissez une zone géographique », et enfin sur « Pays ».

a. Faites défiler la liste des pays et recherchez l'Iran.
Quel est le nombre moyen d'enfants en 1962, 1986, 1990, 1993, 1996 et 2010 ? Pour cela, cliquez sur les signes « plus » ou « moins » dans « Choisissez une année ». Reportez les données dans un tableau.

b. Faites les mêmes recherches pour l'Ouganda et pour le Japon.

4 En utilisant un logiciel de calcul, sur un même graphique, tracez une courbe de l'évolution du nombre d'enfants pour chacun des trois pays.

5 Décrivez l'évolution du nombre d'enfants par femme dans chaque pays.

POUR ALLER PLUS LOIN

À lire

● **C. Rollet**, *La population du monde*, Larousse, 2006.

À consulter

● Le site du développement durable : www.ledeveloppementdurable.fr

● Le site de Géo Ado qui propose des reportages, des témoignages d'enfants et adolescents du monde : www.geoado.com

● Le site de l'Ined, Institut national d'études démographiques, pour les statistiques complètes sur les pays du monde : www.ined.fr

Partie 2

Des sociétés inégale développées

Enjeu 1

Les inégalités devant la santé

Quels liens peut-on établir entre inégalités de développement et inégalités face à la santé dans le contexte d'une amélioration générale de la santé de la population mondiale ?

→ Chapitre 11 pp. 228-241

Enjeu 2

Les inégalités devant l'alphabétisation

- Quelles inégalités devant l'alphabétisation peut-on constater à l'échelle mondiale ?
- En quoi sont-elles un frein au développement des populations ?

→ Chapitre 12 pp. 242-253

ment

Enjeu 3

Les inégalités devant les risques

Quels liens peut-on établir entre l'inégale vulnérabilité des sociétés face aux risques et les inégalités de développement ?

→ Chapitre 13 pp. 254-267

Enjeu 4

La pauvreté

- Pourquoi une partie de l'humanité vit-elle dans la pauvreté ?
- En quoi cette pauvreté constitue-t-elle un frein au développement et est-elle un accélérateur des crises environnementales ?

→ Chapitre 14 pp. 268-283

Chapitre 11

Des inégalités devant la santé

► *Quels liens peut-on établir entre inégalités sanitaires et inégalités de développement ?*

PLAN DU CHAPITRE

1 Des médicaments en accès libre dans un supermarché de Montréal, au Canada, en 2009

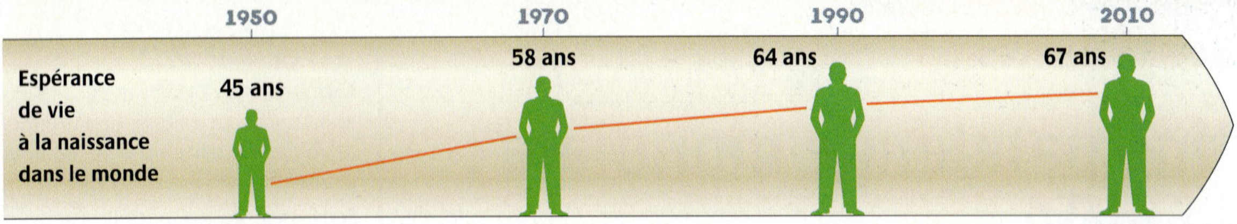

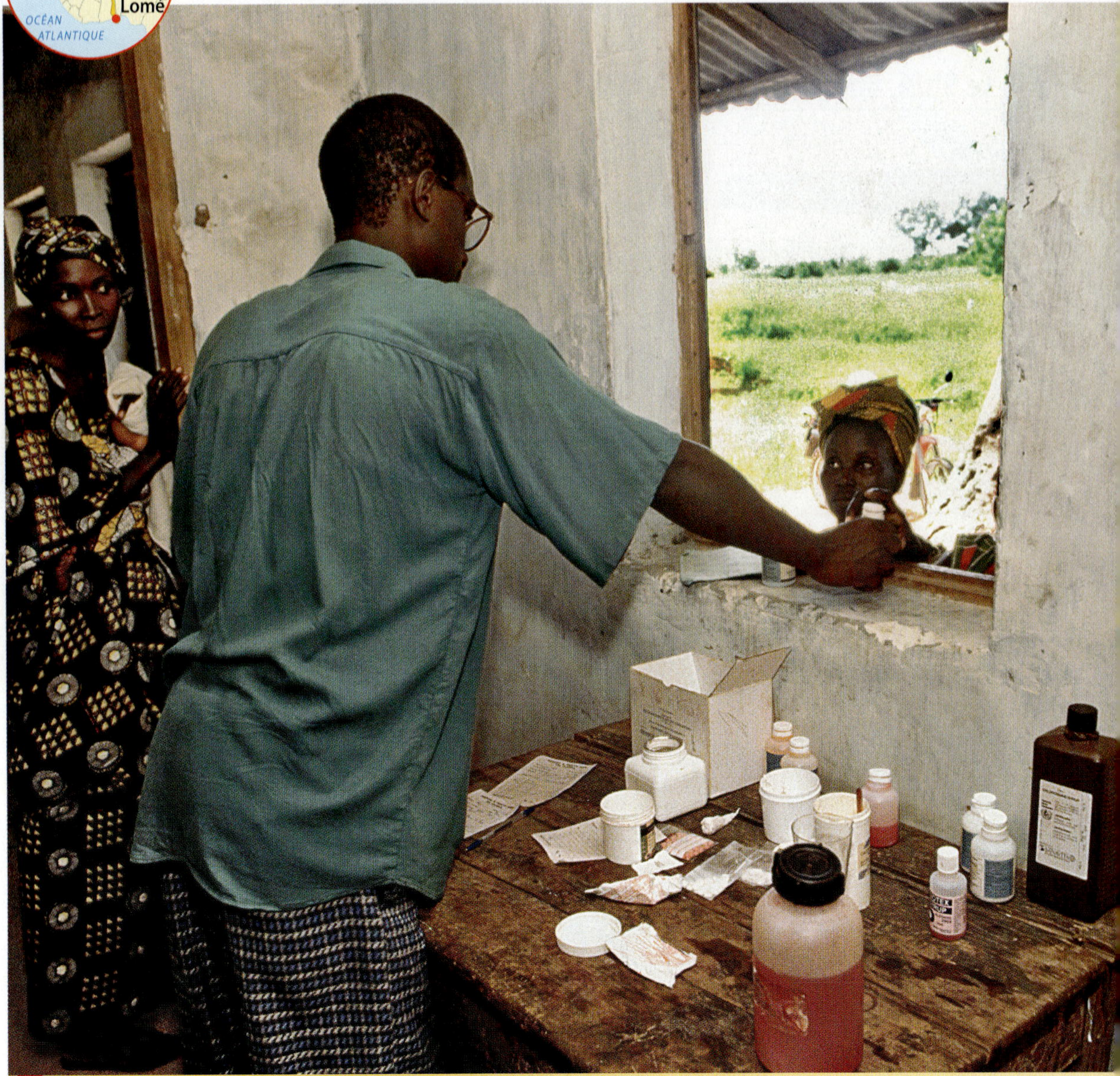

2 **Un pharmacien dans son dispensaire, à Lomé, au Togo, en 2009**

Docs 1 et 2. Pourquoi peut-on parler d'inégal accès aux médicaments d'après ces deux photographies ?

Étude de cas

Une pandémie mondiale : le SIDA

• Depuis 1981, l'humanité connaît une des épidémies les plus meurtrières de son histoire : en moins de 5 ans, tous les continents sont touchés et en 25 ans, le SIDA a entraîné la mort de plus de 30 millions de personnes. Aujourd'hui, environ 8 000 malades en meurent encore chaque jour et près de 35 millions d'hommes et de femmes sont porteurs du virus.

Vocabulaire

Antirétroviraux (ARV) : médicaments utilisés dans le traitement des infections liées à certains virus comme le SIDA.

Espérance de vie : nombre moyen d'années que l'on peut espérer vivre le jour de sa naissance.

Pandémie : épidémie qui touche la quasi-totalité d'une population, d'un continent ou de plusieurs, voire de la planète.

▶ ***Que nous apprend la pandémie du SIDA sur les inégalités sanitaires dans le monde ?***

A Le SIDA, une pandémie mondiale

1 Qu'est-ce que le SIDA ?

• **SIDA :** Syndrome d'immunodéficience acquise.

• C'est une maladie dûe à la chute des défenses naturelles de l'organisme, provoquée par le virus de l'immunodéficience humaine (VIH).

• L'organisme, ainsi infecté, ne peut plus se défendre contre toutes sortes de maladies.

2 Une maladie, deux types d'épidémie

En matière de propagation et de traitement du SIDA, un fossé sépare le monde riche et le monde pauvre. Dans la plupart des pays du monde, l'épidémie touche surtout les populations les plus exposées au risque d'infection : les hommes qui ont des rapports sexuels avec des hommes, les consommateurs de drogue, les prostituées et leurs partenaires sexuels. Au contraire, l'Afrique subsaharienne connaît une véritable épidémie puisque plus de 1 % des 15-49 ans sont séropositifs. Cette région, qui représente moins de 1% de la population mondiale, concentre à elle seule 35 % des personnes infectées et 76 % des décès mondiaux dus au SIDA.

D'après Z. Vaillant et G. Salem, *Atlas mondial de la santé*, Éditions Autrement, Paris, 2008.

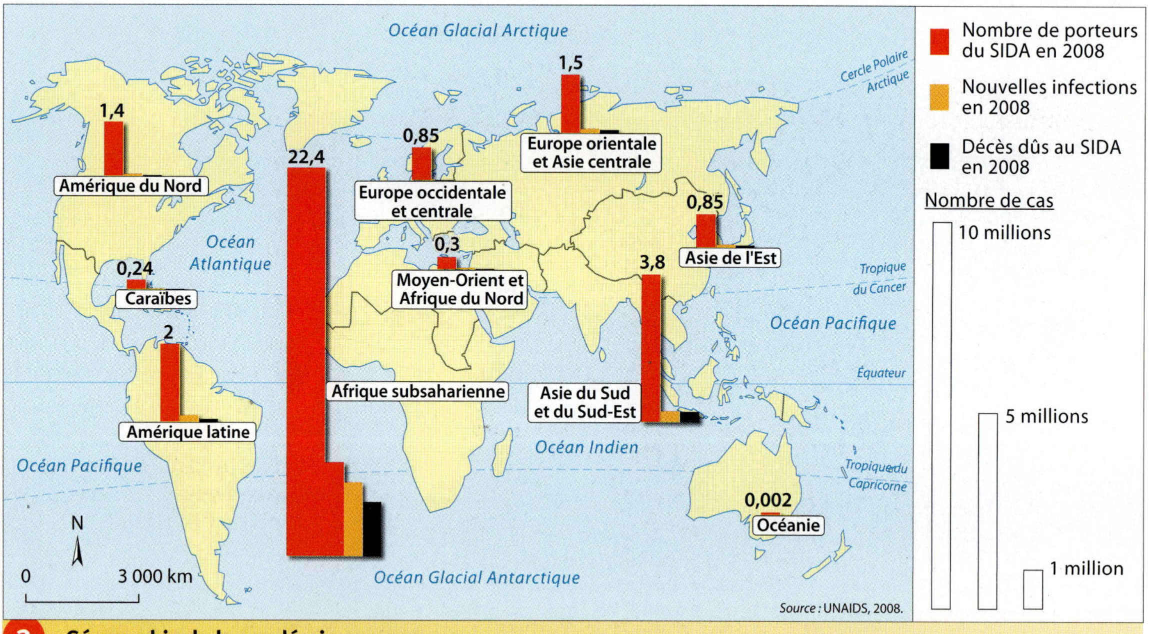

3 Géographie de la pandémie en 2009

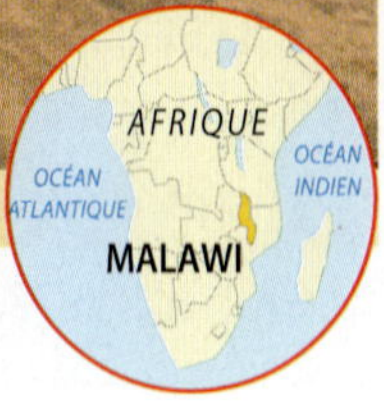

4 Le SIDA désorganise la société et l'économie

Âgée de 65 ans, cette femme du Malawi est entourée de 6 de ses 9 petits-enfants. Leurs parents sont morts du SIDA. Le SIDA fait de nombreuses victimes parmi les familles rurales en Afrique : au moins 7 millions de travailleurs agricoles depuis 1985. Cette maladie pourrait encore faire 16 millions de victimes d'ici 2020. (Photographie UNICEF.)

5 Les dates-clés de la pandémie

1983 : Identification du virus du SIDA par une équipe de l'Institut Pasteur à Paris. Mise au point des premiers tests de dépistage.

1988 : Tous les continents comptent des populations malades du SIDA.

1996 : Mise au point de traitements plus efficaces par association de différentes familles de médicaments.

2000 : Le 6e Objectif du Millénaire pour le développement fixé par les Nations unies est de stopper la propagation du virus du SIDA (VIH).

2003 : Mise sur le marché de nouveaux traitements antirétroviraux (ARV).

2009 : Aucun traitement ne permet aujourd'hui de guérir du VIH. La prévention est donc centrale dans la lutte contre cette pandémie. Les chercheurs travaillent à la mise au point d'un vaccin : leurs travaux donnent les premiers résultats positifs.

Questions

Je décris et j'explique

1 **Doc 1.** Qu'est-ce que le SIDA ? Comment s'appelle le virus à l'origine de cette maladie ?

2 **Doc 3.** Quelles sont les deux régions du monde les plus touchées par le VIH ? Quelles sont les deux régions qui comptent le plus de décès ?

3 **Docs 2 et 3.** Expliquez la particularité de l'épidémie en Afrique subsaharienne.

4 **Doc 5.** Quand le SIDA a-t-il été découvert ? Par qui ?

5 **Doc 5.** Quel espoir la recherche scientifique offre-t-elle ?

6 **Doc 4.** Décrivez la famille photographiée. Quelles sont les conséquences économiques et sociales de la pandémie dans les pays fortement touchés ?

Je conclus

7 **Docs 3 et 5.** Pourquoi peut-on utiliser le terme de pandémie à propos du SIDA ?

B Le SIDA, révélateur des inégalités sanitaires dans le monde

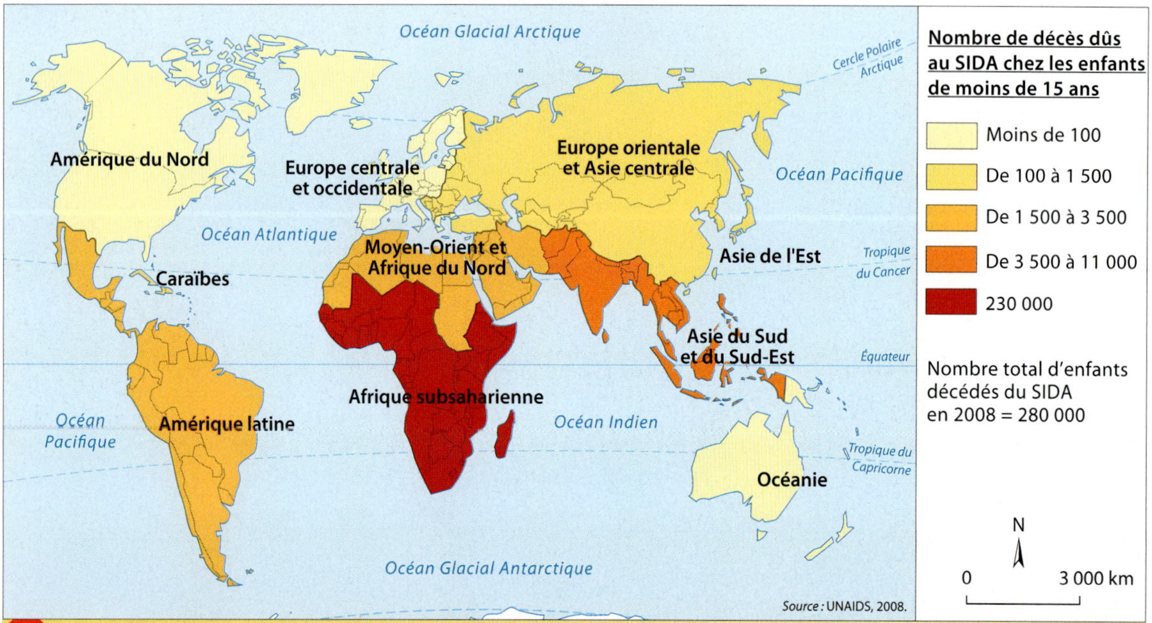

6 Les enfants, inégaux face au SIDA, en 2008

7 SIDA et éducation

Dans de vastes zones de l'Afrique subsaharienne, en Amérique latine et dans les Caraïbes, l'épidémie n'est plus seulement un problème de santé, c'est aussi un défi pour le développement en général. Sévissant plus particulièrement parmi les jeunes adultes, le VIH/SIDA touche surtout les pauvres et les non-instruits. Son impact sur le système éducatif est préoccupant. Le VIH/SIDA limite l'offre d'éducation en réduisant le nombre d'enseignants et la demande d'éducation en incitant les enfants (dont la famille affectée doit faire face à des dépenses croissantes) à quitter prématurément l'école. La qualité de l'enseignement en souffre également : l'absentéisme des maîtres, le manque d'assiduité des élèves atteints par la maladie, la réduction du temps consacré aux cours sont autant d'obstacles à une éducation de qualité.

D'après le site Internet de l'UNESCO, www.unesco.org, 2009.

8 Des traitements gratuits au Togo depuis 2008

Simba Abalo, 47 ans, est un ancien militaire, aujourd'hui sans emploi.

Quand je suis tombé malade du SIDA en septembre 2007, j'ai essayé d'obtenir un traitement ARV [antirétroviraux] mais ce n'était pas possible car il n'y avait plus de médicaments. Même s'il y en avait eu, je n'aurais pas pu payer plus de 4 dollars par mois puisque je venais juste de perdre mon emploi. Maintenant, les ARV sont gratuits. Je suis venu chercher de l'aide surtout pour ma femme, elle aussi séropositive. Nos enfants sont si jeunes. Elle doit rester en bonne santé pour pouvoir prendre soin d'eux.

D'après le site Internet www.irinnews.org/fr/, février 2009.

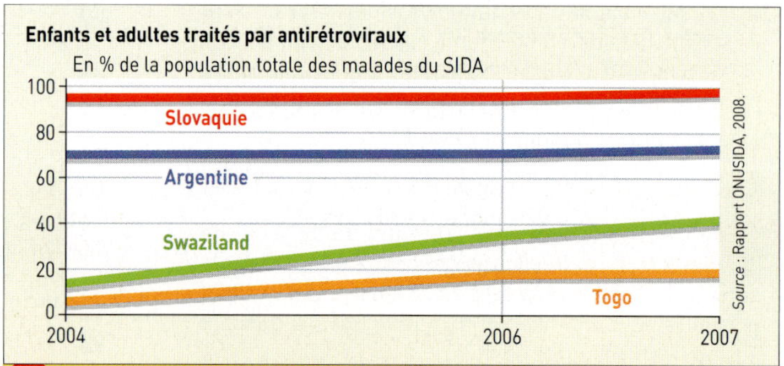

9 Un accès aux soins très inégal

10 Une campagne de prévention en Birmanie

(Affiche de l'ONG Médecins du Monde pour la journée mondiale du SIDA, 1er décembre 2008.)

11 SIDA et inégalités villes-campagnes en Côte d'Ivoire

En Côte d'Ivoire, la population urbaine est légèrement plus touchée par le SIDA que la population rurale. Pourtant, la situation des ruraux inquiète : l'accès réduit aux médias, le manque de campagnes de sensibilisation sur le VIH, le maintien de croyances ancestrales et l'absence de centres de dépistage volontaire du VIH fragilisent ces populations rurales par ailleurs aussi touchées par l'analphabétisme. Ces populations rurales mal informées, pauvres et en quête d'une meilleure vie ne peuvent alors être que des proies faciles pour le VIH/SIDA lorsqu'elles arrivent en ville.

D'après F. Zamblé, « Équilibrer l'information sur le VIH/SIDA entre ruraux et urbains », Inter Press Service, www.ipsinternational.org/fr/, 14 septembre 2007.

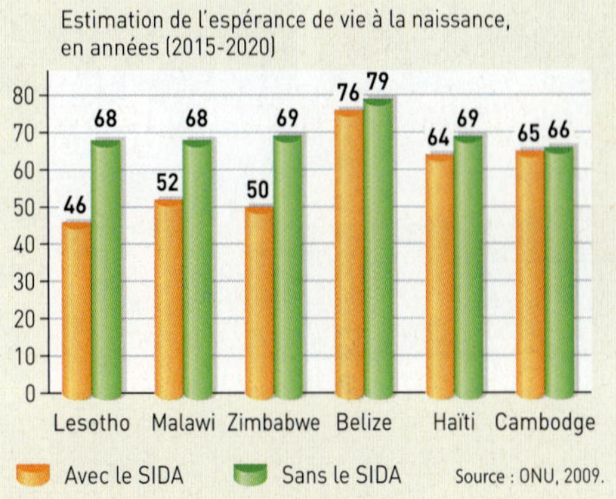

12 SIDA et espérance de vie

Questions

Je décris et j'explique

8 **Doc 6.** Quelle région du monde concentre le plus de décès d'enfants à cause du SIDA ? Quelle différence remarquez-vous entre les pays riches et les pays pauvres ?

9 **Doc 7.** Quels sont les effets du SIDA sur l'éducation des enfants ? et à long terme pour les pays concernés ?

10 **Docs 8 et 9.** Y a-t-il égalité d'accès aux traitements contre le SIDA à l'échelle mondiale ? Expliquez.

11 **Docs 11 et 12.** Quelles inégalités peuvent exister face au SIDA à l'échelle d'un pays ? entre les pays ?

12 **Docs 8, 10 et 11.** Quels sont les différents moyens utilisés dans le monde pour lutter contre la pandémie ?

BILAN

J'identifie les inégalités face au SIDA et leurs enjeux

Socle commun

Recopiez puis complétez le tableau ci-dessous en plaçant dans la bonne colonne les propositions suivantes :

- *Risque de crise alimentaire*
- *Déscolarisation*
- *Baisse de la production économique*
- *Appauvrissement des familles*
- *États fragilisés financièrement*
- *Désorganisation des liens sociaux*

Société	Économie	Environnement

Étude de cas

Se faire soigner en France et au Ghana

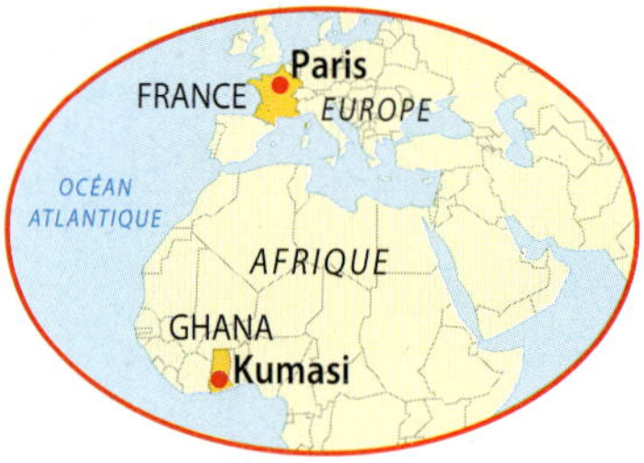

• En France, pays riche d'Europe occidentale, l'**espérance de vie** à la naissance est supérieure à 80 ans. Au Ghana, pays en développement d'Afrique subsaharienne, elle est de 60 ans. Les différences entre les **infrastructures sanitaires** (réseau d'eau potable, nombre de médecins, disponibilité des médicaments...) dans ces deux pays peuvent expliquer cet écart.

Quelles inégalités existent entre les infrastructures de santé françaises et ghanéennes ?

Vocabulaire

Espérance de vie : nombre moyen d'années que l'on peut espérer vivre le jour de sa naissance.

Infrastructures sanitaires : ensemble des équipements sanitaires et des dépenses de santé dans un pays.

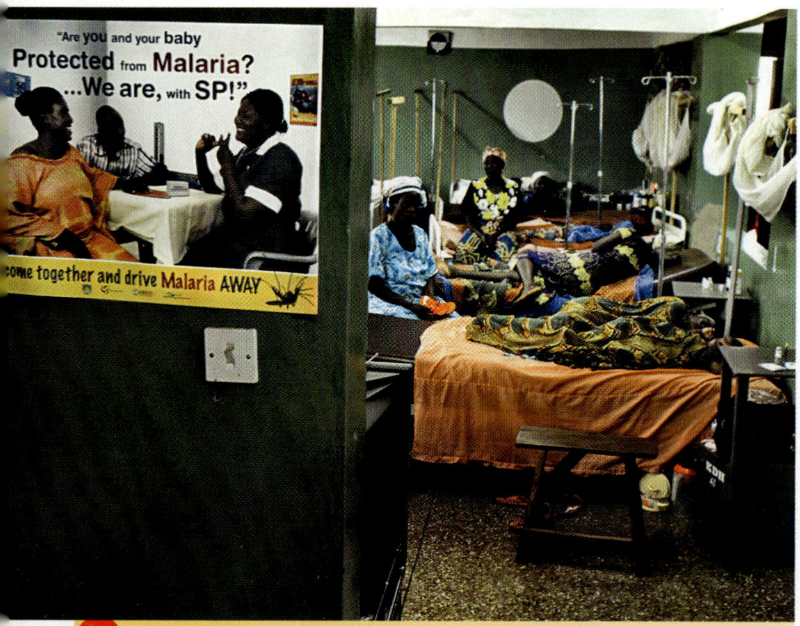

1 Une chambre à l'hôpital de Kumasi, au Ghana

2 Un enjeu sanitaire essentiel : l'accès à l'eau propre

Nyama Akparibo, 28 ans, habite dans le village d'Asamponbisi, au Ghana.

Avant, j'allais chercher de l'eau dans un ruisseau dans lequel les animaux buvaient. Cela me prenait du temps et l'eau n'était pas très claire. Cette eau que nous buvions nous rendait malades, nous donnait la diarrhée et des douleurs d'estomac et nous nous sentions si faibles que nous ne pouvions plus du tout travailler. Ici, notre travail principal est le tressage de paniers, mais lorsque vous avez la diarrhée, vous êtes trop faible pour vous asseoir et tresser.

Maintenant, avec le puits, mes enfants ne tombent plus malades à cause de maladies liées à l'eau et ils n'ont plus la diarrhée. Nous avons suffisamment d'eau pour qu'ils prennent un bain avant de partir à l'école, pour leur préparer à manger, laver, et effectuer nos tâches ménagères.

Avant, aller chercher de l'eau au ruisseau prenait beaucoup de temps car d'autres personnes étaient déjà sur place et vous deviez faire la queue. Maintenant, il nous suffit d'aller à la pompe et il y a toujours plein d'eau.

D'après le site Internet d'Oxfam international, www.oxfam.org/fr/, septembre 2009.

3 L'émigration des personnels de santé du Ghana

Entre 1993 et 2002, le Ghana a perdu six cents médecins sur huit cents formés. Les deux tiers de ceux qui sont partis travaillent aujourd'hui en Europe ou aux États-Unis. Au Ghana, le taux de mortalité infantile est 20 fois plus élevé qu'en France et le nombre de médecins y est aussi beaucoup moins important : 1 pour 11 000 habitants contre 1 pour 300 habitants en France.

Pour inverser la fuite des soignants et améliorer le système de santé, le gouvernement ghanéen a lancé un programme de recrutement temporaire des personnels de santé qui travaillent à l'étranger en leur offrant des primes au retour.

D'après K. Blanchet et R. Keith, *Le Monde Diplomatique*, décembre 2006.

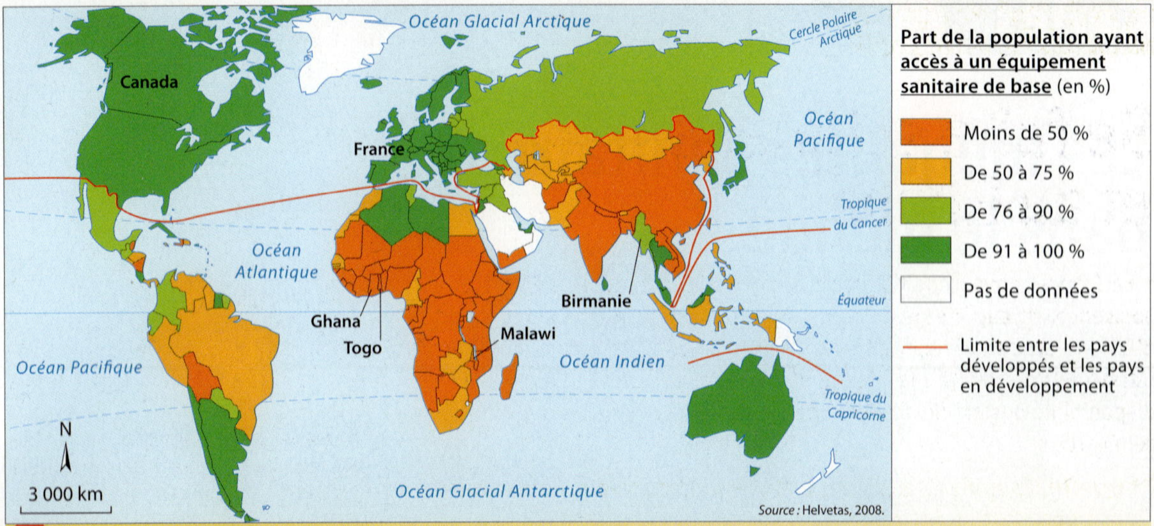

4 Les inégalités d'accès à l'équipement sanitaire de base (toilettes) dans le monde, en 2008

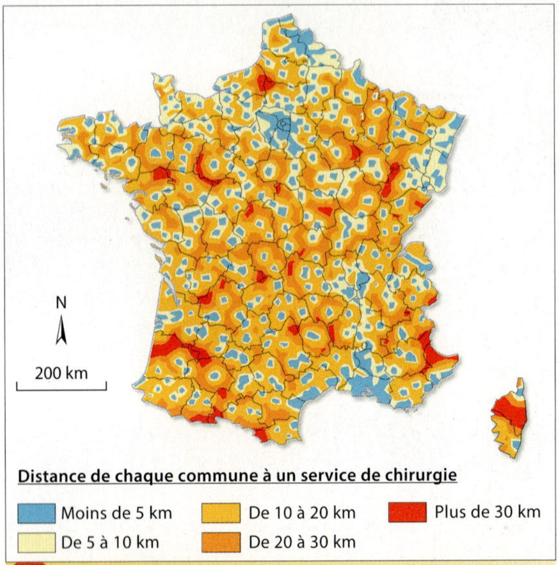

5 Une grande facilité d'accès aux soins en France

6 Une chambre d'hôpital à Paris, en France

Questions

Je localise et je situe

1 Localisez les deux pays concernés puis situez-les sur le planisphère de l'IDH (doc 3 p. 211).

Je décris et j'explique

2 **Docs 1 et 6.** Décrivez puis comparez les deux photographies.

3 **Doc 2.** Quel aménagement a permis à Nyama d'avoir accès à une eau propre ? Quelles en sont les conséquences ?

4 **Doc 3.** Pourquoi les médecins ghanéens quittent-ils leur pays ?

5 **Doc 3.** Quelles sont les conséquences de ces départs pour la population ghanéenne ?

6 **Docs 3, 5 et 6.** La situation en France est-elle identique à celle du Ghana ? Justifiez votre réponse.

7 **Doc 4.** Dans quel type de pays moins de la moitié de la population a-t-elle accès à un équipement sanitaire de base ? Quelle est la situation dans les pays riches ?

BILAN — J'identifie les inégalités face à la santé et leurs enjeux — Socle commun

En vous aidant des documents de l'étude de cas, imaginez votre conversation avec un collégien ghanéen à propos de la santé dans vos pays respectifs :

- *Dans un premier temps, vous expliquerez chacun le suivi médical de votre enfance (vaccinations ou non, visites chez le pédiatre...).*
- *Puis vous raconterez les conditions d'hospitalisation d'un membre de votre famille pour une opération chirurgicale, en France et au Ghana.*

Les inégalités sanitaires dans le monde

1 L'espérance de vie en 2007

Vocabulaire

Espérance de vie : nombre moyen d'années que l'on peut espérer vivre le jour de sa naissance.

Questions

1 **Doc 1.** Sur quels continents la population a-t-elle une longue espérance de vie ? une faible espérance de vie ?

2 **Doc 1.** Relevez le nom d'un État où la population vit longtemps et celui d'un État où la population vit moins longtemps. Calculez la différence approximative d'espérance de vie entre les populations de ces deux États.

3 **Doc 2.** Sur quels continents (ou sous-continents) la mortalité infantile est-elle la plus élevée ?

4 **Doc 3.** Quels éléments cette carte nous donne-t-elle pour expliquer les inégalités relevées dans vos réponses précédentes ?

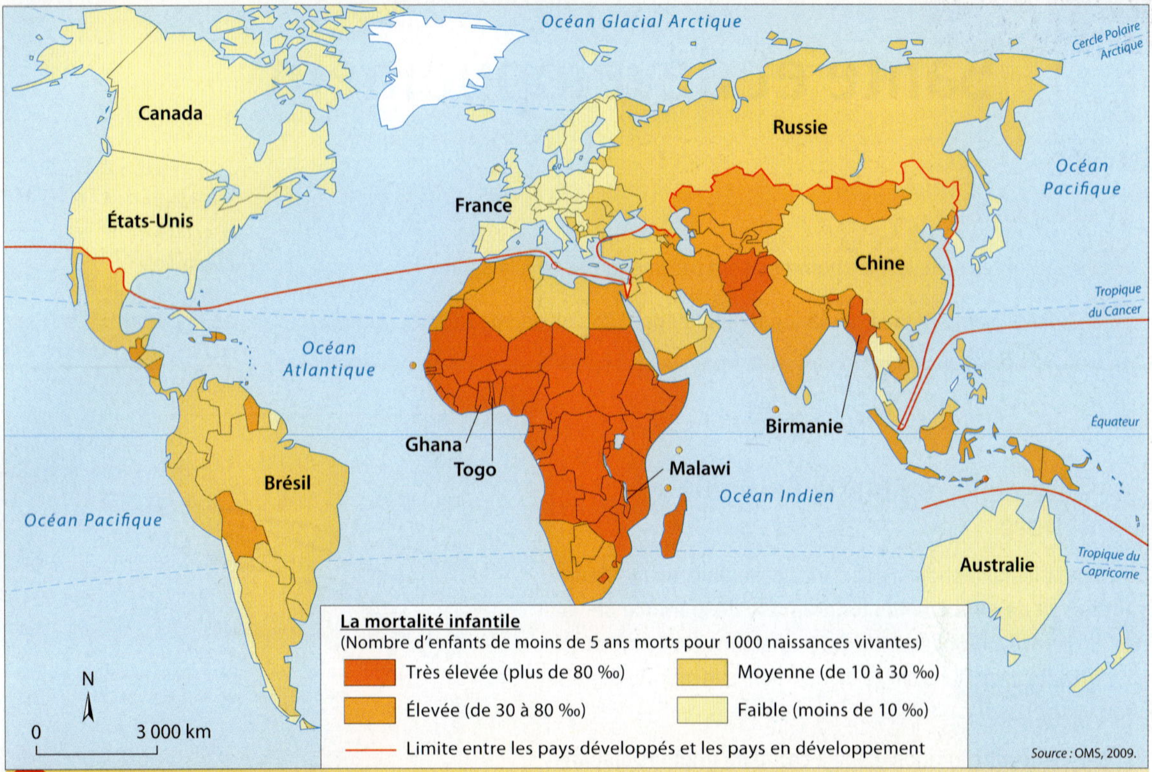

2 La mortalité infantile en 2009

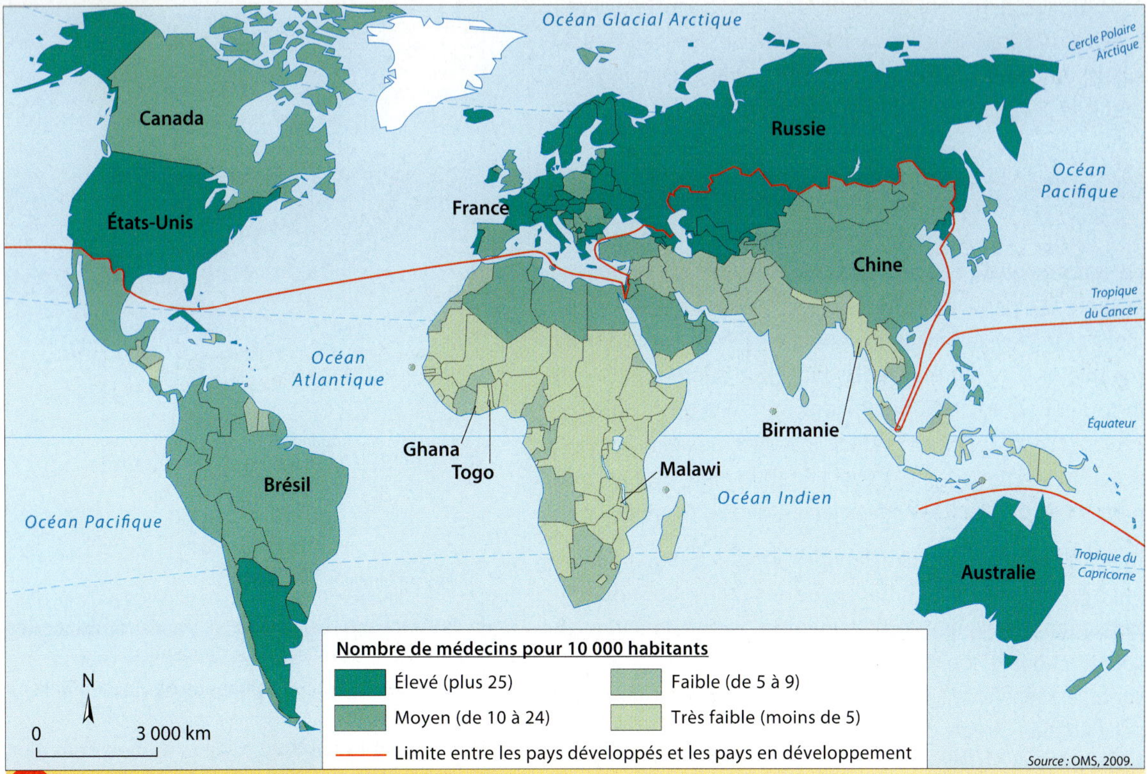

3 L'accès aux médecins dans le monde en 2007

Cours 1 Santé et développement

➤ *Que nous a appris l'étude de cas ?*

A À toutes les échelles, les hommes sont très inégaux face à la santé.

B L'état de santé d'une population reflète d'abord son niveau de développement.

« La santé est un bien être physique, mental et social, et pas simplement une absence de maladies ou d'infirmités. »
Définition de l'OMS

➤ *Qu'en est-il à l'échelle mondiale ?*

A La santé de la population mondiale s'améliore

1. La population mondiale est, dans l'ensemble, **en meilleure santé** et **vit de plus en plus longtemps** : l'**espérance de vie** à la naissance a augmenté de vingt ans depuis 1950 (doc 1). La **mortalité infantile** a chuté de 60 % dans le monde depuis 1960 (doc 2).

2. Mais cette amélioration globale cache de **grandes disparités entre les territoires** : un nouveau-né africain a dix fois plus de risques de mourir avant 5 ans qu'un nouveau-né européen. À l'intérieur d'un même pays, les inégalités peuvent aussi être très fortes en fonction du niveau de vie. Ainsi en France, si l'espérance de vie moyenne est de 80 ans, celle d'un sans domicile fixe (SDF) ne dépasse pas 43 ans.

B La santé, clé du développement

1. L'existence d'un **réseau d'assainissement** et d'un **système de soins de qualité accessibles** à tous détermine largement la santé des populations et donc leur développement (docs 4 et 5). Or, plus de 1 milliard d'hommes n'a pas accès à l'eau potable et le nombre des personnels de santé (médecins, infirmières...) est très insuffisant dans les pays pauvres (doc 3 p. 237). De même, l'alphabétisation des femmes et la scolarisation des enfants y sont en retard alors qu'elles permettent de diffuser les règles élémentaires d'hygiène.

2. Faute de moyens financiers, les États les plus pauvres ont des difficultés pour lutter contre ces problèmes de santé publique : campagnes de prévention, de vaccination (doc 3), constructions d'hôpitaux, de réseaux d'égouts sont insuffisants. Ils bénéficient parfois de la **solidarité internationale** par une aide directe de pays riches, mais aussi de conseils et d'aides proposés par des ONG ou par l'OMS (Organisation Mondiale de la Santé).

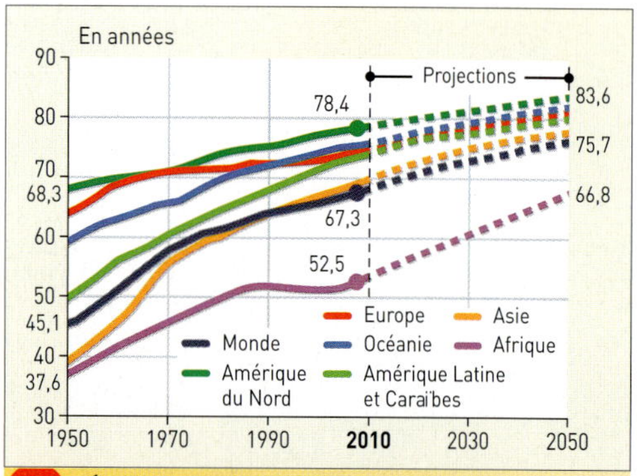

1 Évolution de l'espérance de vie (1950-2050)

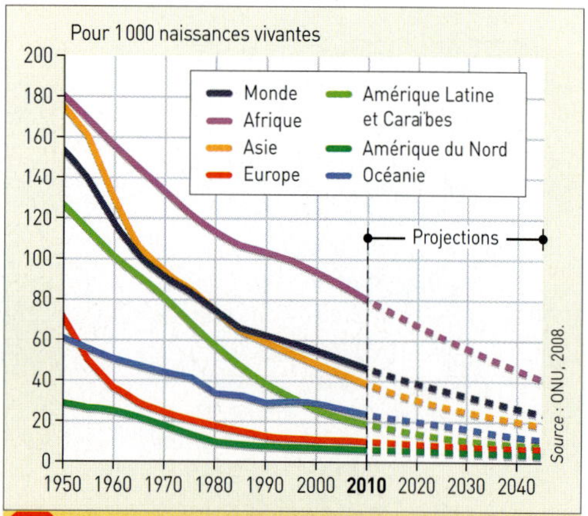

2 Évolution de la mortalité infantile (1950-2050)

Vocabulaire

Espérance de vie : nombre moyen d'années que l'on peut espérer vivre le jour de sa naissance.

Mortalité infantile : nombre de décès d'enfants de moins de 1 an.

Réseau d'assainissement : système permettant l'évacuation des eaux usées domestiques.

3 Vacciner contre la rougeole au Sénégal

Dans la région de Bandafassi, au Sénégal, la rougeole était responsable de 20 % des décès d'enfants. L'introduction des vaccinations à la fin des années 1980 a fait reculer la part de la rougeole à moins de 3 %, avec pourtant seulement la moitié des enfants vaccinés. En stimulant l'immunité (les défenses naturelles du corps humain), les vaccins ont aussi fait diminuer la mortalité due aux autres maladies – diarrhée, paludisme – contre lesquelles il n'existe pas de vaccin. La mortalité des enfants, quelle qu'en soit la cause, a ainsi baissé de 40 % après les campagnes de vaccination.

D'après « L'exemple de la vaccination contre la rougeole », *Atlas de la population mondiale*, Éditions Autrement, Paris, 2009.

4 Les toilettes dans un bidonville de Dhaka, au Bangladesh

➔ Quelles sont les conséquences de l'absence d'un réseau d'assainissement ?

5 Paludisme et retard de développement

Maladie transmise par les piqûres de moustiques infectés, le paludisme déclenche de fortes fièvres qui non traitées, conduisent à la mort. 40 % de la population mondiale, dans les pays les plus pauvres, y sont exposés. Plus d'un million de personnes en meurent chaque année, dont 80 % vivent en Afrique subsaharienne. Cette maladie constitue pour les familles et les pouvoirs publics une charge économique écrasante, du fait de l'absentéisme scolaire et professionnel et du coût élevé des soins. Les dépenses liées au paludisme peuvent représenter jusqu'à 40 % des dépenses de santé publique et de 30 à 50 % des hospitalisations. Sur plusieurs années, cette perte creuse des différences considérables de PIB entre les pays impaludés ou non.

D'après Z. Vaillant et G. Salem, *Atlas mondial de la santé*, Éditions Autrement, Paris, 2008.

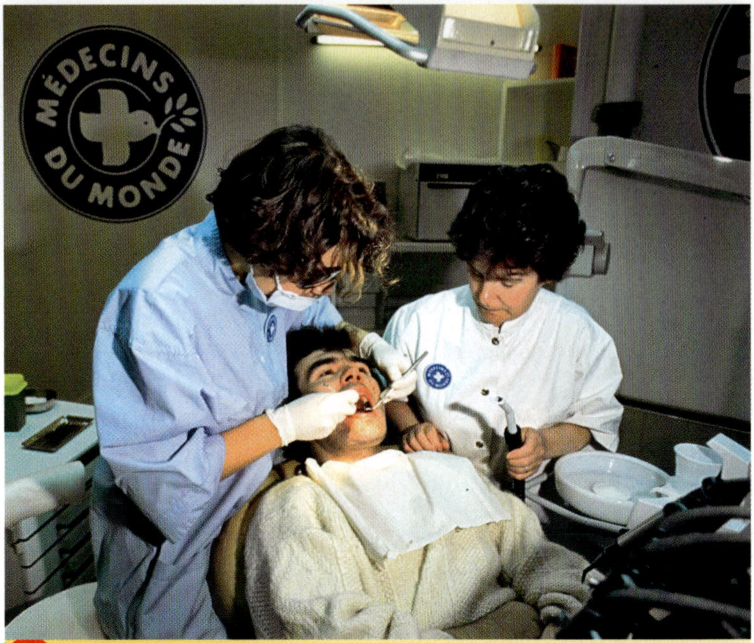

6 En France, l'ONG Médecins du monde soigne gratuitement les plus pauvres

Socle commun

Je révise

L'essentiel Santé et développement durable

[Compétence 5.6 – Identifier les enjeux du développement durable.]

3 ENJEUX CLÉS	Les défis d'aujourd'hui – Limiter	Les défis d'aujourd'hui – Favoriser	Pour un développement durable de l'humanité
Société	• La mortalité liée aux pandémies • L'émigration des soignants du Sud vers le Nord	• L'égal accès garçons-filles à l'éducation • La vaccination pour tous les enfants des pays du Sud	Un accès à l'éducation, aux soins et aux médicaments pour tous
Économie	• La dépendance des pays du Sud pour la production et la commercialisation de médicaments	• La production de médicaments au Sud • L'agriculture locale pour assurer la disponibilité alimentaire	- Réduire la dépendance (médicale, alimentaire) du Sud par rapport au Nord - Une population en bonne santé = une population plus productive
Environnement	• La pollution • L'installation des hommes dans des espaces insalubres	• La qualité de l'eau • La construction de réseaux d'assainissement	Une meilleure hygiène par un accès à l'eau potable et aux réseaux d'assainissement pour tous

1 Je lis et je décris le planisphère de l'espérance de vie

[Compétences 5.5 – Lire et utiliser différents langages.
Compétence 5.6 – Avoir des outils pour comprendre l'unité et la complexité du monde.]

1 Rappelez la définition de l'espérance de vie.

2 Observez la carte 1 p. 236, et choisissez un pays dont l'espérance de vie est élevée et un pays dont l'espérance de vie est très faible. Recopiez puis complétez les deux premières lignes du tableau ci-contre.

3 À partir de vos connaissances et des cartes 4 p. 235, 2 et 3 p. 237, placez les facteurs proposés dans la bonne colonne.

	Espérance de vie élevée (plus de 75 ans)	Espérance de vie très faible (moins de 50 ans)
Pays		
Continent ou sous-continent		
Facteurs		
Accès aux toilettes : rare/pour tous ?		
Mortalité infantile : élevée/faible ?		
Nombre de soignants : suffisant/insuffisant ?		

2 Je décris les conséquences économiques d'une population en mauvaise santé

[Compétence 1.2 – Rédiger un texte bref, cohérent.]

Lisez les propositions suivantes, puis rédigez un paragraphe en plaçant ces propositions dans un ordre logique.

- Moindre production (agriculture, industrie...)
- Population affaiblie et moins nombreuse
- Moins d'argent pour se soigner
- Appauvrissement des familles et de l'État

3 J'analyse un texte : la grippe H1N1 en Afrique

[Compétence 1.1 – Manifester sa compréhension de textes variés. Compétence 1.2 – Répondre à une question par une phrase complète.]

En Afrique, pour faire face au virus, la meilleure parade serait une vaccination générale, estime le Dr Aloudat mais « les pays riches auront le nouveau vaccin en premier. Et quand nous en recevrons, il y en aura juste assez pour protéger le personnel soignant », commente-t-il. On ne compte pas non plus sur les antiviraux du type Tamiflu : il faut les administrer dans les 48 premières heures de la maladie et en Afrique, faute de structures médicales insuffisantes, c'est impossible de confirmer des cas aussi rapidement.

Le programme de préparation à la pandémie est donc centré sur la prévention sous la forme de kits de prévention en plusieurs langues et avec des illustrations, afin de toucher toutes les populations. Ces kits proposent des comportements simples pour soigner un proche et ralentir la propagation : hydratation, contrôle de la fièvre, isolement, hygiène de base, éviter les lieux surpeuplés. Et lorsqu'il n'y pas d'eau ni de savon, apprendre que le sable ou la cendre font aussi l'affaire pour se laver les mains.

D'après la Télévision suisse romande, www.tsr.ch, 14 août 2009.

1 Rappelez ce qu'est une pandémie. De quelle pandémie est-il question ici ?

2 Pourquoi, d'après le Dr Aloudat, les populations africaines ne pourront-elles pas être vaccinées contre ce virus ?

3 Pourquoi soigner les malades semble-t-il plus difficile en Afrique qu'en France ?

4 Pourquoi la prévention est-elle plus difficile à mener en Afrique qu'en France ?

5 **Je conclus.** Montrez à partir du document que pour faire face à une pandémie en Afrique, les difficultés sont nombreuses.

4 B2i Je compare la vie de deux petites filles

[Compétence 4.4 – Je sais relever des éléments me permettant de connaître l'origine de l'information (auteur, date, source...).]

1 Allez sur le site Internet de l'OMS : www.who.int/features/2003/11/fr

2 Relevez le nom de l'organisation qui a préparé et mis en ligne ce document sur la vie de deux petites filles.

3 De quelle année date ce dossier ?

4 Cliquez sur « L'histoire de deux fillettes », observez attentivement le diaporama. Puis choisissez l'un des deux parcours suivants :

Parcours 1 guidé

- Répondez aux questions suivantes :
  - Dans quels pays vivent les deux fillettes ?
  - Quelles différences existe-t-il entre elles dès leur naissance ?
  - Que font-elles pendant leur enfance ?
  - Quelle est leur espérance de vie ?
- Rédigez un petit paragraphe (5 lignes) montrant que les inégalités face à la mort sont la conséquence d'un inégal accès aux soins, mais aussi à l'éducation et à l'hygiène.

Parcours 2 non guidé

- Rédigez un petit paragraphe (5 lignes) montrant que les inégalités face à la mort sont la conséquence d'un inégal accès aux soins, mais aussi à l'éducation et à l'hygiène.

POUR ALLER PLUS LOIN

À lire

- *Atlas des inégalités*, Milan Jeunesse, 2009.

À consulter

- Le site de l'UNICEF junior : www.unicef.org/voy/french/

Un jeu interactif « Protégeons l'eau » : aider un village africain à trouver les solutions pour améliorer la qualité de l'eau et la santé de la population.

Chapitre 12

Des inégalités devant l'alphabétisation

Pourquoi l'inégal accès à l'éducation est-il un frein au développement ?

PLAN DU CHAPITRE

1 L'école en plein air du village d'Ichar, dans l'Himalaya, en Inde

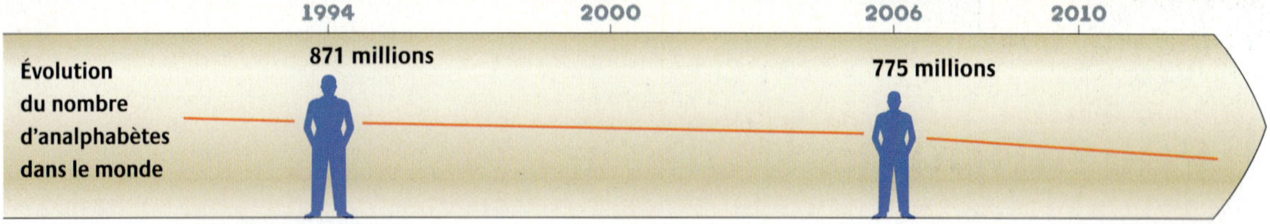

2 Une école primaire à Séoul en Corée du Sud

Docs 1 et 2. Comparez ces deux photographies. Que pouvez-vous en déduire ?

Exemple

L'éducation au Mali

• Le Mali est l'un des États les plus pauvres du monde. Une partie importante de la population de ce pays très jeune (50 % a moins de 15 ans) n'a pas accès au savoir. Le Mali est donc confronté à un enjeu considérable : la **scolarisation** des enfants et, plus largement, l'**alphabétisation** de la population. Le développement du Mali en dépend.

▶ ***Quelle est la situation scolaire au Mali ? Pourquoi ?***

Vocabulaire

Alphabétisation : fait d'apprendre à lire et à écrire.

Scolarisation : accès à l'école et aux apprentissages.

1 Une classe en pays Dogon, au centre du Mali

2 Le Mali manque de professeurs

Au Mali, le nombre d'enfants non scolarisés approche du million. Il y a aujourd'hui un enseignant pour 53 élèves dans l'enseignement primaire. Le pays a besoin de 40 000 enseignants supplémentaires d'ici 2015. Des efforts ont été entrepris mais au détriment de la qualité : 4 enseignants sur 10 n'ont pas terminé le collège et près de 6 sur 10 ne possèdent aucune qualification. Le gouvernement a mis en place un programme de formation de 90 jours et envoie les enseignants dans les classes après 45 jours.

D'après le site Internet www.campaignforeducation.org/fr/.

3 Pourquoi les filles vont-elles moins à l'école que les garçons ?

En milieu rural, la majorité des familles préfère garder leurs filles à la maison pour faire le ménage ou aller chercher de l'eau. Il n'est pas rare de voir les jeunes filles vendre des œufs, des bananes et des mangues sur le marché. Il est donc difficile pour ces familles de scolariser leurs filles parce qu'elles apportent une partie des revenus à ces familles pauvres. Elles ne peuvent assurer l'achat de livres, cahiers ou crayons pour tous leurs enfants, c'est pourquoi elles privilégient aussi la scolarisation des garçons. Elles pensent enfin que l'école est un facteur de déstabilisation pour les jeunes filles.

D'après O. Diallo, *L'école démocratique*, www.skolo.org, mai 2007.

4 Population et éducation en chiffres au Mali

- **Population totale :** 13,7 millions
- **Taux de croissance de la population :** + 2,63 %
- **Structure par âge :**
  0-14 ans : 48,2 %
  15-64 ans : 48,8 %
  + 65 ans : 3 %
- **Nombre moyen d'années passées à l'école/habitant :** 5 ans
- **Taux de scolarisation dans le Primaire :** 61 %
- **Taux d'alphabétisation des 15-24 ans**
  Hommes : 36 %
  Femmes : 23 %

5 La lutte contre le travail des enfants au Mali

6 L'école des sables de Taboye au Mali

L'école a planté son décor dans un endroit stratégique, à l'entrée des portes du désert, au bord du fleuve Niger. Une bonne manière pour les parents nomades de poursuivre leur chemin sur le désert avoisinant et de laisser en pension leurs enfants. Pour apprendre, 38 élèves de 7 à 14 ans sont scolarisés dans cette école de fortune et le taux de présence s'élève aux deux tiers, en fonction des impératifs des familles. « Le but de l'enseignant est d'instruire les enfants pour leur permettre d'avoir le choix quand ils seront plus grands. Le choix de se sédentariser ou de rester nomades ».

D'après le site Internet de l'École des sables, ecoledessables.free.fr.

Questions

Je localise et je situe

1 Où est situé le Mali ?

2 **Doc 1 p. 248 et doc 3 p. 249.** Quelles sont les caractéristiques de ce pays (richesse et éducation) ?

Je décris et j'explique

3 **Doc 1.** Montrez que les conditions d'apprentissage des élèves illustrent la pauvreté du pays.

4 **Docs 1, 2 et 4.** Pourquoi cette classe est-elle surchargée ?

5 **Doc 3.** Relevez dans le texte trois raisons expliquant pourquoi les filles vont moins à l'école que les garçons.

6 **Docs 5 et 6.** Pourquoi est-il difficile de scolariser les enfants ? Quelles sont les actions menées pour favoriser l'accès à l'éducation ?

BILAN Je fais le point sur la situation de l'alphabétisation et de l'accès à l'éducation au Mali

En vous appuyant sur les documents et sur des exemples chiffrés, décrivez et expliquez la situation scolaire au Mali. Pour vous aider à rédiger votre paragraphe, répondez aux questions suivantes :

- *Qui a accès à l'éducation au Mali ?*
- *Quelles sont les conditions d'apprentissage dans les écoles au Mali ?*
- *Quelles sont les actions menées pour favoriser l'accès de tous à l'alphabétisation ?*

Exemple

L'éducation en Finlande

• La Finlande est un pays riche et développé du nord de l'Europe (12e rang mondial pour l'IDH). La totalité de sa population est alphabétisée et tous les enfants finlandais sont scolarisés.

► *Quelle est la situation scolaire en Finlande ? Pourquoi ?*

École primaire obligatoire pour tous de 7 à 16 ans

Gratuité :
- du matériel de classe
- d'un repas chaud quotidien
- de la médecine scolaire
- du transport scolaire

→ **55 %** des élèves finlandais entrent en **lycée d'enseignement général,** pour préparer en 3 ans un examen équivalent au baccalauréat. → **Ecoles supérieures professionnelles** ou **Universités**

→ **39 %** des élèves choisissent **une formation professionnelle** en 2 ou 3 ans. → **Ecoles supérieures professionnelles** ou **Universités**

→ **6 %** des jeunes **arrêtent leurs études.**

1 La scolarité en Finlande

2 L'école du Cercle polaire à Rovaniemi, en Laponie

La plupart des élèves finlandais viennent à l'école en vélo. Certains viennent à pied, en bus où sont amenés par leurs parents en voiture. Là où le trajet n'est pas couvert par le réseau de bus, l'État finance le taxi pour les élèves qui habitent à plus de 5 km d'une école. En arrivant, ils laissent leurs vêtements chauds, encombrants, aux vestiaires. Il est amusant de les voir retirer leurs chaussures avant d'entrer dans la classe, qui compte environ une vingtaine d'élèves. Les cours finissent tôt dans la journée. Généralement, les garçons font beaucoup de sport (football, basket, volley et surtout hockey sur glace). Même si certaines filles sont aussi très sportives (gymnastique, football), elles préfèrent plutôt rentrer à la maison pour lire, regarder la télévision ou l'ordinateur.

D'après le blog http://sylvain-en-laponie.over-blog.com, 2007.

3 Des professeurs très diplômés

Les futurs enseignants sont recrutés après un entretien et un débat entre plusieurs candidats sur une question portant sur l'éducation. Ils suivent ensuite une formation pédagogique de base à l'université qui dure au moins quatre ans et se termine par une thèse. Pendant ses études, Minna[1] a aussi approfondi trois spécialités : l'anglais, l'éducation interculturelle et l'éducation spéciale. Cette dernière option lui a permis, après une expérience de sept années, de reprendre une formation plus poussée et devenir enseignante spécialisée. Elle se rend une semaine par mois à Kokkola pour suivre cette formation. Après son diplôme, elle verra son salaire augmenter. Au-delà de la compétence, les enseignants semblent satisfaits de leurs conditions de travail et fiers de leur métier.

D'après le site Internet : www.info-finlande.fr, 2009.

1. Minna est enseignante.

• Les classes comptent en moyenne 16 élèves dans le primaire et 14 élèves dans le secondaire.
• Les jeunes Finlandais ont les meilleurs résultats en lecture, en calcul et en SVT d'après des tests internationaux.

4 Une classe de 6e dans une école primaire d'Espoo

5 L'école de Kulennoinen dans le sud-est de la Finlande

Cette toute nouvelle école qui venait d'être inaugurée quelques jours avant notre venue, destinée à agrandir l'ancienne école du village, accueille 66 élèves. Ceux-ci bénéficient de trois classes, toujours équipées d'instruments de musiques, comme dans toutes les classes primaires finlandaises. Avec en plus du tableau et du rétroprojecteur, un écran et un lecteur VHS dans chaque classe pour montrer des séquences vidéos.

Une salle de 8 ordinateurs complète cet équipement très complet, ainsi qu'une bibliothèque et une immense salle de gymnastique servant également de salle de spectacle avec estrade, rideau et coulisses. Les vestiaires sont équipés de douches fonctionnelles.

D'après *L'école en Finlande*, éd. De Cuyper, Belgique, 2008.

6 Population et éducation en chiffres en Finlande

- **Population totale** : 5,3 millions
- **Taux de croissance de la population** : + 0,16 %
- **Structure par âge** :
0-14 ans : 18 % **15-64 ans :** 67 % **+ 65 ans :** 15 %
- **Durée de la scolarité obligatoire** : 9 ans
- **Taux de scolarisation dans le Primaire** : 100 %
- **Taux d'alphabétisation des 15-24 ans**
Hommes : 100 % **Femmes :** 100 %

Questions

Je localise

1 **Docs 1 et 3 pp. 248-249.** Où est située la Finlande ? Comment caractériser ce pays en termes de richesse et d'accès à l'éducation ?

Je décris et j'explique

2 **Docs 1, 2, 4 et 5.** Montrez que les conditions d'apprentissage des élèves illustrent la richesse du pays.

3 **Doc 3.** Quel est le niveau de formation des professeurs ?

4 **Docs 2, 4 et 5.** Pourquoi les enseignants sont-ils satisfaits et fiers de leur métier ?

5 **Doc 5.** De quels équipements les élèves finlandais disposent-ils ?

BILAN

Je compare la situation de l'accès à l'éducation et de l'alphabétisation au Mali et en Finlande

Recopiez puis complétez le tableau ci-dessous à l'aide des mots ou expressions suivants :

- *Afrique / Europe*
- *Pays riche et développé / pays pauvre en développement*
- *École gratuite et obligatoire pour tous*
- *Tous les enfants n'ont pas accès à l'école, notamment les filles*
- *Moteur de la croissance économique*
- *Frein au développement*

	Finlande	Mali
Continent		
Richesse et développement		
Accès à l'éducation		
Taux d'alphabétisation		

Alphabétisation et richesse

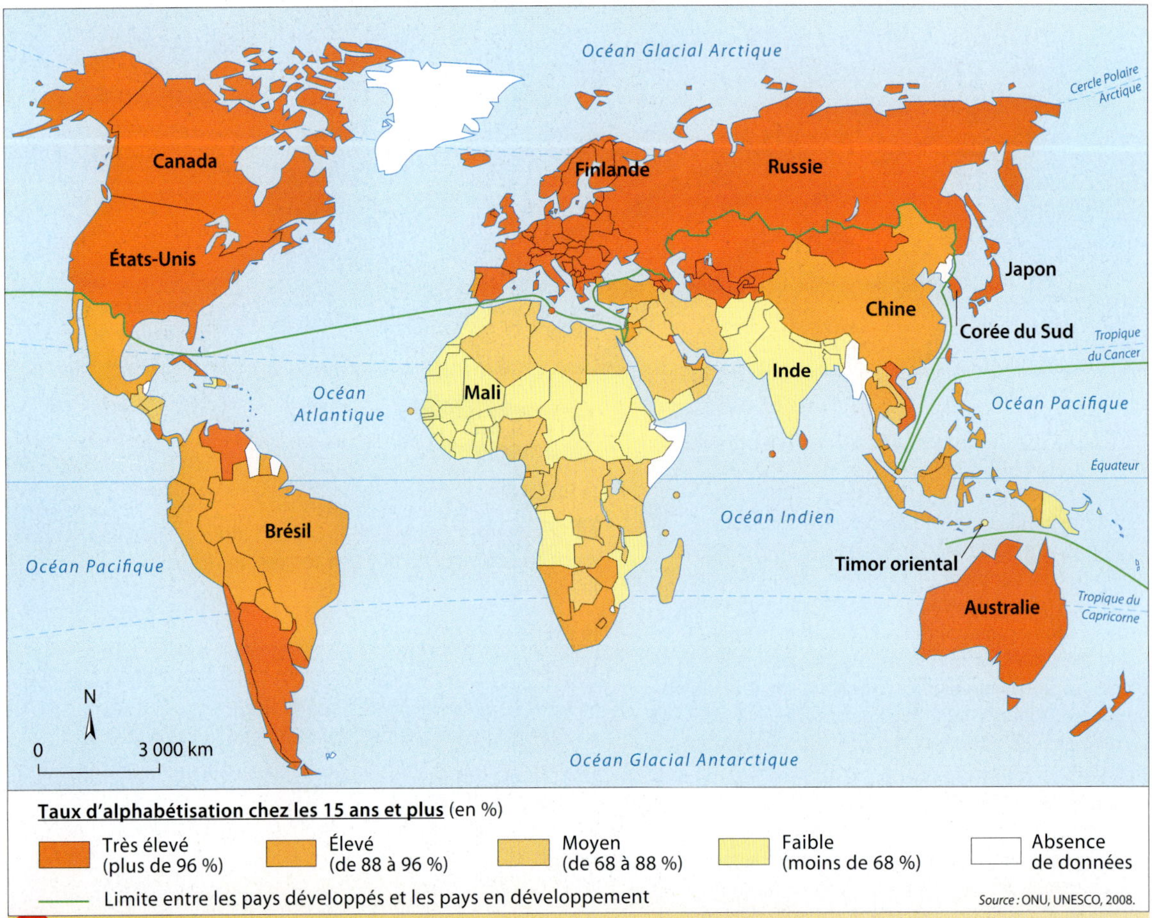

1 L'alphabétisation des adultes en 2007

Vocabulaire

RNB/habitant : revenu national brut d'un pays divisé par le nombre total d'habitants.

Taux d'alphabétisation : part de la population sachant lire et écrire (pour 100 personnes).

Questions

1 **Doc 1.** Citez trois pays où la proportion de personnes sachant lire et écrire est élevée. Citez trois pays où cette proportion est faible.

2 **Doc 2.** Citez deux pays d'Afrique et deux pays d'Asie où le nombre de femmes sachant lire et écrire est très faible.

3 **Doc 3.** Citez des régions où le revenu par habitant est faible et des régions où il est élevé.

4 **Docs 1 à 3.** Quel lien peut-on établir entre le niveau d'alphabétisation d'une population et le niveau de richesse d'un pays ?

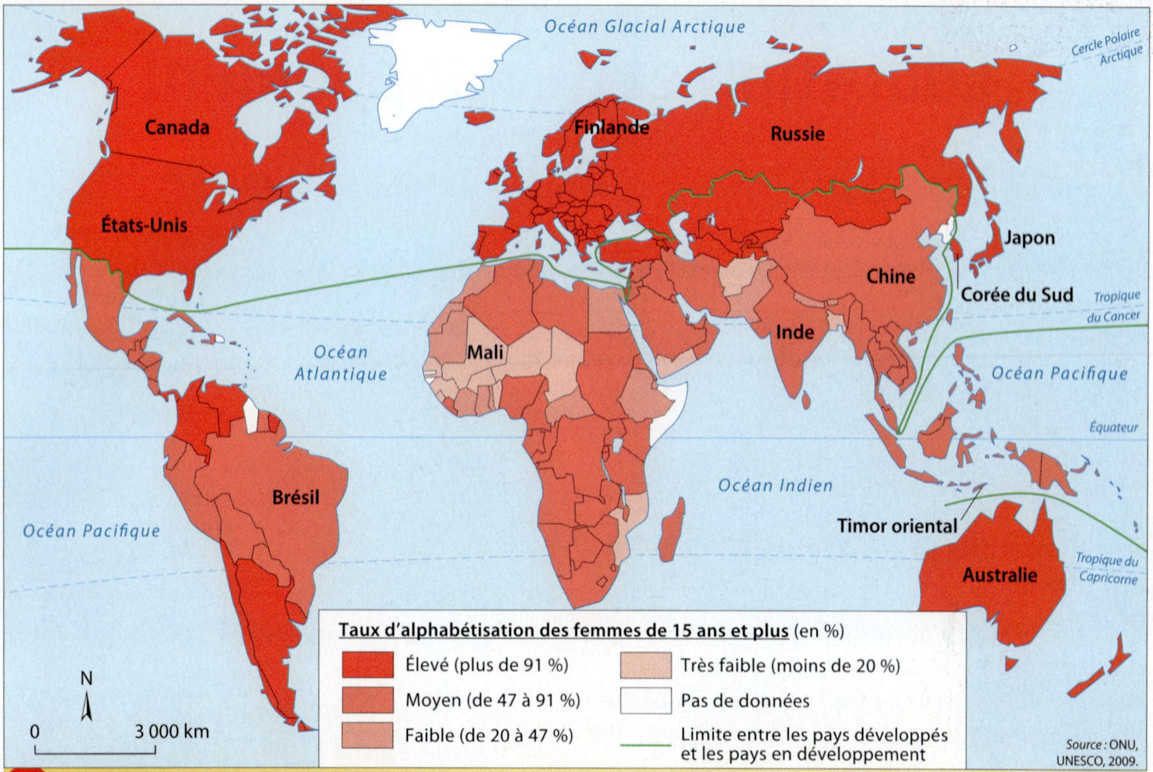

2 L'alphabétisation des femmes en 2008

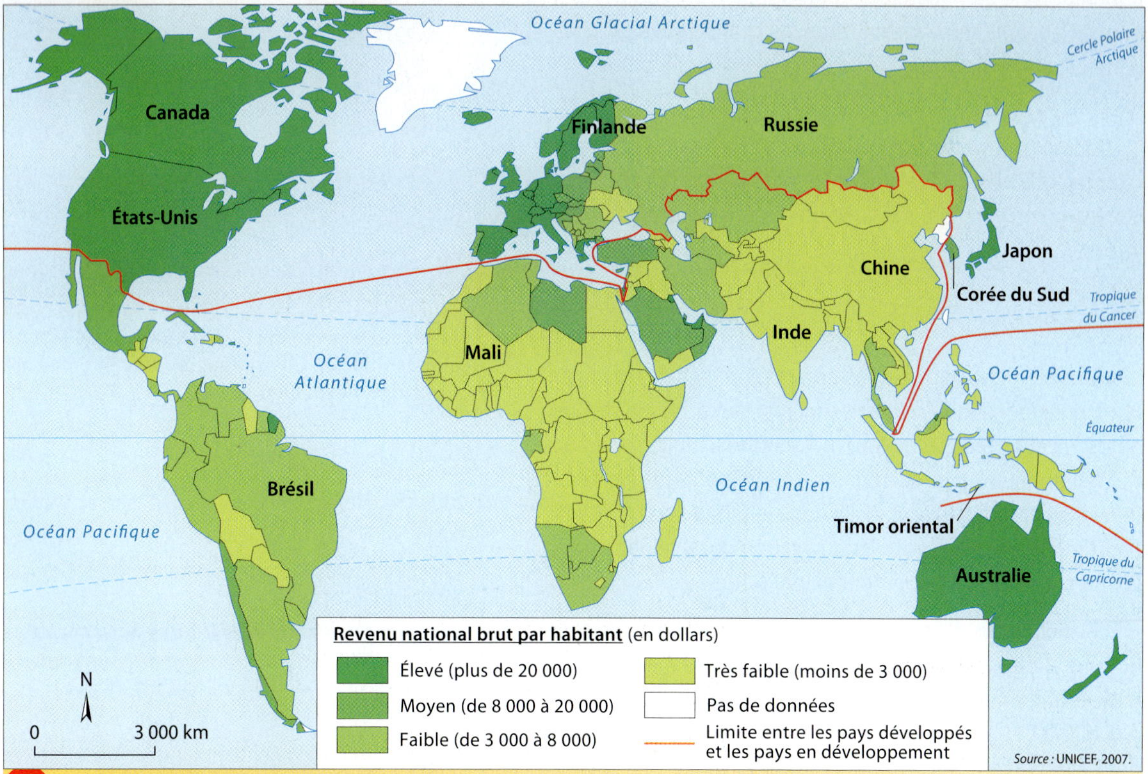

3 Les richesses dans le monde en 2007

Cours 1

Éducation et développement

➤ Que nous ont appris les exemples du Mali et de la Finlande ?

A Il existe de très fortes inégalités d'accès à l'éducation et au savoir entre le Mali et la Finlande.

B Ces importantes disparités sont étroitement liées aux inégalités de développement entre ces deux pays.

Aujourd'hui dans le monde :
- Un enfant sur 3 n'est jamais entré dans une salle de classe.
- 775 millions d'adultes sont analphabètes.

➤ Qu'en est-il à l'échelle mondiale ?

A Des inégalités persistantes à l'échelle mondiale

1. Depuis 15 ans, **l'alphabétisation des adultes progresse dans le monde** : de 76 % en 1994 à 83,5 % en 2008. Aujourd'hui cependant, 1 adulte sur 5 est **analphabète** et 75 millions d'enfants ne sont toujours pas scolarisés (doc 3).

2. L'accès à l'**éducation** et au savoir est **lié au niveau de richesse des pays** (doc 1). Dans les pays riches, 80 % de la population est alphabétisée. À l'inverse, les trois quarts des adultes analphabètes vivent dans les quinze pays les plus pauvres, en particulier en Afrique subsaharienne et en Asie du Sud.

3. Dans ces pays, les **inégalités entre les territoires sont criantes** : l'accès à l'école est plus difficile dans les régions isolées qu'en ville, dans les régions intérieures que sur les littoraux.

B L'éducation, clé du développement

1. **Dans les pays pauvres**, les enfants, obligés de travailler pour aider leur famille, connaissent une **scolarité** plus brève que ceux des pays riches (doc 1). **Les filles**, employées aux tâches domestiques et agricoles, représentent les deux tiers des enfants non scolarisés dans le monde aujourd'hui. Pourtant, leur **scolarisation** est un facteur de développement économique, social et environnemental (doc 4).

2. Les **conditions d'apprentissage** (équipement des classes, nombre d'élèves, formation des professeurs...) sont révélatrices des inégalités mondiales. Or, l'éducation permet d'acquérir des savoirs indispensables (lire, écrire, compter), des savoir-faire préparant à un métier et un certain savoir-être. Elle rend possible l'exercice des droits fondamentaux.

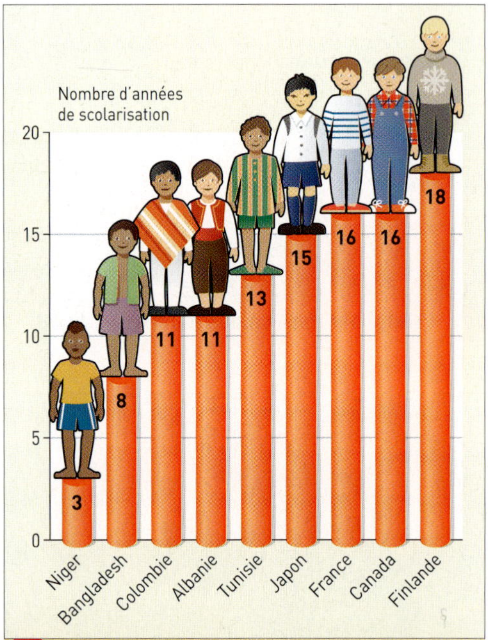

1 **L'espérance de vie scolaire dans quelques pays du monde en 2009**

➔ Comparez l'espérance de vie scolaire au Japon et au Bangladesh. Que constatez-vous ? Comment pouvez-vous l'expliquer ?

Vocabulaire

Alphabétisation : fait d'apprendre à lire et à écrire.

Analphabète : personne ne sachant ni lire ni écrire.

Éducation : ensemble des apprentissages moraux, intellectuels et culturels.

Espérance de vie scolaire : durée moyenne de la scolarité.

Scolarisation : accès à l'école et aux apprentissages.

Scolarité : période pendant laquelle un enfant va à l'école.

2 **Affiche de l'association « Pas d'école, pas d'avenir »**

➔ Comparez la vie des trois enfants à droite de l'affiche à celle de l'enfant représenté à gauche.

3 **Une école pour adultes au Timor oriental, en 2007**

➔ Décrivez les conditions dans lesquelles ces adultes apprennent à l'école.

Scolariser les filles

a des conséquences sur

La vie personnelle
- Elles se marient plus tard.
- Elles contrôlent mieux leur fécondité.

La vie familiale
- Elles ont moins d'enfants.
- Elles connaissent mieux les règles d'hygiène.
- Elles assurent une alimentation équilibrée à leur famille.
- Elles favorisent l'instruction des enfants.

La vie sociale
- Elles ont un meilleur emploi, mieux rémunéré.
- Elles connaissent mieux leurs droits fondamentaux (droit de vote, liberté d'expression...).
- Elles comprennent mieux les enjeux environnementaux.

Amélioration du niveau de vie des individus et développement du pays

4 **L'éducation des femmes : un enjeu-clé pour les pays en développement**

➔ Citez trois améliorations de la vie des femmes dues à leur scolarisation.

Socle commun

L'essentiel — Éducation et développement durable

[Compétence 5.6 – Identifier les enjeux du développement durable.]

3 ENJEUX CLÉS	Les défis d'aujourd'hui – Limiter	Les défis d'aujourd'hui – Favoriser	Pour un développement durable de l'humanité
Société	• Les écarts de durée de la scolarité entre les pays • Les inégalités d'accès à l'éducation entre garçons et filles	• La scolarisation des enfants dans les pays en développement • L'accès des femmes à l'éducation et à l'alphabétisation	Accès au savoir et à l'éducation pour le plus grand nombre
Économie	• Les inégalités de richesse entre les pays • Les inégalités entre les territoires (ville/campagne ou littoral/intérieur) dans les pays en développement	• La formation d'enseignants plus nombreux dans les pays pauvres • La construction d'écoles et leur équipement en matériel pédagogique dans les pays pauvres	Développement économique des pays pauvres
Environnement	• Les atteintes à l'environnement (non traitement des déchets…)	• L'éducation au développement durable dans les écoles • La sensibilisation aux questions environnementales	Meilleure compréhension des enjeux environnementaux

1 Lire et décrire les principales inégalités sur une carte de l'accès à l'éducation

[Compétence 5.1 – Avoir des repères géographiques. Compétence 5.5 – Lire et utiliser différents langages.]

1 Quel est l'espace représenté ? Quel est le thème de la carte ?

2 Définissez le mot analphabétisme. Quel figuré est utilisé pour le représenter sur la carte ?

3 Dans quel cas les pays sont-ils marqués par un carré noir ?

4 À l'aide des informations relevées sur la carte, en particulier des exemples localisés, rédigez un texte court montrant que l'accès à l'éducation est inégal dans le monde.

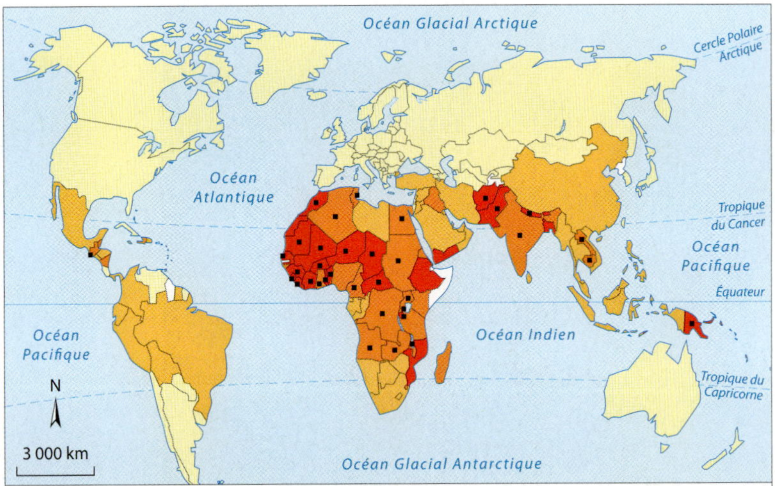

Taux d'analphabétisme chez les 15 ans et plus (en %)

- Très élevé (plus de 40 %)
- Élevé (de 21 à 40 %)
- Moyen (de 5 à 20 %)
- Faible (Moins de 5 %)
- ▪ Pays où l'analphabétisme touche 3 fois plus les femmes que les hommes

Source : UNESCO, 2007.

2 B2i Je présente l'association Aide et action

[Compétence 4.2 – Je sais utiliser les fonctions principales d'un logiciel de navigation sur le web.]

Allez sur le site de l'association Aide et action : www.aide-et-action.org

À l'aide du bandeau du site Internet de l'association, répondez aux questions suivantes :

1 Combien d'enfants sont privés d'éducation dans le monde ?

2 Combien d'adultes sont analphabètes ?

Cliquez sur : Je découvre

3 Quelle est l'ambition de l'association ? Pourquoi ?

4 Quelles sont les valeurs défendues dans la charte ?

5 Citez des personnalités qui parrainent l'association Aide et Action.

6 Pourquoi sont-elles importantes ?

Cliquez sur : Je m'informe

7 Quels projets font l'actualité de l'association ?

Cliquez sur : J'agis

8 Comment le citoyen peut-il agir pour l'éducation aux côtés de l'association ?

9 Comment pouvez-vous réaliser avec votre classe un défi pour l'éducation ?

Site Internet d'Aide et action : www.aide-et-action.org

POUR ALLER PLUS LOIN

À lire

● *Atlas des inégalités*, Milan Jeunesse, 2009.

● Un dossier « Sur les chemins de l'école » de *Géo-Ado*, n°79, septembre 2009.

À consulter

- Le site de la campagne mondiale pour l'éducation : www.campaignforeducation.org/fr/
- Le site de l'UNICEF junior : www.unicef.org/voy/french/
- Le site de l'association « Toutes à l'école » : www.toutes-a-l-ecole.com/
- Le site de la campagne « Pas d'école, pas d'avenir » : www.pasdecolepasdavenir.org/
- Le site des écoles alternatives : ecoles.alternative-democratique.org/-l-ecole-ailleurs

Chapitre 13

Des inégalités devant les risques

▶ Pourquoi les hommes sont-ils inégaux face aux risques ?

PLAN DU CHAPITRE

1 Une usine chimique à Saint-Clair du Rhône, dans l'Isère

➔ À quel risque est exposée cette population ? Pourquoi la localisation des habitations l'aggrave-t-il ?

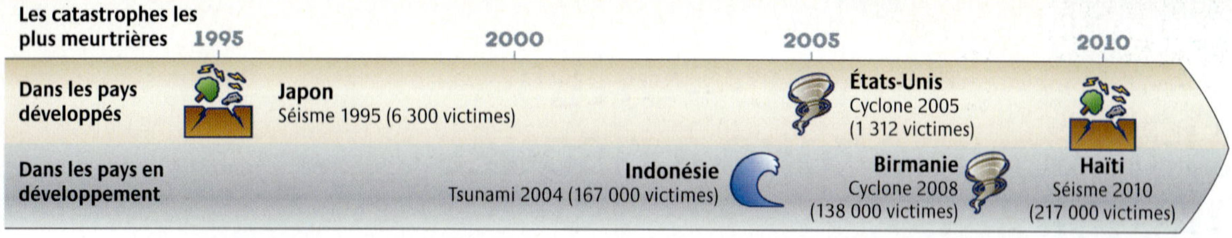

2 Le volcan Mayon, dominant la ville de Legazpi, aux Philippines

Il est entré en éruption le 17 décembre 2009.

Quel risque menace cette population ?

Étude de cas

Habiter une zone à risques : les Caraïbes

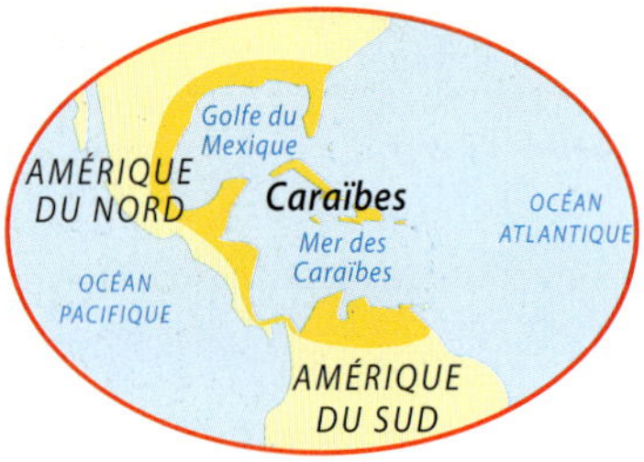

• De la côte sud des États-Unis au nord de l'Amérique du Sud, l'espace Caraïbes rassemble de nombreux habitants aux niveaux et modes de vie extrêmement différents. Concentrés sur les littoraux et dans les îles, ils sont tous soumis à un même risque naturel : les **cyclones**.

➤ ***Pourquoi les habitants des Caraïbes sont-ils inégaux face à ce risque cyclonique ?***

Vocabulaire

Cyclone : tourbillon d'air chaud et humide, se formant en zone tropicale et se déplaçant à grande vitesse. Il est appelé aussi ouragan en Amérique du Nord.

Un cyclone souffle sur une île tropicale : c'est un **aléa**.

En région tropicale, les cyclones sont fréquents : pour la population, c'est un **risque**.

Parfois, ces cyclones causent des dégâts humains et matériels considérables. Le risque devient **catastrophe**.

1 Aléa, risque et catastrophe

2 Les inégalités de niveau de vie aux Caraïbes, en 2008

3 Les effets des cyclones

La capacité destructrice des cyclones est liée à l'énergie considérable qu'ils développent. Un cyclone est une soufflerie qui émet des vents violents pouvant dépasser 300 km/h.

Ce sont aussi des cumulonimbus[1], gorgés d'humidité, qui forment un cercle tourbillonnant de 100 à 1000 km de diamètre. C'est pourquoi les cyclones s'accompagnent de fortes précipitations. (...)

Enfin, l'élévation du niveau marin (...) provoque des raz-de-marée et des inondations catastrophiques dans les espaces littoraux.

D'après le site Internet www.ens-lsh.fr/geoconfluence.

1. Cumulonimbus : nuages.

Nom du cyclone	Fay	Gustav	Hanna	Ike
Date de début et de fin	15-25 août	25 août-2 sept.	28 août-7 sept.	1er-14 sept
Vitesse max. des vents	100 km/h	240 km/h	130 km/h	230 km/h
Conséquences	inondations ± 60 morts	inondations 112 morts	inondations ± 500 morts	102 morts

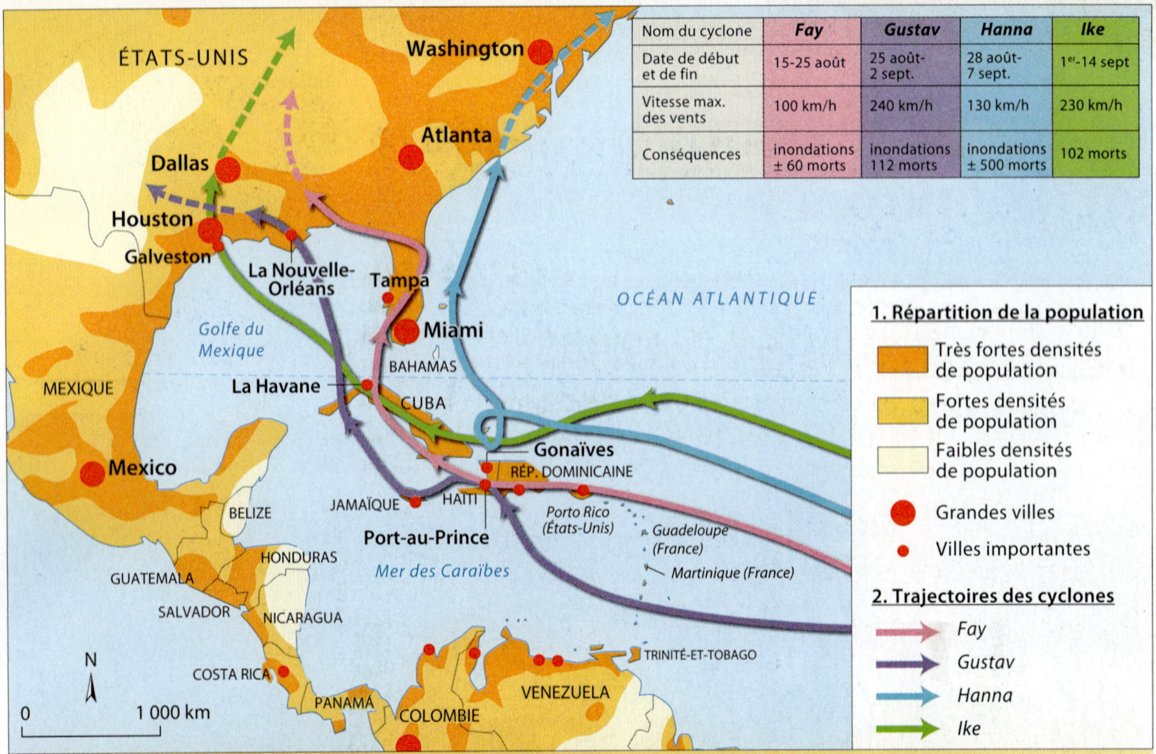

4 La répartition de la population et les trajectoires des cyclones dans les Caraïbes en 2008

5 Vue satellite du cyclone Ike, arrivant au-dessus de Cuba (septembre 2008)

Questions

Je localise

1 Où se situe la région des Caraïbes ?

Je décris

2 **Docs 1, 4 et 5.** À quel aléa est exposée cette région ?

3 **Docs 3 et 5.** Quels sont les effets de cet aléa ?

4 **Docs 1 et 4.** Pourquoi peut-on dire que le risque est important à Haïti et au sud des États-Unis ? Citez les principales villes littorales.

5 **Doc 4.** Montrez que ce risque est régulier dans cette région.

6 **Doc 2.** Quel indicateur permet de mesurer le niveau de vie ?

7 **Doc 2.** Quel est le niveau de développement à Haïti ? Aux États-Unis ?

Je conclus

8 « Les Caraïbes sont une zone à risques ». Expliquez cette phrase.

Étude de cas

Les cyclones dans un pays en développement : Haïti

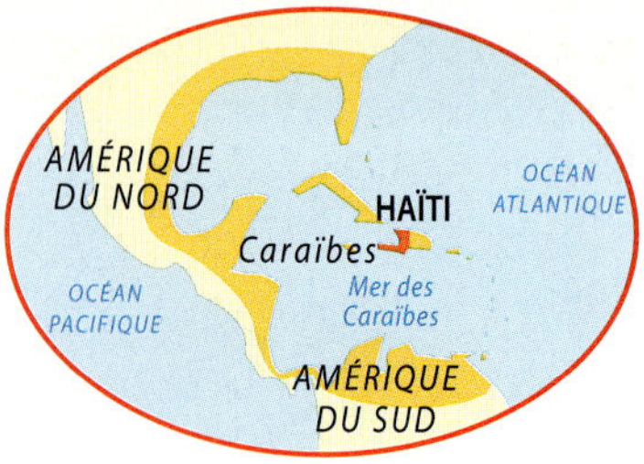

• Située dans les Caraïbes, l'île d'Haïti est un des pays les plus pauvres du monde. Chaque année, ses 10 millions d'habitants doivent faire face au risque cyclonique.

▶ ***Quelles sont les conséquences des cyclones pour la population ?***

1 Une rue des Gonaïves après le passage d'un cyclone en 2008

2 Des cyclones dévastateurs

Le cyclone Hanna a transformé la vallée menant aux Gonaïves en un vaste lac et les ponts se sont effondrés. Le Dr Thimothée montre la ville au loin. Elle n'est qu'à quatre kilomètres, mais elle est inaccessible, séparée par une vaste étendue d'eau de cinq mètres de profondeur. Gustav et Hanna[1] ont provoqué des pluies diluviennes et ont causé plus d'un demi-millier de morts. Dans la région des Gonaïves, plus de 250 000 personnes sont sinistrées et la municipalité ne possède même pas d'hôpital. Plus de 70 % des Haïtiens vivent sous le seuil de la pauvreté. « Nous prions chez nous désormais, et lorsqu'il y a un cyclone, nous partons nous réfugier dans une maison en dur ».

D'après Ludovic Hirtzmann, *Le Télégramme*, 8 septembre 2008.

1. Gustav et Hanna sont des noms de cyclones.

3 Une catastrophe humaine et matérielle

L'ONU estime que plus de 50 000 familles « ont tout perdu et n'ont plus rien à manger ». Les cultures et les plantations ont été dévastées ; plus de deux mille têtes de bétail ont péri noyées ; les lignes électriques et les routes sont détruites dans la majeure partie de l'île.

L'ONU prévoit pour les mois à venir une aggravation des cas de famine et de sous-alimentation.

D'après le site Internet du *Monde*, www.lemonde.fr, 1er septembre 2008.

4 L'aide internationale

a L'ONU et le secours aux populations
Les soldats des Nations unies distribuent de la nourriture aux enfants, aux Gonaïves le 10 septembre 2008.

b Une mobilisation mondiale

Un appel d'urgence a été lancé vendredi pour venir en aide aux milliers de sinistrés. Les Nations unies vont lancer un appel à la création d'un fonds d'urgence. L'Union européenne a décidé de débloquer 2 millions d'euros. Les États-Unis, la France et encore l'Espagne, ont annoncé l'envoi d'aide humanitaire. Une première cargaison de vivres a été fournie par le Programme alimentaire mondial (PAM). La mission des Nations unies en Haïti a mis ses moyens au service des sinistrés.

D'après le site Internet de RFI, www.rfi.fr, 6 septembre 2008.

5 Cyclones et déboisement

Chaque année, Haïti voit débouler sur son sol des cyclones plus violents, plus meurtriers. La nature et le réchauffement climatique ne sont pas les seuls responsables : le déboisement[1] est tel – 98 % ! – que les pluies diluviennes font toujours plus de ravages. Les glissements de terrain et les coulées de boue que les arbres ne retiennent plus emportent les fragiles habitations, avec de lourdes conséquences humaines. Chaque tempête laisse derrière elle une situation de désolation. Elle ajoute un poids supplémentaire sur un pays qui compte parmi les plus pauvres du monde, et freine les efforts de lutte contre la pauvreté.

D'après *La Croix*, 10 décembre 2007.

1. Moins d'un Haïtien sur deux a accès à l'électricité et au gaz. La population utilise le bois pour la cuisson des aliments.

Questions

Je localise

1 Où se situe ce pays ? Rappelez son niveau de développement (doc 2 p. 256).

Je décris

2 **Docs 1, 2 et 3.** Pourquoi peut-on parler de catastrophe ?

3 **Doc 4.** Sur quelle aide le pays doit-il compter ?

4 **Doc 2.** Pourquoi cette aide est-elle indispensable aux Gonaïves ?

5 **Doc 5.** Pourquoi le déboisement est-il important ? Montrez qu'il aggrave les conséquences des cyclones.

6 **Docs 1 et 5.** Que peut-on dire des habitations ?

7 **Doc 2.** La population a-t-elle été évacuée ?

8 **Doc 3.** Quelle activité a beaucoup souffert ? Quels vont être les effets sur la population ?

9 Montrez que le faible niveau de développement accroît les conséquences du passage des cyclones à Haïti.

BILAN

Je fais le point sur les conséquences d'un cyclone à Haïti

Récapitulez dans le tableau ci-dessous les conséquences du passage des cyclones (docs 1 à 5).

Pour la société	Pour l'économie	Pour l'environnement

Étude de cas

Les cyclones dans un pays développé : les États-Unis

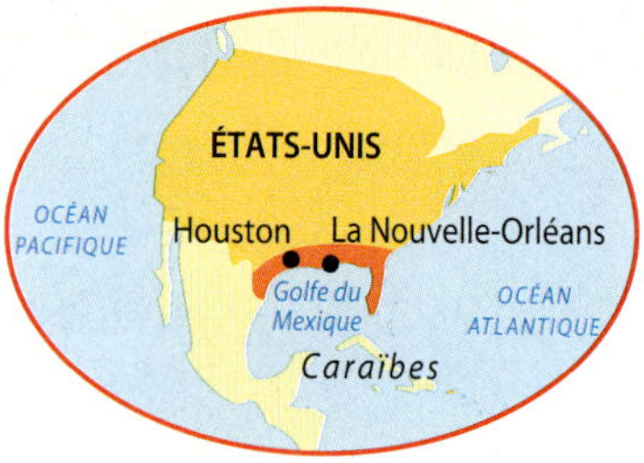

• Le littoral du Golfe du Mexique, dans le sud des États-Unis subit régulièrement le passage de violents cyclones. Fortement peuplé, il compte de nombreuses métropoles comme La Nouvelle-Orléans ou Houston.

▶ ***Quelles sont les conséquences de ces cyclones pour la population ?***

1 Après le passage d'un cyclone en 2008 à Galveston (Texas)

2 La situation à La Nouvelle-Orléans après le passage de Gustav

Le passage de Gustav au sud de La Nouvelle-Orléans n'a pas fait de mort dans la ville.

Le secrétaire à la Sécurité intérieure a souligné l'importance de l'ordre d'évacuation obligatoire donné avant l'arrivée de l'ouragan, qui a déjà fait plus de 96 morts dans les Caraïbes. L'évacuation, décrite comme la plus vaste de l'histoire américaine, a transformé La Nouvelle-Orléans en ville fantôme.

Aucune brèche n'a été constatée sur les digues. Le directeur de l'Agence de gestion des situations d'urgences a assuré que « les digues sont beaucoup plus solides et bien plus hautes que durant Katrina[1] ».

Le passage de l'ouragan a également entraîné l'arrêt total de la production de pétrole dans les installations du golfe du Mexique.

D'après *La Croix*, 2 septembre 2008.

1. En 2005, l'ouragan Katrina a provoqué la mort de 1 836 personnes à La Nouvelle-Orléans.

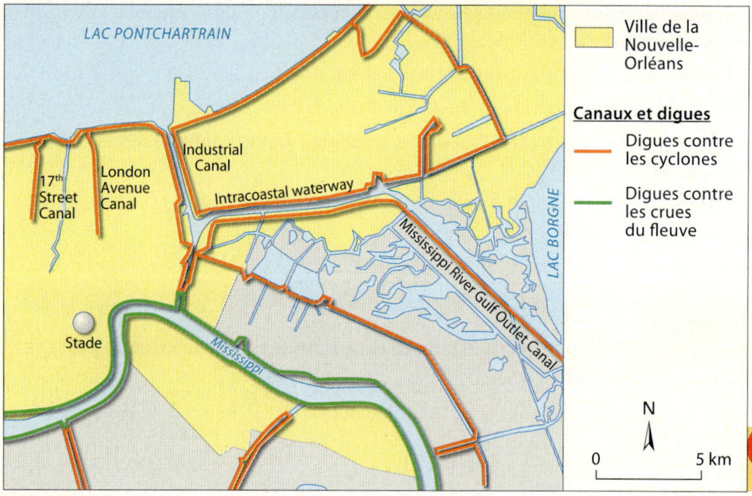

3 Comment protéger La Nouvelle-Orléans ?

4 **L'évacuation de Houston, en prévision de l'arrivée d'un cyclone, en 2008**

5 Une politique de prévention des risques

Le sud des États-Unis a développé une politique de prévention très efficace (...). Au plus près des familles, à la télévision, dans les écoles, dans les centres commerciaux, dans les journaux, les conseils pratiques, en cas de cyclone, sont périodiquement rappelés. Cette pratique préventive, marquée par une très longue expérience et de très nombreux drames dont celui de La Nouvelle-Orléans[1], semble être profondément ancrée dans la vie quotidienne des Américains du sud des États-Unis.

Question à l'Assemblée nationale française, 16 septembre 2008.

1. En 2005, l'ouragan Katrina a provoqué la mort de 1 836 personnes à La Nouvelle-Orléans.

6 Le bilan des cyclones aux États-Unis et à Haïti en 2008

Pays	Dégâts matériels	Nombre de victimes
États-Unis	20 milliards de dollars	63
Haïti	0,9 milliards de dollars	793

Questions

Je localise

1 Situez les États-Unis par rapport au Golfe du Mexique.

Je décris

2 **Doc 1.** Décrivez la photographie. Pourquoi peut-on parler de catastrophe ?

3 **Docs 3 et 5.** Comment tente-t-on de prévenir le risque ?

4 **Doc 4.** Quelle mesure a été prise avant l'arrivée de l'ouragan ?

5 **Doc 2.** Quel est le bilan humain à la Nouvelle-Orléans ?

6 **Docs 3, 4 et 5.** Expliquez pourquoi le niveau de développement élevé des États-Unis réduit les conséquences humaines du passage des ouragans.

7 **Doc 6.** Qu'est-ce qui distingue les bilans du passage des cyclones à Haïti et aux États-Unis ?

BILAN

J'identifie les enjeux du développement durable face aux risques majeurs

Socle commun

À partir des exemples d'Haïti et du sud des États-Unis, complétez le schéma en replaçant les expressions suivantes :

- *cyclones fréquents*
- *destruction des ressources économiques*
- *bilan humain élevé*
- *dégradation durable de l'environnement*
- *bilan humain très faible*
- *fortes densités de population*
- *dégradation ponctuelle de l'environnement*

Régions à risques = ... + ...

→ **Conséquences à Haïti, pays pauvre**

Pour la société	Pour l'économie	Pour l'environnement

→ **Conséquences aux États-Unis, pays développé**

Pour la société	Pour l'économie	Pour l'environnement

Risques majeurs et inégalités

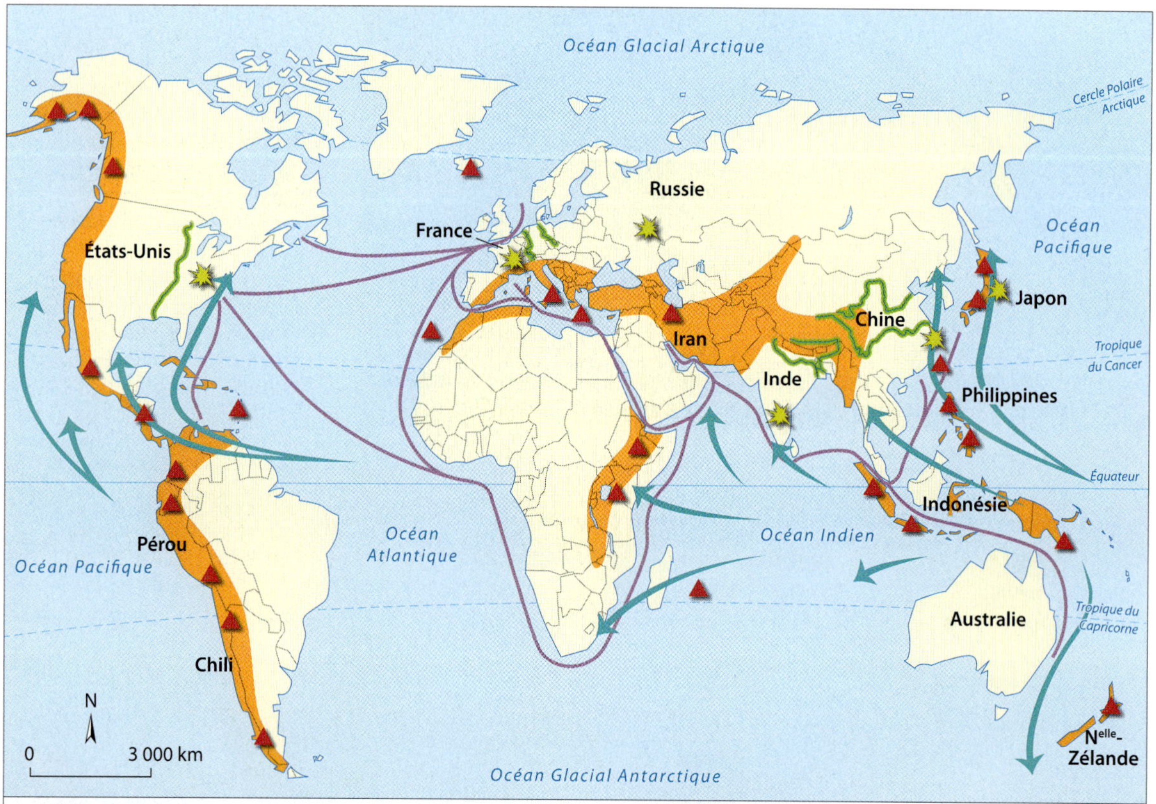

1. Risques naturels

- Régions exposées au risque sismique
- Régions de volcanisme actif
- Trajectoires des cyclones
- Principaux fleuves à l'origine d'inondations catastrophiques

2. Risques technologiques

- Axes de transport pétrolier : risque de marée noire
- Principales régions exposées à des risques industriels et nucléaires majeurs

1 Les régions de risques majeurs dans le monde, en 2009

Questions

1 Doc 1. Dans les études de cas, les catastrophes ont été occasionnées par le passage de cyclones. Citez deux autres pays menacés par ce risque.

2 Doc 1. Quels sont les autres risques représentés sur cette carte ? Pour chacun d'entre eux, citez deux pays concernés par ce type de risque.

3 Docs 1 et 2. Citez trois pays menacés par des risques majeurs où la population est très importante.

4 Doc 3. Dans quel type de pays les catastrophes les plus meurtrières ont-elles eu lieu ? Dans quel type de pays les catastrophes les plus coûteuses ont-elles eu lieu ?

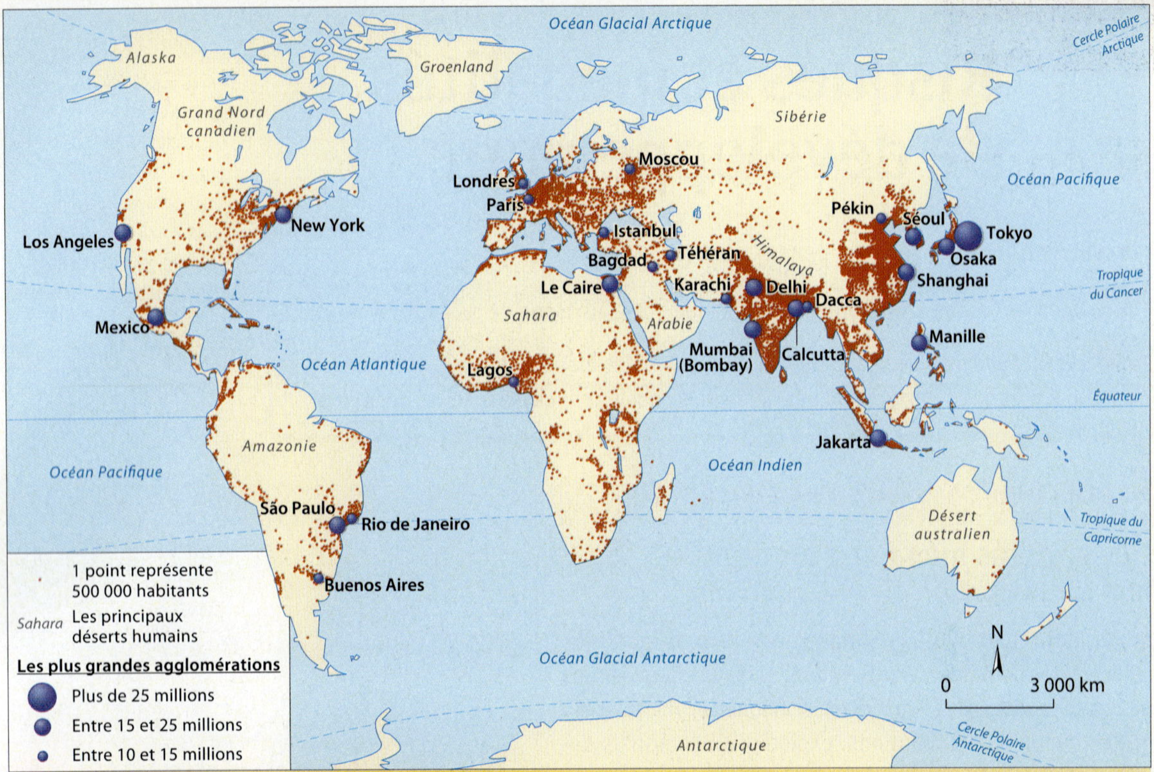

2 La répartition de la population mondiale en 2009

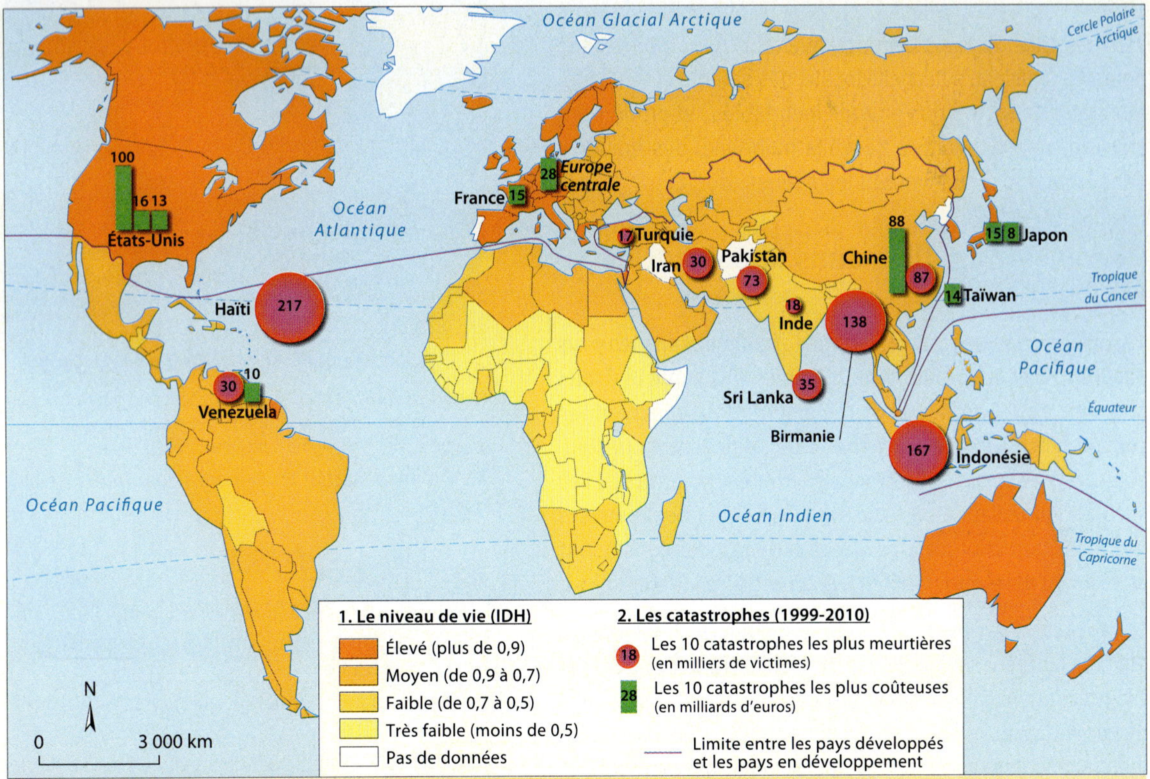

3 Les inégalités de développement en 2009 et les conséquences des catastrophes

Cours 1

Risques et inégalités de développement

• Un tiers de la population mondiale vit dans des zones de risques naturels majeurs.
• 95% des victimes des catastrophes naturelles vivent dans les pays pauvres.

> *Que nous ont appris les études de cas ?*
>
> **A** Dans les Caraïbes, les hommes doivent faire face au risque de cyclones.
>
> **B** Les inégalités de développement entre Haïti et les États-Unis expliquent que les conséquences des ouragans sont très différentes pour les populations de ces deux pays.

Qu'en est-il à l'échelle mondiale ?

A Des sociétés humaines confrontées aux risques

1. Par leur répartition à la surface de la Terre et par leurs activités, les hommes s'exposent à des **risques**. Ces risques peuvent être **naturels** (climatiques, sismiques et volcaniques) ou technologiques (pollutions, explosions). Lorsqu'ils deviennent réalité, ils entraînent des **catastrophes** (docs 3 et 4).

2. Les hommes s'installent parfois volontairement dans des régions exposées. Celles-ci sont en effet favorables à leurs activités (doc 2), mais cela aggrave leur **vulnérabilité**. Les hommes réalisent, à l'échelle locale, des aménagements (déforestation, construction en zone inondable...) et produisent, stockent et échangent, à l'échelle mondiale, des matières dangereuses qui augmentent les risques (doc 3).

B De fortes inégalités dans la prévention et la protection

1. 90 % des victimes des catastrophes habitent **dans les pays pauvres**. En effet, **le sous-développement accentue le risque** (absence de prévention et de réglementation) et **accroît les conséquences des catastrophes** : désorganisation des secours, faiblesse des infrastructures (routes, hôpitaux...). Les secours immédiats et la reconstruction dépendent souvent de l'aide internationale (doc 4). Les catastrophes constituent un **frein au développement** et aggravent la pauvreté (doc 5).

2. Dans les pays riches, d'importants moyens technologiques et financiers sont consacrés à la **prévision des événements** et à la **prévention** : aménagements, plan d'évacuation, systèmes de surveillance... (doc 1). Si les catastrophes sont matériellement et économiquement coûteuses, elles sont de moins en moins meurtrières (doc 5).

1 La porte anti-tsunami de Numazu (Japon)

La porte, haute de 9 mètres, est descendue pour protéger la population en cas de tsunami (raz-de-marée violent provoqué par un séisme sous-marin).

Qu'ont construit les hommes pour faire face au risque ?

Vocabulaire

Catastrophe : événement exceptionnel se traduisant par des pertes humaines et/ou matérielles très importantes.

Risque : danger potentiel qui menace un groupe humain.

Vulnérabilité : plus ou moins grande fragilité d'une société face à un risque.

2 Des choix risqués

40 % de la population mondiale vit à moins de 60 km du rivage selon l'ONU. L'urbanisation des côtes s'est faite au détriment des milieux – marais, barrières coralliennes – qui jouent un rôle de protection naturelle en cas d'inondation. La densité de population augmente et un nombre croissant de bâtiments sont construits sur des zones fragiles : de ce fait, les catastrophes naturelles touchent davantage de personnes et les pertes économiques sont plus importantes.

D'après le site Internet www.notre-planete.info/actualites/, 2005.

1 Quels risques menacent les populations ?

2 Quels éléments augmentent ces risques ?

3 Explosion d'un oléoduc dans un quartier de Lagos, au Nigeria, en mai 2008

➔ Pourquoi le risque est-il particulièrement important ?

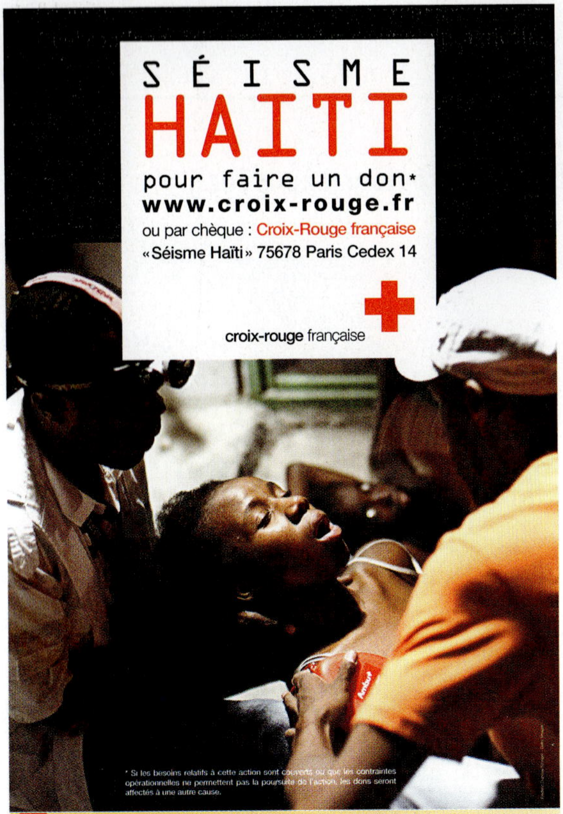

4 L'appel aux dons de La Croix-Rouge pour les victimes du séisme à Haïti (janvier 2010)

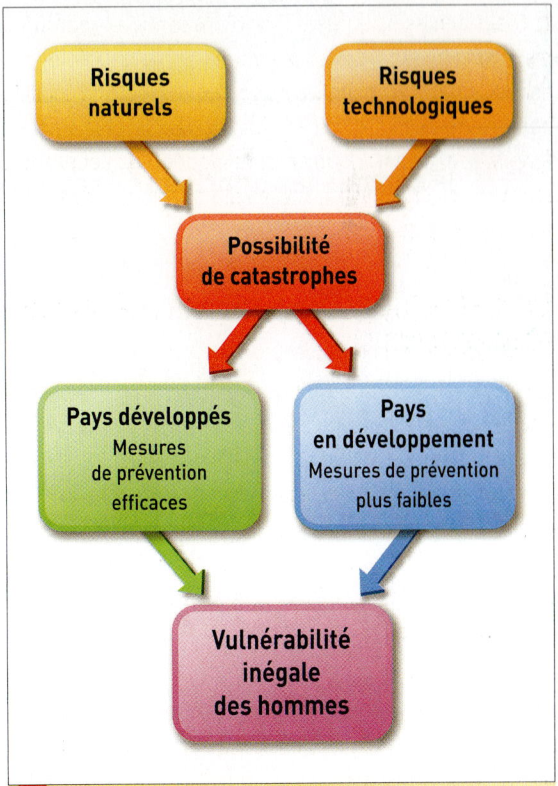

5 Vulnérabilité et niveau de développement

➔ Pourquoi les populations des pays pauvres sont-elles plus vulnérables que celles des pays riches ?

L'essentiel — Risques et développement durable

[Compétence 5.6 – Identifier les enjeux du développement durable.]

3 ENJEUX CLÉS	Les défis d'aujourd'hui — Limiter	Les défis d'aujourd'hui — Favoriser	Pour un développement durable de l'humanité
Société	• L'installation des hommes dans les zones à risques	• La prévention • L'éducation aux risques notamment dans les pays pauvres	Diminution des coûts humains des catastrophes
Économie	• La délocalisation des risques technologiques des pays riches vers les pays pauvres • Les inégalités de richesse entre les pays	• Les règlementations internationales pour les matières dangereuses • Les transferts de technologie des pays riches vers les pays pauvres	- Moins de catastrophes - Diminution de l'impact des catastrophes sur l'économie des pays pauvres
Environnement	• Le déboisement • Le bétonnage des sols	• La délimitation des zones à risques	Meilleure protection des équilibres environnementaux

1 Je connais les principaux risques et repère les régions exposées

[Compétence 5.1 – Avoir des repères géographiques. Compétence 5.5 – Lire et utiliser différents langages.]

À imprimer

1 Nommez les océans et les continents.

2 Complétez la légende : à quels types de risques correspondent les figurés sur la carte ?

3 Précisez pour chaque risque s'il s'agit d'un risque naturel ou d'un risque technologique.

4 À quels risques majeurs est exposé le continent européen ?

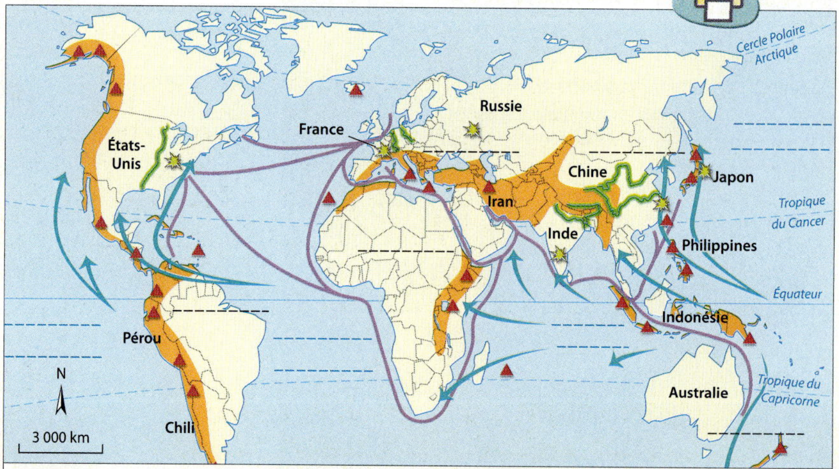

1. Risques ____________
- ____________________________
- ____________________________
- ____________________________
- ____________________________

2. Risques ____________
- Axes de transport pétrolier : risque de marée noire
- ____________________________

2 J'analyse un texte : l'Indonésie, un archipel menacé

[Compétence 1.1 – Manifester sa compréhension de textes variés.]

L'archipel indonésien compte près de 20 000 îles. 2 000 pourraient disparaître d'ici à 2030, selon les experts, du fait des dommages environnementaux et de l'exploitation humaine. Une des raisons majeures de cette catastrophe annoncée se trouve dans la déforestation à outrance que connaît l'Indonésie. Sur l'île de Sumatra, de grandes entreprises obtiennent le droit de déboiser contre la promesse de donner du travail à la population. La déforestation provoque des inondations meurtrières et des glissements de terrain au cœur de Sumatra et de Java[1].

G. Biassette, *La Croix*, 10 décembre 2007.

1. Sumatra et Java sont les principales îles de l'Indonésie.

1 D'après le texte, définissez ce qu'est un archipel.

2 À quel risque est exposée la population ? Pourquoi ?

3 Quelles sont les deux causes de ce risque ?

4 Quelles sont les conséquences de la déforestation ?

5 Pourquoi la population accepte-t-elle de participer à cette déforestation ?

6 En quoi le développement de cette région n'est-il pas durable ?

3 B2i Je fais une recherche sur le site de Météo France aux Antilles

[Compétence 4.3 – Je sais utiliser les fonctions principales d'un outil de recherche sur le web.
Compétence 4.5 – Je sais sélectionner des résultats lors d'une recherche (et donner des arguments permettant de justifier mon choix).]

1 À partir d'un moteur de recherche, connectez-vous au site Météo France Antilles-Guyane.

2 Sur la page d'accueil, cliquez sur les cartes « Vigilance météo » :

a. À quels risques naturels est exposée la population de cette région ?

b. Au moment de votre connexion, le risque est-il important ? Justifiez votre réponse.

3 Retournez sur la page d'accueil. À droite des cartes « Vigilance météo », cliquez sur le lien « Procédures de vigilance météorologique aux Antilles ». Indiquez deux mesures de prévention que doit prendre la population en cas de cyclone très violent (vigilance violette).

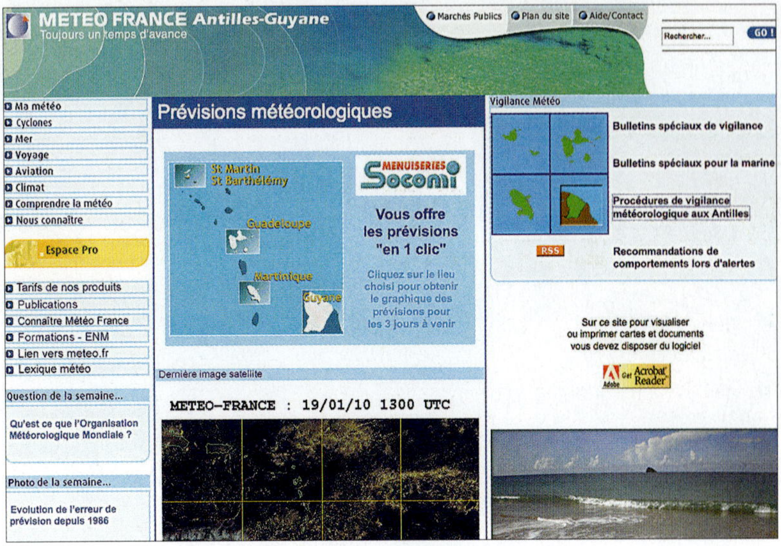

Site Internet de Météo France Antilles Guyane : www.meteo.gp

POUR ALLER PLUS LOIN

À consulter

- Un site sur les risques naturels : www.notre-planete.info/geographie/risques_naturels/
- Un site sur la prévention des risques en France : www.prim.net/

Chapitre 14

La pauvreté dans le monde

▶ Pourquoi la lutte contre la pauvreté est-elle un défi aujourd'hui et pour l'avenir ?

PLAN DU CHAPITRE

1 Vivre dans un bidonville à Bénarès, dans le nord de l'Inde

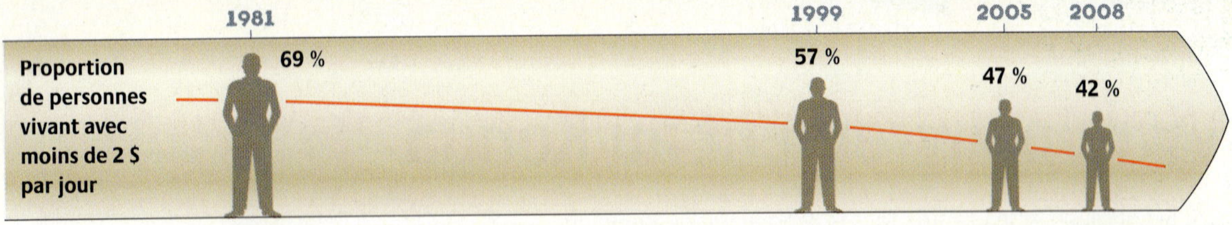

2 **Un sans-abri dans les rues de Tokyo (Japon)**

➔ **Docs 1 et 2.** Comparez ces deux photographies.

Exemple

Vivre pauvrement au Kenya

• Si les athlètes et les safaris font la renommée du Kenya dans le monde entier, ce pays reste pourtant l'un des plus pauvres du monde. La moitié de ses 34 millions d'habitants vivent, en 2010, sous le **seuil de pauvreté**. Parmi eux, les trois quarts vivent en zone rurale. En zone urbaine, les populations pauvres sont concentrées dans les bidonvilles.

Quelles sont les conditions de vie des populations pauvres au Kenya ?

Vocabulaire

IPH1 : indicateur de pauvreté humaine 1. Il permet de comparer le niveau de pauvreté des populations des pays en développement à partir de trois critères (durée de vie, accès au savoir et conditions de vie).

Seuil de pauvreté : limite de revenu au-dessous duquel une famille ou une personne est considérée comme pauvre.

A Être pauvre en zone rurale

1 Vivre dans le village de Lokwamosing, au nord-ouest du Kenya

2 Les inégalités sociales et spatiales au Kenya

Selon le Programme des Nations unies pour le développement (PNUD), les inégalités sociales sont très fortes au Kenya : les plus riches gagnent 56 fois plus que les populations les plus pauvres ; les 10 % les mieux nantis de la population contrôlent 42 % des richesses du pays, tandis que les 10 % les plus mal lotis en possèdent 0,76 %.

À l'échelle nationale, comme dans la capitale, les disparités sont énormes au niveau des revenus, de l'accès à l'éducation, à l'eau et à la santé, de l'espérance de vie, ou du poids du SIDA. Ainsi, une personne née dans la province de Nyanza (Ouest) peut s'attendre à mourir 16 ans plus tôt qu'un de ses compatriotes de la province du Centre : le taux de vaccination des enfants y est inférieur de plus de 50 % à celui de la province du Centre. Si presque tous les enfants de la province du Centre fréquentent l'école primaire, dans la province du Nord-Est, seul un enfant sur trois y est inscrit et plus de 90 % des femmes n'y ont reçu aucune éducation (contre 3 % dans la province du Centre).

D'après le site Internet, www.infosud.org, 10 janvier 2008.

3 Les femmes assurent la corvée quotidienne de bois (sud du Kenya)

L'utilisation excessive du bois de feu comme source d'énergie et moyen de cuisson explique en partie la déforestation, qui accélère la dégradation des sols et menace les ressources en eau.

4 Quelques indicateurs de la pauvreté au Kenya

- IPH1 (rang / 134 pays) : **92e**
- Risque de décès avant 40 ans : **30,3 %**
- Taux d'analphabétisme des adultes : **26,4 %**
- Proportion de la population privée d'accès régulier à des points d'eau : **43 %**
- Part des enfants de moins de 5 ans présentant une insuffisance pondérale : **20 %**
- Part de la population sous le seuil de pauvreté (moins de 2 $ par jour) : **39,9 %**

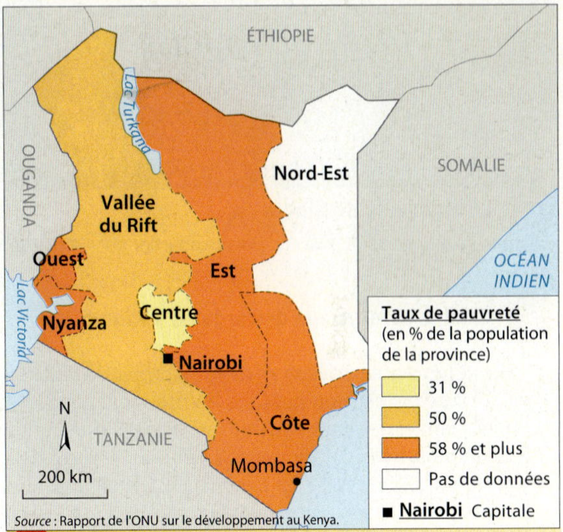

5 Les inégalités régionales au Kenya

Questions

Je localise

1 Localisez le Kenya en Afrique.

Je décris et j'explique

2 **Doc 1.** Décrivez les conditions de vie des habitants.

3 **Doc 4.** Quel est le rang du Kenya selon l'indicateur de pauvreté ? Quelle part de la population vit avec moins de 2 dollars par jour ? Quels sont les trois aspects de la vie des populations pris en compte pour mesurer la pauvreté ?

4 **Docs 1, 3 et 4.** Pourquoi peut-on dire que le Kenya est un pays pauvre ?

5 **Docs 2 et 5.** Pourquoi peut-on dire que la province de Nyanza est plus pauvre que la province du Centre ? Relevez un autre exemple d'inégalités régionales dans le texte.

6 **Doc 2.** Citez les trois échelles d'inégalités de développement évoquées dans le texte.

7 **Doc 3.** Quel lien pouvez-vous établir entre pauvreté rurale et dégradation de l'environnement ?

Je conclus

8 Expliquez en quelques lignes ce que signifie « vivre pauvrement dans une région rurale au Kenya ».

B Être pauvre à Nairobi, en ville

6 Le bidonville de Kibera

Environ 750 000 personnes vivent dans ce quartier qui n'a pas de réseau d'assainissement des eaux ou d'évacuation des déchets.

7 Cuisine et recyclage des ordures à Kibera

Kibera ne dispose d'aucun système municipal de ramassage des ordures, c'est pourquoi les détritus jonchent le sol, provoquant une odeur souvent pestilentielle et rendant l'eau impropre à la consommation. Les risques d'épidémies sont renforcés. Le PNUE[1] a donc lancé à Kibera un projet pionnier en Afrique. Une cinquantaine de chômeurs du quartier ramassent les ordures deux fois par semaine pour un salaire symbolique. Propriétaires de ces ordures, ils les trient puis les revendent, à des ferrailleurs (métaux et verre) ou à une « cuisine communautaire » (détritus inflammables) implantée par le PNUE au cœur du bidonville. Cette cuisine prépare des aliments qu'elle revend aux habitants à des prix subventionnés. Elle brûle ainsi 500 kilos d'ordures par jour. Son four permet aussi de chauffer l'eau des douches publiques voisines. Cette initiative qui n'a coûté que 7 200 € permet de réhabiliter les bassins des rivières de Nairobi qui ont atteint un seuil de pollution critique. Cette cuisine communautaire renforce aussi le lien social dans le bidonville. Reste encore à augmenter la température d'incinération pour lutter contre les fumées épaisses.

Site Internet de RFI, www.rfi.fr, 21 août 2007.

1. PNUE : Programme des Nations unies pour l'environnement.

8 Un porteur d'eau à Kangemi, bidonville de Nairobi

À Nairobi, seulement 10 % des foyers disposent d'une arrivée d'eau. Les ménages à bas revenu sont contraints d'acheter leur eau, de médiocre qualité, aux vendeurs des rues, à des prix très élevés. Les risques pour la santé des populations sont importants.

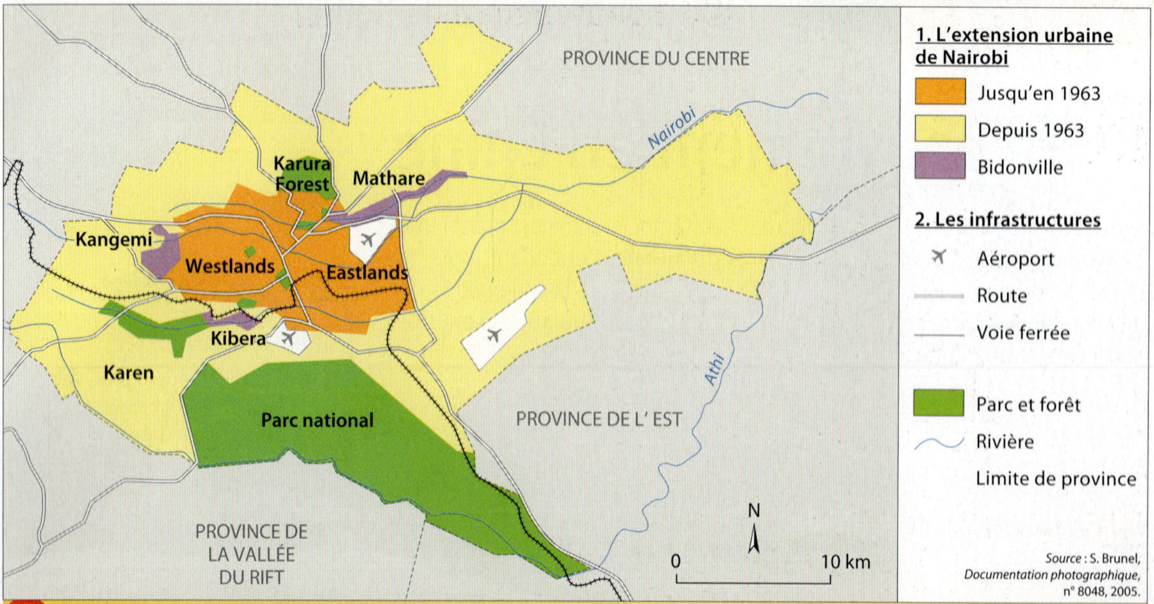

9 **Nairobi, une capitale en forte croissance démographique**

Comptant déjà 2,5 millions d'habitants, la ville continue de croître au rythme de 5 % par an en raison de la croissance démographique et de l'immigration des ruraux.

10 **Des conditions de vie contrastées**

Questions

Je localise et je situe

9 **Docs 7, 8 et 9.** Nommez deux bidonvilles de Nairobi et situez-les par rapport au centre ancien.

Je décris et j'explique

10 **Docs 6 et 7.** Pourquoi peut-on dire que les habitants des bidonvilles vivent dans la misère ?

11 **Doc 8.** Comment les habitants des bidonvilles s'approvisionnent-ils en eau ?

12 **Docs 6, 7 et 8.** Quelles sont les conséquences de l'absence de réseaux d'assainissement pour les populations et pour l'environnement ?

13 **Docs 9 et 10.** Comment les inégalités de richesses sont-elles visibles dans le paysage urbain ?

BILAN

J'identifie les enjeux du développement durable

Socle commun

Recopiez puis classez dans le tableau ci-dessous les différents enjeux du développement durable identifiés par le Programme des Nations unies :

- *Créer des emplois*
- *Accéder à une nourriture saine à bas prix*
- *Collecter les ordures*
- *Chauffer des douches publiques*
- *Améliorer la qualité de l'eau*
- *Réduire la pollution des rivières*
- *Créer une solidarité entre les habitants*

Enjeu social	Enjeu économique	Enjeu environnemental

Exemple

Vivre pauvrement en Chine

• Géant démographique de 1,3 milliard d'habitants, la Chine est aussi l'une des principales puissances économiques du monde. Cependant, près de la moitié de la population chinoise est sous-alimentée. Les inégalités de développement entre les territoires et les groupes de populations sont très marquées et tendent à augmenter.

Quelles sont les conditions de vie des populations pauvres en Chine ?

Vocabulaire

IPH1 : voir p. 270.

PIB : produit intérieur brut. Valeur de l'ensemble des richesses produites en un an dans un pays.

1 Des conditions de vie difficiles

a La ville de Xi'an, dans la province de Shaanxi

b En zone rurale, dans la province de Hebei

2 Les inégalités urbaines s'accroissent

Ces dix dernières années, la Chine a connu la plus forte augmentation de l'écart des revenus entre les 10 % les plus riches et les 10 % les plus pauvres du pays en Asie. Les villes, plus encore que les campagnes, reflètent les nouvelles stratifications sociales. Les ouvriers migrants, peu payés, logeant sur leur chantier, côtoient des classes urbaines propriétaires et travaillant dans les services, voire des expatriés toujours plus nombreux dans les métropoles littorales. La précarisation des populations urbaines face au travail et au logement s'accompagne d'une montée du chômage urbain, qui place progressivement les citadins en rivalité directe avec les migrants. Les mécontentements entraînés par les déplacements forcés des populations urbaines les plus pauvres des centres-villes vers les périphéries et la réussite financière des entrepreneurs qui réalisent de prestigieuses promotions immobilières dans ces mêmes centres soulignent le développement d'une société urbaine à plusieurs vitesses.

D'après T. Sanjuan, « Le défi chinois », *Documentation photographique*, n° 8064, 2008.

3 Quelques indicateurs de la pauvreté en Chine

- IPH1 (rang / 134 pays) : **36e**
- Risque de décès avant 40 ans : **6,2 %**
- Taux d'analphabétisme des adultes : **6,7 %**
- Proportion de la population privée d'accès régulier à des points d'eau : **12 %**
- Part des enfants de moins de 5 ans présentant une insuffisance pondérale : **7 %**
- Part de la population sous le seuil de pauvreté (moins de 2 $ par jour) : **36,3 %**

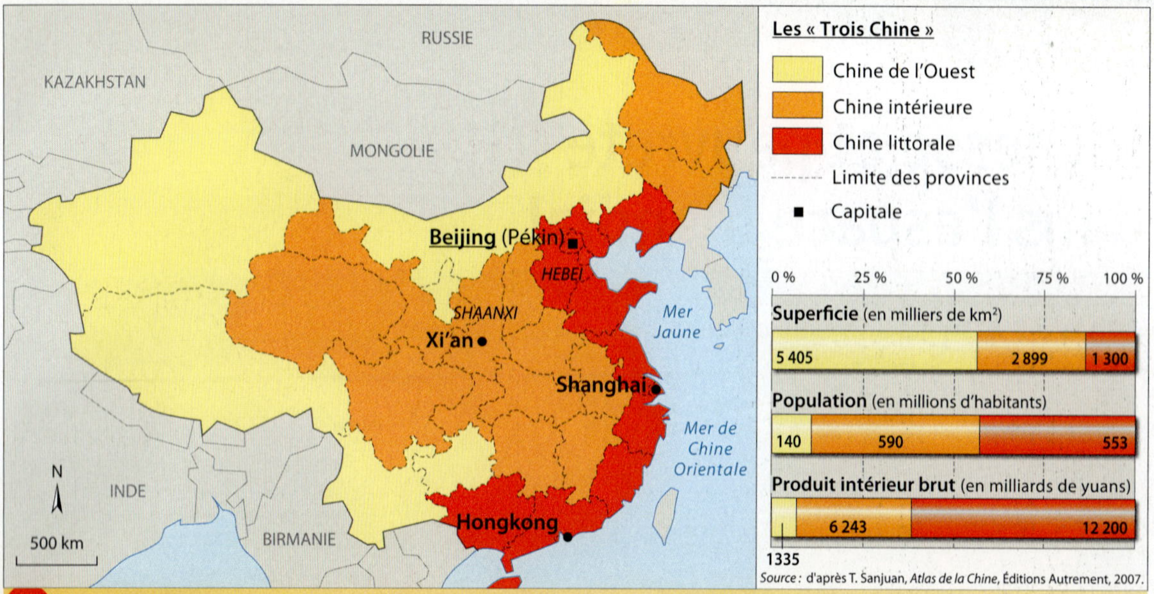

Source : d'après T. Sanjuan, *Atlas de la Chine*, Éditions Autrement, 2007.

4 Les trois Chine

5 Les inégalités villes-campagnes

L'écart entre les villes et les campagnes chinoises ne cesse de se creuser. Les villes apparaissent comme le lieu privilégié d'une possible réussite personnelle. Le revenu moyen urbain représente plus de trois fois celui des ruraux.

Dans le monde rural, la distance par rapport à la ville et l'intégration des entreprises locales dans les réseaux d'échanges économiques régionaux ou nationaux sont les deux principaux critères d'inégalités.

D'après T. Sanjuan, « Le défi chinois », *Documentation photographique*, n° 8064, 2008.

6 Pauvreté et environnement

À l'échelle de la Chine, les anciennes pollutions dues à l'industrie lourde rencontrent celles de l'industrie contemporaine, productrice de biens de consommation, et de l'explosion urbaine. Parallèlement aux problèmes structurels de l'érosion des sols, de la désertification[1] et de la réduction de la biodiversité, les pollutions des eaux et de l'air deviennent des enjeux qu'une fuite économique dans la rentabilité empêche de résoudre. En ville, les mécontentements devant les dégradations sanitaires et les nouveaux dangers dus à la pollution de l'air se multiplient.

D'après T. Sanjuan, « Le défi chinois », *Documentation photographique*, n° 8064, 2008.

1. Désertification : dégradation progressive des terres dans les zones arides.

Questions

Je localise

1 Localisez la Chine en Asie.

Je décris et j'explique

2 **Doc 1.** Localisez les lieux sur le document 4 puis décrivez les conditions de vie de ces populations chinoises.

3 **Doc 3.** Citez trois aspects de la vie des populations pris en compte pour mesurer la pauvreté.

4 **Doc 4.** Où sont situées les régions qui bénéficient du développement actuel de la Chine ? Où sont situées les régions qui restent à l'écart de ce développement ? Justifiez vos réponses.

5 **Doc 5.** Relevez dans le texte un chiffre montrant les inégalités entre les villes et les campagnes. Quels sont les espaces ruraux les plus pauvres ?

6 **Doc 2.** Qui sont les pauvres urbains ?

7 **Doc 6.** À quels problèmes environnementaux est confrontée la Chine ?

BILAN

J'identifie les enjeux du développement durable

Socle commun

Chaque colonne du tableau correspond à l'un des trois piliers du développement durable. Lequel ?

....	....	....
– Réduire le chômage. – Garantir un logement et un salaire décents aux migrants.	– Encourager les investissements dans la Chine intérieure.	– Limiter l'érosion des sols. – Réduire la pollution de l'air et de l'eau.

Richesse et pauvreté dans l'espace mondial

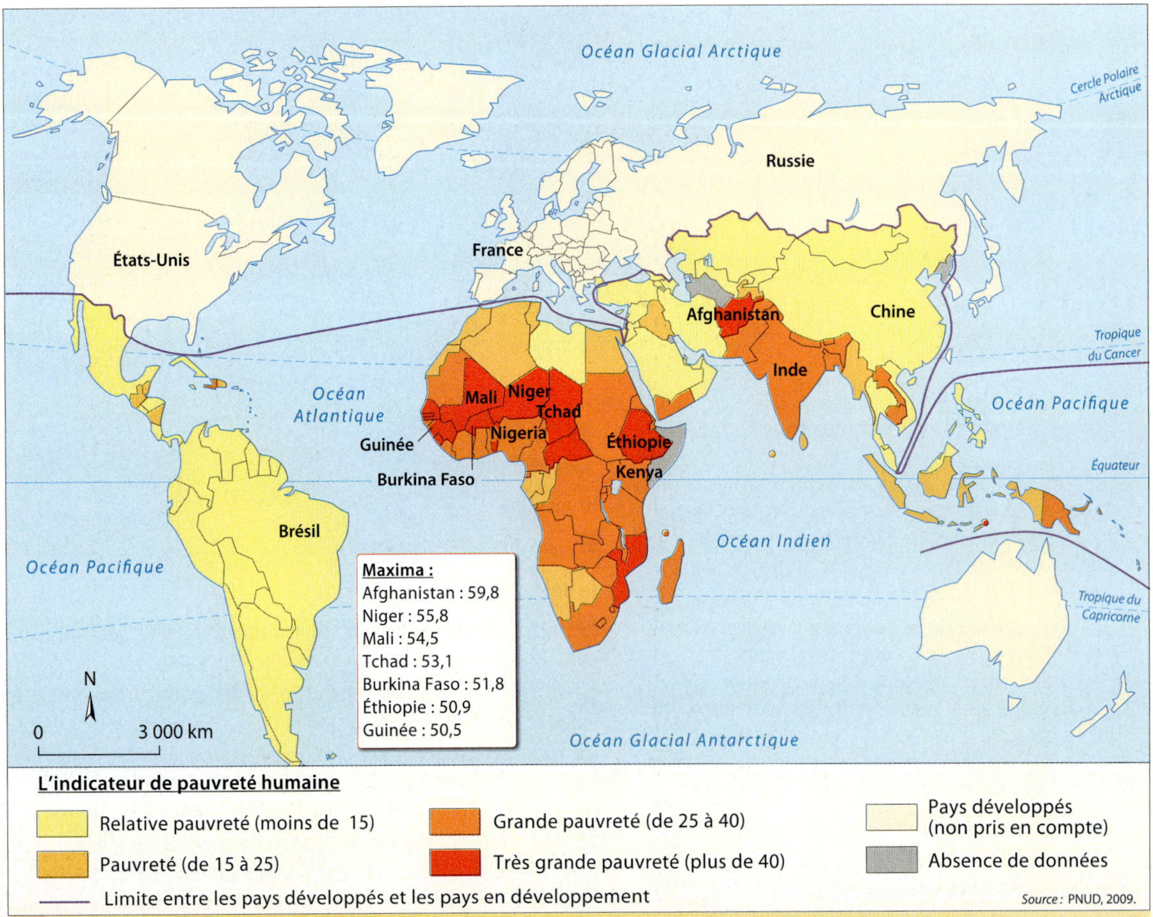

1 La pauvreté dans le monde

2 L'indicateur de pauvreté humaine

Les Nations unies proposent un indicateur de pauvreté humaine (IPH) qui combine plusieurs critères. Pour les pays en développement, l'IPH1 est élaboré à partir de données sur la durée de vie (risque de décès avant 40 ans), sur l'accès au savoir (taux d'analphabétisme des adultes) et sur les conditions de vie (proportion de la population privée d'accès régulier à des points d'eau aménagés et part des enfants de moins de 5 ans présentant une insuffisance pondérale). Pour les pays développés, on utilise un autre indicateur, l'IPH2, qui mesure l'exclusion.

Y. Veyret et G. Granier, « Le développement durable », *La Documentation photographique*, n°8053, 2006.

Questions

1 **Docs 1, 3 et 4.** Quels sont les indicateurs utilisés pour mesurer les inégalités de richesse et de développement ?

2 **Doc 1.** Quels sont les trois pays les plus pauvres du monde ? Où sont-ils localisés ?

3 **Doc 3.** Comment est construite une carte par anamorphose ?

4 **Doc 3.** Quelles sont les régions du monde les plus riches ? Quelles sont les plus pauvres ? Que pouvez-vous en conclure ?

5 **Doc 4.** Montrez que les inégalités de développement sont observables aux échelles mondiale et régionale.

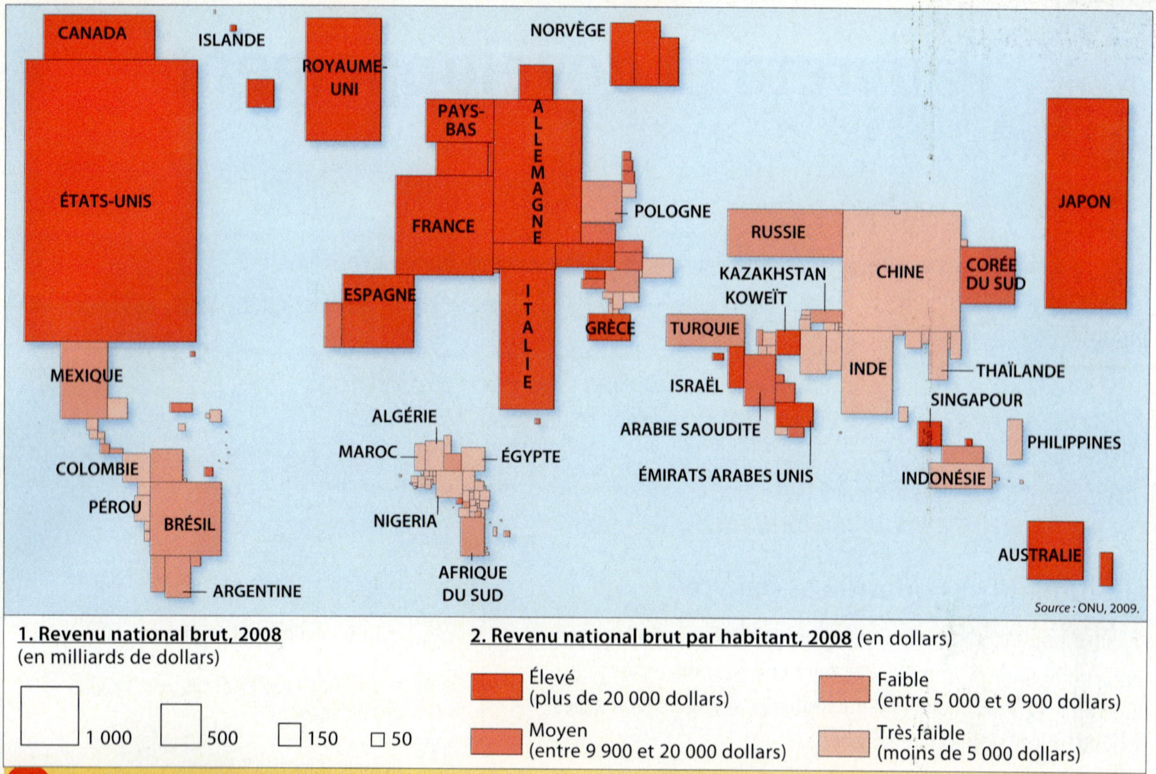

3 La richesse dans le monde

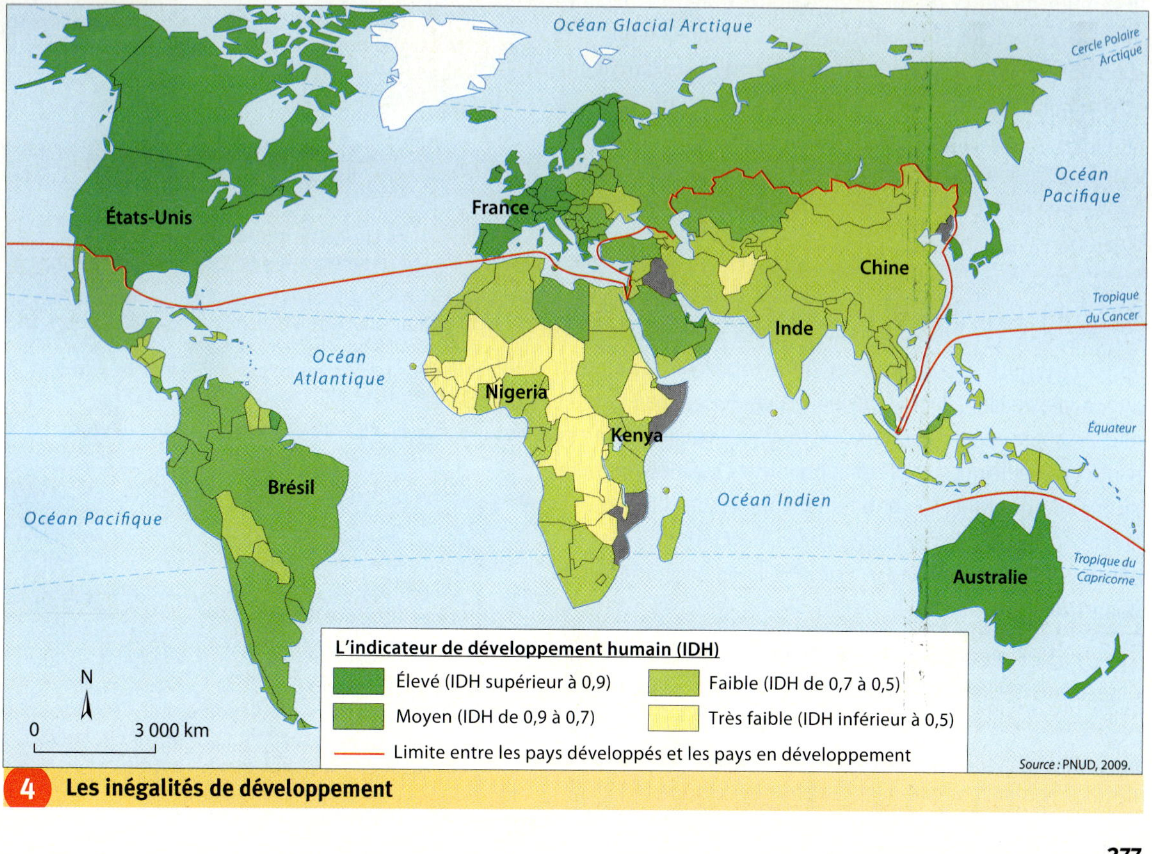

4 Les inégalités de développement

Cours 1

Pauvreté et développement

Que nous ont appris les exemples ?

A Au Kenya, la majorité de la population souffre de la pauvreté. Bien qu'en plein essor économique, la Chine compte toujours un très fort pourcentage de population pauvre.

B Au Kenya et en Chine, la population rurale est plus pauvre que la population urbaine. Le développement doit passer par la diminution des inégalités à toutes les échelles.

• 42 % de la population mondiale vit avec moins de 2 $ par jour.
• 75 % des pauvres vivent en zone rurale.

Qu'en est-il à l'échelle mondiale ?

A Un humain sur quatre est pauvre

1. Être pauvre, c'est **vivre avec moins de deux dollars par jour**. C'est ne pas pouvoir satisfaire ses besoins essentiels : manger à sa faim, disposer d'eau potable, se loger, avoir accès à l'éducation, pouvoir se soigner.

2. **1,4 milliard de personnes** souffrent de la **pauvreté** qui est très **inégalement répartie**. Dans les pays riches, elle concerne une minorité de la population (doc 3). Dans les pays en développement, les écarts de pauvreté sont considérables. Si le nombre de pauvres diminue fortement en Asie, il augmente en Afrique (doc 2). À l'échelle régionale, on souffre plus de la pauvreté, et notamment de la faim, **dans les campagnes** que dans les villes. Ceci explique l'**exode rural**. Aujourd'hui, un homme sur six vit dans des **bidonvilles** sous-équipés et insalubres (voir docs 1 p. 268 et 6 p. 272).

B La réduction de la pauvreté : une urgence

1. La pauvreté est le **premier frein au développement**. Synonyme de faim, de malnutrition, d'absence d'eau potable et d'assainissement, d'impossibilité d'accès aux services de santé et à l'éducation, elle est la première cause de mortalité au monde. De plus, les populations subissent l'appauvrissement des sols, les pollutions ou les inondations mais sont contraintes, pour survivre, d'accroître la déforestation ou la **désertification** (doc 2).

2. Les États membres de l'ONU se sont engagés, par les objectifs du Millénaire pour le développement, à lutter contre la grande pauvreté (doc 1). De nombreuses ONG travaillent au quotidien pour aider les plus pauvres dans les pays en développement comme dans les pays développés (doc 4).

1. Éliminer l'extrême pauvreté et la faim
2. Assurer l'éducation primaire pour tous
3. Promouvoir l'égalité et l'autonomisation des femmes
4. Réduire la mortalité infantile
5. Améliorer la santé maternelle
6. Combattre le VIH/sida, le paludisme et d'autres maladies
7. Assurer un environnement durable
8. Mettre en place un partenariat mondial pour le développement

1 Les Objectifs du Millénaire pour le développement (OMD), ONU, 2000

La Déclaration du Millénaire fixe l'année 2015 comme date butoir pour la réalisation de la plupart des Objectifs du Millénaire pour le développement (OMD). Des cibles chiffrées sont établies pour réduire de moitié l'extrême pauvreté sous toutes ses formes.

Citez cinq caractéristiques de la pauvreté.

Vocabulaire

Désertification : dégradation progressive des terres dans les zones arides.

Exode rural : départ définitif des habitants des campagnes vers les villes.

Pauvreté : **pauvreté absolue**, fait de ne pouvoir satisfaire ses besoins vitaux. **Pauvreté relative**, fait de disposer de moins que les autres.

2 Le piège de la pauvreté

La plupart des pauvres sont pris dans le cercle vicieux de la pauvreté et de la dégradation des ressources naturelles, comme l'illustre la comparaison de ces deux producteurs de café kenyans.

Le premier fermier a acheté une vache laitière quand le prix du café chez les producteurs était élevé. Les revenus obtenus, grâce à la vente du lait, lui ont permis d'acheter des produits chimiques pour maintenir un rendement élevé en café, d'acquérir des engrais pour son maïs et enfin de payer la scolarité de ses enfants. Le fumier issu de la vache lui donne d'excellents engrais organiques pour améliorer la culture maraîchère dont il vend les produits en ville. Cela lui a permis d'améliorer la qualité du sol et d'augmenter ses revenus.

La fermière voisine, par contre, n'a jamais pu avoir suffisamment d'épargne pour pouvoir acheter une première vache laitière, son rendement en café est bas et diminue parce qu'elle ne peut acheter les produits chimiques nécessaires pour maintenir la qualité de sa terre. Ses revenus sont donc en baisse.

D'après le site Internet www.basisi.wisc.edu.

3 Sur la Ve avenue à New York, dans un quartier pauvre

➔ Relevez sur cette photographie les signes de la pauvreté.

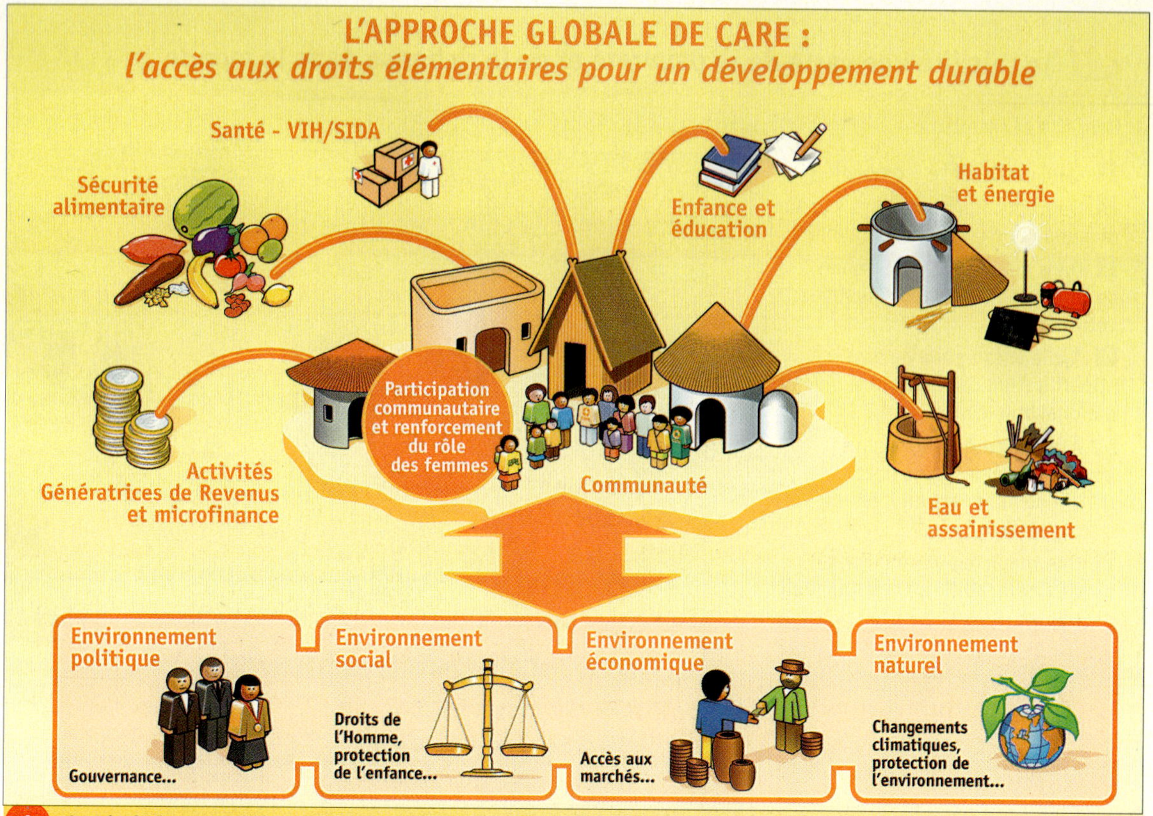

4 Sortir de la pauvreté, c'est avoir accès aux droits élémentaires

Document de l'ONG Care (association de solidarité internationale), 2009.

L'essentiel — Pauvreté et développement durable

[Compétence 5.6 – Identifier les enjeux du développement durable.]

3 ENJEUX CLÉS	Les défis d'aujourd'hui — Limiter	Les défis d'aujourd'hui — Favoriser	Pour un développement durable de l'humanité
Société	• L'insécurité alimentaire • L'aggravation des inégalités	• L'amélioration des conditions de vie et l'accès au progrès	Satisfaire les besoins essentiels des populations
Économie	• La mainmise des multinationales sur les ressources	• L'implication des populations locales dans les projets de développement	Développer les pays pauvres
Environnement	• La déforestation • La désertification • La pollution	• La gestion durable de l'eau et des sols • Les infrastructures dans les bidonvilles	Préserver les ressources

1 Je sais lire une carte de la pauvreté et de la richesse dans le monde

[Compétence 5.5 – Lire et utiliser différents langages.]

1 Quel est l'espace représenté ?

2 Quel indicateur est utilisé ici pour mesurer la richesse et la pauvreté ?

3 Dans quelle partie du monde se concentre la pauvreté ? Justifiez votre réponse.

4 À quelle catégorie de pays appartiennent ceux qui ont le revenu national brut le plus élevé ?

5 À quelle catégorie de pays appartiennent les États qui ont un revenu national brut inférieur à 5 000 dollars ?

6 Citez deux régions du monde où plus de la moitié de la population est pauvre.

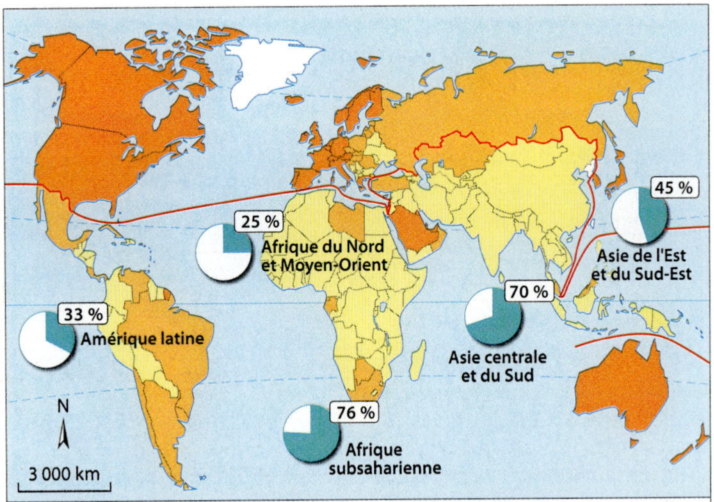

1. Revenu national brut par habitant (en dollars)
- Élevé (plus de 15 000 dollars)
- Moyen (de 5 000 à 15 000 dollars)
- Faible (moins de 5 000 dollars)

Moyenne mondiale = 9 900 dollars

2. La pauvreté au Sud
- Limite entre les pays développés et les pays en développement
- 25 % Part de la population vivant avec moins de 2 dollars par jour

Source : Banque mondiale et PNUD, 2009.

2 Je décris les conditions de vie d'une population pauvre

[Compétence 1.2 – Rédiger un texte bref, cohérent, construit en paragraphes, correctement ponctué, en respectant des consignes imposées.]

Un quartier pauvre de Lagos au Nigeria

Rédigez un paragraphe de quelques lignes pour décrire les conditions de vie des populations dans ce quartier de Lagos. Vous utiliserez tous les mots et expressions suivants :
pauvres – sous-équipés – bidonville – déchets – eaux stagnantes – petits métiers – pollution – insalubres – maladies – matériaux de récupération.

3 Je sais définir la notion complexe de pauvreté

À imprimer

[Compétence 5.5 – Lire et utiliser différents langages.]

1 Pour définir la pauvreté, recopiez puis complétez le schéma à l'aide des expressions suivantes :

- *avoir des difficultés pour se loger*
- *avoir des difficultés pour se nourrir*
- *pauvreté absolue*
- *avoir des difficultés pour se soigner*
- *pauvreté relative*
- *être plus fragile face*
- *accès inégal à l'éducation*

2 Indiquez pour chacune des bulles du schéma le numéro du ou des chapitres de votre manuel traitant le thème indiqué.

3 Choisissez pour chaque thème un exemple précis de document illustrant l'idée principale de la bulle.

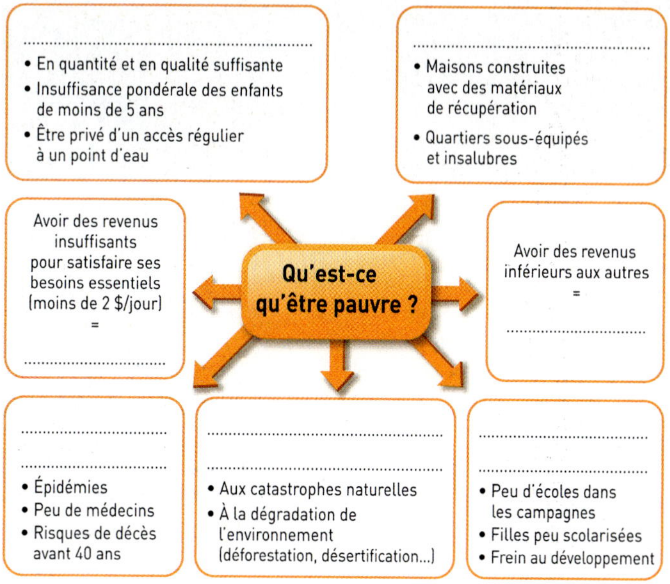

Socle commun

4 Je décris des inégalités de développement à différentes échelles

[Compétence 5.6 – Avoir des outils pour comprendre l'unité et la diversité du monde.]

1 **Doc a.** Quel espace est représenté sur la carte ?

2 **Doc a.** Que nous apprend l'IDH pour chaque région du Brésil ?

3 **Doc a.** « Au Brésil, il y a des riches et des pauvres » : justifiez cette affirmation à l'échelle du pays.

4 **Docs a et b.** Comment s'appelle la région dans laquelle se situe São Paulo ? Quel est son niveau de développement ?

5 **Doc b.** Quel espace est représenté sur cette photographie ?

6 **Doc b.** Décrivez la partie droite de la photographie. Les conditions de vie de la population correspondent-elles au niveau de développement de la région ? Expliquez.

7 Appliquez la même consigne pour la favela de Paraisopolis à gauche de la photographie.

8 Que nous apprend cette photographie sur les conditions de vie des habitants de São Paulo ?

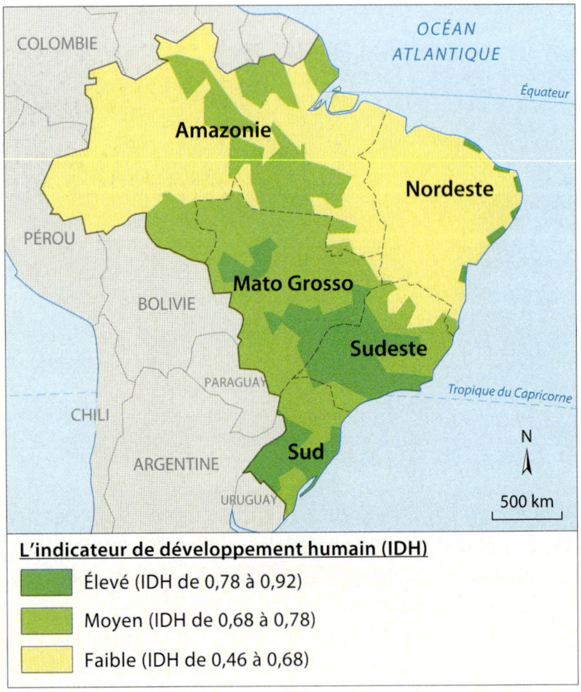

a Le niveau de développement des régions au Brésil

b Deux quartiers de São Paulo

Paraisopolis est l'une des plus grandes favelas de São Paulo. Elle est située aux pieds d'une zone résidentielle aisée.

5 B2i Je sais me documenter sur un programme de l'ONU

[Compétence 4 – S'informer, se documenter. Compétence 5 – Communiquer, échanger.]

1 Utilisez le moteur de recherche de votre choix pour accéder au site officiel du PNUD.

Vous répondrez aux questions suivantes dans un fichier de traitement de texte que vous enregistrerez sous le nom suivant : « votreprénom-votrenomdefamille.doc ».

2 Quels sont les éléments qui vous permettent d'affirmer que vous avez bien choisi le site officiel du PNUD ?

3 Que signifie le sigle PNUD ?

4 Qui sont les trois « ambassadeurs de bonne volonté » ?

5 Pourquoi sont-ils connus dans le monde entier ?

6 Pour quelles causes s'engagent-ils ?

7 Relevez les trois exemples utilisés pour justifier la nécessaire réduction de la pauvreté en Afrique (appuyez-vous sur l'affiche représentant D. Drogba).

8 Selon vous, la mobilisation de ces stars est-elle utile ? Justifiez votre réponse.

Après avoir relu votre travail, vous l'enverrez en pièce jointe d'un message à destination de votre professeur contenant le texte suivant : « travail de (vos prénom et nom de famille), élève de la classe de 5e .... le (jour). »

Site Internet du PNUD, www.undp.org/french/

POUR ALLER PLUS LOIN

À lire

- **P. Mccormick**, *13 ans, 10 000 roupies*, Gallimard Jeunesse, 2008.

- **M. Whyman**, *L'Enfant qui savait tuer*, Gallimard Jeunesse, 2006.
- *Atlas des inégalités*, Milan Jeunesse, 2009.

À consulter

- Le site du Programme des Nations unies pour le développement : www.undp.org
- Le site des Objectifs du Millénaire pour le développement : www.undp.org/french/mdg/
- Le site de l'UNICEF junior : www.unicef.org/voy/french/

Partie

3 Des hommes et des ressources

Enjeu 1

Les ressources alimentaires

Comment nourrir une population mondiale en forte croissance sans compromettre les capacités de production de la Terre pour les générations futures ?

→ Chapitre 15 pp. 286-299

Enjeu 2

L'accès à l'eau

Comment assurer le ravitaillement en eau pour tous dans une perspective d'exploitation durable de cette ressource indispensable à la vie des hommes ?

→ Chapitre 16 pp. 300-313

Enjeu 3

Gérer les océans et leurs ressources

Comment mettre en œuvre une gestion durable et un partage équitable des ressources océaniques ?

➔ Chapitre 17 pp. 314-327

Enjeu 5

L'énergie

Comment gérer les ressources énergétiques dans la perspective d'un développement durable de l'humanité ?

➔ Chapitre 19 pp. 342-355

Enjeu 4

Ménager l'atmosphère

Quelles politiques mettre en œuvre pour réguler l'impact des activités humaines sur la qualité de l'air ?

➔ Chapitre 18 pp. 328-341

Chapitre

15 La question des ressources alimentaires

➤ *Comment nourrir la population mondiale aujourd'hui et demain ?*

PLAN DU CHAPITRE

1 La nourriture hebdomadaire de la famille Raleigh, en Caroline du Nord, aux États-Unis

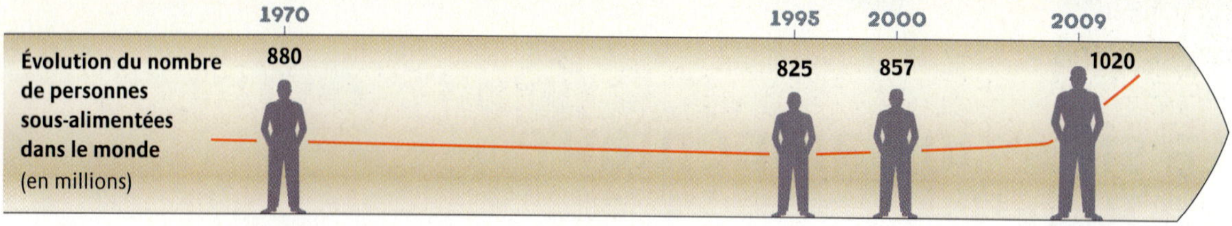

2 **Des paysans indiens mangent dans la rue à New Delhi, en Inde**

1 Doc 1. Citez les différents types d'aliments consommés par la famille Raleigh.

2 Doc 2. Quels aliments composent le repas de ces paysans indiens ?

3 Docs 1 et 2. Observez les documents. Que nous apprennent-ils sur la situation alimentaire dans le monde ?

Étude de cas

La situation alimentaire au Brésil

• Avec plus de 190 millions d'habitants, le Brésil est le pays le plus grand et le plus peuplé d'Amérique du Sud. Il connaît une croissance démographique encore rapide, même si sa natalité est en diminution. Le Brésil est un **pays émergent**. C'est un des plus grands producteurs et exportateurs de produits alimentaires à l'échelle mondiale. Pourtant, aujourd'hui, plus de 15 millions de Brésiliens souffrent encore de la faim.

► ***Comment le Brésil progresse-t-il vers la sécurité alimentaire ?***

Vocabulaire

Pays émergent : pays du Sud à croissance économique rapide.

Sécurité alimentaire : fait de nourrir la population en quantité et en qualité suffisantes.

A Le Brésil : un géant agricole en lutte contre la faim

1 Repas dans une favela de São Paulo

2 Le président brésilien lance son programme « Faim zéro »

Le président Lula a lancé, hier, le programme « Faim zéro ». « Si, au terme de mon mandat, chaque Brésilien peut faire trois repas par jour, j'aurai accompli la mission de ma vie. » Un million et demi de familles recevront 50 réaux (13 euros) par mois. L'aide doit être affectée aux dépenses alimentaires (tabac, alcool et sodas sont interdits). Le programme ne se limite pas à l'aide alimentaire. Il prévoit aussi soixante mesures de création d'emplois et de soutien à l'agriculture familiale.

C. Rayes, *Libération*, 31 janvier 2003.

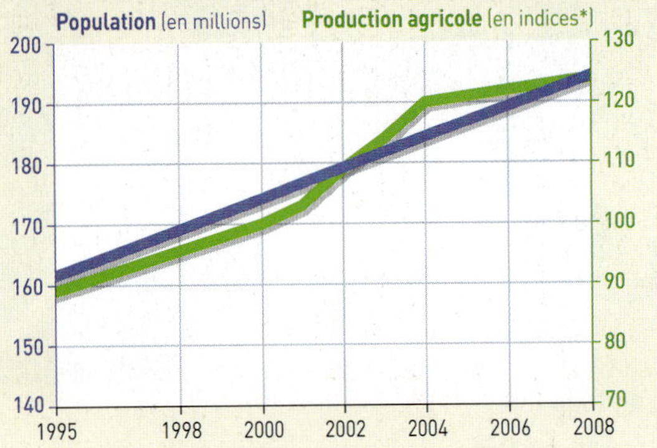

* L'indice 100 correspond à l'année de référence par rapport à laquelle on analyse l'évolution de la production.

Source : FAO, 2009.

3 Population et production agricole du Brésil

4 Les enfants du Nordeste

Depuis 2005, le Brésil a lancé une initiative nationale sans précédent afin d'améliorer l'existence des enfants figurant parmi les plus pauvres et les plus exclus du pays. Cette initiative va être axée sur le soutien apporté aux enfants et aux familles pauvres qui vivent dans le nord-est du Brésil, appelé la zone « semi-aride ». Dans cette région, d'une superficie voisine de celle de la Colombie, habitent 11 millions d'enfants, dont 75 % vivent dans la pauvreté. Plus de 10 % des garçons et des filles de moins de 2 ans, dans un tiers des agglomérations du nord-est du Brésil, souffrent de malnutrition.

D'après S. Dolan, site Internet de l'UNICEF, www.unicef.org.

5 Des inégalités sociales criantes

Les problèmes sociaux du Brésil restent préoccupants, car ce pays est celui où la répartition de la richesse est la plus inégalitaire dans le monde. Près de 45 millions d'habitants affamés ont moins d'un dollar par jour pour survivre, principalement dans l'immense région au nord du Brésil, le Nordeste. (...) Ils constituent la majorité des « pauvres absolus » qui se trouvent en Amérique du Sud. Plusieurs dizaines de millions de Brésiliens se retrouvent en dessous du seuil de la pauvreté.

P. Beaudet, « Enjeux de développement social au Brésil », *Le Journal des Alternatives*, 6 février 2006.

6 Petit déjeuner dans une famille aisée de Canarana, Mato Grosso

7 La puissance agricole brésilienne

Production en 2007	Canne à sucre	Café	Soja	Viande de volailles
Rang mondial	1er	1er	2e	3e
Part du Brésil dans la production mondiale (en %)	34 %	28 %	26 %	11 %

FAO, 2009.

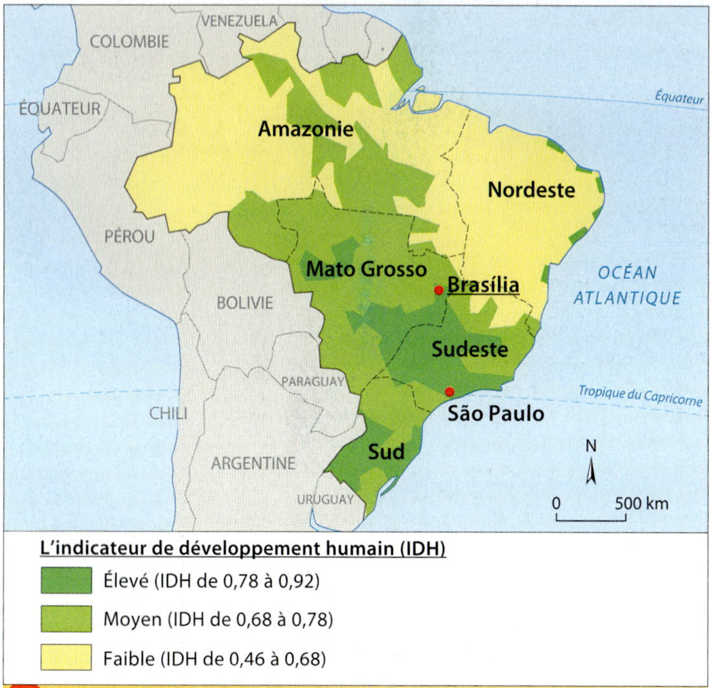

8 De fortes inégalités régionales

Questions

Je localise

1 Localisez le Brésil en Amérique du Sud.

Je décris et j'explique

2 **Docs 1 et 6.** Décrivez ces deux photographies (alimentation, nombre d'enfants, confort...), puis comparez-les. Que constatez-vous ?

3 **Docs 1, 5 et 6.** Montrez que les inégalités constatées entre les deux photographies illustrent bien la situation du Brésil.

4 **Docs 4 et 8.** Quelles sont les régions et les populations les plus touchées par la pauvreté et la malnutrition ?

5 **Doc 2.** Qu'est-ce que le programme « Faim zéro » ? Combien de familles sont concernées ?

6 **Docs 3 et 7.** Les problèmes alimentaires sont-ils liés à une production agricole insuffisante ? Justifiez votre réponse.

Je conclus

7 Expliquez et justifiez en une ou deux phrases le titre de cette première partie de l'étude de cas : « Le Brésil : un géant agricole en lutte contre la faim ».

B Des choix durables pour la population et l'environnement ?

9 Les régions agricoles du Brésil

10 Des progrès spectaculaires

En six ans, la malnutrition a reculé de 73 % et la mortalité infantile de 45 %, selon les données de l'Organisation de l'ONU pour l'alimentation et l'agriculture (FAO). En 2003, début du premier mandat de Lula, l'État brésilien a réuni sous le label « Faim zéro » des dizaines de programmes sociaux. Les plus importants sont la « *Bolsa Familia* » (Bourse famille), une allocation de 55 dollars mensuels attribuée aux familles les plus pauvres à la condition que leurs enfants aillent à l'école, et la distribution de goûters pour 37 millions d'enfants dans les écoles.

Aujourd'hui, 12,4 millions de familles reçoivent la *Bolsa Familia*, qui représentent au total le quart des 190 millions de Brésiliens. De 2003 à 2008, la proportion de pauvres au Brésil est passée de 28 % à 16 %. Cela signifie que 19,3 millions de personnes sont sorties de la pauvreté.

D'après *Le Télégramme*, 17 novembre 2009.

11 Moissons dans le Mato Grosso

12 Le coût environnemental de la déforestation

Le Brésil est le quatrième émetteur de gaz à effets de serre de la planète, notamment en raison des déboisements en Amazonie. (...)

En 2008, 13 000 km² de forêt amazonienne sont partis en fumée en raison de l'ouverture de pâturages pour l'élevage de bovins, de cultures et d'abattages clandestins des arbres.

D'après le site Internet www.lematin.ch, 3 septembre 2009.

13 Un espace pionnier en Amazonie brésilienne

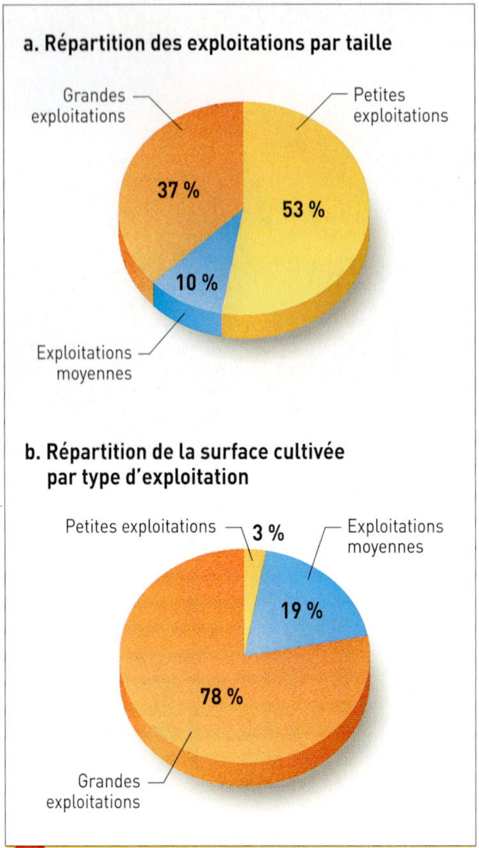

14 La répartition des terres

Questions

Je décris et j'explique

8 **Doc 10.** Qui finance le programme « Faim zéro » ? Quels ont été les résultats ?

9 **Doc 14.** Comment pouvez-vous qualifier la répartition des terres au Brésil ?

10 **Docs 10 et 14.** Que faudrait-il faire pour que le recul de la pauvreté et de la malnutrition soit durable au Brésil ?

11 **Docs 9, 11 et 13.** Citez les différents moyens dont dispose le Brésil pour accroître encore sa production agricole.

12 **Docs 12 et 13.** Quelles sont les conséquences de la politique agricole du Brésil sur l'environnement ?

BILAN

J'identifie les enjeux du développement durable

Socle commun

Recopiez, puis associez chacune des propositions suivantes à l'enjeu de développement durable auquel elle se rattache :

Poursuivre les programmes d'aide sociale pour réduire les inégalités dans le pays •	• *Enjeu économique*
Mieux répartir les terres agricoles au profit des paysans pauvres •	• *Enjeu environnemental*
Trouver un meilleur équilibre entre déforestation et développement agricole •	• *Enjeu social*

Étude de cas

La situation alimentaire au Bangladesh et au Japon

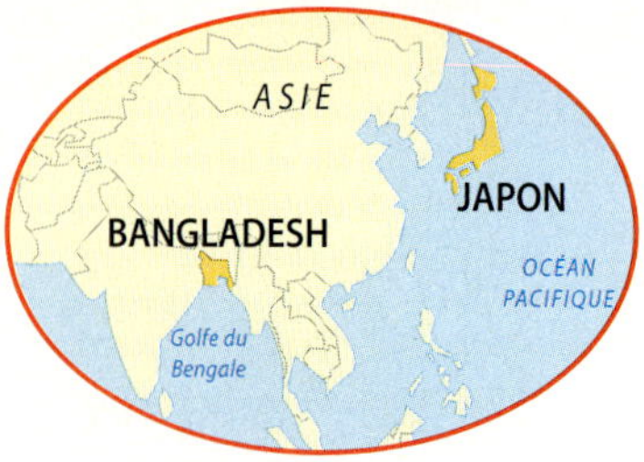

• Situés dans le sud et l'est de l'Asie, le Bangladesh et le Japon appartiennent tous deux à la grande aire de civilisation rizicole qui s'est développée depuis des millénaires dans cette partie du monde. Cependant, si le riz est traditionnellement un des aliments de base des deux populations, la situation alimentaire dans ces deux pays est bien différente.

Vocabulaire

Importations : achats de produits à l'étranger.

▶ ***Quels sont les points communs et les différences entre les situations alimentaires de ces deux pays ?***

1 Préparation d'un repas familial au Bangladesh

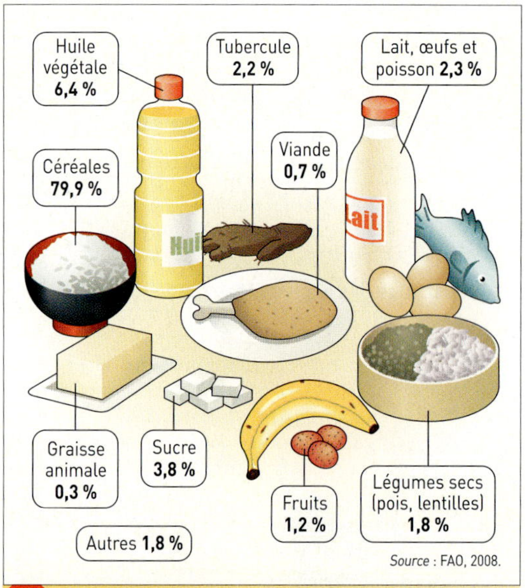

2 La composition de l'assiette alimentaire au Bangladesh

3 Pauvreté et accès aux ressources alimentaires au Bangladesh

Le Bangladesh est l'un des pays les plus densément peuplés au monde et la moitié de sa population vit avec moins d'un dollar par jour. (...) L'un des problèmes principaux est l'accès à la nourriture, mais aussi l'accès aux ressources naturelles, ou aux terres arables. Ainsi, 65 % des pauvres des zones rurales sont sans terre et travaillent en tant qu'ouvriers agricoles pour des salaires extrêmement modiques. Ces travaux saisonniers et précaires ne permettent pas de couvrir les besoins élémentaires des familles et l'augmentation des prix des denrées alimentaires fragilise d'autant plus les plus vulnérables.

D'après le site Internet, www.actioncontrelafaim.org.

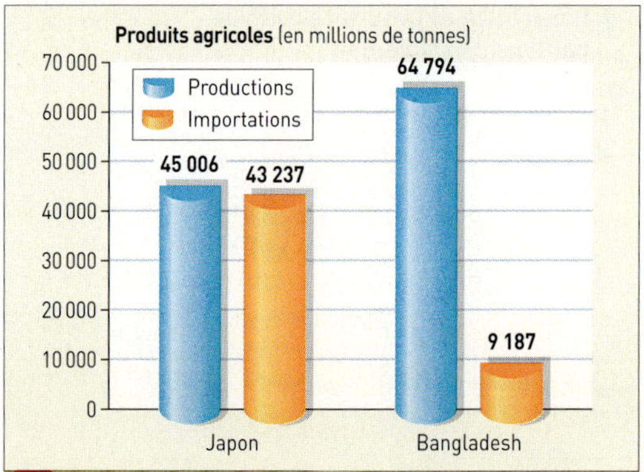

4 Productions et importations de produits agricoles au Japon et au Bangladesh

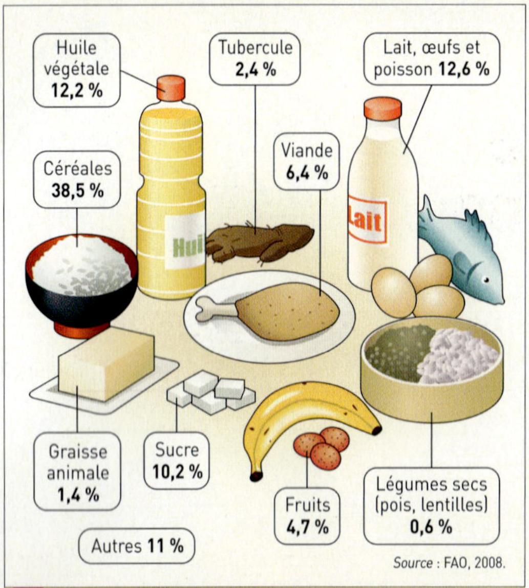

5 La composition de l'assiette alimentaire au Japon

6 Un repas familial au Japon

	Part d'agriculteurs (en %)	**Part de l'espace cultivable** (en %)	**Part de mal nourris** (en %)	**Part d'enfants de moins de 5 ans en insuffisance pondérale** (en %)	**Espérance de vie** (en années)	**Indicateur de développement humain** (et rang mondial)	**Revenu par habitant** (en dollars)	**Part des dépenses alimentaires dans les dépenses de consommation totale des ménages** (en %)
Japon	3 %	13 %	Moins de 5 %	Moins de 5 %	82,1 ans	0,960 (10e sur 185 pays)	34 200 $	19,5 %
Bangladesh	51 %	55,4 %	30 %	51 %	62,8 ans	0,543 (147e sur 185 pays)	1 500 $	54,5 %

7 Quelques indicateurs de la situation alimentaire du Japon et du Bangladesh

Questions

Je localise et je situe

1 Dans quel continent se trouvent le Japon et le Bangladesh ? Situez les deux pays l'un par rapport à l'autre.

Je décris et j'explique

2 **Docs 1, 2, 5 et 6.** Comparez l'alimentation de ces deux pays en quantité et en qualité. Que constatez-vous ?

3 **Doc 7.** Dans quel pays les familles dépensent-elles la plus grande part de leur budget pour se nourrir ?

4 **Docs 1, 2 et 7.** Quels éléments permettent de montrer qu'une partie de la population du Bangladesh est sous-alimentée et mal nourrie ?

5 **Docs 4 et 7.** Peut-on dire que lorsqu'un pays est essentiellement agricole, sa population est bien nourrie ? Justifiez votre réponse en utilisant les deux exemples de l'étude de cas.

6 **Doc 3.** Pourquoi l'accès à la nourriture est-il difficile au Bangladesh ?

BILAN — J'identifie les inégalités alimentaires entre deux pays et leurs enjeux

Socle commun

Vous venez de passer un mois au Bangladesh ou au Japon pour enquêter sur la situation alimentaire dans le pays, pour la FAO. Vous devez rédiger une note de synthèse.

- *Commencez par présenter le pays avec quelques indicateurs bien choisis (IDH...) ;*
- *Puis donnez quelques éléments permettant d'expliquer la situation (pauvreté...).*

La situation alimentaire dans le monde

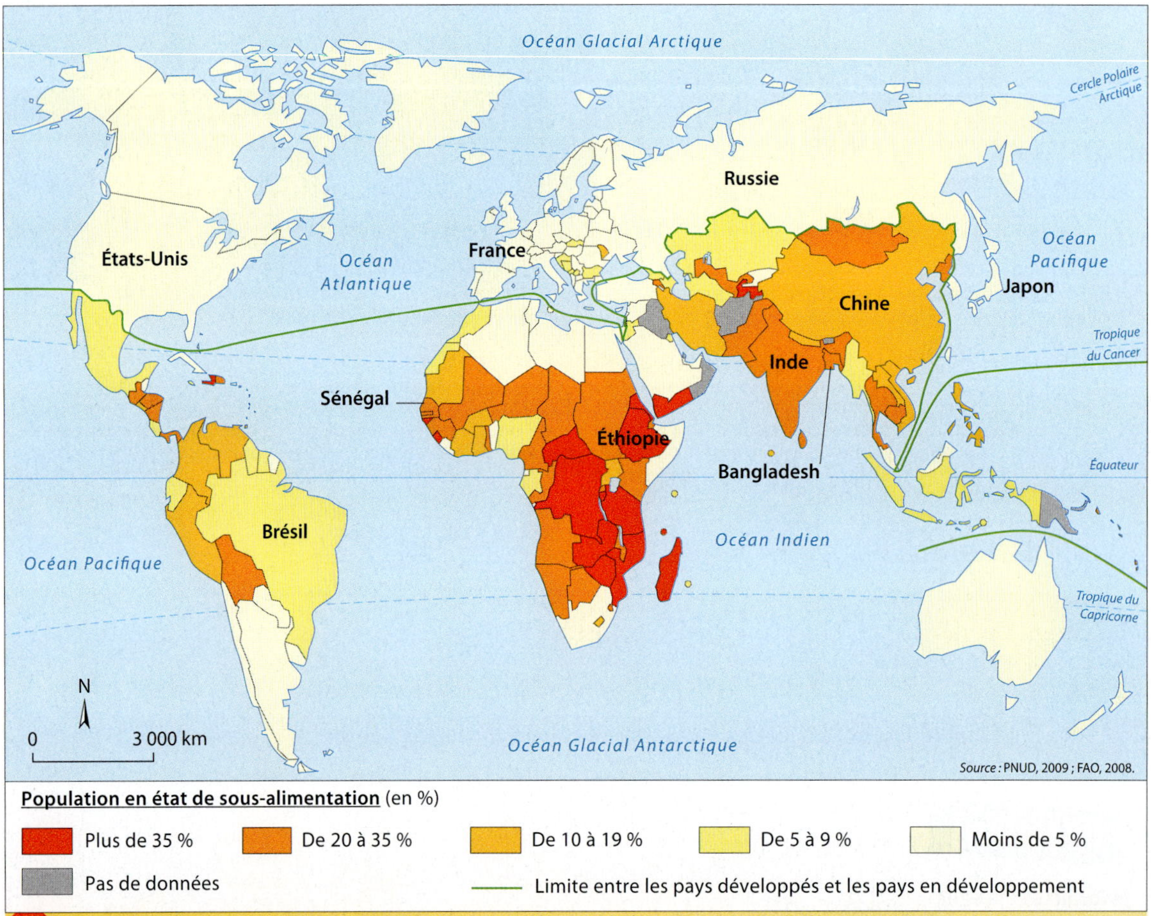

1 La sous-alimentation dans le monde

Population en état de sous-alimentation (en millions)	
Amérique latine et Caraïbes	53
Proche-Orient et Maghreb	42
Afrique Subsaharienne	265
Asie – Pacifique	642
Pays développés	15

Questions

1 **Doc 1.** Quels sont les deux continents qui comptent le plus de personnes sous-alimentées ?

2 **Doc 2.** Citez les quatre principaux pays producteurs de blé et deux grands pays consommateurs de blé dans le monde.

3 **Doc 3.** Citez les deux principaux pays producteurs de riz et deux grands pays consommateurs de riz dans le monde.

4 **Docs 1, 2 et 3.** Citez deux pays dont la production agricole est importante et où cependant une partie de la population est sous-alimentée.

Vocabulaire

Sous-alimentation : insuffisance de nourriture quotidienne.

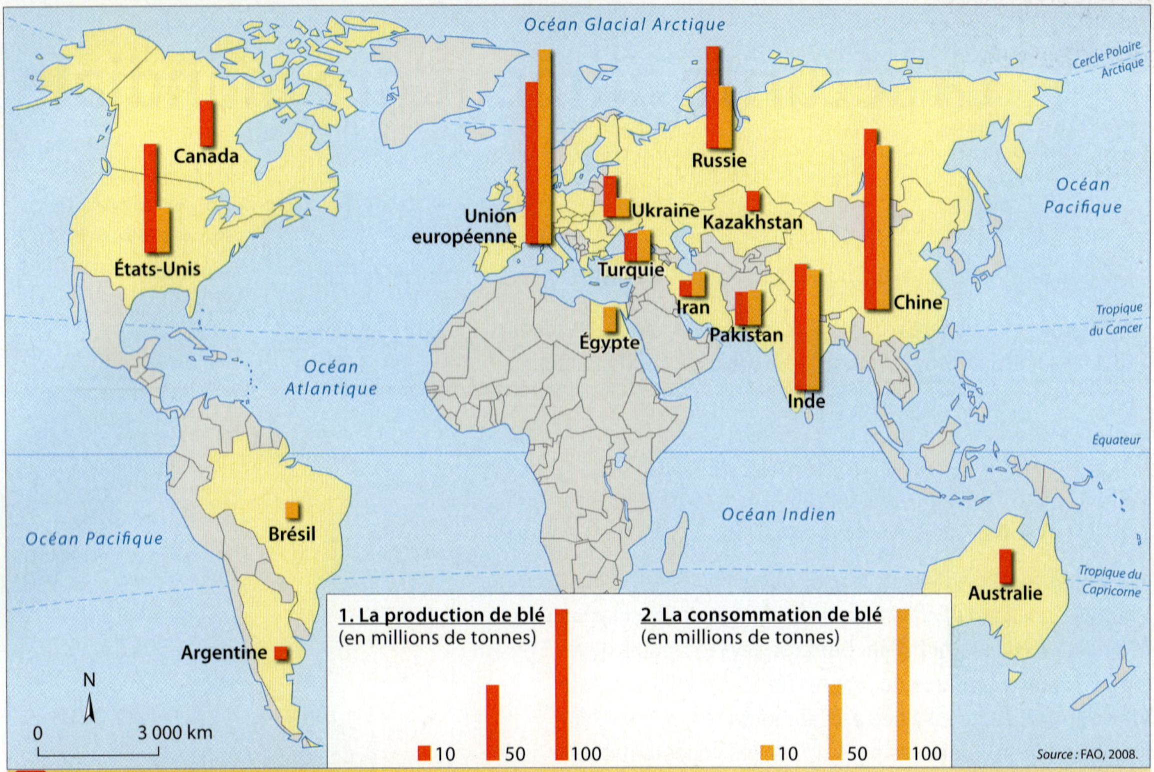

2 **Production et consommation de blé dans le monde**

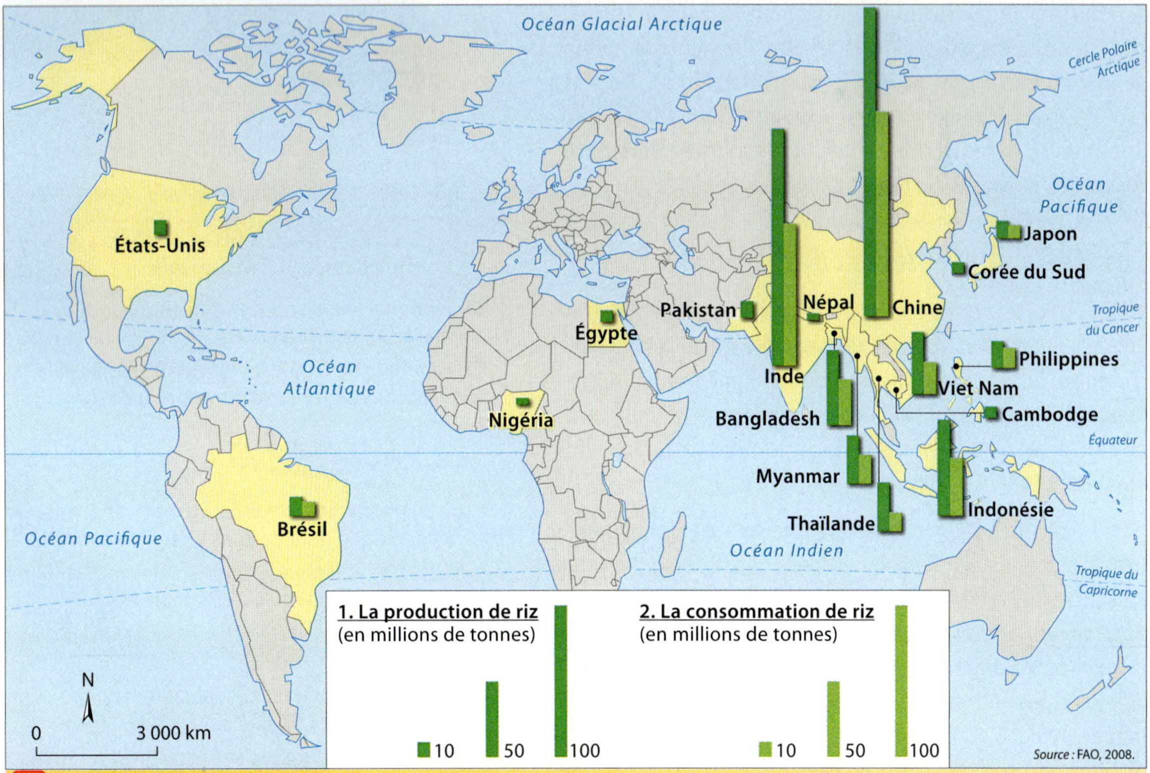

3 **Production et consommation de riz dans le monde**

Cours 1

La sécurité alimentaire mondiale

• Toutes les 4 secondes, une personne meurt de faim dans le monde.
• 2 100 calories/jour : c'est l'apport énergétique minimal pour un adulte. (OMS)

➤ Que nous a appris l'étude de cas ?

A Au Brésil et en Asie du Sud, les populations les plus pauvres souffrent de la faim.

B La sécurité alimentaire d'un pays ne dépend pas de ses productions agricoles mais du niveau de développement de l'ensemble de sa population.

➤ Qu'en est-il à l'échelle mondiale ?

A 1 milliard de personnes souffre de la faim

1. La **sécurité alimentaire** de la population mondiale n'est pas assurée : 1 milliard d'individus souffre de **sous-alimentation** et 2 milliards de **malnutrition**. Dans les pays les moins développés, **la faim continue de progresser**, notamment en Asie et en Afrique. La **hausse des prix alimentaires** aggrave leur situation (doc 3). Dans les pays riches, les consommateurs sont de plus en plus exigeants sur la qualité des aliments (doc 4). Les produits biologiques se développent.

2. Pourtant, la production agricole mondiale est suffisante pour nourrir le monde. Elle a fortement augmenté et permet de répondre à la croissance de la population (doc 1). De plus, la hausse des échanges a accru la **disponibilité alimentaire**. Cependant, la **redistribution de la ressource alimentaire** reste très inégale à l'échelle mondiale (doc 2).

B Les défis alimentaires de demain

1. En 2050, le monde comptera 30 % de bouches à nourrir en plus. **Augmenter la production agricole** mondiale implique d'étendre les surfaces cultivées ou d'augmenter les **rendements**. Les échanges commerciaux de denrées alimentaires devront également être accrus pour que toutes les populations aient accès à une alimentation suffisante.

2. Ces solutions ont des **conséquences sur l'environnement** : usage d'engrais chimiques, déforestation, épuisement des sols... De plus, l'évolution des régimes alimentaires des populations se traduit par une consommation croissante de viande, ce qui augmente les besoins en matières premières agricoles pour nourrir le bétail. Seules une rupture dans les modes de consommation et une réduction des gaspillages permettront de nourrir tous les habitants en 2050 sans mettre en péril l'équilibre environnemental.

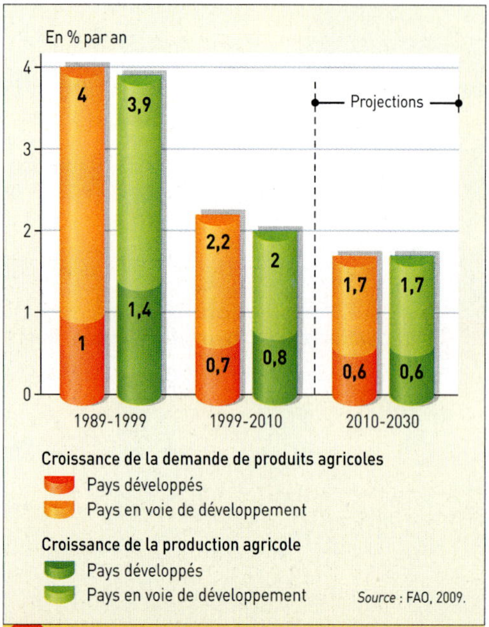

1 Évolution des besoins en produits agricoles et de la production agricole

1 **Pourquoi les besoins en nourriture ont-ils augmenté dans le monde ?**

2 **La production agricole mondiale permet-elle de faire face à ce défi ? Justifiez votre réponse.**

Vocabulaire

Disponibilité alimentaire : quantité et qualité de l'alimentation dont dispose une population.

Malnutrition : lorsque la ration alimentaire d'une personne est déséquilibrée en qualité.

Rendement : quantité récoltée pour une surface donnée.

Sécurité alimentaire : fait de nourrir la population en quantité et en qualité suffisantes.

Sous-alimentation : insuffisance de nourriture quotidienne.

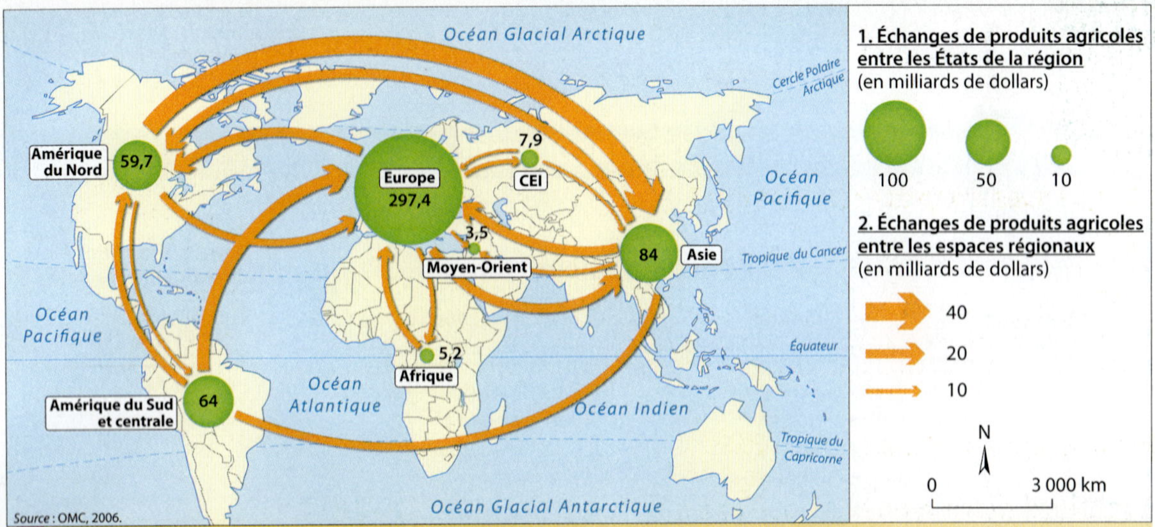

2 Les échanges mondiaux de produits agricoles

1 À l'intérieur de quel continent les échanges sont-ils les plus importants ?

2 Quel continent échange le moins de produits agricoles ?

3 Émeutes de la faim à Dakar, Sénégal, en mars 2008

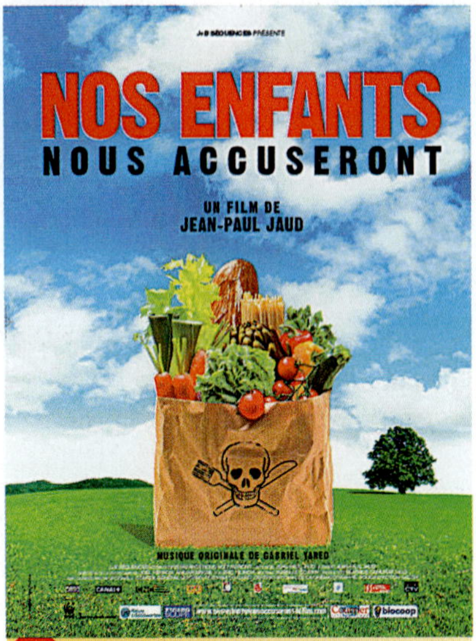

4 Affiche du film *Nos enfants nous accuseront*, sorti en 2008

Au pied des Cévennes, dans le petit village de Barjac, le maire a décidé que la cantine de l'école ne servirait que des produits bio. Il ne veut plus que les enfants du village mangent des aliments contenant des pesticides ou d'autres produits chimiques.

5 Sous-alimentation et développement

La sous-alimentation touche en particulier les ruraux sans terre et les citadins pauvres et n'est pas seulement une inquiétude humanitaire : elle limite le potentiel de développement d'un pays. Face à l'insécurité alimentaire, les populations tentent de maintenir leurs revenus en émigrant, en vendant des biens comme du bétail, ou en participant à de nouveaux types d'activités économiques. De plus, les familles achètent des aliments meilleur marché (céréales) au détriment de produits plus chers et plus riches en protéines (viande, produits laitiers ou fruits et légumes). Retirer les enfants de l'école détruit le capital humain à long terme ; la vente des biens réduit les ressources disponibles ; et renoncer à des aliments plus nutritifs ou manger moins cause la malnutrition, réduit la productivité du travail des populations et le potentiel d'apprentissage des enfants.

D'après le site Internet de la FAO, www.fao.org, 2009.

1 Quelles populations souffrent le plus de sous-alimentation ?

2 Relevez deux éléments qui montrent que la sous-alimentation réduit les possibilités de développement des pays concernés.

L'essentiel — Alimentation et développement durable

[Compétence 5.6 – Identifier les enjeux du développement durable.]

Les défis d'aujourd'hui

3 ENJEUX CLÉS	Limiter	Favoriser	Pour un développement durable de l'humanité
Société	• La sous nutrition et la sous-alimentation • Les inégalités d'accès aux ressources alimentaires	• L'augmentation des revenus des plus pauvres • Une meilleure redistribution des produits alimentaires	Permettre l'accès de toutes les populations à une alimentation suffisante
Économie	• Les gaspillages de produits alimentaires • Le nombre de paysans sans terres	• L'augmentation des productions agricoles • Les échanges mondiaux des ressources alimentaires	Assurer la sécurité alimentaire mondiale
Environnement	• L'épuisement des sols • L'usage abusif de produits chimiques	• Une agriculture plus respectueuse de l'environnement • Les traditions alimentaires régionales	Préserver la capacité de la terre à fournir des aliments pour l'homme

1 Je localise les pays consommateurs et producteurs de riz, de sucre et de blé

[Compétence 5.5 – Lire et utiliser différents langages.]

1 Citez les quatre principaux pays producteurs de blé et deux grands pays consommateurs de blé dans le monde.

2 Citez les deux principaux pays producteurs de riz et deux grands pays consommateurs de riz dans le monde.

3 Citez les deux principaux pays producteurs de sucre et deux grands pays consommateurs de sucre dans le monde.

4 À l'aide de la carte p. 294, citez deux pays dont la production agricole est importante et où cependant une partie de la population est sous-alimentée.

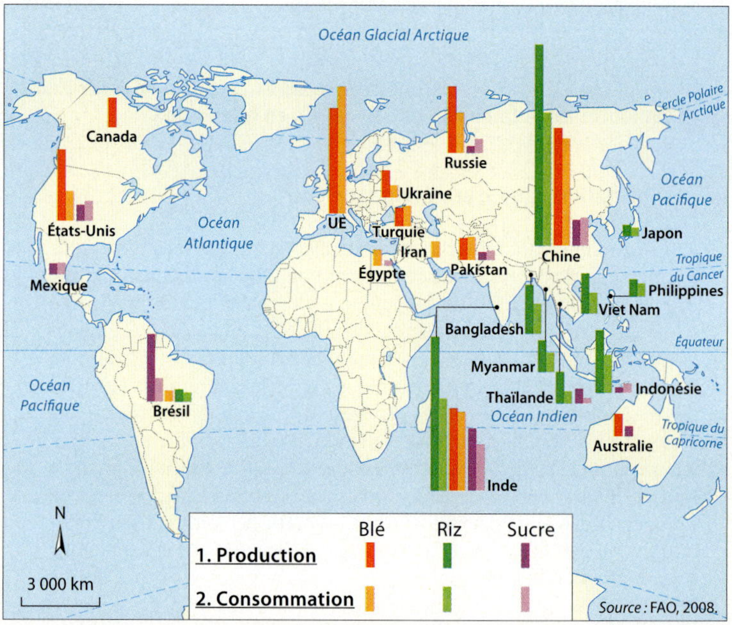

2 J'étudie un document : la situation d'un paysan éthiopien

[Compétence 5.1 – Manifester sa comprehension de textes variés.]

L'an dernier, Mulualem Tegegn a pu acheter un âne. Ce paysan éthiopien voyait enfin sa situation s'améliorer après plusieurs saisons de sécheresse et d'envolée des prix qui l'avaient obligé à vendre son bétail et à retirer ses enfants de l'école pour les faire travailler à la ferme. Cette année, il lui restera suffisamment de céréales pour investir dans une chèvre ou deux, et l'âne emmènera les gamins sur le long chemin de l'école, qu'ils pourront de nouveau fréquenter.

The Economist, in *Courrier international*, 16 juillet 2009.

1 Pourquoi la situation de ce paysan s'était-elle dégradée ?

2 Montrez que l'amélioration des récoltes de cet agriculteur a de multiples conséquences.

3 B2i J'étudie la situation d'un pays sur un site de statistiques mondial

[Compétence 4 – S'informer, se documenter.]

1 Allez sur le site Internet de la FAO : www.fao.org/index_fr.htm.

2 Cliquez sur la partie « Photographies ».
Dans la liste de la galerie photos, cliquez sur « Burundi : apprendre à cultiver davantage ».

3 Visionnez le petit reportage photo et répondez aux questions suivantes :

a. Pourquoi la situation du Burundi est-elle difficile ?

b. Quel est le travail des vulgarisateurs ?

c. Quel est l'objectif final de cette action ?

POUR ALLER PLUS LOIN

À lire

- **Elen Riot, Zaü,** *100 chiffres pour rêver le monde autrement*, Éditions Rue du monde, 2008.

- *Atlas des inégalités*, Milan Jeunesse, 2009.
- **N. Benlakhel,** *L'alimentation*, Milan Jeunesse, 2005.

À consulter

- Le site de la FAO pour toutes les informations et statistiques de production agricole et d'alimentation des pays du monde : www.fao.org/index_fr.htm
- Le site de l'ONG Action contre la faim : www.actioncontrelafaim.org
- Le site de l'ONG du Comité catholique contre la faim et pour le développement : www.ccfd.asso.fr

Chapitre

16 La question de l'accès à l'eau

➤ *Comment assurer durablement l'accès de tous à une eau saine ?*

PLAN DU CHAPITRE

1 Les rives du fleuve Niger à Ségou : au cœur de la vie et des activités des hommes

La vie de 110 millions de personnes est liée au fleuve, mais ses eaux sont de plus en plus polluées.

➡ **Relevez sur cette photographie toutes les activités humaines liées au fleuve.**

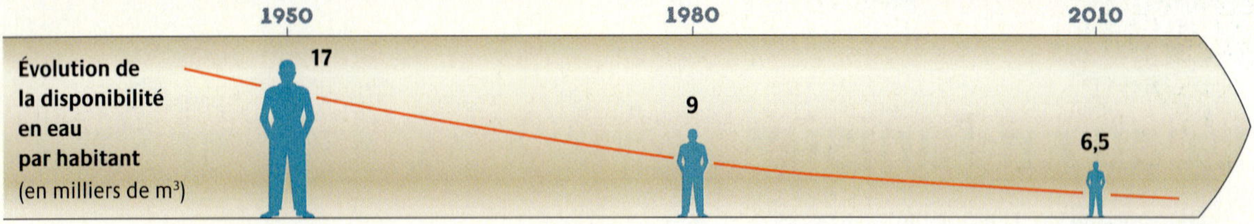

2 L'approvisionnement en eau dans le quartier El Alto, à La Paz, en Bolivie

1 **Doc 2.** Que font les femmes sur cette photographie ? pourquoi ?

2 **Docs 1 et 2.** Identifiez précisément le problème illustré par chacune des photographies : est-ce celui du manque d'eau ou celui de la difficulté d'accès à l'eau potable ? Justifiez.

Étude de cas

L'eau en Tunisie

• Le développement de l'agriculture **irriguée** et du tourisme a permis à la Tunisie de devenir un des pays les plus riches d'Afrique. Mais ces activités consomment beaucoup d'eau. Or, en Tunisie, les ressources en eau sont très limitées : les pluies n'arrosent qu'une mince bande côtière et les rivières sont asséchées une grande partie de l'année. De plus, il est difficile de stocker de grandes quantités d'eau à cause de la forte évaporation due à la chaleur.

► ***Comment les Tunisiens gèrent-ils leurs ressources en eau ?***

Vocabulaire

Accès à l'eau : possibilité de s'approvisionner facilement à un point d'eau chez soi ou dans un puits.

Irrigation : ensemble de techniques permettant d'amener de l'eau aux cultures quand il ne pleut pas.

Stress hydrique : situation où la demande en eau dépasse les ressources disponibles.

A L'eau : un problème pour la Tunisie

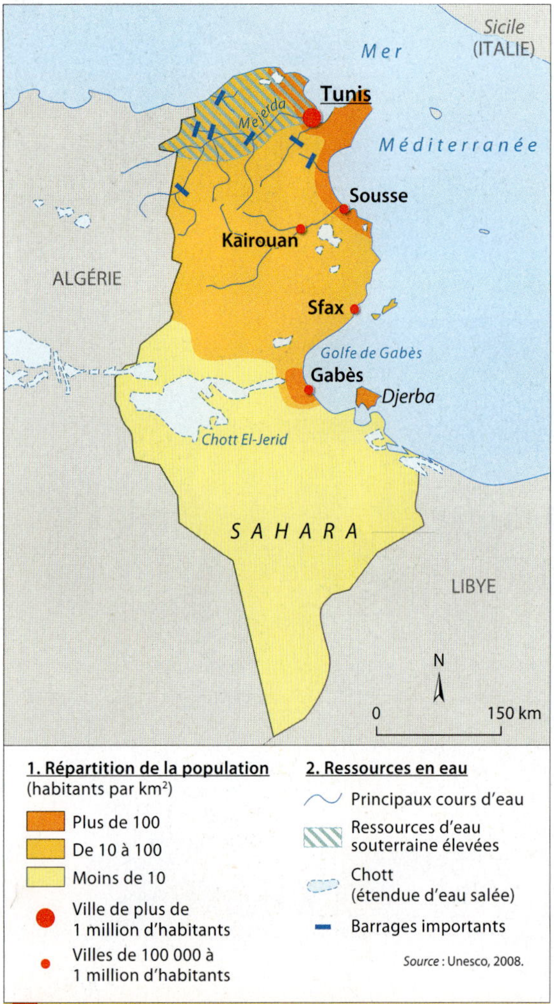

1 Répartition de la population et ressources en eau

2 L'eau : un problème pour la Tunisie

La Tunisie est le pays maghrébin dans lequel les problèmes de l'eau sont les plus grands. Le Sud tunisien, en zone aride, est marqué par des tensions entre les besoins croissants provenant du développement urbain, de la montée du tourisme, des projets agricoles, et les difficultés d'une région caractérisée par la rareté de la ressource superficielle, l'importance des eaux salées, les conflits d'usages ou d'arbitrage.

Le cas de l'île de Djerba est représentatif du problème, entre les besoins d'une population dense et ceux du grand tourisme. Les tensions y demeurent vives entre utilisateurs et l'agriculture irriguée recule.

D'après M. Côte, mediterranee.revues.org, octobre 2008.

Questions

Je localise

1 Localisez la Tunisie en Afrique.

Je décris

2 **Doc 6.** La Tunisie dispose-t-elle de ressources suffisantes en eau douce ? Quelle est sa situation par rapport aux autres pays méditerranéens ?

3 **Doc 1.** Où se situent les ressources en eau de Tunisie ? les régions les plus peuplées ? Que remarquez-vous ?

4 **Doc 3.** Quelle est la principale inégalité d'accès à l'eau que subissent les Tunisiens ?

5 **Docs 2 à 5.** Qui sont les différents usagers de l'eau ? Lesquels demandent de plus en plus d'eau ?

Je conclus

6 Faites la liste des éléments qui démontrent qu'il y a un problème de ressources en eau en Tunisie.

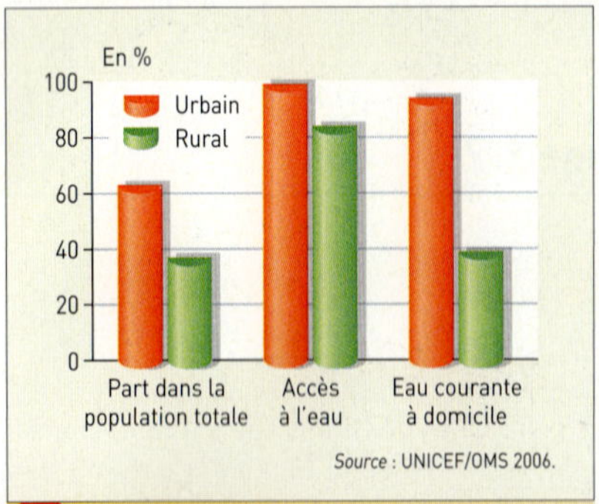

3 Les inégalités d'accès à l'eau

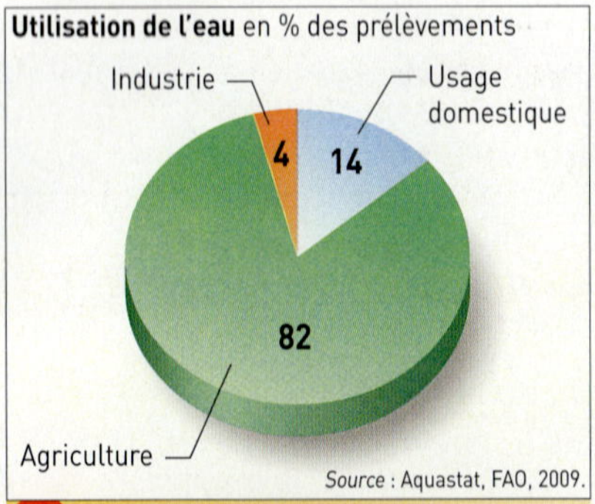

4 Utilisation de l'eau par secteurs d'activités

5 Littoral tunisien, près de Monastir

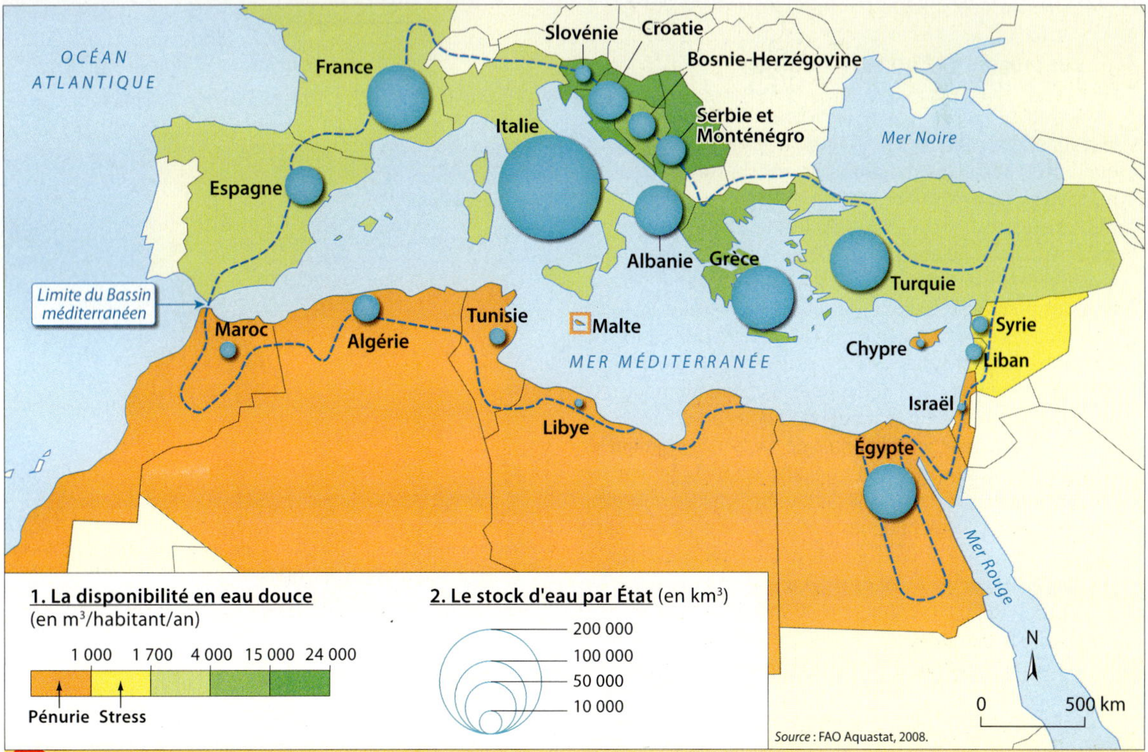

6 Disponibilité en eau douce en Tunisie et dans le Bassin méditerranéen

B Comment garantir l'accès à l'eau pour tous les usagers ?

7 Tourisme et consommation d'eau dans l'oasis de Tozeur

a Un hôtel de luxe

b Le golf au cœur de l'oasis

8 Les progrès de l'irrigation à Tozeur

Aujourd'hui encore, malgré la croissance démographique, le réchauffement climatique (la région ne reçoit en moyenne que 100 millimètres de pluie par an), la raréfaction des ressources en eau ou les effets pervers de la modernisation et du tourisme, la région de Tozeur continue de vivre essentiellement de son économie oasienne. Au marché, le marchand de fruits et légumes est catégorique : « À l'exception des pommes de terre, pratiquement tous les légumes sont cultivés toute l'année dans nos palmeraies » explique Am Mohamed. La moitié des 100 000 habitants de la région vivent directement de l'agriculture, et pratiquement tous les autres secteurs en dépendent. Tozeur produit environ le tiers de la production nationale de dattes. La politique de remplacement du système d'irrigation traditionnel par des systèmes modernes, comme le goutte-à-goutte, semble avoir porté ses fruits : les économies d'eau réalisées varient entre 25 % et 30 %. Les ressources en eau actuelles sont suffisantes si l'on est rigoureux. À cet égard, l'impact du tourisme, qui constitue la deuxième grande activité économique de la région, n'est pas aussi dramatique qu'on le pense sur la consommation en eau : c'est l'agriculture qui consomme 90 % des ressources.

D'après Abdelaziz Barrouhi, « L'art et la manière de gérer l'eau », *Jeune Afrique*, 19 septembre 2008.

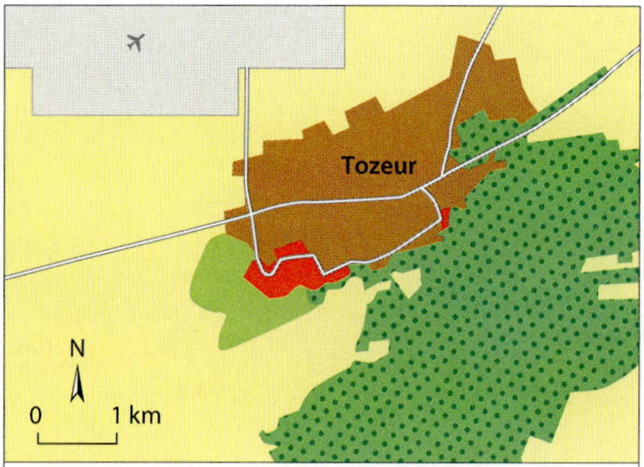

1. Les espaces
- Zone désertique
- Ancienne palmeraie (en cours d'abandon)
- Zone urbanisée

2. Les infrastructures de transports et de loisirs
- Routes principales
- Aéroport international
- Hôtels de luxe (avec piscine)
- Golf 18 trous

9 L'organisation de l'espace à Tozeur

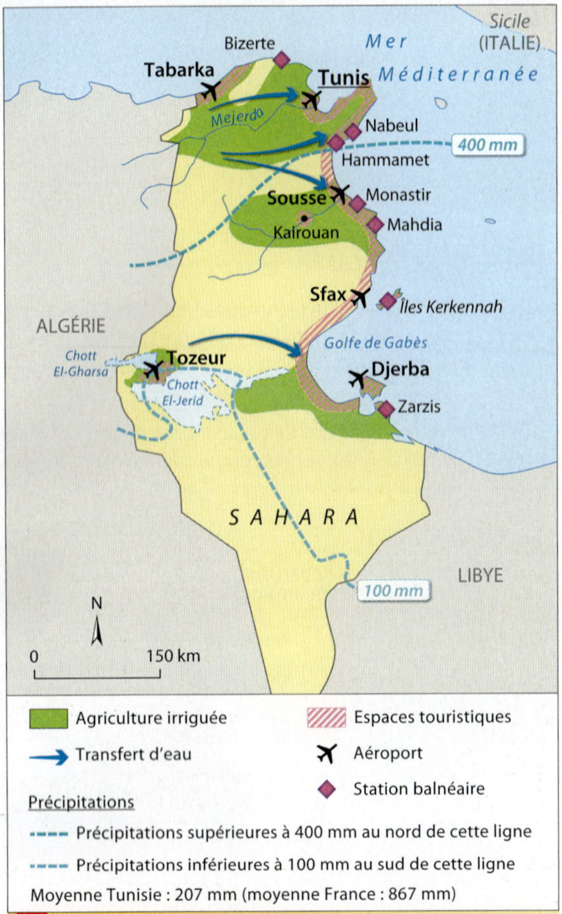

10 Les concurrences pour l'eau

11 Vers une meilleure gestion de l'eau

La stratégie de mobilisation des ressources en eau adoptée depuis 1990 (réalisation de 21 grands barrages, 203 barrages collinaires) vise à l'horizon 2010 la mise en valeur de 95 % des ressources de surface et 100 % des ressources souterraines. La Tunisie a aussi entrepris au cours des dernières années plusieurs réformes axées sur la gestion de la demande qui prévoient : la réalisation d'économie d'eau dans le secteur de l'irrigation pour une meilleure préservation des ressources en eau disponibles (modernisation des installations, extension des techniques modernes d'irrigation à la parcelle, etc.) ; la mise en place de systèmes de tarification pour inciter les utilisateurs à faire des économies ; l'utilisation de plus en plus intensive des eaux dessalées et des eaux usées traitées à des fins agricoles ; la participation plus active des usagers à la gestion des eaux agricoles.

D'après Aquastat (organisme dépendant de la FAO), 2005.

12 Le dessalement : une solution durable ?

Le dessalement de l'eau de mer est présenté comme une solution alternative au problème du manque d'eau douce notamment pour les villes des pays en développement. Il évite la construction de grands barrages ; la disponibilité est illimitée et cela permet de réserver les eaux douces continentales à l'agriculture. Cependant, le problème principal est le coût énergétique : le prix total de l'eau dessalée reste au moins deux à trois fois plus cher que celui des ressources classiques.

D. Blanchon, *Atlas de l'eau*, Éditions Autrement, Paris, 2009.

Questions

Je décris et j'explique

7 **Docs 7 et 9.** Dans quel milieu bioclimatique s'est développée Tozeur ? D'où vient la ressource en eau ?

8 **Docs 7, 8 et 9.** Combien d'habitants vivent à Tozeur ? Quelles activités économiques pratiquent-ils ?

9 **Docs 7, 8 et 9.** Qui sont les différents consommateurs d'eau à Tozeur ? Pourquoi peut-on parler de concurrences pour l'eau ?

10 **Docs 8 et 10.** Quelles sont les deux activités en concurrence pour l'eau en Tunisie ? Laquelle est la plus gourmande en eau ?

11 **Docs 8 et 11.** Citez les différentes actions engagées par la Tunisie pour pallier le manque d'eau.

12 **Docs 8 et 11.** Montrez que dans l'oasis de Tozeur, la modernisation de l'irrigation permet de faire des économies d'eau.

13 **Doc 12.** Le dessalement de l'eau de mer est-il la solution idéale au manque d'eau ? Pourquoi ?

14 **Doc 11.** Qui, dans un pays, peut mettre en œuvre une politique de l'eau ?

BILAN

J'identifie les enjeux du développement durable

Socle commun

Recopiez le tableau ci-dessous, puis placez dans la bonne colonne les différents enjeux du développement durable.

- *Éviter le gaspillage de l'eau dans les usages domestiques*
- *Améliorer les systèmes d'irrigation*
- *Développer le réseau d'eau potable dans les zones rurales*
- *Développer des solutions alternatives rentables*

Enjeu social	Enjeu économique	Enjeu environnemental

Étude de cas

L'eau en Australie

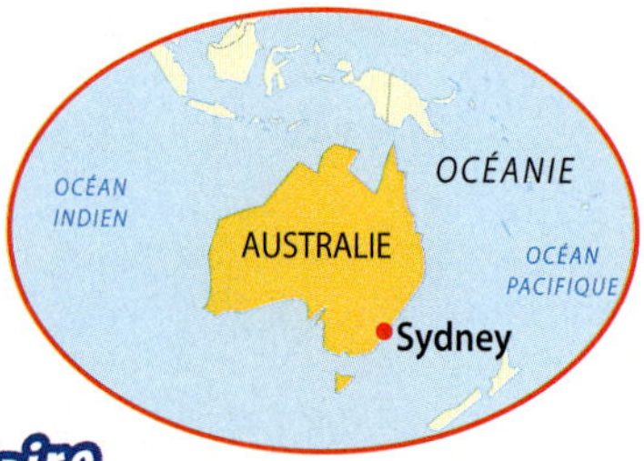

• L'Australie est le pays le plus sec du monde : les déserts représentent 70 % de sa superficie. Pourtant, l'agriculture s'y est largement développée grâce à l'**irrigation**. Aujourd'hui, les 21 millions d'habitants de l'Australie sont presque tous des urbains. Leurs besoins en eau viennent concurrencer ceux, considérables, de l'agriculture.

Comment les Australiens gèrent-ils leurs ressources en eau ?

Vocabulaire

Irrigation : ensemble de techniques permettant d'amener de l'eau aux cultures quand il ne pleut pas.

Usine de dessalement : usine permettant de retirer le sel de l'eau de mer pour la rendre potable.

Usine de retraitement de l'eau : usine permettant de nettoyer les eaux usées pour les rendre potables à nouveau.

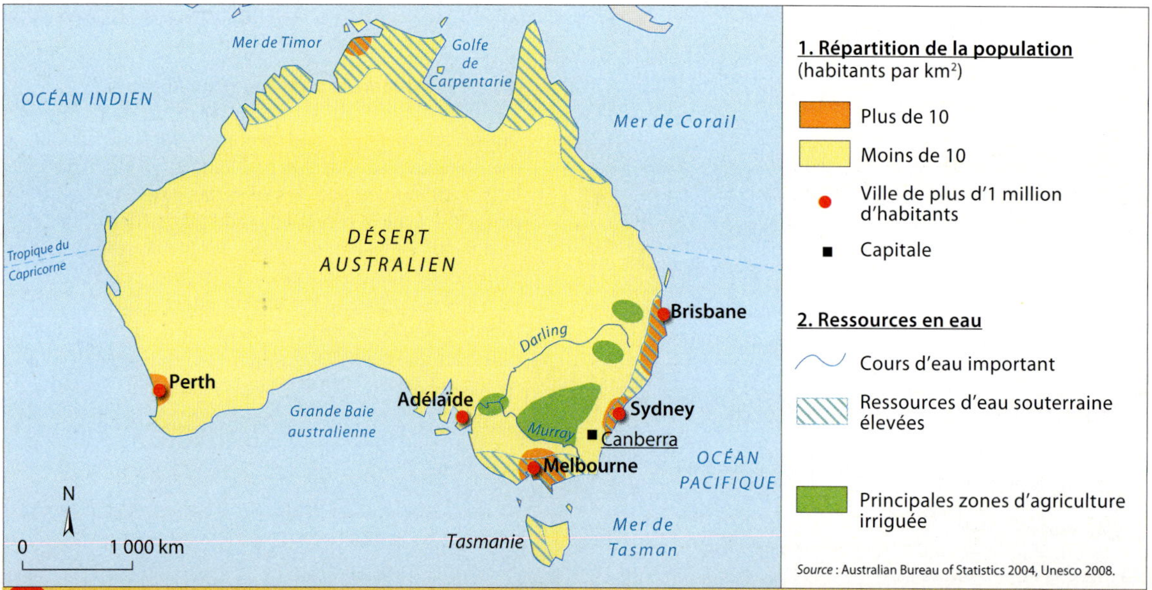

1 Ressources en eau et répartition de la population

2 Un plan national pour la sécurité de l'eau

Le gouvernement australien prend la mesure de la crise. Le Premier ministre Howard a fixé le cap début 2007 : un plan représentant un investissement de 10 milliards de dollars australiens sur 10 ans. Le National Plan for Water Security n'a pas d'équivalent dans le monde. L'heure a été jugée suffisamment grave pour que le Premier ministre demande l'adhésion de la nation entière autour de ce plan de bataille. Le plan prévoit d'investir massivement dans la modernisation des systèmes d'irrigation qui représentent 70 % de l'eau consommée en Australie. Or, les systèmes d'irrigation en place ne fonctionnent pas comme ils le devraient. Par endroits, entre 10 et 30 % de l'eau pompée des rivières est perdue avant d'arriver aux portes des fermes.

D'après Franck Galland, *L'eau, Géopolitique, Enjeux, Stratégies*, CNRS, Paris, 2008.

3 Sydney, une agglomération de 4 millions d'habitants

4 Cultures irriguées dans le sud de l'Australie

Les canaux d'irrigation (❶) amènent l'eau depuis le bassin du fleuve Murray.

5 Sécheresse et conflits d'usage

2006 a été l'année la plus sèche qu'on ait connue sur le bassin du fleuve Murray et de son affluent Darling en Australie[1]. Si bien que le Premier ministre australien vient d'annoncer que l'eau serait réservée aux besoins humains, notamment à l'alimentation de la ville d'Adélaïde. Pour le secteur agricole et l'industrie laitière, cette mesure prend l'allure d'une catastrophe. Le bassin de la Murray représente les trois quarts des surfaces habituellement irriguées qui ne pourront être arrosées cette année en Australie.

D'après *Sciences et Avenir*, juin 2007.

1. Le fleuve Murray et ses affluents alimentent en eau la quasi-totalité de l'agriculture irriguée australienne.

6 Le coût des aménagements pour l'eau

Lieu	Aménagement	Coût (en millions d'euros)
Wimmera-Mallee (Victoria)	Conversion d'un canal ouvert en pipeline d'une longueur de 1 600 km	313
Gold Coast (Queensland)	Construction d'une usine de dessalement	103
Golfe Spencer (Australie-Méridionale)	Construction d'une usine de dessalement	188
Perth (Australie-Occidentale)	Construction d'un pipeline	1 300
Ballarat (Victoria)	Construction d'une usine de retraitement de l'eau	19
Mackay (Queensland)	Construction d'un barrage	113
Murrumbidgee (Nouvelle-Galles du Sud)	Modernisation d'une infrastructure d'irrigation	156

Questions

Je localise

1 Localisez l'Australie.

Je décris et j'explique

2 **Doc 1.** Localisez les régions les plus peuplées et les grandes villes. Recherchez dans quel milieu climatique elles sont situées.

3 **Doc 1.** Où les ressources en eau sont-elles les plus abondantes ?

4 **Doc 1.** Comparez avec le peuplement : que constatez-vous ?

5 **Doc 5.** Que s'est-il passé en 2006 ? Qu'a dû faire le gouvernement ?

6 **Docs 4 et 5.** Quel secteur économique a été touché par cette décision ? Pourquoi ?

7 **Doc 2.** Quelles mesures a pris le gouvernement après la sécheresse de 2006 ?

8 **Docs 2 et 6.** Citez au moins quatre aménagements décidés par le gouvernement pour mieux gérer l'eau.

9 **Doc 6.** Pourquoi l'Australie peut-elle engager des travaux aussi importants ?

BILAN

J'identifie les enjeux du développement durable

Socle commun

Recopiez, puis associez chacune des propositions suivantes à l'enjeu de développement durable auquel elle se rattache :

Éviter le gaspillage de l'eau dans les usages domestiques •	*• Enjeu économique*
Améliorer les systèmes d'irrigation •	*• Enjeu environnemental*
Développer des solutions alternatives rentables non polluantes •	*• Enjeu social*

Les ressources et l'accès à l'eau dans le monde

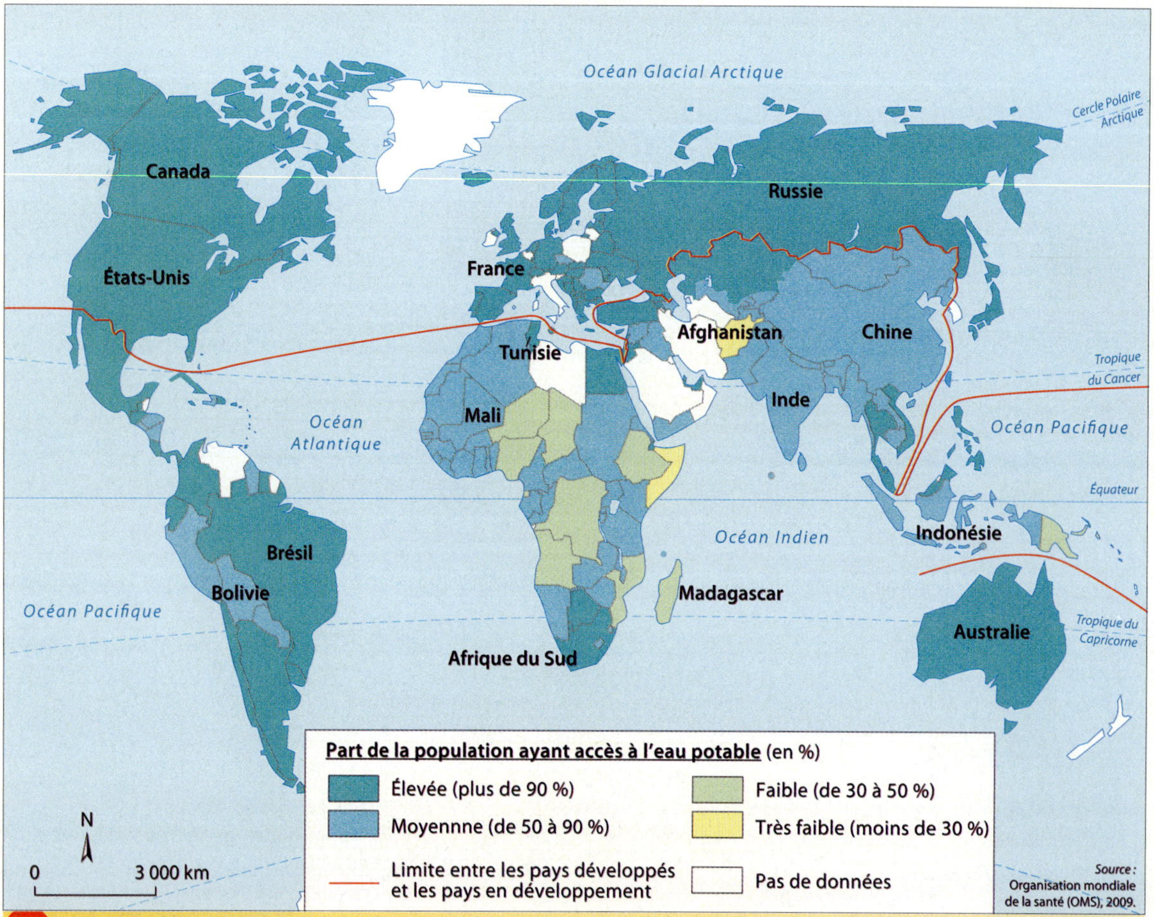

1 L'accès à l'eau potable

Vocabulaire

Pénurie : disponibilité en eau insuffisante pour les activités humaines.

Stress hydrique : situation où la demande en eau dépasse les ressources disponibles.

Questions

1 **Doc 1.** Où se trouvent les populations ayant le moins accès à l'eau potable ?

2 **Doc 1.** Comment peut-on expliquer cette répartition ?

3 **Doc 2.** Où se trouvent les zones où l'eau douce manque le plus ?

4 **Doc 3.** Où se situent les conflits pour l'eau les plus graves ? Pourquoi ?

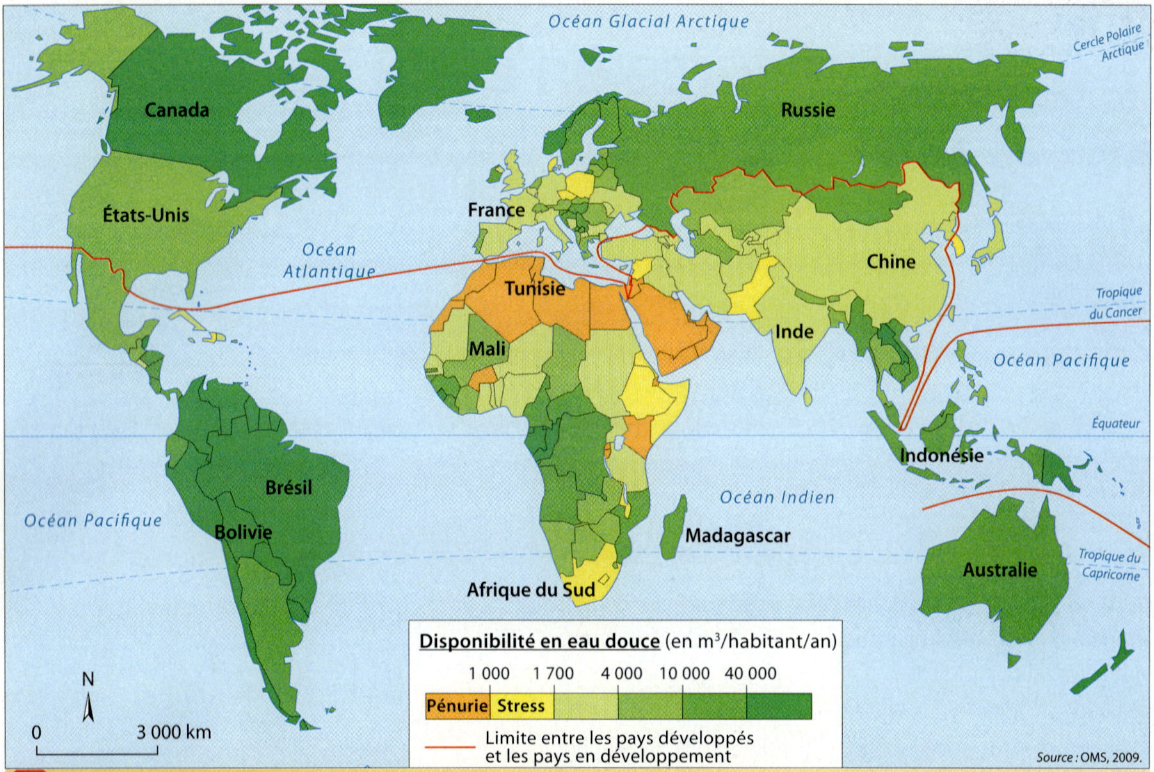

2 La disponibilité en eau douce

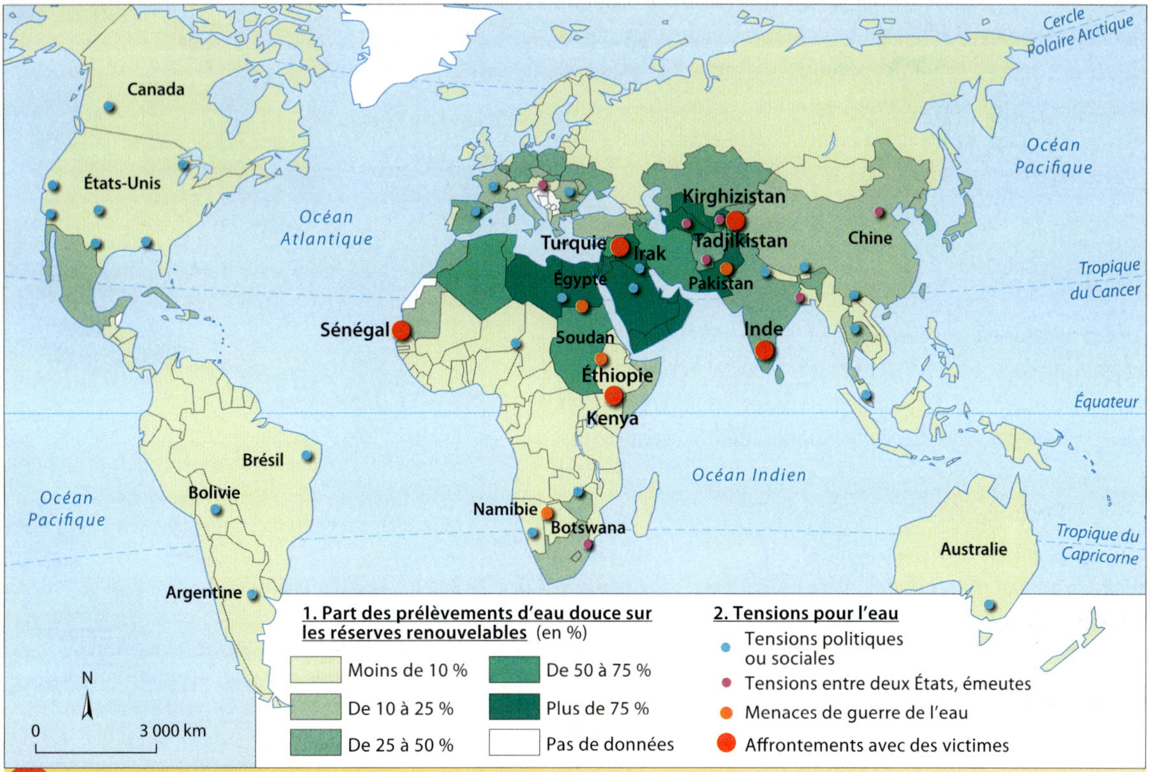

3 Les conflits pour l'eau

Cours 1

La ressource en eau

- Plus de 1 millard d'hommes n'ont pas accès à l'eau potable.
- 2 500 litres d'eau sont nécessaires pour produire un ordinateur (stérilisation des puces informatiques).

➤ Que nous a appris l'étude de cas ?

A En Tunisie comme en Australie, les ressources en eau ne sont pas forcément localisées à proximité des régions les plus peuplées.

B Le manque d'eau peut entraîner des conflits entre ses usagers et nécessite des arbitrages et des réglementations de la part des États.

➤ Qu'en est-il à l'échelle mondiale ?

A Une répartition très inégale

1. Les ressources en eau douce sont supérieures aux besoins mondiaux, mais leur répartition est liée à celle des grands domaines climatiques. Les pays des régions arides sont en situation de **pénurie**. De plus, cette répartition est très différente de celle de la population : la **disponibilité en eau par habitant est très inégale** (voir cartes pp. 308-309).

2. L'eau est indispensable : les hommes la **consomment** (boisson, usages domestiques) et l'utilisent pour **produire** (industries, énergie et agriculture) (doc 4). Lorsqu'elle est rare, des concurrences apparaissent entre ses différents usagers : habitants des villes, industriels, agriculteurs. Mais aussi entre États, lorsqu'ils se partagent un fleuve. L'eau peut donc être une **source de tensions**, voire de conflits.

B De l'eau propre pour tous : un défi pour l'avenir

1. Les besoins en eau de l'humanité augmentent rapidement : plus nombreux et plus riches, les hommes consomment davantage (usages domestiques et pour les loisirs) (doc 1). Or, disposer en quantité d'une eau de qualité nécessite des équipements coûteux : barrages, **usines de retraitement de l'eau**, réseaux de distribution, **usine de dessalement**... (doc 5)

2. Les inégalités de richesse entraînent donc des **inégalités d'accès à l'eau potable** (doc 2) : 1 milliard de personnes en sont privées et plus de 2 millions meurent chaque année des **contaminations de l'eau**. Garantir à tous un **droit à l'eau propre** exige donc une action internationale concertée : lutter contre les gaspillages, améliorer les systèmes d'**irrigation**, recycler les eaux industrielles et les eaux usées, augmenter le prix de l'eau... (doc 3)

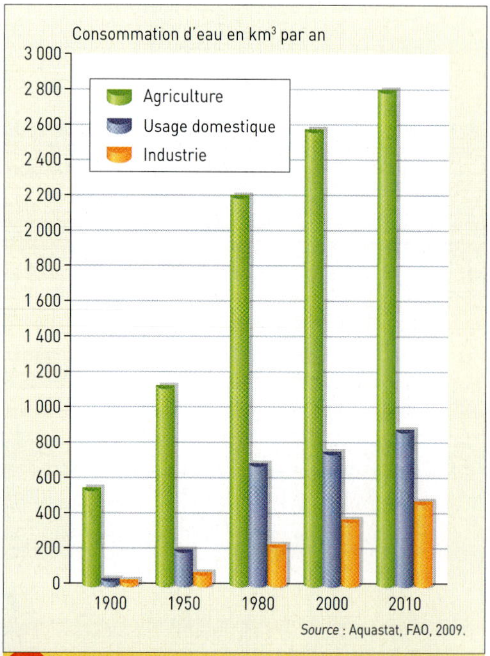

1 Évolution de la consommation mondiale

Vocabulaire

Accès à l'eau : possibilité de s'approvisionner facilement à un point d'eau chez soi ou dans un puits.

Irrigation : ensemble de techniques permettant d'amener de l'eau aux cultures quand il ne pleut pas.

Pénurie : disponibilité en eau insuffisante pour les activités humaines.

Usine de dessalement : usine permettant de retirer le sel de l'eau de mer pour la rendre potable.

Usine de retraitement de l'eau : usine permettant de nettoyer les eaux usées pour les rendre potables à nouveau.

2 Les inégalités d'accès à l'eau dans les villes en développement

Dans les pays du Sud, il existe une vraie différence entre les « branchés » – ceux très peu nombreux, qui ont accès à l'eau potable en permanence à domicile – et les autres habitants. Proche des premiers, on trouve les habitants connectés à un réseau défectueux tant pour la quantité (coupures, manque de pression) que pour la qualité (eau non potable). Ils sont obligés d'acheter de l'eau en bouteilles ou de s'approvisionner aux bornes-fontaines. Lorsque ces dernières sont trop peu nombreuses, les habitants doivent faire appel à des colporteurs d'eau privés, utilisant des camions-citernes puis des ânes, vélos ou charrettes à bras pour les plus petites quantités. Enfin les plus mal lotis se contentent de sources non sécurisées (rivières, puits peu profonds), sans garantie sur la qualité ou la quantité. Enfin, plus le service est irrégulier et plus il y a d'intermédiaires, plus le prix de l'eau est élevé.

D'après D. Blanchon, *Atlas de l'eau*, Éditions Autrement, Paris, 2009.

En l'absence de réseau de distribution d'eau, qui paie l'eau le plus cher ?

3 Campagne de sensibilisation à l'accès à l'eau

L'association SOS Sahel vient en aide aux Saheliens pour leur développement.

Quel message est transmis par cette affiche ?

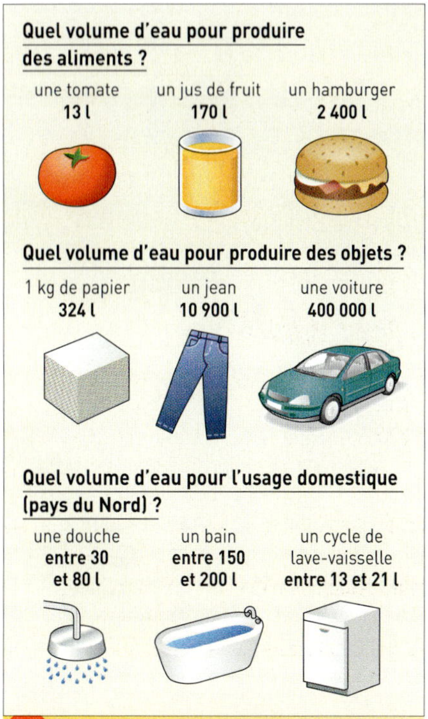

4 L'eau, ressource indispensable

5 Les Trois-Gorges en Chine, le plus grand barrage du monde

Ce barrage permet de prévenir les crues du fleuve Jaune, de produire de l'énergie et d'assurer la navigation.

Exercices

Socle commun

Je révise

L'essentiel — Eau et développement durable

[Compétence 5.6 – Identifier les enjeux du développement durable.]

3 ENJEUX CLÉS	Les défis d'aujourd'hui — Limiter	Les défis d'aujourd'hui — Favoriser	Pour un développement durable de l'humanité
Société	• Le gaspillage • Les tensions entre États pour l'eau	• L'accès à l'eau potable et à des installations sanitaires dans les pays du Sud • Les accords de coopération entre les États	Permettre l'accès à l'eau douce pour tous
Économie	• Les concurrences entre les activités pour l'eau • Le maintien de systèmes d'irrigation trop gourmands en eau	• Les économies d'eau dans les activités les plus consommatrices • Développer de nouveaux systèmes d'irrigation plus économes (goutte à goutte)	Partager équitablement les ressources en eau
Environnement	• L'exploitation des réserves non renouvelables • La dégradation des ressources par la pollution	• L'exploitation raisonnable des ressources non renouvelables • Les nouvelles technologies non polluantes pour utiliser d'autres ressources en eau (mer...)	Préserver les ressources en eau et leur qualité

1 Je décris un conflit pour l'eau

[Compétence 5.5 – Lire et utiliser différents langages.]

1 De sa source à son embouchure, quels pays traverse le Tigre ? Nommez-les.

2 Faites de même pour l'Euphrate.

3 Dans quel milieu bioclimatique les fleuves prennent-ils leur source ? Quel est celui de l'embouchure ? Que peut-on en déduire quant à l'alimentation naturelle du fleuve en eau ?

4 Pour quels usages l'eau des fleuves est-elle utilisée par l'homme ?

5 Citez les différents aménagements réalisés le long des deux fleuves.

6 Quel pays en a réalisé le plus ? Qu'a-t-il le plus construit ?

7 Expliquez pourquoi ces aménagements peuvent être source de conflits avec les pays situés en aval du fleuve.

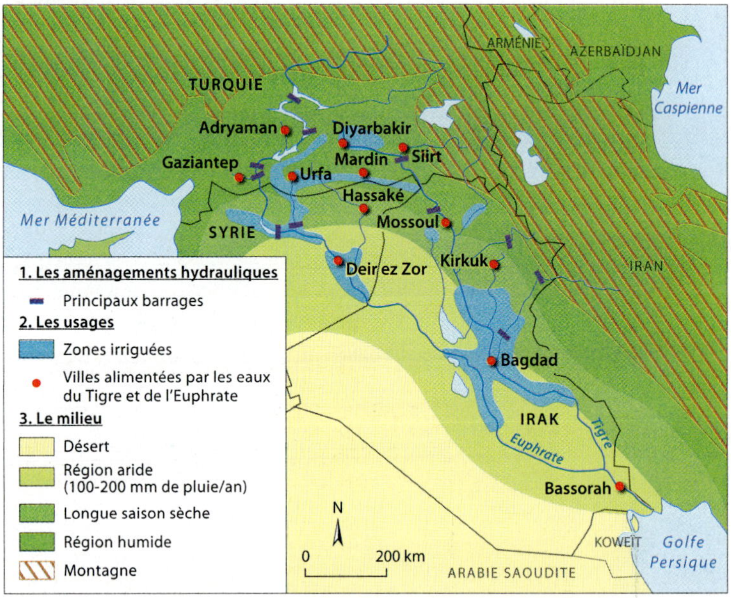

Je m'entraîne

2 J'analyse un texte : irriguer, mais comment ?

[Compétence 1.1 – Dégager l'idée essentielle d'un texte. Compétence 1.2 – Répondre à une question par une phrase complète.]

Dans sa ferme, Mohamed Ouali Alami a planté 2 ha de tomates le même jour que son frère, en mars. Ses plantes sont arrosées au goutte-à-goutte, pas celles de son frère. « La différence est visible à l'œil nu », dit-il. Sa production est bien meilleure.

Le goutte-à-goutte permet de réduire de 50 % environ les quantités utilisées, donc de faire baisser la facture ; les doses d'engrais utilisées sont plus faibles et les mauvaises herbes poussent plus difficilement. Beaucoup de voisins visitent les champs de M. Alami, qui préside une association d'usagers de l'eau agricole : « C'est mon rôle de montrer l'exemple. »

Le gouvernement marocain encourage cette technique, mais son coût est un frein à son développement.

D'après G. Dupont, *Le Monde*, 23 mai 2009.

1. Quelle différence y a-t-il entre le champ de Mohamed Ouali Alami et celui de son frère ?
2. De quoi vient cette différence ?
3. Quels sont les avantages du goutte-à-goutte ?
4. Quel rôle s'est donné Mohamed Ouali Alami auprès des autres agriculteurs ?
5. Pourquoi tous les agriculteurs du pays n'utilisent-ils pas le goutte-à-goutte ?

3 B2i J'analyse la situation de l'accès à l'eau d'un pays

[Compétence 4.4 – Je sais relever des éléments me permettant de connaître l'origine de l'information (auteur, date, source...).
Compétence 4.5 – Je sais sélectionner des résultats lors d'une recherche.]

1. Allez sur le site Internet de l'UNICEF : www.unicef.org/french/wash/index_bigpicture.html.
2. Dans la page, cherchez quels sont les objectifs de l'UNICEF dans le domaine de l'eau et de l'assainissement.
3. Cliquez sur la ligne « Statistiques relatives au nombre de personnes desservies » située dans le tableau intitulé « Faits et chiffres » à droite de la page.
4. Dans quelles régions du monde les hommes ont-ils le plus de mal à accéder à une eau potable de qualité ?
5. D'après le texte, quel objectif de l'UNICEF sera atteint et lequel ne le sera pas ?
6. Où pouvez-vous trouver des informations générales sur l'UNICEF à partir de ces deux pages ?

POUR ALLER PLUS LOIN

À lire

- **C. Stern**, *Le Développement durable à petits pas*, Actes Sud Junior, 2009.

- Un dossier spécial sur l'eau, « De l'eau ! la Terre a soif » de *Géo Ado*, n°73, mars 2009.

À consulter

- Le site de l'OMS consacré à l'eau : www.who.int/topics/water/fr
- Le site de l'ONU consacré à l'eau : www.un.org/french/waterforlifedecade/pdf/waterforlife_fr.pdf
- Le portail du ministère de l'Environnement et du Développement durable tunisien : www.environnement.nat.tn
- Un site du CNRS consacré à l'eau : www.cnrs.fr/cw/dossiers/doseau/accueil.html

Chapitre

17 Les océans et leurs ressources

▶ *Comment les hommes peuvent-ils exploiter les ressources océaniques tout en les préservant ?*

PLAN DU CHAPITRE

1 **La pêche au thon dans l'océan Indien, au large des Seychelles**

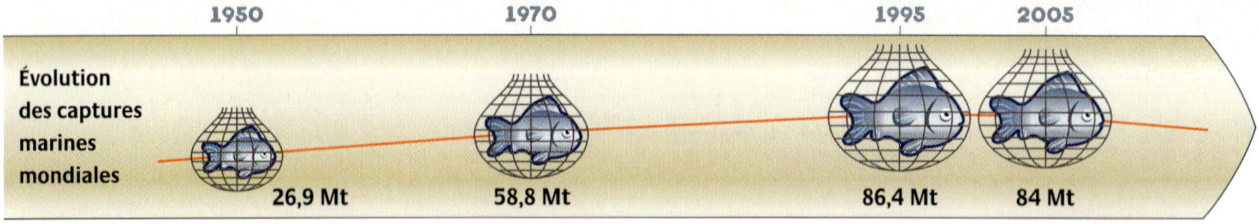

2 **La culture des algues sur l'île de Nusa Lembongan, à Bali (Indonésie)**

Docs 1 et 2. Quelles ressources océaniques exploitées par les hommes sont illustrées par ces deux documents ?

Étude de cas

La pêche à Madagascar

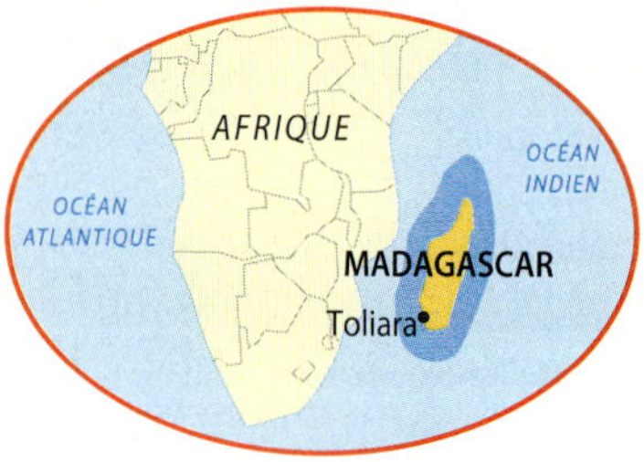

• Quatrième plus grande île du monde, Madagascar est située dans l'hémisphère Sud à l'est de l'Afrique. Elle compte 20 millions d'habitants. La pêche est, avec le secteur minier et le tourisme, l'un des trois principaux secteurs économiques de ce pays dont la population est parmi les plus pauvres du monde.

▶ *Quels sont les enjeux de la pêche à Madagascar ?*

Vocabulaire

Aquaculture : élevage d'espèces marines.

Halieutique : qui concerne la pêche.

Mangrove : forêt des zones tropicales. De nombreuses espèces aquatiques y vivent et s'y reproduisent.

A La pêche, une activité vitale mais menacée

1 La pêche traditionnelle

En dehors des pêcheurs professionnels, de nombreux Malgaches pratiquent aujourd'hui la pêche pour améliorer leurs revenus.

2 Les chiffres clés de la pêche à Madagascar

- **131 000 tonnes** de poissons pêchées en 2008, dont 22 % pour l'exportation.
- **40 000 pêcheurs** et **218 000 personnes** vivent de la pêche traditionnelle et artisanale.
- **3 000** personnes travaillent dans la pêche industrielle destinée à l'exportation.
- **L'exportation** de crevettes a rapporté au pays 30 millions d'euros en 2007.
- L'État malgache vend des autorisations de pêche dans ses eaux aux thoniers européens (1,37 million d'euros par an).

Questions

Je localise

1 Localisez Madagascar en Afrique et dans l'océan Indien.

Je décris et j'explique

2 **Docs 2 et 5.** Pourquoi la pêche est-elle nécessaire pour les habitants et pour l'économie de Madagascar ?

3 **Docs 2 et 4.** Quels sont les deux problèmes qui se posent aujourd'hui aux pêcheurs malgaches ?

4 **Docs 3 et 4.** Où se concentre de plus en plus la population malgache ? Pourquoi ?

5 **Doc 3.** Citez les deux grands types d'activités économiques implantées sur le littoral.

6 **Docs 3 et 4.** Quelles sont les conséquences sur les milieux naturels de cette concentration des hommes et des activités sur le littoral ? et sur la pêche ?

Je conclus

7 Relevez les éléments qui montrent que la pêche est menacée à Madagascar.

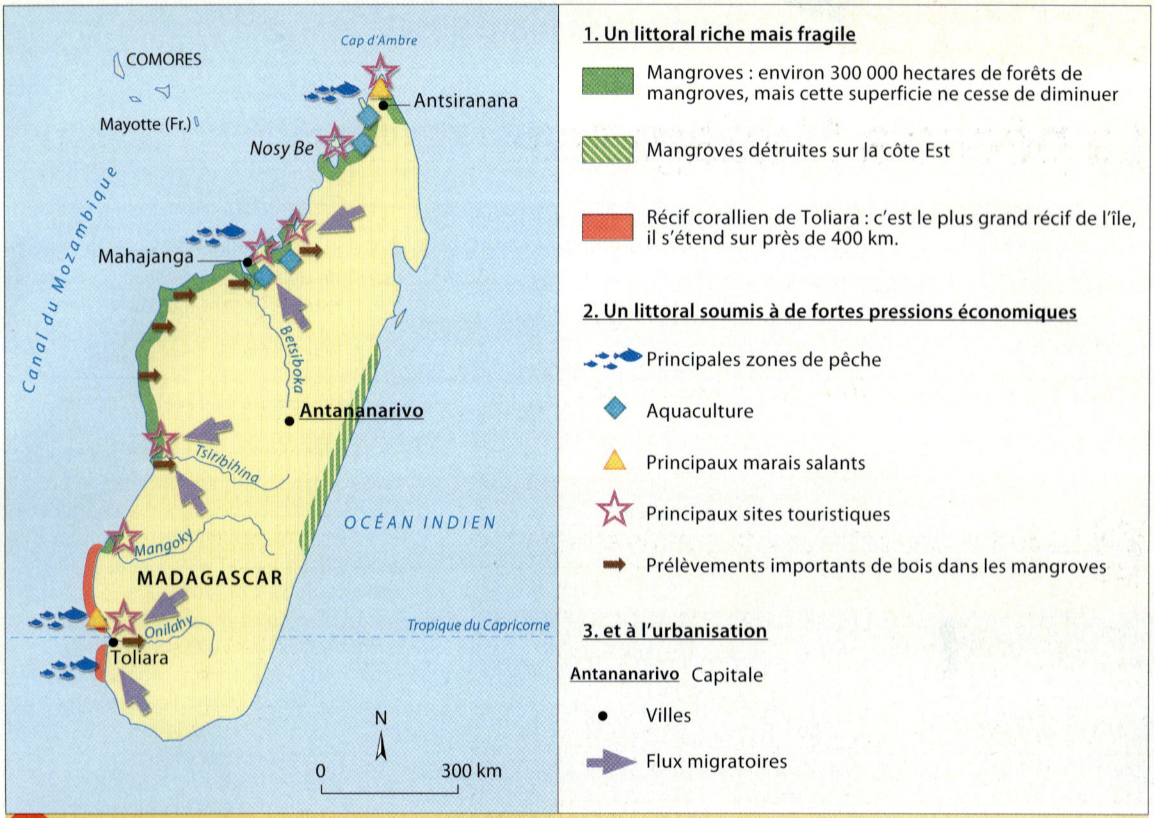

3 Les conséquences de la concentration de la population sur les littoraux malgaches

Longue de plus de 5 600 km, la côte malgache est soumise à de fortes pressions économiques, sociales et environnementales, notamment dans sa partie occidentale.

4 Les liens entre la pauvreté et la surpêche

Après avoir atteint 560 tonnes de poulpes en 2006, la production a plafonné à 514 tonnes en 2007 et devrait encore baisser en 2008. De plus, une contradiction voit le jour : tandis que le poids total diminue, le nombre de poulpes pêchés augmente, car les pêcheurs ramassent de plus en plus de petits animaux n'ayant souvent pas encore atteint la taille adulte. Ce phénomène est caractéristique d'une situation de surpêche.

Comment en est-on arrivé là ? La pression démographique s'accentue sur le littoral : de plus en plus de pêcheurs viennent s'y installer. À la suite de sécheresses répétées, surtout au sud de Toliara, l'agriculture et l'élevage régressent depuis quelques dizaines d'années et les hommes doivent se convertir. Bien que la législation fixe un poids minimum de 350 grammes pour les prises, il est extrêmement difficile de faire respecter cette disposition : les pêcheurs sont très pauvres et la survie guide logiquement leur comportement.

D'après P. Vallette et C. Causse, *Madagascar, l'île océan*, éd. Autrement et Nausicaà, Paris, 2009.

5 Un marché de poissons, près de Toliara, en 2008

Le poisson, plus nutritif et moins cher que la viande, prend une part toujours plus importante dans l'alimentation de la population malgache.

B Vers une exploitation plus durable des ressources de la pêche ?

6 Élevage d'holothuries, concombres de mer, dans le lagon de Toliara

Les pêcheurs se chargent d'élever les jeunes holothuries dans des parcs installés dans le lagon avant de les revendre arrivés à taille adulte. Ils peuvent ainsi s'assurer une source régulière de revenus sans piller le récif.

Vocabulaire

ZEE : zone économique exclusive. Espace maritime dans lequel un pays peut pêcher et exploiter les ressources naturelles.

7 Aquaculture et développement

La société Aqualma, créée en 1992 pour développer le premier élevage de crevettes, de Madagascar, est aujourd'hui le premier exportateur de crevettes de Madagascar avec 7 500 tonnes de crevettes vendues en 2006. Elle exploite, sur la côte ouest de Madagascar, deux fermes aquacoles d'une surface totale de 1 200 hectares. Aqualma, dont les sites de production se trouvent dans des régions enclavées, initie et contribue à la mise en place de programmes sociaux ainsi qu'à la construction d'infrastructures de base. Dans le village situé à proximité de l'une des fermes, qui compte aujourd'hui 3 000 habitants contre quelques familles à la création de la société, Aqualma a financé les principales infrastructures sociales : école, dispensaire, accès à l'eau potable et à l'électricité, enlèvement des ordures, et construction d'un marché public, d'un abattoir et d'une piste d'aviation.

D'après le site Internet de l'Agence française de développement, www.afd.fr.

8 Le centre de surveillance des pêches malgaches

Le centre veille à ce que les textes et réglementations en matière de pêche et aquaculture, ainsi que les différents protocoles d'accord de pêche, soient respectés par les acteurs de la filière.

Objectif global

- Gestion responsable des stocks exploitables et exploités des produits halieutiques et aquacoles.
- Cogestion des ressources naturelles renouvelables, économiquement viable et socialement acceptable pour un développement durable.

Moyens d'intervention

- Maritimes : 3 navires de surveillance et 7 vedettes rapides.
- Aériens : 2 avions (en location) équipés de caméras spécialisées pour la surveillance aérienne de la ZEE et des lacs.
- Terrestres : 6 voitures 4x4 équipées de radio HF, 13 motos tout terrain et 18 VTT pour les contrôleurs des pêches.
- Système de suivi des navires.

D'après le site Internet du centre de surveillance des pêches de Madagascar, www.cspmadagascar.mg

9 Mieux gérer l'exploitation des ressources

Exemples de ressources	État d'exploitation en 2009
1. Ressources marines	
• Crevettes côtières (industrielles)	Optimal
• Crevettes côtières (traditionnelles)	Exploité
• Crevettes d'eau profondes	Non exploité
• Crabes de palétuvier	Optimal
• Langoustes rouges	Exploité
• Langoustes vertes	Peu exploité
• Poissons d'eau profonde	Optimal
• Algues rouges	Optimal
• Poissons des eaux estuarines	Optimal
2. Ressources des eaux continentales	Surexploité pour certaines zones
3. Aquaculture	Peu exploité

D'après la Commission de l'océan Indien pour la pêche au thon, www.iotc.org, janvier 2010.

10 Ferme aquacole de la société Aqualma dans la baie de la rivière Mahajamba

Cette ferme aquacole a été installée sur des tannes, espaces de terres nues, salées et infertiles, situés en arrière des mangroves, afin d'éviter une déforestation massive.

11 Concours de pêche et développement durable

Créé en 2005, ce concours de pêche, lancé conjointement par le ministère chargé de la pêche et une dizaine de sociétés de pêche, a pour objectif d'inciter les pêcheurs de la région à respecter les normes pour les filets et les saisons de capture.

Ne participent au concours que les pêcheurs qui ont au préalable suivi une formation à une pêche durable qui s'étale sur six mois. On leur enseigne le respect des saisons de pêche, l'utilisation de filets à petites mailles, la conservation du poisson par fumage ou salage ainsi que les principes de la pêche industrielle. Le concours final est l'occasion pour les pêcheurs de mettre en pratique leurs nouveaux acquis. Les messages semblent bien passer. « Nous savons aujourd'hui qu'il ne faut pas pêcher entre mai et septembre, car c'est la saison de reproduction des poissons », déclare ainsi Dieudonné Sabotsy, pêcheur de Vohémar. « Depuis trois ans, je nourris ma famille rien qu'avec la vente de poissons. Même en période de repos, je vends des poissons que j'ai conservés par fumage », explique Didier Ravahotra, un autre pêcheur.

D'après E. Bezara, Syfia Info, 18 août 2009.

Questions

Je décris et j'explique

8 **Docs 6, 7 et 10.** Citez deux types d'aquaculture développés à Madagascar.

9 **Doc 10.** Identifiez les éléments numérotés 1, 2, 3 et 4 qui composent ce paysage.

10 **Doc 10.** Quels avantages environnementaux présente l'aquaculture par rapport à la pêche ?

11 **Doc 7.** Montrez que les conditions de vie progressent à Madagascar grâce au développement de l'aquaculture.

12 **Docs 8 et 11.** Quelles actions le gouvernement malgache met-il en place pour gérer plus durablement les ressources océaniques ?

13 **Doc 9.** Quelles ressources de pêche Madagascar peut-elle encore développer ? Lesquelles doit-elle mieux gérer pour la préserver durablement ?

BILAN

J'identifie les enjeux du développement durable

Socle commun

Classez dans le tableau suivant les différents enjeux liés à la pêche à Madagascar.

- *Nourrir une population croissante*
- *Protéger les milieux naturels côtiers (récifs coralliens, mangroves)*
- *Accroître le niveau de développement de la population*
- *Sauvegarder les emplois traditionnels*
- *Préserver les ressources halieutiques*

Enjeu social	Enjeu économique	Enjeu environnemental

Étude de cas

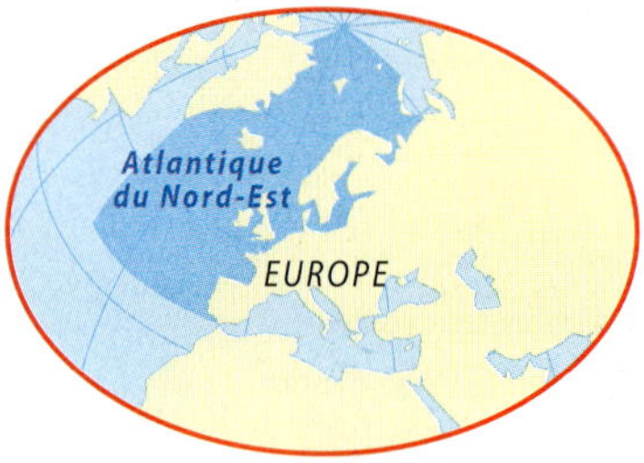

La pêche dans l'Atlantique du Nord-Est

• Situé à proximité directe du marché européen, l'Atlantique du Nord-Est est une zone de pêche où les ressources halieutiques sont fortement exploitées. Les conflits entre États autour de la question des ressources océaniques y sont fréquents.

▶ ***Quels sont les enjeux de la pêche dans l'Atlantique du Nord-Est ?***

Vocabulaire

Aquaculture : élevage d'espèces marines.

Halieutique : qui concerne la pêche.

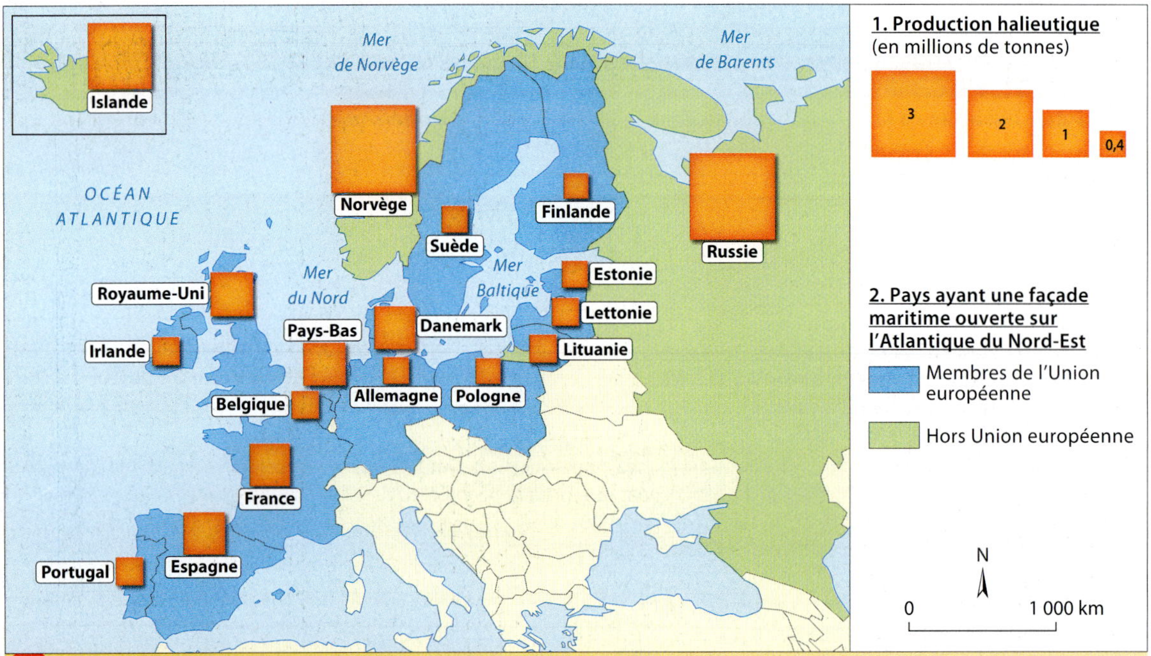

1 **La production halieutique dans les pays européens en 2008**

2 Les chiffres clés de la pêche dans l'Atlantique du Nord-Est

• **Captures :** 5,7 millions de tonnes de poissons dont 71 % issus de l'Atlantique du Nord-Est.

• **Aquaculture :** 18,4 % de la production maritime de l'Union européenne.

• **Nombre de pêcheurs** au sein de l'Union européenne : 190 000.

• **Emplois liés à la pêche et à l'aquaculture :** 415 851.

• **Consommation moyenne des habitants de l'Union européenne :** 21,4 kg de poissons et de fruits de mer par personne et par an (moyenne mondiale : 16,4 kg/hab./an).

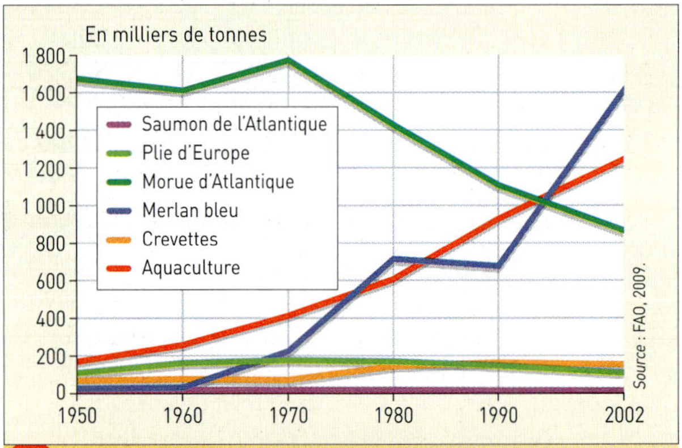

3 **Évolution des captures et de l'aquaculture**

4 Conflit de pêche entre la France et l'Espagne, en 2007

a Bataille navale franco-espagnole ?

D'une main ferme et sûre, Xavier Timbo surligne au feutre rouge sur une carte marine la limite séparant les eaux territoriales françaises des eaux espagnoles. La ligne de conflit entre deux flottilles, la française et l'espagnole. Une bataille navale qui mobilise le sommet de l'État autour d'un petit poisson bleu : l'anchois. « Les pêcheurs espagnols peuvent venir pêcher chez nous. Mais la réciproque n'est pas vraie. Même dans le golfe de Gascogne, il existe trois zones où nous n'avons pas le droit de jeter nos filets », précise, sans énervement, le vice-président du comité des pêches de La Turballe (Loire-Atlantique), longtemps premier port sardinier français et depuis reconverti dans d'autres prises.

Ce patron-pêcheur a pris les rênes de la contestation des « anchoyeurs » de la façade atlantique française face à l'invincible armada espagnole.

D'après C. Forcari, www.liberation.fr, juillet 2007.

b Manifestation des pêcheurs de La Turballe en Bretagne en mai 2007

La grève des marins-pêcheurs français se poursuit jusqu'en novembre 2007. Aux questions des zones de pêche viennent s'ajouter des revendications liées à la très forte hausse du prix du carburant.

5 L'aquaculture en Norvège

L'aquaculture est aujourd'hui une industrie importante en Norvège. L'élevage de saumon de l'Atlantique représente 80 % de la production aquacole. Il faut y ajouter la truite arc-en-ciel, la morue, le flétan et quelques coquillages (moules et huîtres). 95 % de la production est exportée vers l'Union européenne (Danemark et France).

Questions

Je localise et je situe

1 À proximité de quel foyer de peuplement se situe la zone de pêche de l'Atlantique du Nord-Est ?

Je décris et j'explique

2 **Doc 1.** Quels sont les trois principaux pays de pêche de la zone Atlantique du Nord-Est ?

3 **Docs 1 et 2.** Quels éléments démontrent l'importance économique et sociale de la pêche en Europe ?

4 **Doc 3.** Comment a évolué la production halieutique dans l'Atlantique du Nord-Est jusqu'en 1979 ? Que s'est-il passé depuis ? Comment peut-on expliquer ce phénomène ?

5 **Doc 4.** Quel problème oppose les pêcheurs espagnols aux pêcheurs français en 2007 ?

6 **Doc 5.** Quelles sont les principales productions de l'aquaculture norvégienne ?

BILAN — J'identifie les enjeux du développement durable (Socle commun)

Classez dans le tableau les propositions suivantes :

- *Sauver les emplois des pêcheurs*
- *Préserver les ressources halieutiques*
- *Maintenir une consommation de produits de la mer*

Enjeu social	Enjeu économique	Enjeu environnemental

Les ressources océaniques

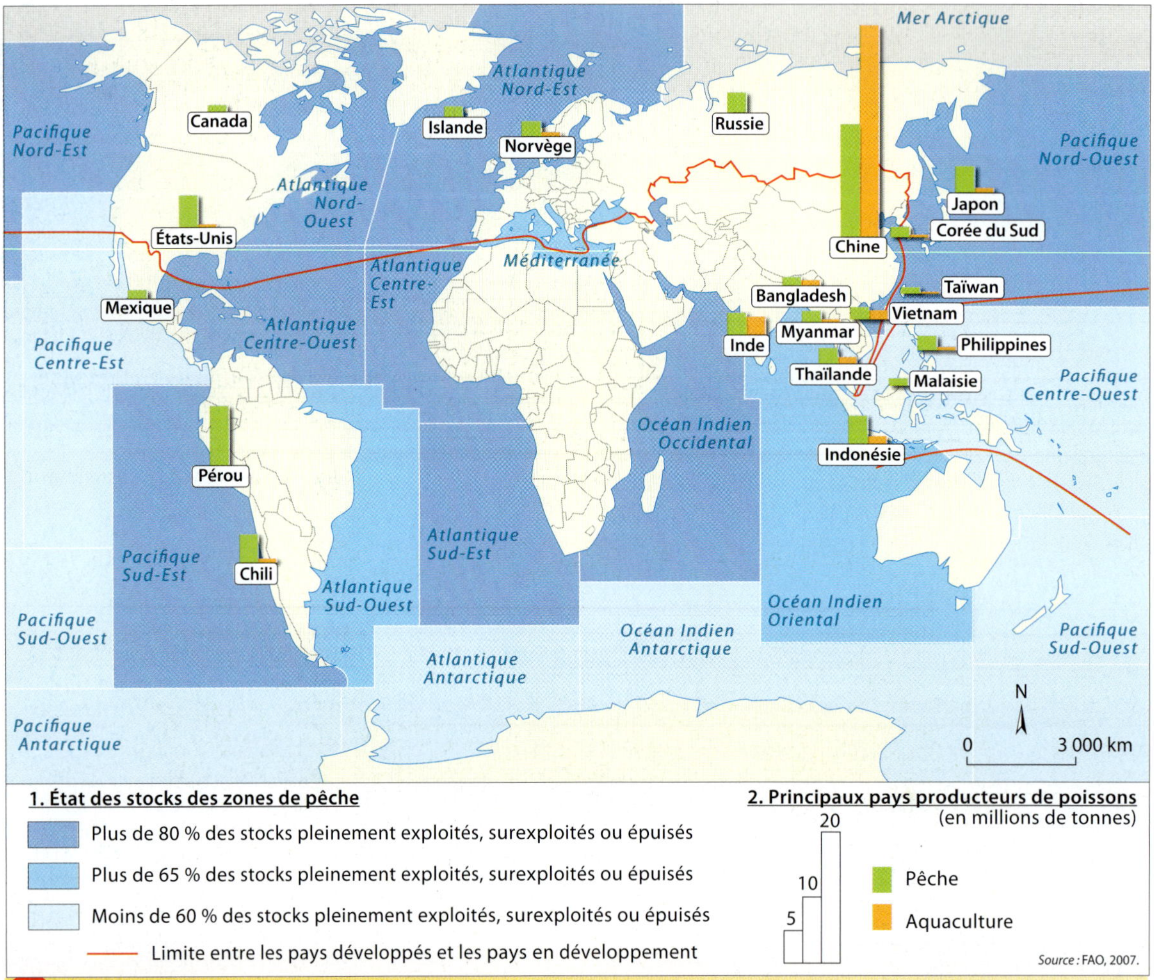

1 L'exploitation des ressources halieutiques

Questions

1 Doc 1. Les zones de pêche où les quantités de poissons sont pleinement exploitées ou surexploitées sont-elles majoritaires ou minoritaires ?

2 Doc 1. Quelles sont les zones de pêche dans lesquelles les captures peuvent encore augmenter dans les années à venir ?

3 Doc 1. Les principaux pays producteurs de poissons capturés ou élevés sont-ils des pays développés ou en développement ?

4 Doc 2. Quelles ressources existent au fond des océans ?

5 Doc 3. Quelles sont les régions du globe les plus consommatrices de poisson ?

Vocabulaire

Nodules polymétalliques : masses arrondies de quelques centimètres riches en métaux se trouvant au fond des océans.

Offshore : en pleine mer.

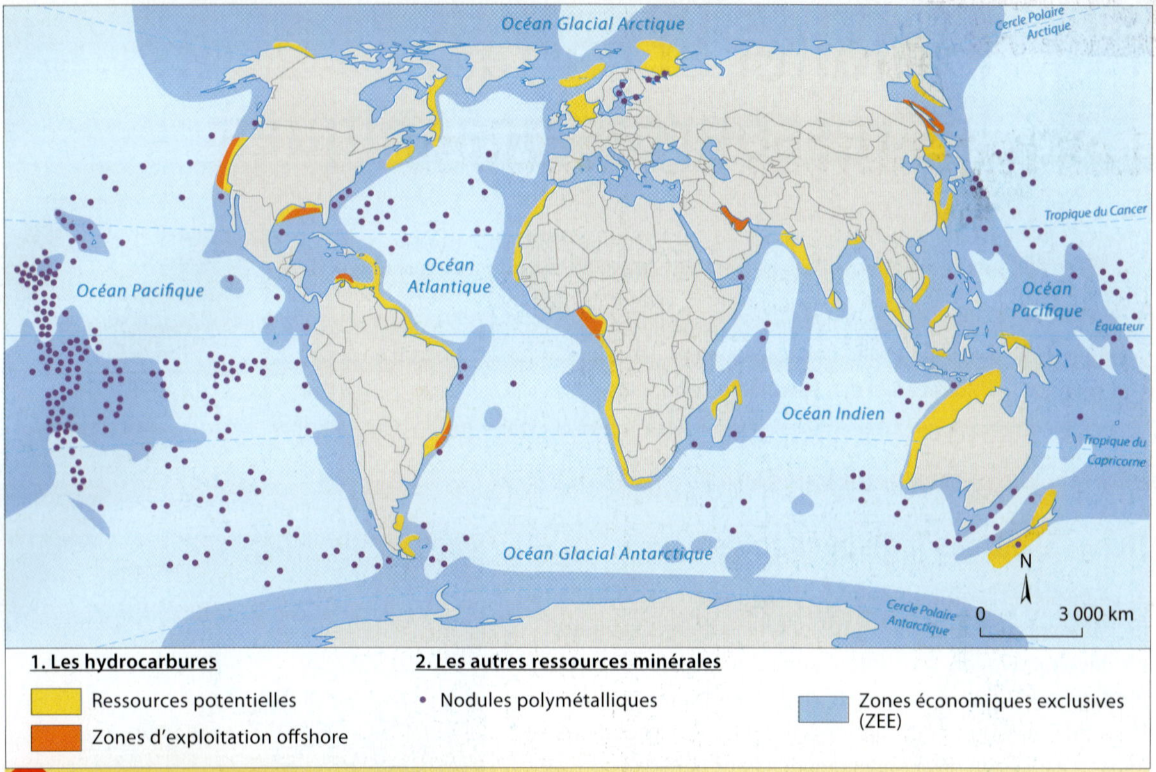

2 Les ressources minérales océaniques

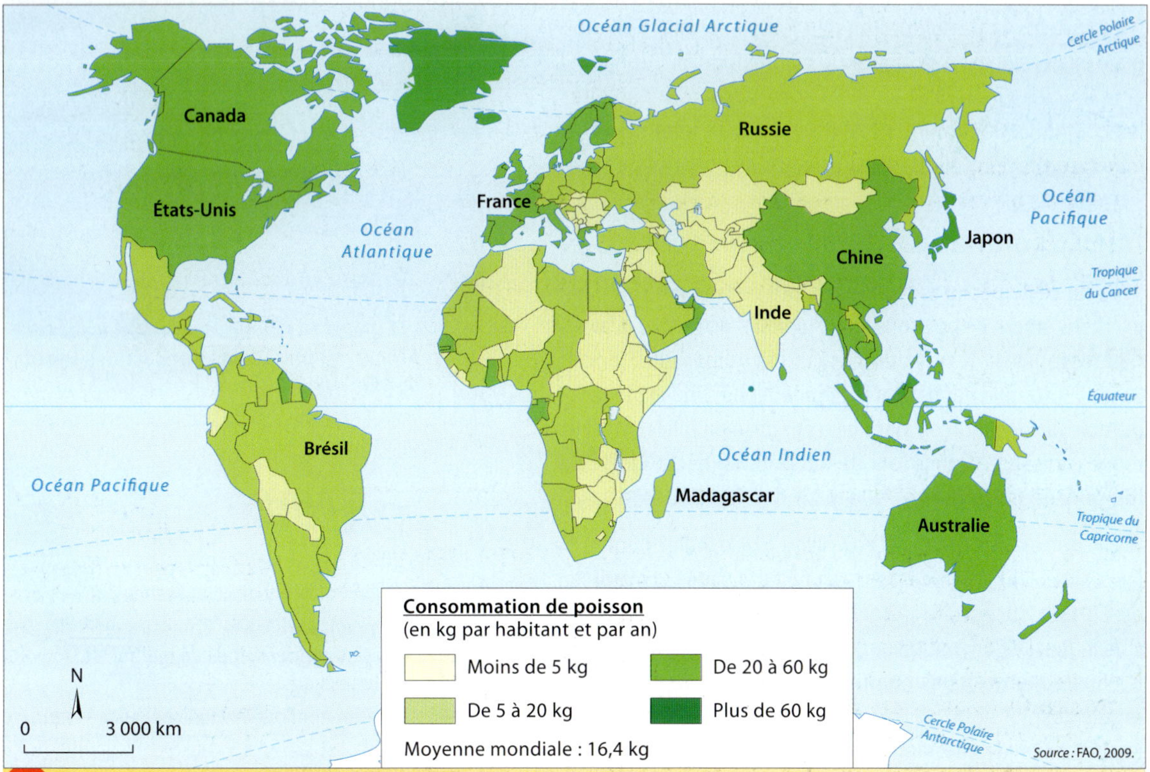

3 La consommation de poisson dans le monde

Cours 1 Exploiter et partager les ressources océaniques

Que nous a appris l'étude de cas ?

A Les ressources vivantes de l'océan (pêche et aquaculture) jouent un rôle essentiel dans le développement humain (alimentation, économie, emploi...).

B Pour assurer la durabilité de ces ressources, les hommes doivent mettre en place des règles d'exploitation et de gestion internationales.

- 90 % des grands poissons (thons, morues...) ont disparu en moins de 50 ans.
- 200 millions de personnes vivent des produits de la mer.

Qu'en est-il à l'échelle mondiale ?

A Des ressources indispensables

1. La pêche et l'**aquaculture** assurent une **part essentielle de l'alimentation humaine**, particulièrement **dans les pays en développement**. Leur **rôle économique** est également **fondamental** : source de près de 40 millions d'emplois dans le monde, pêche et aquaculture génèrent des exportations indispensables au développement des pays pauvres.

2. De **nombreuses ressources minérales** se trouvent aussi en abondance dans l'océan : gaz, pétrole, sel, minerais, diamants (voir carte p. 323). Aujourd'hui, 30 % de la production mondiale de pétrole est d'origine sous-marine (doc 3). Cependant, si le sel, les graviers et le sable sont largement exploités, les coûts d'extraction très élevés limitent l'exploitation des minéraux précieux et des métaux (**nodules polymétalliques**).

B Mieux gérer et partager ces ressources

1. La **flotte de pêche mondiale** compte de trop gros bateaux. 75 % des stocks de poissons sont surexploités (doc 2). L'avenir des ressources vivantes de l'océan est compromis (doc 1). Depuis 1992, une **gestion internationale** pour une exploitation durable des ressources marines a été mise en place. Mais les moyens de surveillance font défaut pour empêcher la **pêche illégale**, équivalant à 30 % de la production déclarée.

2. Le contrôle des États s'étend jusqu'à 200 milles marins de leurs côtes (**ZEE**). Au-delà, les ressources vivantes et minérales de l'océan doivent être protégées par une réglementation spécifique. La **Convention sur le droit de la mer** (doc 4) définit les limites territoriales maritimes, les règles de navigation, régule l'exploitation des ressources et établit un cadre pour la prévention des accidents et des pollutions (doc 5).

1 Affiche du film *Océans* de Jacques Perrin sorti en janvier 2010

Ce film interpelle le grand public sur la préservation de la vie des océans.

Vocabulaire

Aquaculture : élevage d'espèces marines.

Halieutique : qui concerne la pêche.

Nodules polymétalliques : masses arrondies de quelques centimètres riches en métaux se trouvant au fond des océans.

ZEE : zone économique exclusive. Espace maritime dans lequel un pays peut pêcher et exploiter les ressources naturelles.

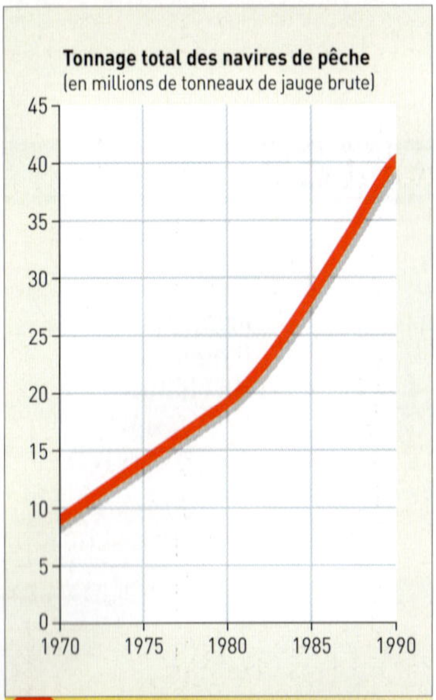

2 Évolution du tonnage de la flotte de pêche mondiale

1 Comment évolue la taille des bateaux de pêche entre 1970 et 1990 ?

2 Que pouvez-vous en déduire sur l'évolution de la quantité de poissons capturés entre 1970 et 1990 ?

3 Plateforme d'exploitation pétrolière dans le port de Rio de Janeiro (Brésil)

La plateforme est tirée vers le large par des remorqueurs jusqu'au gisement d'hydrocarbures situé en haute mer.

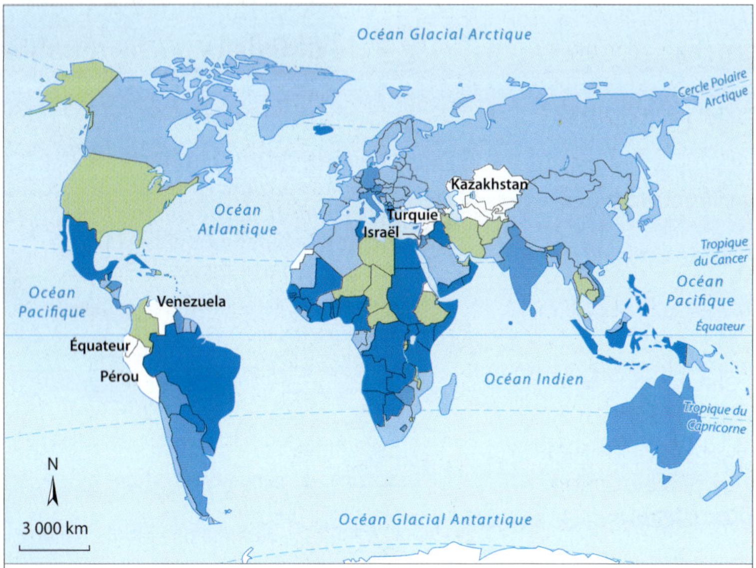

Pays ayant ratifié la Convention des Nations unies sur le droit de la mer

- Avant 1990
- Entre 1991 et 2000
- Après 2001
- Pays ayant signé mais non ratifié la convention
- Pays n'ayant pas signé la convention

Source : ONU, 2010.

4 Les pays signataires de la Convention sur le droit de la mer en 2006

➔ Montrez que tous les États ne s'engagent pas de la même façon dans la mise en œuvre d'une réglementation internationale.

5 L'océan Glacial Arctique très convoité

La fonte accélérée de la calotte glaciaire a avivé les convoitises des cinq pays riverains de l'Arctique qui se sont lancés dans une course pour revendiquer la souveraineté des fonds sous-marins. Alors que des glaciologues estiment que l'océan Arctique pourrait être libéré des glaces pendant toute la période estivale d'ici à 2030, l'exploitation de ses hydrocarbures apparaît comme un moyen de pallier l'assèchement prévu des réserves des pays pétroliers. Les services géologiques américains estiment que ces fonds marins pourraient receler 13 % des réserves de pétrole et 30 % des réserves de gaz naturel non découvertes de la planète.

D'après le site Internet www.france24.com, 17 mai 2009.

➔ Pourquoi les pays riverains de l'Arctique veulent-ils y acquérir des territoires ?

Exercices

Socle commun

Je révise

L'essentiel — Ressources océaniques et développement durable

[Compétence 5.6 – Identifier les enjeux du développement durable.]

3 ENJEUX CLÉS	Les défis d'aujourd'hui – Limiter	Les défis d'aujourd'hui – Favoriser	Pour un développement durable de l'humanité
Société	• Les pertes d'emplois et d'activités liés à la pêche dans les pays riches	• La création d'emplois et d'activités dans le secteur de la pêche dans les pays en développement	Des ressources pour tous donc du développement
Économie	• L'appropriation des ressources océaniques par les pays riches • Les tensions entre États	• L'accès des pays en développement aux ressources océaniques nouvelles	Partager les ressources océaniques
Environnement	• L'épuisement des ressources halieutiques • La dégradation des milieux marins	• La protection des ressources océaniques par la réglementation internationale et la coopération entre États	Mise au point de méthodes durables d'exploitation des ressources océaniques

1 Je vérifie mes connaissances

Les affirmations suivantes sont-elles vraies ou fausses ? Justifiez votre réponse.

1. Depuis 1950, les captures de poissons ont fortement augmenté.
2. À l'échelle mondiale, les captures stagnent autour de 200 millions de tonnes par an.
3. Près de 90 % des espèces sont exploitées au maximum ou surpêchées à travers le monde.
4. Le développement de la pêche artisanale est la principale cause de la surpêche actuelle.
5. La pêche industrielle utilise des méthodes de pêche durables.

3 Je connais les enjeux de la pêche durable

[Compétence 5.6 – Identifier les enjeux du développement durable.]

Classez les différents enjeux de la pêche durable dans le tableau ci-dessous.

1. Augmenter les quantités de poissons capturés.
2. Nourrir 6,7 milliards de personnes.
3. Créer des richesses.
4. Sauvegarder les ressources halieutiques disponibles.
5. Assurer plusieurs millions d'emplois.
6. Permettre aux espèces marines de se reproduire.

Enjeu social	Enjeu économique	Enjeu environnemental

2 Je définis la pêche durable

[Compétence 5.6 – Identifier les enjeux du développement durable.]

Choisissez parmi les éléments suivants ceux qui correspondent à des méthodes de pêche durables. Rédigez ensuite une définition de la pêche durable à partir de ces éléments.

1. Satisfaire les besoins alimentaires humains actuels.
2. Réduire le nombre d'emplois liés à la pêche.
3. Sauvegarder les ressources halieutiques.
4. Priver les générations futures de consommer du poisson.
5. Réduire la quantité de poisson dans l'alimentation.
6. Permettre aux pêcheurs de vivre de leur métier.
7. Permettre aux générations futures de consommer du poisson.
8. Interdire toute forme de pêche pour préserver les espèces marines
9. Limiter l'activité de pêche aux pays les plus riches.

4 B2i Je prélève et utilise des informations sur un site Internet

[Compétence 4.3 – Je sais utiliser les fonctions principales d'un outil de recherche sur le web.
Compétence 4.5 – Je sais sélectionner des résultats lors d'une recherche (et donner des arguments permettant de justifier mon choix.)]

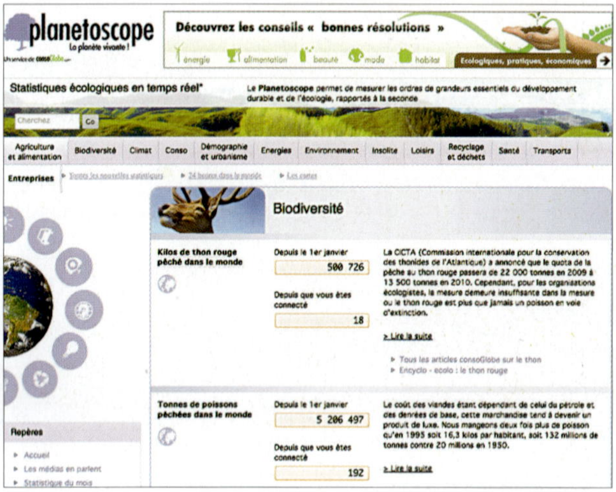

1 Connectez-vous au site « planetscope » à partir d'un moteur de recherche.

2 À l'aide des rubriques disponibles sur la page d'accueil, ouvrez la page proposant des statistiques sur la pêche.

3 Recopiez puis complétez le tableau suivant à partir des données fournies par le site.

4 Répondez à la question suivante à l'aide des chiffres du tableau : Pourquoi peut-on dire que l'aquaculture n'est pas une alternative durable à la pêche à l'échelle mondiale ?

Date de consultation du site :	Depuis le 1er janvier
Quantité de poissons pêchée dans le monde	
Quantité de poissons produite par l'aquaculture	
Quantité de poissons sauvages utilisée pour alimenter les poissons d'élevage	

POUR ALLER PLUS LOIN

À lire

- **G. Feterman**, *La mer et les océans à petits pas*, Actes Sud Junior, 2006.

À consulter

- Pour suivre **l'expédition de Tara Océans**, partie en septembre 2009, vers les océans et mers du globe : http://oceans.taraexpeditions.org
- Le site de Thalassa : www.thalassa.france3.fr
- Pour connaître l'état des ressources selon les espèces de poissons, **Site de la WWF :** www.pourunepechedurable.fr

WWF

Chapitre

18 Ménager l'atmosphère

► *Quel est l'impact des activités humaines sur l'atmosphère aujourd'hui ? Quelles pourraient en être les conséquences demain ?*

PLAN DU CHAPITRE

1 Sortie d'usine à Baotou, dans le nord de la Chine

➔ Pourquoi ces Chinois portent-ils un masque ?

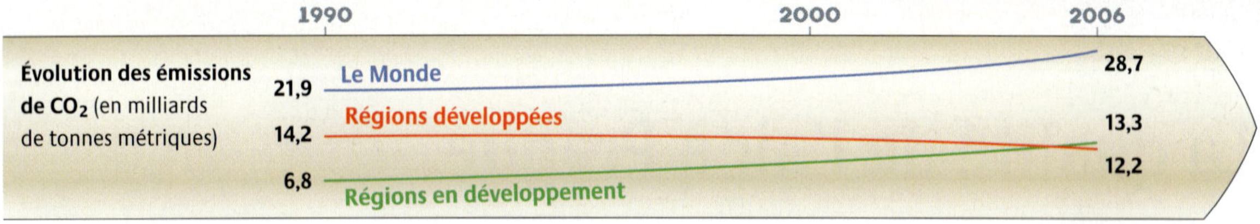

2 Vue aérienne des Sablons, en Vendée, après le passage de la tempête Xynthia, le 28 février 2010

Le passage de cette tempête pose la question de la fréquence de ces phénomènes naturels extrêmes et de leur lien éventuel avec le réchauffement de la planète.

➔ **Quelle est une des conséquences, semble-t-il, du changement climatique ?**

Étude de cas

La qualité de l'air à Prague

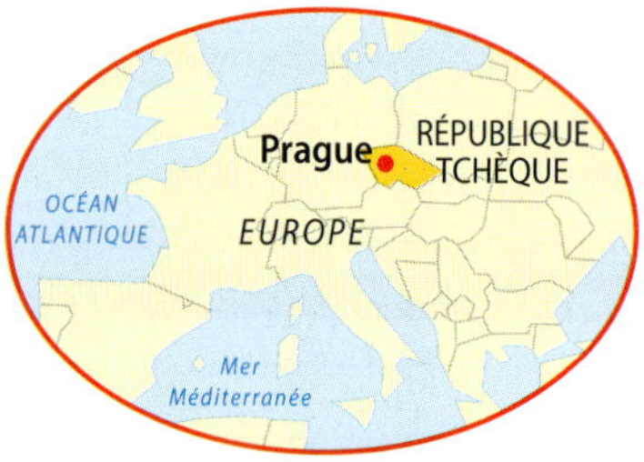

• Prague, capitale de la République tchèque, compte 1,2 million d'habitants. Connue pour la richesse de son patrimoine, la ville était aussi à la fin des années 1990 l'une des villes les plus polluées d'Europe. Aujourd'hui, ses habitants respirent de mieux en mieux.

▶ ***Quels moyens sont mis en œuvre pour améliorer la qualité de l'air à Prague ?***

Vocabulaire

Smog : nuage de pollution provoqué par les gaz d'échappement (voitures, camions, motos...) et les rejets industriels.

A Prague, une ville polluée

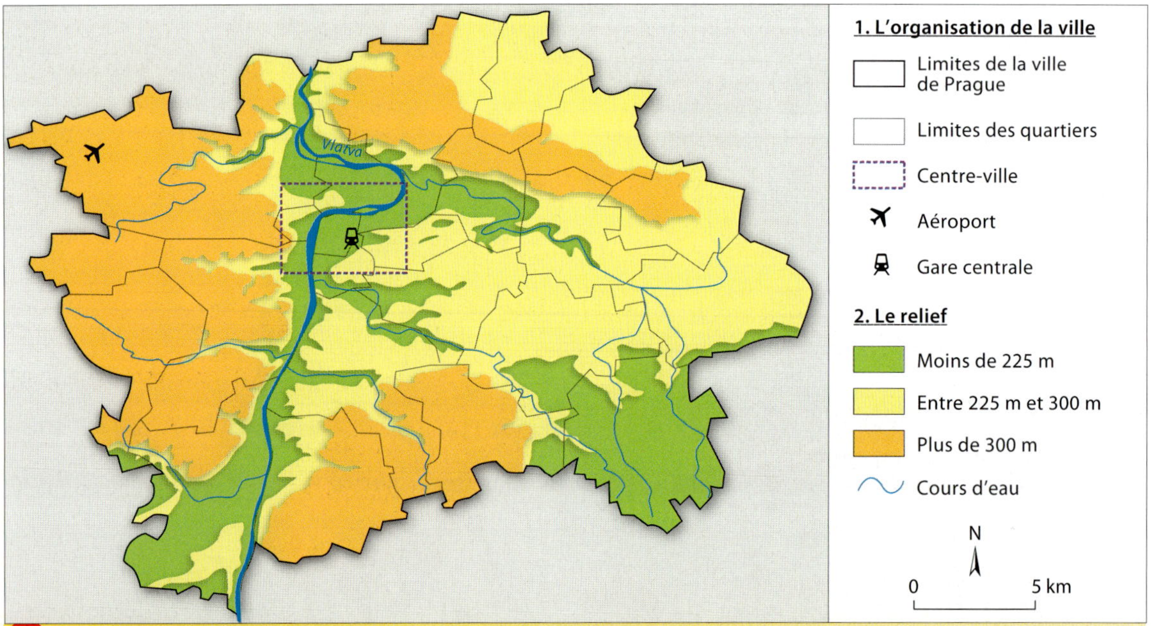

1 Un relief propice à la pollution

2 Conseils pour les touristes

Située dans la vallée de la Vlatva, la ville de Prague est magnifique. Située en milieu continental, les hivers y sont froids, les étés chauds. Si vous comptez la visiter l'été, vous devez vous attendre à voir une ville remplie de touristes. Durant les longues périodes de chaleur, la qualité de l'air peut rapidement se dégrader du fait de la pollution, ce qui peut entraîner des problèmes pour les personnes souffrant de maladies respiratoires. Si vous souffrez d'asthme, vous ne devriez jamais oublier d'emporter votre inhalateur.

D'après le site Internet de la ville de Prague, www.prague.fm.

3 Les causes de la pollution de l'air

L'industrialisation rapide au XXe siècle a engendré de graves niveaux de pollution de l'air, de l'eau et des sols à Prague et ses environs. La combustion de lignite (combustible de charbon peu cher et donc populaire) pour le chauffage en hiver a aggravé la situation et a aussi contribué à l'apparition de pluies acides, gagnant ensuite l'Allemagne et la Pologne. Prague est également une plaque tournante pour les transports routier, aérien, fluvial et ferroviaire, ce qui engendre aussi la pollution de l'air.

D'après le site Internet, www.city-data.com/world-cities/Prague-Environment.html.

4 **Le centre-ville de Prague, un jour de smog**

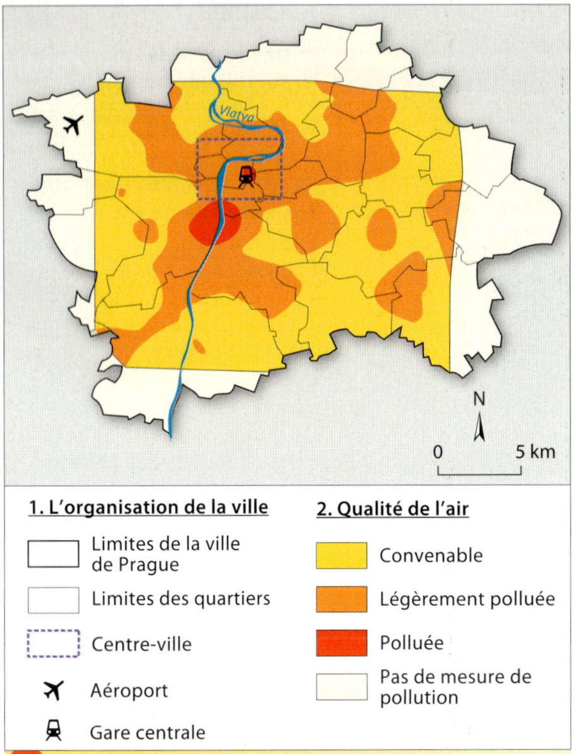

5 **La pollution de l'air à Prague au milieu des années 1990**

Questions

Je localise

1 Localisez la République tchèque en Europe, puis situez Prague.

Je décris et j'explique

2 **Doc 2.** Quelle information sur la qualité de l'air à Prague donne ce texte ?

3 **Docs 1 et 2.** Quels facteurs naturels favorisent la pollution de l'air ?

4 **Doc 2.** Quelles peuvent être les conséquences de cette pollution sur la santé humaine ?

5 **Doc 4.** À quoi voit-on que l'air est pollué ?

6 **Doc 3.** Citez les trois grandes sources d'émission de ces pollutions.

7 **Doc 3.** Montrez que la pollution de l'air peut avoir des conséquences sur les pays voisins.

8 **Doc 5.** Où l'air est-il considéré comme convenable à Prague ? Quels sont les espaces les plus pollués ? les espaces légèrement pollués ?

Je conclus

9 Placez dans le bon ordre les trois étiquettes suivantes : Pollution de l'air – Relief encaissé – Activités humaines.

[ ] + [ ] = [ ]

La qualité de l'air à Prague

B Une ville qui respire de mieux en mieux

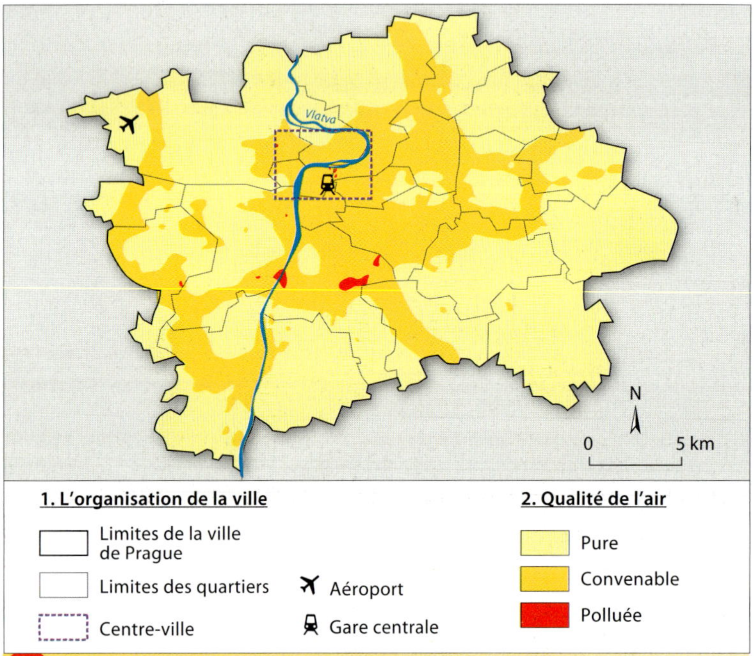

6 La pollution de l'air à Prague en 2008

7 Un nouveau plan de transports urbains

Pour développer les transports publics à Prague, l'accent a été mis sur l'amélioration du réseau de bus par des approches innovantes. Dans le cadre du programme européen « Trendsetter », une nouvelle ligne sera mise en place sur laquelle circuleront des bus de petit gabarit dans des parties de la ville non desservies par le métro. Les bus à Prague perdant énormément de temps dans les embouteillages, un nouveau système de gestion de feux par de nouvelles technologies assurera la priorité aux autobus dans les carrefours.

D'après le site Internet www.trendsetter-europe.org.

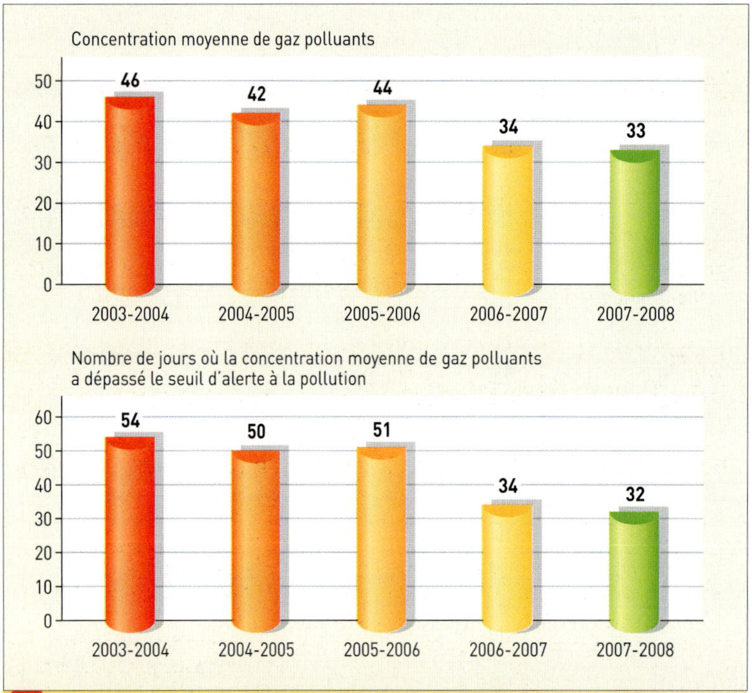

8 Les mesures de la pollution de l'air à Prague entre 2003 et 2008

9 Une taxe verte sur les automobiles

Depuis 2009, quiconque achète une voiture d'occasion ne satisfaisant pas aux normes européennes d'émissions, devra rajouter, en fonction du niveau de pollution, entre 3000 Kč[1] (118 €) et 10 000 Kč (393 €). « L'âge moyen des voitures en République tchèque est de 14 ans, ce qui a des répercussions très concrètes sur la qualité de l'air », a déclaré J. Kašpar, porte-parole du ministère de l'Environnement. « Nous espérons, avec cette loi, décourager l'achat et l'importation des véhicules anciens et polluants en République tchèque. (...) Nous devons prendre des mesures claires pour améliorer la qualité de l'air en République tchèque. »

D'après Stephan Delbos, *The Prague Post*, 10 décembre 2008.

1. Kč : la monnaie tchèque est la couronne.

10 Une autoroute urbaine souterraine au cœur de Prague

a Les buts du projet

D'ici 2011, une autoroute urbaine souterraine soulagera de la circulation automobile le centre de Prague et rendra sa quiétude à la place Vaclavské. À cette date devrait être aussi ouvert le tunnel Blanka, actuellement en construction sur l'esplanade de Letna. Une fois ouvert à la circulation, avec ses 2,23 km, il sera le plus long tunnel urbain d'Europe. La mairie de Prague a en effet approuvé le projet car l'amélioration de la situation des transports et la création d'un meilleur environnement font partie de ses priorités.

D'après le site Internet www.a-tout-prague.com, 22 janvier 2009.

b Un chantier considérable sur l'esplanade de Letna

11 « Feu vert aux économies »

Le projet intitulé « Feu vert aux économies », présenté par le ministre de l'Environnement Martin Bursík, propose des subventions importantes aux projets de chauffage écologique des foyers et à l'isolation thermique de bâtiments. 10 milliards de Kč (393 millions d'€), seront accordés, cette année, à la réalisation de ces projets. Jusqu'à 250 000 ménages pourraient profiter de ces subventions. M. Bursik précise que « grâce à ce programme, environ 1 million de tonnes de charbon, dont la combustion est accompagnée d'émissions de CO_2, de poussières et autres, pourrait être économisé par an. Il entraînera aussi des économies de chaleur, ce qui est très important, et les calculs démontrent que les foyers devraient économiser dans les 3 milliards de Kč (environ 115 millions d'euros) par an sur le chauffage. »

Radio tchèque, www.radio.cz, 7 avril 2009.

Questions

Je décris et j'explique

10 **Doc 5 p. 331 et doc 6.** Comparez les deux cartes. Que constatez-vous ?

11 **Doc 8.** Montrez que les deux graphiques confirment les informations issues de la comparaison des deux cartes.

12 **Doc 7.** Quelle politique est mise en place pour réduire la place de l'automobile ?

13 **Doc 9.** Quelle mesure l'État tchèque a-t-il prise pour limiter la pollution automobile ?

14 **Doc 10.** Quel est l'objectif de la construction de cette autoroute urbaine souterraine ?

15 **Doc 11.** À quelle autre source de pollution urbaine s'attaque le gouvernement tchèque ?

BILAN

J'identifie les enjeux du développement durable

Socle commun

En vous aidant des informations inscrites dans chacune des colonnes du tableau ci-dessous, identifiez l'enjeu du développement durable auquel elle correspond.

....	....	....
– Amélioration de la santé de la population. – Amélioration de la qualité de vie à Prague.	– Diminution de la pollution de l'air. – Développement des espaces verts.	– Développement du marché de l'automobile neuve. – Essor des entreprises de chauffage écologique et du bâtiment.

Étude de cas

La qualité de l'air à Los Angeles

• Avec ses 18 millions d'habitants, Los Angeles est la deuxième agglomération des États-Unis derrière New York. Elle est aussi la ville qui enregistre la plus mauvaise qualité de l'air dans tout le pays. Le **smog**, très fréquent, est la partie visible de cette pollution.

► ***Quels moyens sont mis en œuvre pour améliorer la qualité de l'air à Los Angeles ?***

Vocabulaire

Smog : nuage de pollution provoqué par les gaz d'échappement (voitures, camions, motos...) et les rejets industriels.

1 Los Angeles, entre mer et montagne (Image satellite, Google Earth)

2 Pollution et santé publique

En Californie, 24 000 décès annuels seraient dus à la pollution de l'air. Les études menées à Los Angeles concluent que les crises cardiaques, les attaques cérébrales et autres maladies graves augmentent très fortement après exposition à des particules fines de métal et de poussière qui se logent très profondément dans les poumons. Les Californiens ainsi exposés à des taux élevés de particules fines auraient une espérance de vie écourtée de dix ans.

D'après Janet Wilson, *Los Angeles Times*, 22 mai 2008.

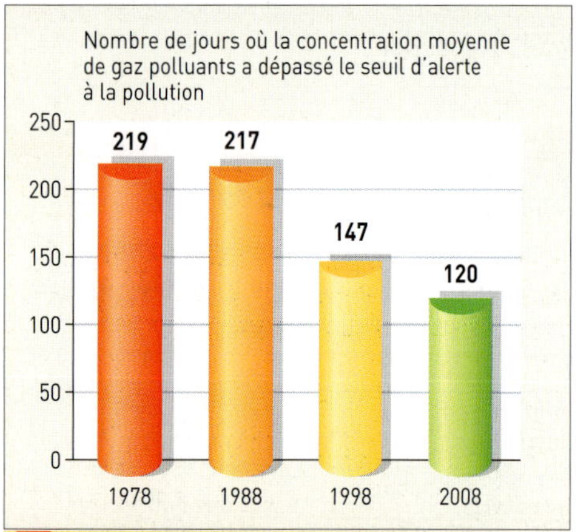

3 Les mesures de la pollution de l'air à Los Angeles (1978-2008)

4 Les dangers de la pollution expliqués aux enfants

Plaquette de la Direction de la qualité de l'air de la côte Sud, Los Angeles.

5 Acheter ou vendre le droit de polluer

Le dispositif adopté par la Californie, qui est appliqué depuis 2009, prévoit de réduire les émissions de gaz polluants de 22 % en moyenne d'ici à 2012 et de 30 % d'ici à 2016. En outre, le principe des marchés des permis d'émissions consiste à accorder aux industriels « pollueurs » gratuitement, à prix fixe ou aux enchères, des quotas d'émissions de CO_2, que ceux-ci peuvent ensuite s'échanger. Chaque émetteur de CO_2 doit alors vérifier qu'il détient autant de permis d'émissions que ce qu'il va émettre. Dans le cas contraire, il se trouve contraint ou bien de diminuer ses émissions, ou bien d'acheter des permis. Inversement, si ses efforts de maîtrise des émissions lui permettent de posséder un excédent de permis, il peut les vendre.

D'après www. techno-science.net.

6 Le covoiturage contre la pollution

Des *carpool lanes* (voies de covoiturage) ont été créées : elles sont réservées aux véhicules comptant au moins deux passagers.

7 Los Angeles : une ville construite pour l'automobile

Questions

Je localise

1 Localisez Los Angeles en Amérique (pays, État) puis précisez sa situation géographique.

Je décris et j'explique

2 **Doc 3.** Montrez que Los Angeles est une ville polluée.

3 **Docs 2 et 4.** Quelles sont les conséquences de la pollution de l'air sur les habitants de Los Angeles et de Californie ? sur l'économie ? sur l' environnement ?

4 **Docs 5, 6 et 7.** Quelles sont les deux principales sources de la pollution de l'air ?

5 **Docs 1 et 7.** En quoi la situation géographique, mais aussi l'organisation de la ville, aggravent-elles les problèmes de pollution de l'air ?

6 **Docs 5 et 6.** Quelles mesures ont été prises pour limiter la pollution de l'air ?

7 **Docs 4 et 6.** Comment la population est-elle informée des problèmes de pollution ?

BILAN — J'identifie les enjeux du développement durable — Socle commun

En vous aidant des informations inscrites dans chacune des colonnes du tableau ci-dessous, identifiez l'enjeu du développement durable auquel elle correspond.

....	....	....
– Préserver la santé des habitants. – Améliorer les conditions de vie.	– Encourager les industries non polluantes. – Taxer les pollueurs.	– Améliorer la qualité de l'air. – Faire disparaître le smog et ses conséquences.

Activités humaines et gaz à effet de serre

Vocabulaire

Gaz à effet de serre (GES) : six gaz différents produits par les activités humaines (CO_2, vapeur d'eau...). Ils contribuent à l'effet de serre.

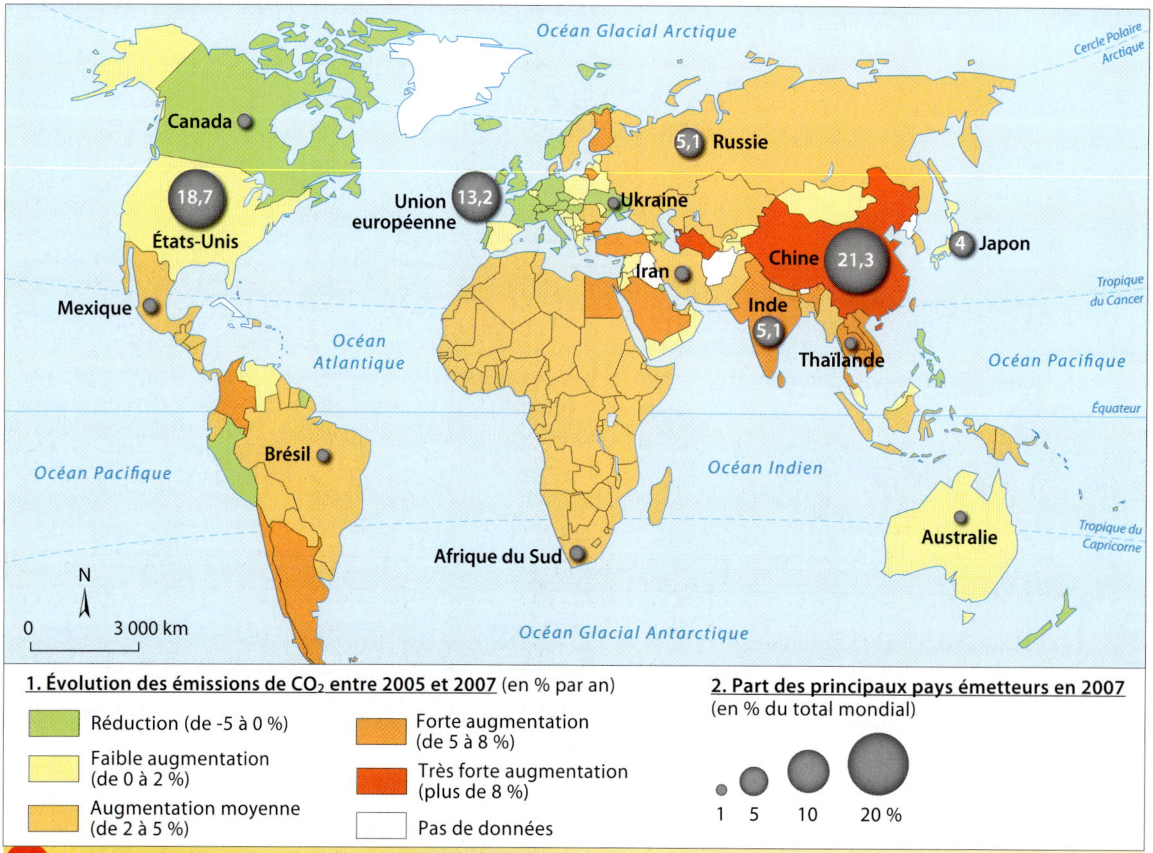

1 **Les principaux pays émetteurs de gaz à effet de serre**

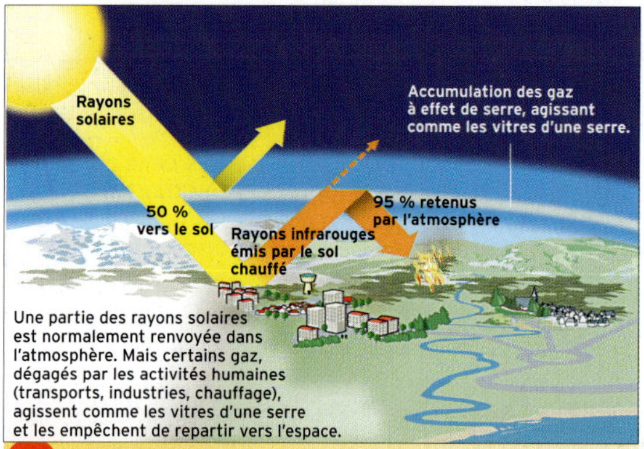

2 **L'effet de serre**

Questions

1 **Doc 1.** Quels sont les quatre États qui émettent le plus de GES ?

2 **Doc 1.** Quels pays ou ensemble de pays ont réduit leurs émissions de GES entre 2005 et 2007 ?

3 **Doc 1.** Dans quel type de pays la production de GES a-t-elle le plus augmenté entre 2005 et 2007 ?

4 **Docs 1 et 2.** Quelles populations produisent le plus de gaz à effet de serre par personne? Quelles sont celles qui en produisent le moins ? Pourquoi ?

5 **Docs 1 et 3.** Les principaux pays consommateurs d'énergie nucléaire sont-ils fortement émetteurs de GES ?

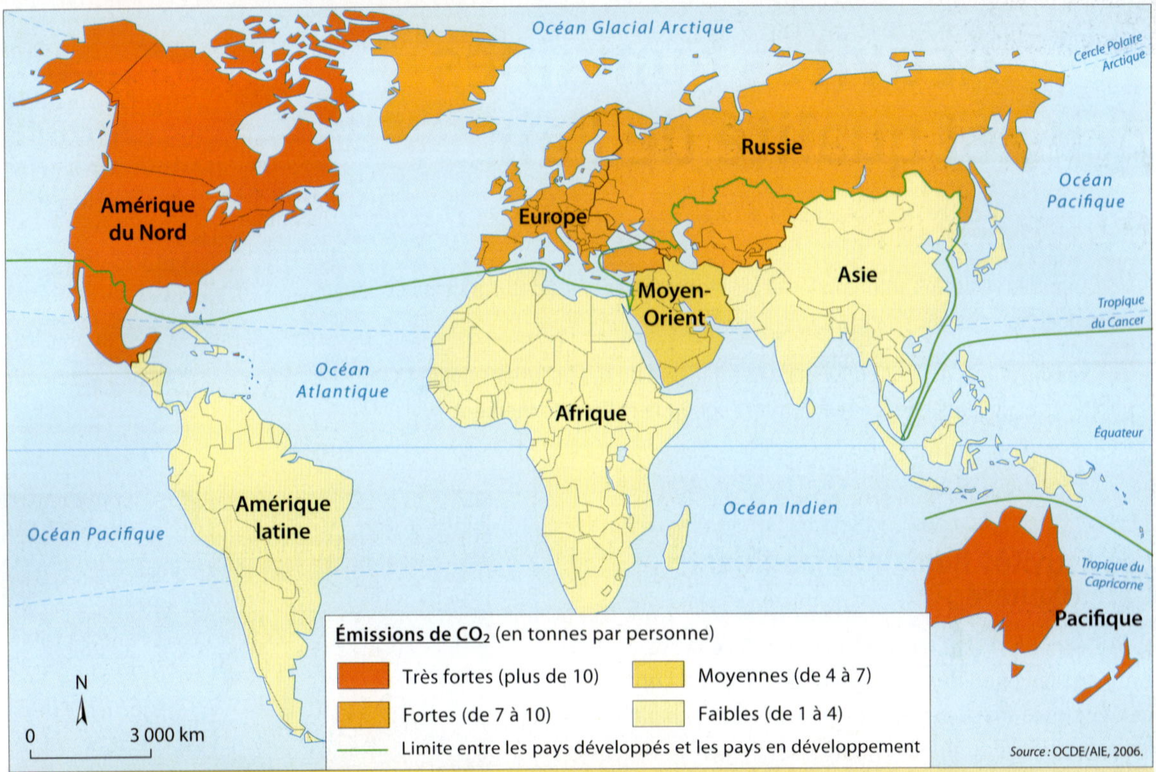

3 Les émissions individuelles de gaz à effet de serre par grandes régions du monde

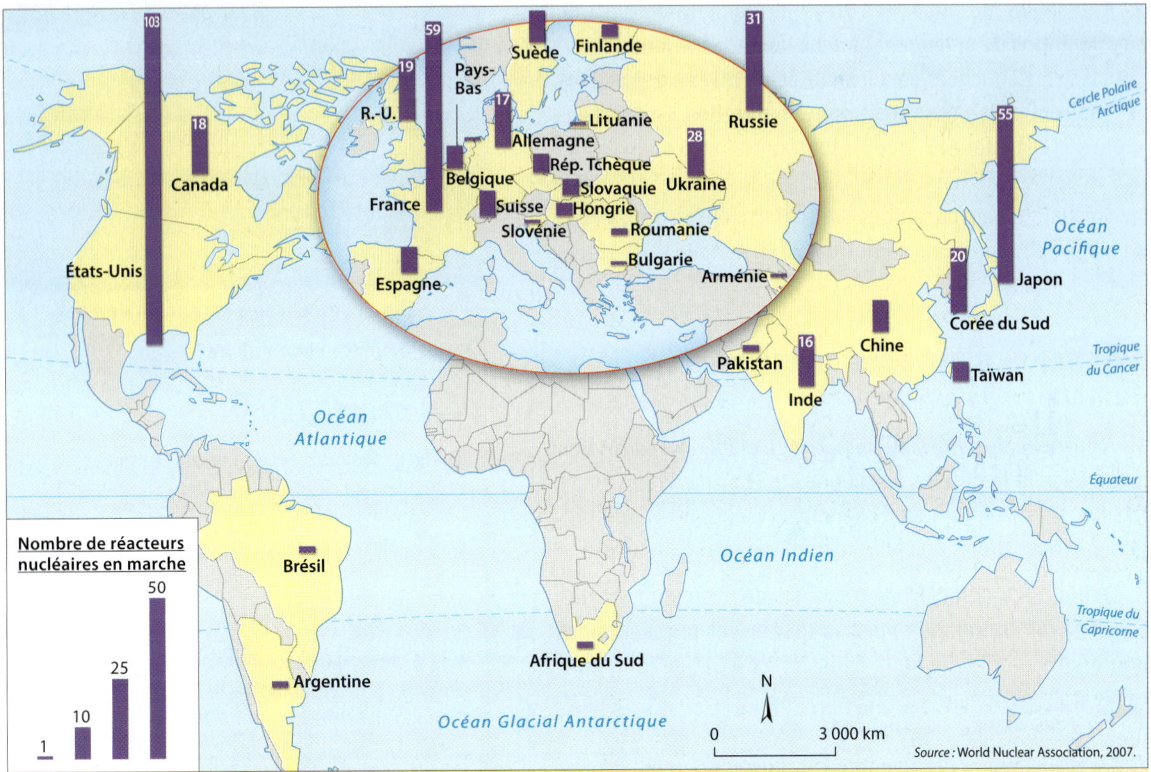

4 Le choix de l'énergie nucléaire

Cours 1

Activités humaines et qualité de l'air

• + 0,76 °C : c'est la hausse de la température moyenne de l'air enregistrée depuis un siècle.

• 41 % : c'est la part des émissions mondiales de CO_2 produite par la Chine et les États-Unis.

➤ Que nous a appris l'étude de cas ?

A Dans les villes, les automobiles et les industries sont les deux principales causes de la pollution de l'air.

B Les dirigeants ont pris conscience des dangers de ces pollutions pour la santé des habitants et de leurs effets négatifs sur l'économie et l'environnement.

➤ Qu'en est-il à l'échelle mondiale ?

A Les activités humaines modifient l'atmosphère

1. À l'échelle locale, surtout en ville, **la qualité de l'air** est menacée par différentes **pollutions**. Dues à l'utilisation des **énergies fossiles** pour les transports, le chauffage et les industries (doc 1), elles mettent en danger la santé des hommes. Elles dégradent aussi la végétation et peuvent avoir des conséquences économiques importantes.

2. À l'échelle mondiale, les scientifiques constatent une **augmentation de la température moyenne** sur la Terre (doc 2) dont les conséquences sont la **montée du niveau des océans** et la **multiplication des catastrophes naturelles**. Certains, les « réfugiés climatiques » (doc 4), sont contraints d'abandonner leur milieu de vie habituel. Si des climatologues attribuent ce « réchauffement climatique » aux émissions de **gaz à effet de serre (GES)** produits par les activités humaines, d'autres les minimisent.

B Agir aujourd'hui pour mieux respirer demain

1. À l'échelle des villes ou des États, les élus prennent **des mesures pour limiter les émissions de GES** : développement des transports en commun, économies d'énergies, construction d'**écoquartiers** (doc 5)... La qualité de l'air s'améliore.

2. Depuis la conférence internationale de Kyoto en 1997, les chefs d'État du monde entier se réunissent régulièrement pour **tenter de réduire leurs émissions de GES**. Cependant, ces rencontres ont leurs limites : les pays riches n'arrivent pas tous à atteindre les objectifs fixés ; quant aux pays pauvres, ils ont logiquement pour priorité leur développement économique (doc 3).

1 Film documentaire américain de 2006

➔ Que dénonce cette affiche ?

Vocabulaire

Énergie fossiles : pétrole, gaz naturel et charbon. Présentes en quantité limitée, ces énergies sont non renouvelables.

Écoquartier : quartier dont l'objectif est de répondre aux objectifs de développement durable : moindre consommation d'espace, utilisation d'énergies renouvelables...

Gaz à effet de serre (GES) : six gaz différents produits par les activités humaines (CO_2, vapeur d'eau...). Ils contribuent à l'effet de serre.

Pollution : dégradation de l'air par des substances liées aux activités humaines.

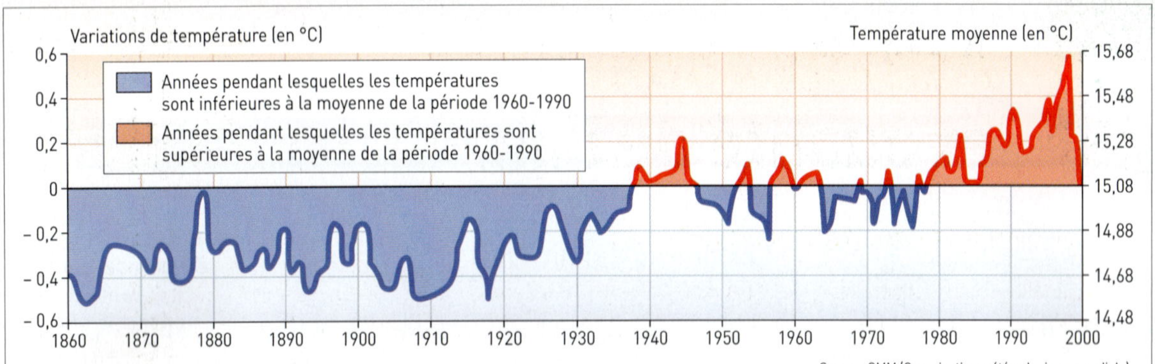

Source : OMM (Organisation météorologique mondiale).

2 Le réchauffement climatique : un sujet de débat entre les scientifiques

Le climat passe par des périodes de réchauffement, puis de refroidissement.

3 L'échec du sommet de Copenhague, décembre 2009

Le sommet de Copenhague est un échec. Les grands pays se sont révélés incapables de mettre en place les bases d'une politique ambitieuse de lutte contre le changement climatique. L'accord de Copenhague ne contient aucun engagement chiffré de réduction des émissions mondiales de gaz à effet de serre, malgré les recommandations du dernier rapport du GIEC[1], qui estime nécessaire une baisse de 50 % de ces émissions pour limiter le réchauffement à deux degrés en 2050.

Le texte se contente de demander aux pays industrialisés et émergents d'indiquer, d'ici le 31 janvier 2010, leurs propres objectifs en matière de réduction des gaz à effet de serre d'ici 2020.

D'après B. Mao, www.geo.fr, 21 décembre 2009.

1. Groupe d'experts sur l'évolution du climat.

4 Un dossier du magazine *Géo Ado*, en mai 2009

➔ Pourquoi appelle-t-on certaines populations des « réfugiés climatiques » ?

5 BedZED, le premier éco-quartier construit en Grande Bretagne

BedZED est un petit quartier, îlot résidentiel de 82 logements pour 250 habitants, construits au sud de Londres. Il comprend des bureaux et commerces, une salle de spectacles, des espaces verts, un centre médicosocial, un complexe sportif, une crèche, un café et un restaurant. C'est le premier ensemble de cette taille et à ce niveau d'efficacité énergétique à avoir été construit au Royaume-Uni, avec les principes de l'Habitat écologique, la recherche d'alternatives à l'automobile, la diminution des pollutions et des émissions de CO_2 ainsi que la mise en place d'un objectif social.

L'essentiel — Atmosphère et développement durable

[Compétence 5.6 – Identifier les enjeux du développement durable.]

3 ENJEUX CLÉS	Les défis d'aujourd'hui — Limiter	Les défis d'aujourd'hui — Favoriser	Pour un développement durable de l'humanité
Société	• Les maladies et la mortalité liées à la pollution de l'air • Le nombre de victimes des catastrophes naturelles attribuées aux changements climatiques	• Les incitations pour que les particuliers réduisent leurs émissions de gaz à effet de serre (transport, chauffage) • La prévention et la prise en charge des victimes	Un air sain pour tous
Économie	• Les coûts liés à la pollution de l'air : santé, rénovation du bâti, effets néfastes sur le tourisme	• Les incitations pour que les entreprises réduisent leurs émissions de gaz à effet de serre (transport, industrie) • La recherche dans le domaine des économies d'énergie	Rendre accessibles aux pays du Sud les technologies « propres » des pays du Nord
Environnement	• La pollution de l'air • Le réchauffement climatique	• Les modes de transports « propres » et le développement d'espaces verts • Des accords internationaux sur la réduction des gaz à effet de serre	Limiter l'impact des activités humaines sur le climat

1 J'identifie les principaux pays émetteurs de gaz à effet de serre

[Compétence 5.1 –Avoir des repères géographiques. Compétence 5.5 – Lire et utiliser différents langages.]

À imprimer

1 Localisez et nommez les 5 océans en majuscules bleues.

2 Nommez les lignes imaginaires en minuscules noires.

3 Localisez et nommez en majuscules noires les cinq États qui émettent le plus de gaz à effet de serre. Coloriez-les en gris.

4 Coloriez en jaune le continent qui émet le moins de gaz à effet de serre. Nommez-le.

5 À quelle division du monde correspond la ligne noire sur la carte ? Indiquez-le dans la légende de la carte.

6 Nommez les deux villes où se sont déroulées des conférences mondiales sur le changement climatique.

7 N'oubliez pas de construire la légende de la carte.

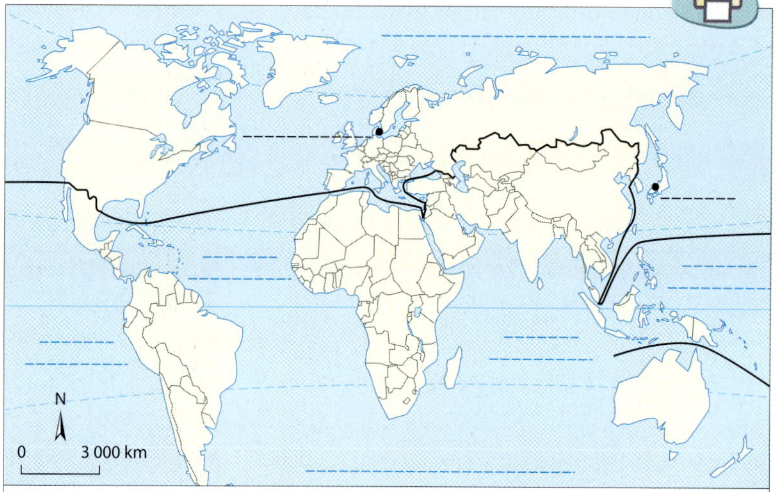

2 B2i Je calcule l'impact de mes déplacements sur l'atmosphère

[Compétence 3.6 – Je sais utiliser un outil de simulation (ou de modélisation) en étant conscient de ses limites.
Compétence 4.2 – Je sais utiliser les fonctions principales d'un logiciel de navigation sur le web.
Compétence 4.3 – Je sais utiliser les fonctions principales d'un outil de recherche sur le web.]

1 Estimez la distance entre votre domicile et votre collège (arrondi au km supérieur).

2 Cherchez la calculette éco-déplacements de l'Ademe :
– soit en tapant « calculette ademe » dans un moteur de recherche ;
– soit en tapant directement l'adresse :
http://www.ademe.fr/eco-deplacements/calculette/

3 Intégrez ce site à vos favoris pour pouvoir le retrouver facilement.

4 Sur la page web, notez en kilomètres la distance entre votre collège et votre domicile. Sélectionnez le mode de déplacement qui est le vôtre (à pied, à vélo, en bus, en voiture...). Notez le coût financier annuel, le coût environnemental en kg équivalent/CO_2 et en litres équivalent/pétrole.

5 Cliquez sur les autres moyens de transport et relevez les chiffres pour deux autres moyens de transport.

6 Si le moyen de transport que vous utilisez n'est pas le plus économe pour vous et pour la planète, calculez :
– combien vous feriez d'économies (en €) par an en modifiant votre mode de déplacement ;
– combien de kg équivalent/CO_2 et de litres équivalent/pétrole seraient ainsi économisés.

7 Ajoutez les résultats obtenus par tous les élèves de la classe. Quel bilan obtenez-vous ?

POUR ALLER PLUS LOIN

À lire

- Pour mieux comprendre le réchauffement climatique :
É. Combres et F. Thinard, *Le réchauffement climatique*, La Documentation française et Gallimard Jeunesse, 2009.

- Un dossier « Climat – Coup de chaud sur la Terre » de *Géo Ado*, n°75, mai 2009.

À consulter

- Le site de l'Ademe : www.ademe.fr

- Un site complet sur tout ce qui se passe sur notre planète : www.notre-planete.info/

Chapitre 19 La question de l'énergie

➤ *Comment gérer durablement les ressources énergétiques mondiales ?*

PLAN DU CHAPITRE

1 **Exploiter le charbon : une mine dans la province du Shanxi en Chine**

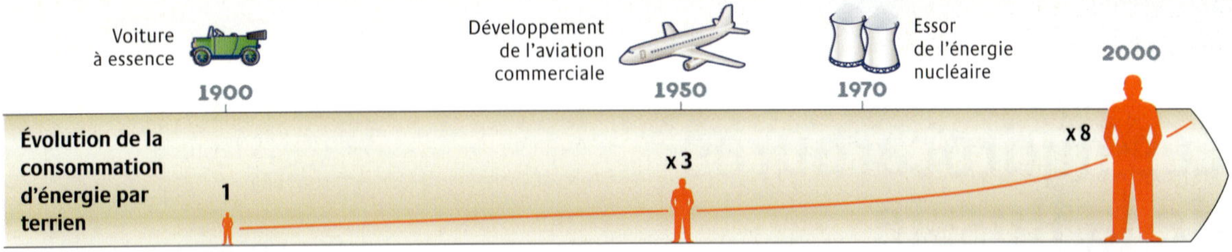

2 **Capter l'énergie du soleil : installation de panneaux solaires sur le toit d'un hangar en Californie**

➔ Observez attentivement les documents 1 et 2. Lequel de ces documents illustre une production d'énergie durable ? Justifiez votre réponse.

Étude de cas

Les hydrocarbures de la Russie

• Premier producteur mondial de gaz naturel, second pour le pétrole, la Russie est le pays le mieux doté au monde en ressources énergétiques. Elle cherche aujourd'hui à mettre cette richesse au service de sa puissance et de son développement.

▶ ***Quels sont les enjeux de l'exploitation des hydrocarbures en Russie ?***

Vocabulaire

Gazoduc : tube de transport de gaz sur de longues distances.

Hydrocarbures : pétrole et gaz naturel.

Oléoduc : tube de transport de pétrole sur de longues distances.

A La Russie aujourd'hui : un « géant mondial des hydrocarbures »

1 Le poids des hydrocarbures dans l'économie russe

Aujourd'hui, plus que jamais, le secteur des hydrocarbures domine l'économie de la Russie. La production d'hydrocarbures représente plus de 25 % du PIB et assure plus de 40 % des recettes du budget de l'État. Les grandes entreprises du secteur sont les acteurs majeurs de son industrie. Premier producteur mondial de pétrole au début de 2004 – à égalité avec l'Arabie Saoudite – deuxième exportateur mondial, premier producteur de gaz naturel, mais aussi troisième consommateur d'énergie (derrière les États-Unis et le Japon), la Russie est aujourd'hui un acteur incontournable du jeu énergétique mondial.

D'après le site Internet http://geoconfluences.ens-lsh.fr.

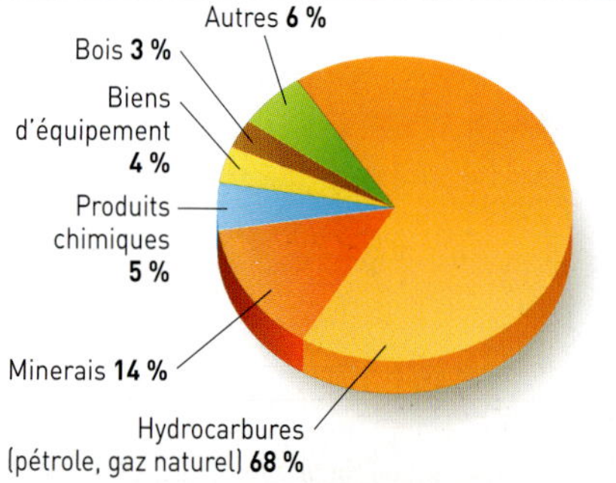

Source : Ministère du Développement économique et du Commerce de Russie.

2 Les hydrocarbures dans les exportations russes en 2006

❶ Exploitation du gisement de gaz.

❷ Gazoduc acheminant le gaz vers les cuves du méthanier.

❸ Méthanier : navire transportant du gaz naturel.

❹ Cuve contenant le gaz naturel liquéfié.

3 Chargement d'un navire transportant du gaz liquéfié, dans le sud de l'île de Sakhaline

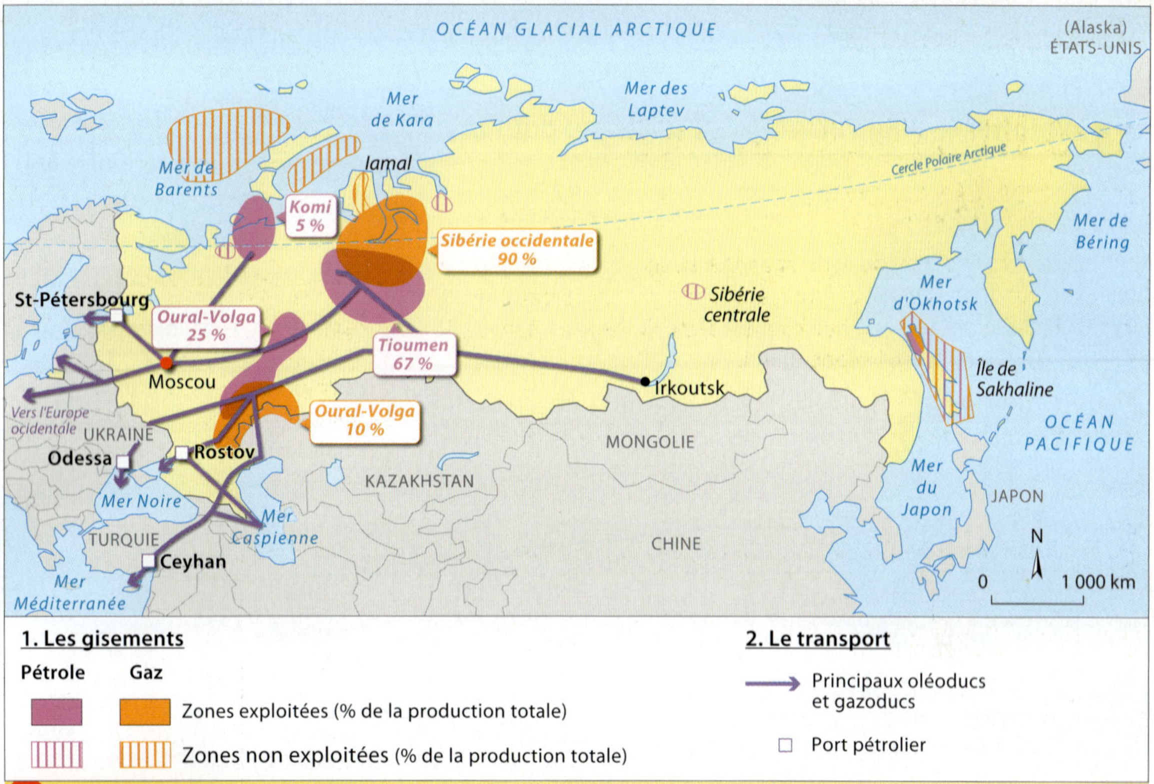

4 **Les hydrocarbures en Russie**

5 Gazprom, le géant russe du gaz

Avec 400 000 employés et près du dixième du PIB[1] russe, Gazprom est bien plus qu'un simple géant industriel. Sa proximité avec le gouvernement russe est telle que les intérêts de l'entreprise et ceux de l'État semblent se confondre. (...)

Fleuron industriel de la Russie, Gazprom contrôle plus de 90 % des réserves de gaz du pays, soit près de 20 % des ressources mondiales, tout en entretenant un réseau d'oléoducs de 150 000 km. (...) Son réseau s'étend à l'échelle européenne : Gazprom fournit ainsi le quart du gaz consommé dans l'Union européenne, et est en position de monopole dans de nombreux pays de l'est du continent.

D'après A. Billette, *Le Monde*, 16 mai 2008.

1. PIB : Produit intérieur brut. Ensemble des richesses produites par un pays en une année.

Questions

Je localise

1 Situez la Russie en Europe et en Asie. Quel adjectif pouvez-vous utiliser pour qualifier son territoire ?

Je décris

2 **Doc 4.** Où sont situés les principaux gisements d'hydrocarbures ? Ceux non encore exploités ?

3 **Docs 3 et 4.** Comment les hydrocarbures sont-ils transportés ?

4 **Docs 1 et 2.** Relevez les différentes informations chiffrées qui montrent que les hydrocarbures sont indispensables à l'économie russe.

5 **Docs 3 et 5.** Citez deux façons différentes de transporter le gaz vers les lieux de consommation.

6 **Doc 5.** Donnez le nom de l'entreprise qui contrôle le gaz russe. Recopiez, puis complétez le tableau ci-contre à l'aide des informations prélevées dans le texte.

Échelle	Éléments de sa puissance
Nationale	
Européenne	
Mondiale	

7 **Docs 4 et 5.** Pourquoi peut-on dire que, grâce au gaz, la Russie est en position de force par rapport à l'Union européenne ?

Les hydrocarbures de la Russie

B Exploiter les hydrocarbures : un enjeu pour demain

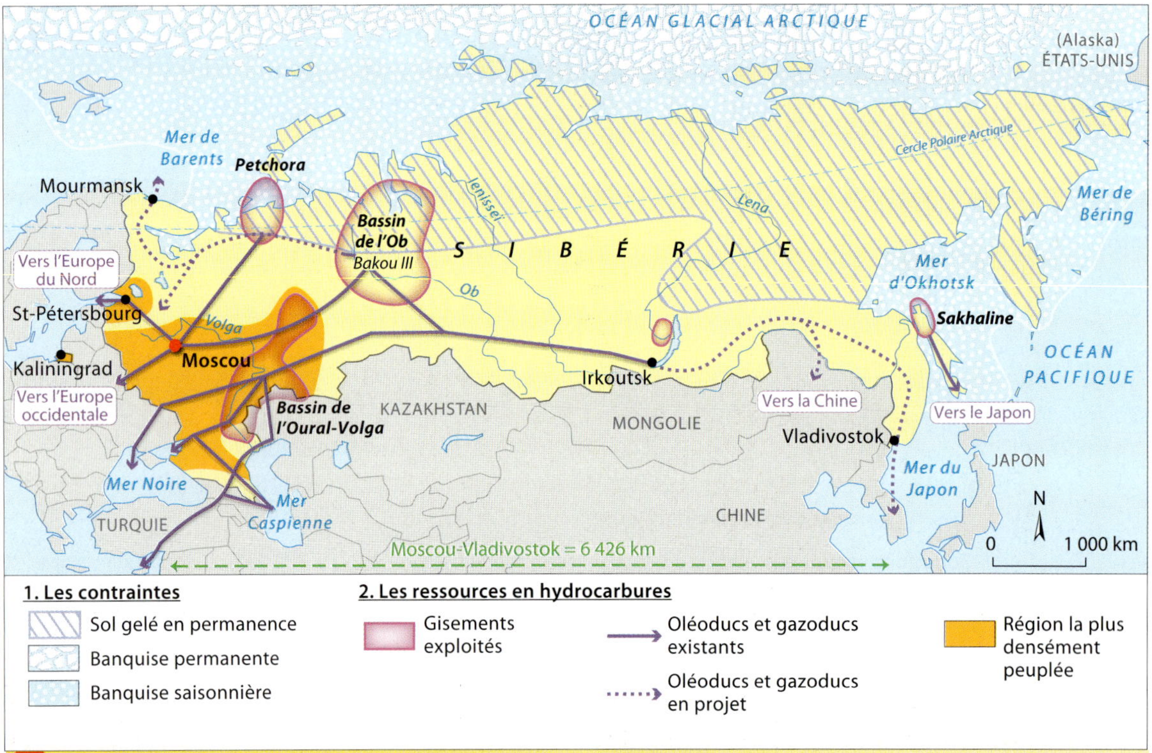

6 Un territoire riche mais de fortes contraintes

7 Une rivière polluée par le pétrole, en Sibérie occidentale

8 Quel avenir pour les hydrocarbures russes ?

La production russe de pétrole a chuté de moitié après le record de 1987, passant de 560 millions de tonnes à 300 en 1995-1999. En 2005, elle s'est redressée à 430 millions de tonnes mais les marchés sont inquiets. En effet, les compagnies russes investissent très peu dans la recherche de nouvelles ressources : même en prenant en compte les gisements de Sakhaline et de la mer de Barents, il y a donc de sérieux doutes sur la capacité de la Russie à maintenir son niveau de production.

Les mêmes inquiétudes existent pour le gaz : Gazprom, qui multiplie les contrats de livraison extérieurs, a mis en exploitation en 2001, le dernier gisement de Bakou III encore en réserve ; tous les autres gisements ont commencé à décliner. Aucun aménagement n'a encore été engagé sur ceux qui devaient entrer en service dans les années 1990 et requièrent 70 milliards de dollars d'investissements.

D'après P. Marchand, *Atlas géopolitique de la Russie*, Autrement, Paris, 2007.

9 Pose d'un oléoduc en Sibérie

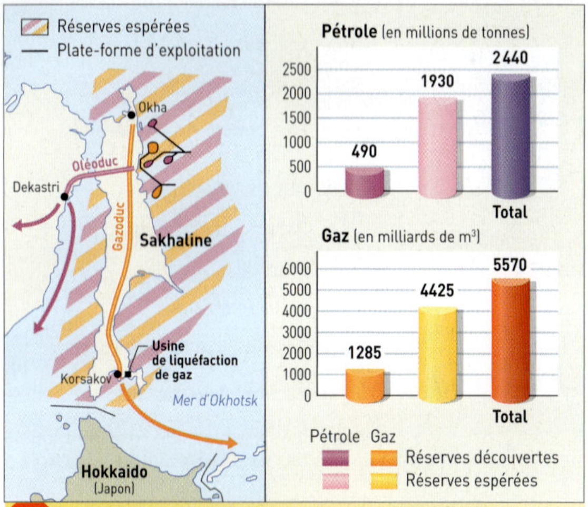

10 Les hydrocarbures de l'île de Sakhaline

11 Guerre du gaz entre la Russie et l'Ukraine

Moscou a coupé le 1er janvier l'approvisionnement en gaz de l'Ukraine, faute d'un accord sur le prix pour 2009 et sur des retards de paiement.

Russes et Ukrainiens semblent prêts à reprendre les négociations. Le patron de la compagnie gazière ukrainienne Naftogaz se rendra à Moscou jeudi pour y rencontrer le patron russe de Gazprom. Moscou et Kiev[1] se rejettent mutuellement la responsabilité du conflit, la Russie accusant l'Ukraine de « voler » une partie du gaz russe transitant sur son territoire vers le reste de l'Europe. L'Ukraine accuse la Russie de ne pas fournir le gaz nécessaire aux clients européens.

D'après « Gaz russe : le conflit s'invite en France », Lepoint.fr, 6 janvier 2009.

1. Kiev : capitale de l'Ukraine.

Questions

Je décris et j'explique

8 **Docs 6 et 9.** Citez les contraintes naturelles qui rendent difficile l'exploitation des gisements d'hydrocarbures.

9 **Doc 6.** À quelles distances se trouvent les gisements des régions russes les plus peuplées ?

10 **Docs 6, 7 et 9.** Comment les hydrocarbures sont-ils transportés ? Quels problèmes cela pose-t-il ?

11 **Doc 8.** Pourquoi le système actuel d'exploitation des hydrocarbures n'est-il pas durable ?

12 **Doc 10.** Situez l'île de Sakhaline en Russie. Que sont les « réserves espérées » par rapport aux « réserves découvertes » ?

13 **Docs 6 et 11.** Pourquoi l'Ukraine a-t-elle besoin de la Russie et la Russie a-t-elle besoin de l'Ukraine ?

BILAN

J'identifie les enjeux du développement durable

Socle commun

Recopiez le tableau ci-dessous, puis placez dans la bonne colonne les différents enjeux liés aux hydrocarbures en Russie :

- *Sensibiliser les entreprises pétrolières aux problèmes de pollution*
- *Assurer l'approvisionnement des Russes en essence et chauffage*
- *Chercher de nouveaux pays clients*
- *Poursuivre la recherche de nouveaux gisements*
- *Sécuriser le transport des hydrocarbures*

Enjeu social	Enjeu économique	Enjeu environnemental

Les hydrocarbures du Moyen-Orient

• Aujourd'hui, le Moyen-Orient produit environ 30 % du pétrole mondial et près de 20 % du gaz naturel. Plus de 60 % des réserves mondiales de pétrole et plus de 40 % de celles du gaz se trouvent dans son sous-sol. Le Moyen-Orient est donc le premier fournisseur du marché mondial d'**hydrocarbures**.

Quels sont les enjeux de l'exploitation des hydrocarbures au Moyen-Orient ?

Vocabulaire

Hydrocarbures : pétrole et gaz naturel.

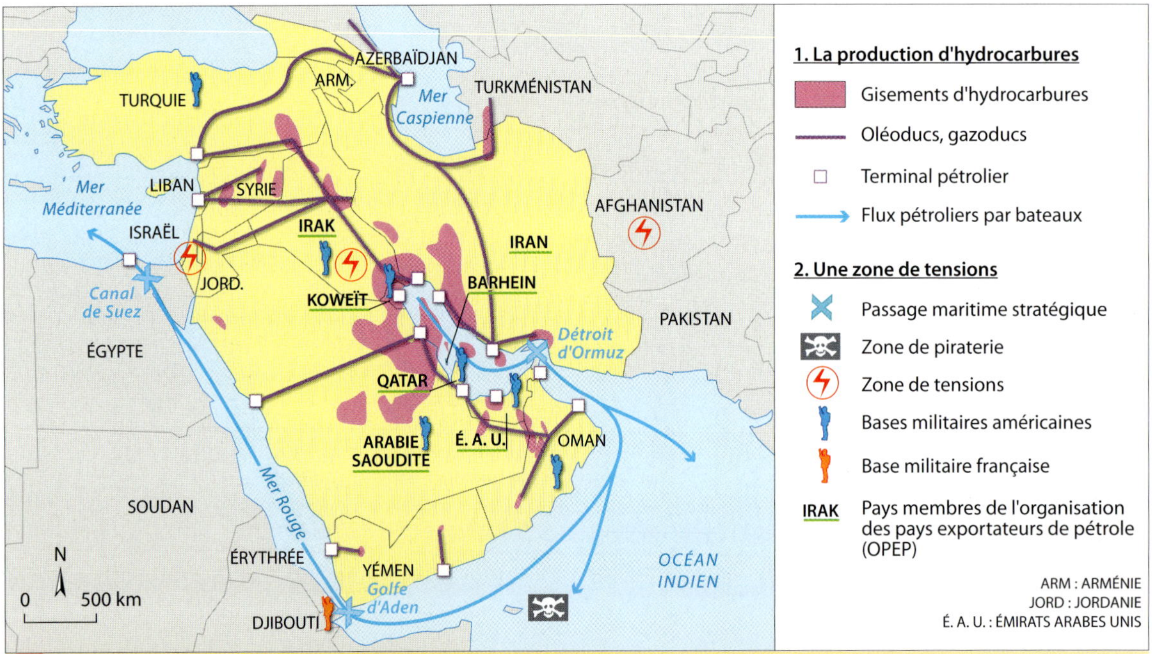

1 Le Moyen-Orient : la région de l'Or noir

2 Le centre commercial Mercato de Dubaï (É.A.U.)

3 Richesse pétrolière et modernisation

Le maintien des prix du pétrole à un niveau très élevé permet aux pays producteurs de la région de connaître une situation économique et financière exceptionnelle. Les revenus d'exportation ont quasiment triplé dans des pays tels que l'Arabie saoudite, les Émirats arabes unis ou le Koweït. Cette richesse accélère également la modernisation des pays de la Péninsule arabique. De plus, les millions de travailleurs, en grande partie asiatiques, qui ont immigré dans les pays producteurs de pétrole pour y trouver un emploi, renvoient chaque année des milliards de dollars vers leurs pays d'origine.

D'après O. Sanmartin, *Images économiques du monde*, Armand Colin, Paris, 2007.

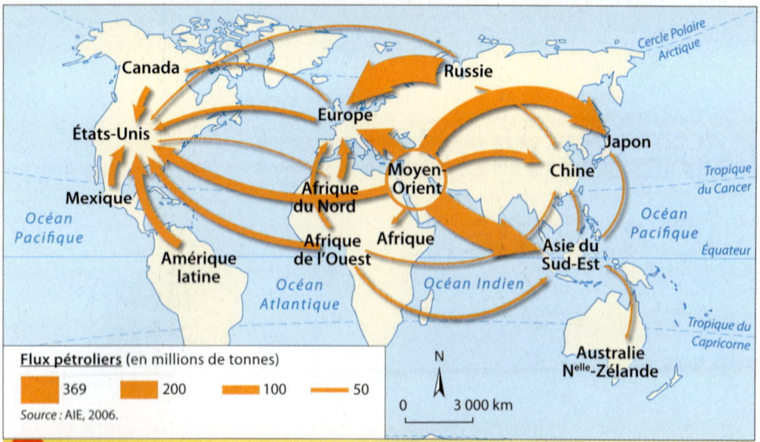

4 **Le Moyen-Orient : cœur pétrolier du monde**

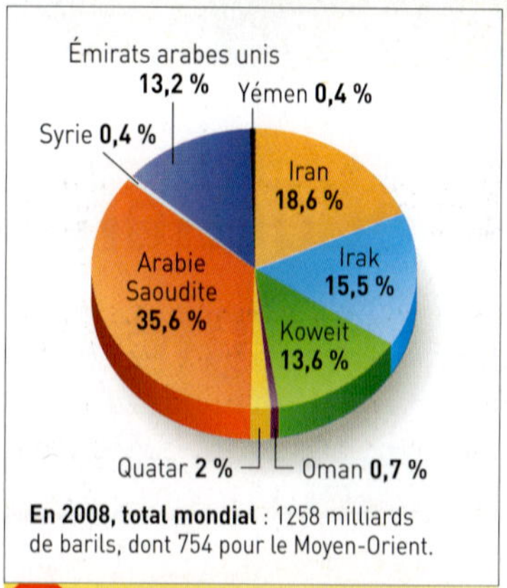

5 **La répartition des réserves de pétrole au Moyen-Orient**

6 **Un accident fréquent : un oléoduc en feu, en Irak**

7 **Une région stratégique à l'échelle mondiale**

L'intérêt stratégique américain pour le pétrole du Golfe Arabo-persique, c'est la sécurité des flux vers le marché mondial. Il ne s'agit pas d'accéder au pétrole du Moyen-Orient, mais de faire en sorte que celui-ci accède au marché mondial. Concrètement, les États-Unis sécurisent militairement les voies d'évacuation, notamment maritimes, mais aussi les infrastructures de production et d'exportation saoudiennes, qui sont et resteront le cœur du système pétrolier mondial. Cet intérêt n'est pas lié aux volumes de pétrole effectivement exportés vers les États-Unis, mais à la place du pétrole du Golfe dans l'offre pétrolière mondiale.

D'après un entretien des *Cahiers d'Orient* avec Pierre Noël, août 2005.

Questions

Je localise

1 Localisez le Moyen-Orient. Quels pays appartiennent à cette région ?

Je décris et j'explique

2 **Doc 1.** Où se situent les principaux gisements d'hydrocarbures du Moyen-Orient ?

3 **Doc 5.** Quel pays dispose des plus importantes réserves ?

4 **Docs 4 et 7.** Observez attentivement la carte pour expliquer la phrase soulignée dans le document 7.

5 **Docs 1 et 7.** Quel est l'objectif des États-Unis et de la France au Moyen-Orient ? Pourquoi ?

6 **Doc 3.** Quelles sont les conséquences économiques de l'exploitation pétrolière pour les pays du Moyen-Orient ?

7 **Docs 2 et 3.** Quelles sont les conséquences sociales de cette richesse issue du pétrole ?

8 **Doc 6.** Exploiter les hydrocarbures représente un risque pour l'environnement. Expliquez.

BILAN

Socle commun

J'identifie les enjeux du développement durable

Recopiez le tableau, puis indiquez dans chaque colonne le ou les documents de l'étude de cas qui illustrent l'enjeu du développement durable indiqué.

Enjeu social	Enjeu économique	Enjeu environnemental

Production et consommation d'énergie dans le monde

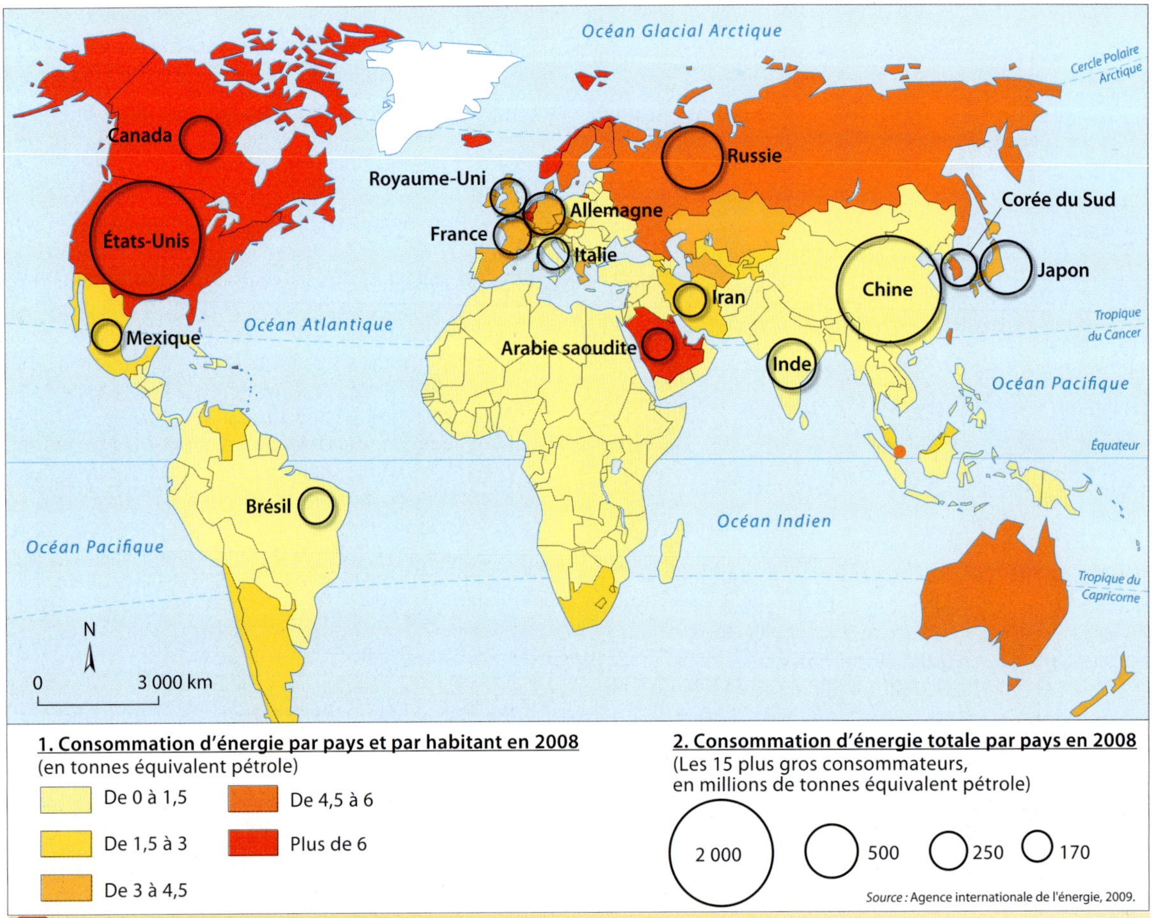

Source : Agence internationale de l'énergie, 2009.

1 La consommation mondiale d'énergie en 2008

Questions

1 Doc 1. Quels sont les principaux pays consommateurs d'énergie dans le monde ?

2 Doc 1. Les habitants de quels pays sont les plus gourmands en énergie ?

3 Docs 2 et 3. Qui sont les 5 premiers pays producteurs de charbon ? de pétrole ? de gaz ?

4 Docs 2 et 3. Au total, quels sont les 3 premiers pays producteurs d'énergies fossiles ?

5 Docs 1, 2 et 3. Les pays les plus consommateurs d'énergie sont-ils les principaux pays producteurs ? Qu'en déduisez-vous ?

Vocabulaire

Énergies fossiles : pétrole, gaz naturel et charbon. Présents en quantité limitée, ces énergies sont non renouvelables.

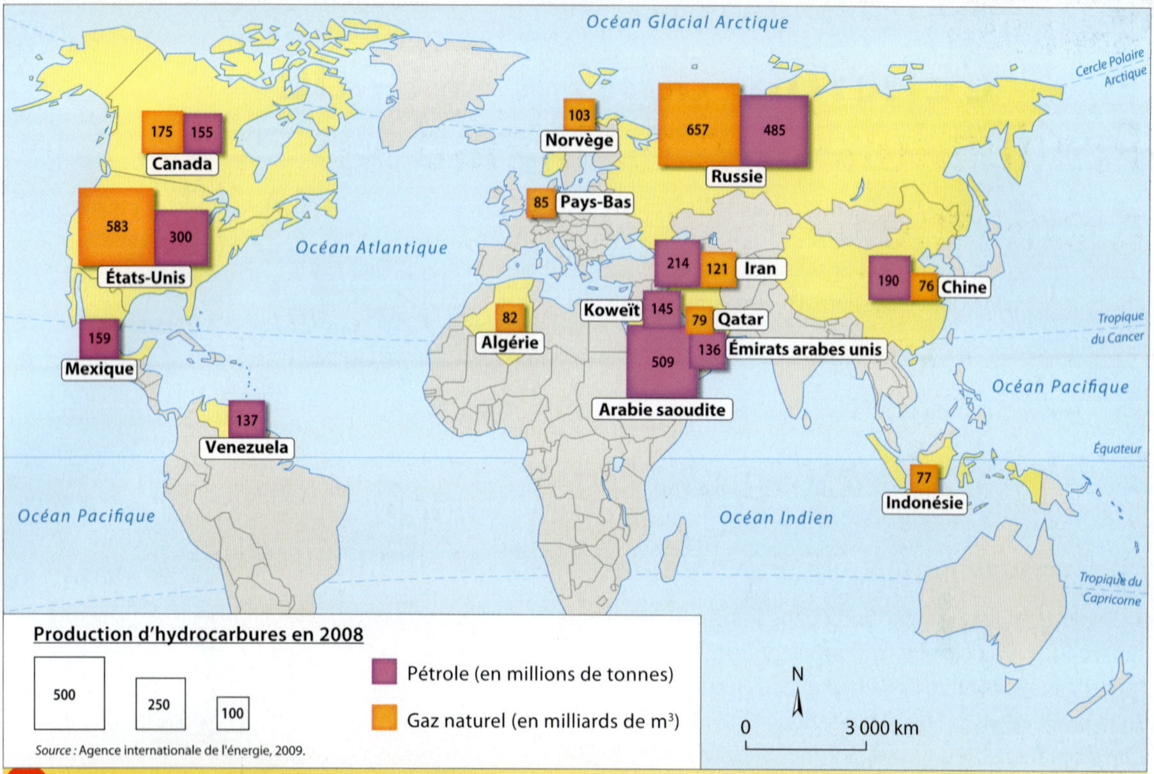

2 Les principaux pays producteurs d'hydrocarbures en 2008

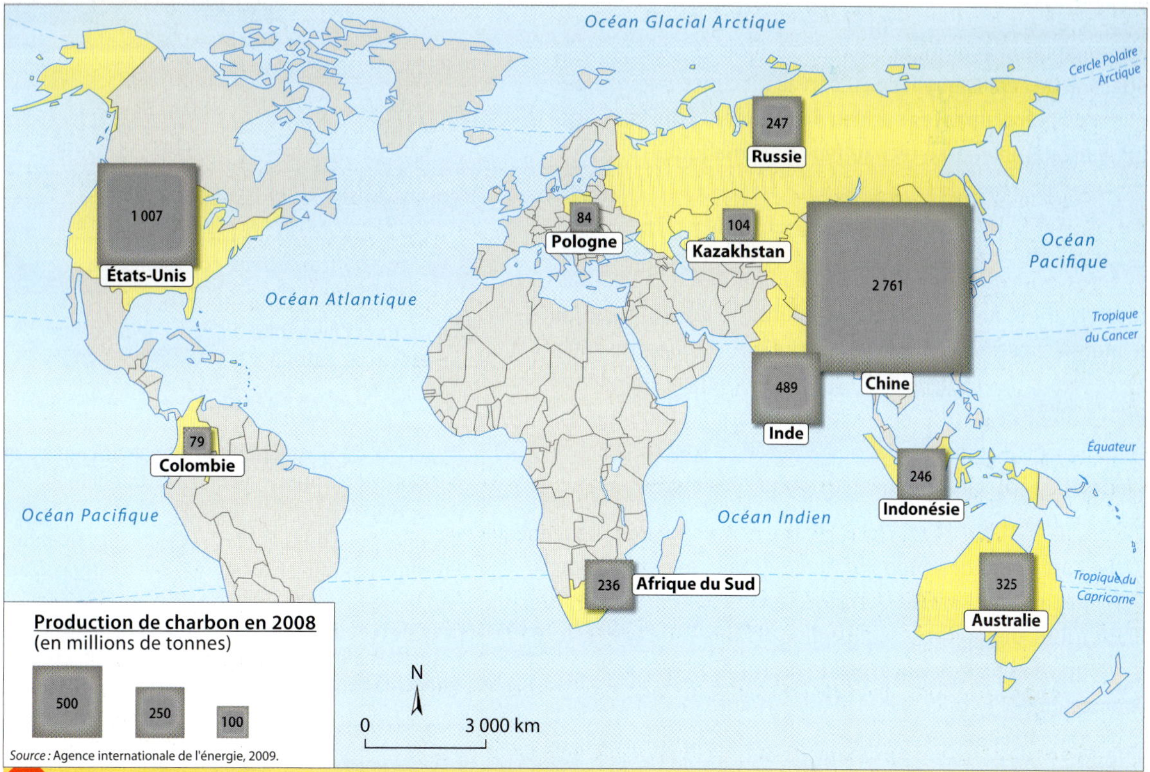

3 Les principaux pays producteurs de charbon en 2008

Cours 1

L'énergie dans le monde

• Aujourd'hui, 25% de l'humanité n'a pas accès à l'électricité.

➤ *Que nous a appris l'étude de cas ?*

A Le développement de la Russie et du Moyen Orient est fondé sur l'exploitation et l'exportation toujours croissante d'hydrocarbures.

B Maintenir ce développement exige donc de mettre en œuvre une gestion durable de leurs ressources énergétiques.

➤ *Qu'en est-il à l'échelle mondiale ?*

A Une consommation toujours croissante

1. Presque multipliée par deux dans les trente dernières années (doc 2), la consommation d'énergie est très inégale à l'échelle mondiale : **20 % de la population consomme 60 % de la production**. Si les pays développés sont les plus gros consommateurs, les **pays émergents** (Chine, Inde, Brésil) deviennent à leur tour énergivores car développement humain et consommation d'énergie sont liés (doc 3).

2. Les **énergies fossiles** représentent près de 90 % de la consommation énergétique mondiale (doc 2). Cela pose la question de l'**épuisement des réserves** (doc 1) et a des **conséquences préoccupantes sur l'environnement** (émissions de CO_2 qui contribuent au réchauffement climatique).

B Les défis d'aujourd'hui pour demain

1. Pour pouvoir répondre aux besoins des générations futures, il est indispensable de ralentir la consommation d'énergies fossiles et de **développer d'autres énergies** (doc 4). Les **énergies renouvelables**, qui ne représentent encore aujourd'hui que 10 % de la consommation mondiale, et l'énergie nucléaire se développent ; certaines sont contestées (doc 5). Une **réduction des gaspillages** est également possible dans les pays riches.

2. Le commerce des produits énergétiques est **source de tensions internationales** : les pays consommateurs veulent limiter leur **dépendance énergétique**. Mais à l'inverse, le développement des pays producteurs dépend de leurs exportations d'**hydrocarbures**. Dans certaines mers du globe, la piraterie fragilise les échanges mondiaux d'hydrocarbures, assurés, pour l'essentiel, par bateaux.

1 Une d'*Alternatives économiques*, juillet-août 2008

➔ Pourquoi l'humanité devra-t-elle peut-être « se passer de pétrole » ?

Vocabulaire

Dépendance énergétique : obligation pour un pays d'importer de l'énergie d'autres pays pour répondre à ses besoins.

Énergies fossiles : pétrole, gaz naturel et charbon. Présentes en quantité limitée, ces énergies sont non renouvelables.

Énergie renouvelable : énergie tirée de ressources naturelles inépuisables (soleil, vent, chaleur de la terre, eau) ou encore de végétaux.

Hydrocarbures : pétrole et gaz naturel.

Pays émergents : pays du Sud à croissance économique rapide.

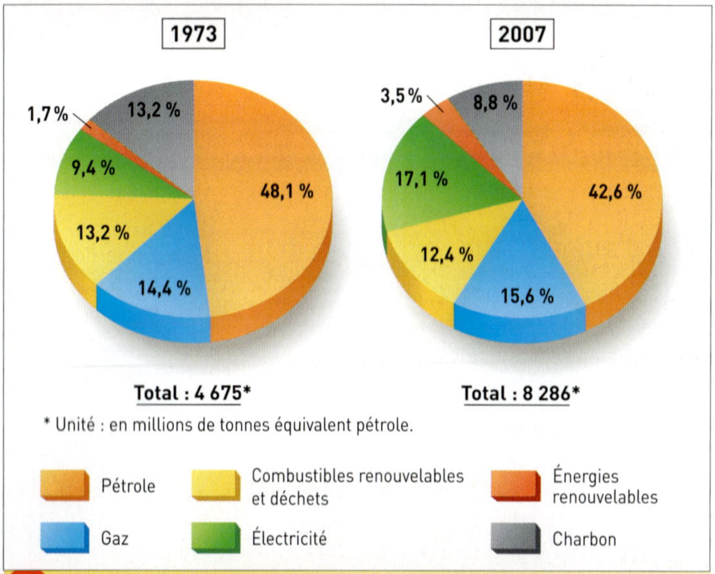

2 Évolution de la consommation mondiale d'énergie

➔ **Sur quelles énergies la consommation mondiale est-elle la plus forte depuis 1973 ?**

3 L'électricité est indispensable au développement

En 2006, près d'un quart de la population mondiale n'a pas accès à l'électricité. Vivre sans éclairage le soir empêche les enfants de faire des devoirs et d'apprendre des leçons ; vivre sans réfrigérateur empêche la conservation des vaccins et de nombreux médicaments ; vivre sans pompage limite l'irrigation et l'approvisionnement en eau douce.

Dans ces conditions, on constate donc qu'il existe un lien direct entre accès à l'énergie, en particulier à l'électricité, et développement humain. Au-delà d'un accès minimum, sans lequel aucun développement n'est possible, on entre dans la zone du confort de vie, voire du gaspillage.

D'après B. Barré, *Atlas des énergies*, Autrement, Paris, 2007.

4 Quelles énergies pour demain ?

Parmi les énergies renouvelables, la filière éolienne connaît un développement spectaculaire et dispose d'un réel avenir, notamment off shore. Elle peut fournir les besoins électriques domestiques de 1 000 à 2 000 personnes. Au Danemark, l'éolien fournit 20 % de la production d'électricité.

Une autre perspective intéressante est offerte par le secteur des biocarburants. Ces carburants sont en effet présentés à la fois comme une production rentable pour les agriculteurs et comme un moyen de réduire la consommation de pétrole tout en continuant de beaucoup circuler. Mais la production de carburants verts a un coût énergétique (machines agricoles, transport...), environnemental (pesticides, engrais, déforestation...) et social (hausse du prix des céréales comme le blé ou le maïs) élevé.

De nombreux experts voient un certain avenir au nucléaire, essentiellement dans les pays occidentaux, mais une généralisation de cette énergie pose de redoutables problèmes de stockage de déchets.

D'après *La Documentation photographique*, n° 8053, La Documentation française, Paris, 2006.

5 Les agrocarburants, une solution contestée

Docs 4 et 5

➔ **Citez les différentes énergies pouvant remplacer les énergies fossiles.**
Pourquoi les agrocarburants sont-ils contestés ?

L'essentiel Énergie et développement durable

[Compétence 5.6 – Identifier les enjeux du développement durable.]

3 ENJEUX CLÉS	Les défis d'aujourd'hui – Limiter	Les défis d'aujourd'hui – Favoriser	Pour un développement durable de l'humanité
Société	• Les tensions entre États dues à l'éloignement entre zones de production et zones de consommation	• Le transfert des nouvelles technologies des pays riches vers les pays pauvres	De l'énergie pour tous donc du développement
Économie	• La hausse de la consommation dans les pays du Nord	• La consommation d'énergie dans les pays en développement	Maîtrise de la consommation énergétique mondiale
Environnement	• L'épuisement des énergies fossiles • La pollution	• Les énergies renouvelables • Les économies d'énergie dans les pays riches	Mise au point de nouvelles énergies moins polluantes

1 Je lis un planisphère

[Compétence 5.5 – Lire et utiliser différents langages.]

À l'aide de la carte et de sa légende, citez :

1. Les pays ou régions du monde où la consommation d'hydrocarbures est forte ;
2. La principale région productrice de pétrole ;
3. Le principal pays producteur de gaz ;
4. Deux pays d'Asie producteurs de charbon.

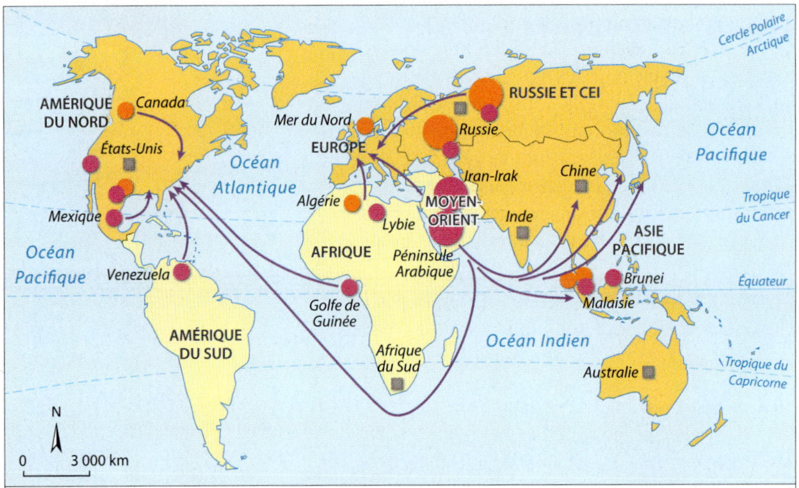

1. Consommation d'hydrocarbures
- Forte
- Faible

2. Production d'hydrocarbures
Pétrole Gaz
- Foyers principaux
- Foyers secondaires
- Principaux flux d'hydrocarbures

3. Production de charbon
- Pays où la production de charbon est importante (plus de 200 Mt en 2008)

2 J'identifie le lien causes-conséquences

À imprimer

[Compétence 5.5 – Avoir des outils pour comprendre la complexité du monde.]

Recopiez puis complétez l'organigramme à l'aide des propositions suivantes :

- Hausse du niveau de vie de la population
- Développement des transports
- Développement de l'industrie
- Augmentation de l'activité économique
- Développement de l'agriculture
- Accroissement des besoins domestiques (électroménager)

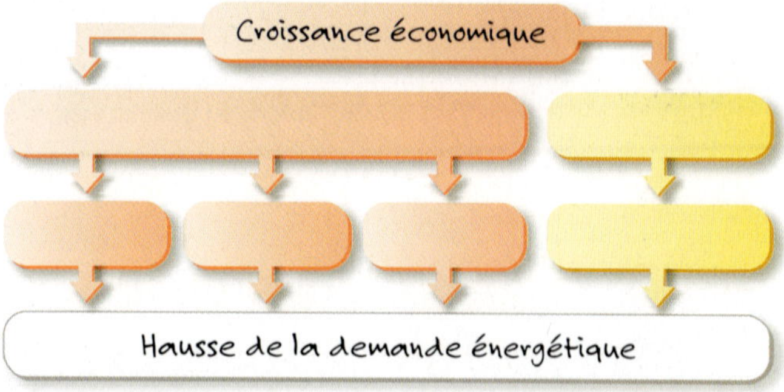

3 B2i J'évalue mon comportement énergétique

[Compétence 3.6 – Je sais utiliser un outil de simulation.]

1 Allez sur le site de l'Ademe : www.ademe.fr. Depuis la page d'accueil du site, cliquez sur l'icône « Espace éco-citoyen », puis sur « Quel éco-citoyen êtes-vous ? »

2 Cliquez sur l'icône Test CLIMACT, suivez la flèche et choisissez votre personnage.

3 Pour chaque situation, cochez la réponse correspondant à vos habitudes.

4 À chaque fois que le jeu le propose, cliquez sur l'onglet « les gestes CLIMACT » puis engagez-vous ou non afin de diminuer votre impact sur le climat.

5 Au total, évaluez votre impact sur le production de gaz à effet de serre.

Site Internet de l'Ademe, www.ademe.fr

POUR ALLER PLUS LOIN

À lire

- *Atlas des inégalités*, Milan Jeunesse, 2009

- *Le développement durable à petits pas*, Actes Sud Junior, 2009

À consulter

- Les énergies renouvelables : www.energiesrenouvelables.org/
- L'ADEME (Agence de l'Environnement et de la Maîtrise de l'Énergie) : www.ademe.fr

Extrait du *Bulletin Officiel spécial* n°6 du 28 août 2008

Xe – XIIe siècle
L'âge des églises romanes

L'église Saint-Lazare d'Autun, construite au XIIe siècle

622
L'Hégire

Le prophète Mahomet prêchant à la mosquée de Médine
(Manuscrit ottoman turc, XVIe siècle, Istanbul.)

1096-1099
La première croisade

La prise de Jérusalem par les croisés en 1099
(Roman de Godefroy de Bouillon et de Saladin, manuscrit enluminé sur parchemin, 1337, BNF, Paris.)

XIIe – XVe siècle
L'âge des églises gothiques

La cathédrale Notre-Dame de Chartres

XVe – XVIe siècle
La Renaissance

La Vierge, l'Enfant Jésus et sainte Anne **de Léonard de Vinci**
(Huile sur bois, 168 x 130 cm, 1508-1510, musée du Louvre, Paris.)

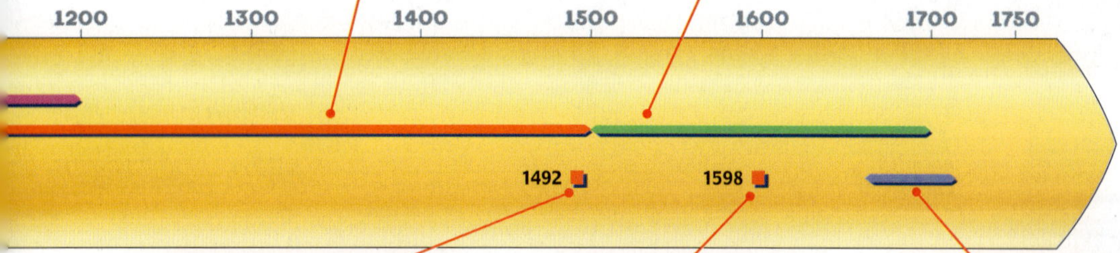

1492
Le premier voyage de Christophe Colomb

Christophe Colomb découvre l'Amérique en 1492
(Gravure de Théodore de Bry, 1596, BNF, Paris.)

1598
L'édit de Nantes

En 1598, le roi Henri IV proclame l'édit de Nantes qui autorise les protestants à pratiquer librement leur religion.

1661-1715
Louis XIV – château de Versailles

Louis XIV en costume de sacre
(Huile sur toile de Hyacinthe Rigaud, 1701, 277 x 194 cm, musée du Louvre Paris.)

En 1682, Versailles devient le lieu de résidence du roi et le symbole du pouvoir absolu.

Extrait du *Bulletin Officiel spécial* n°6 du 28 août 2008

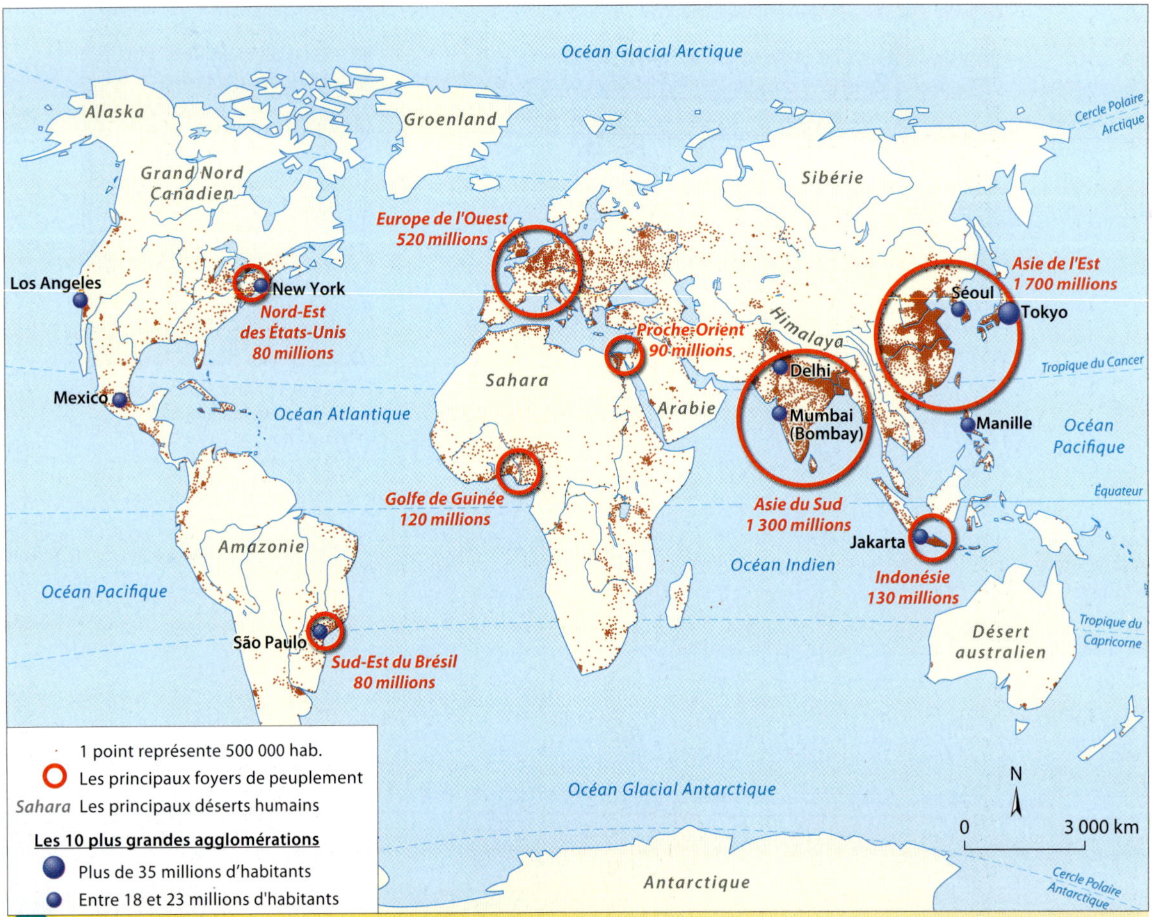

1 La répartition de la population mondiale en 2010

Les 10 métropoles mondiales les plus peuplées		
1. Tokyo	Japon	37 730 064
2. New York	États-Unis	25 933 312
3. Mexico	Mexique	23 293 783
4. Séoul	Corée du Sud	22 596 020
5. Mumbai (Bombay)	Inde	21 347 412
6. São Paulo	Brésil	20 853 705
7. Manille	Philippines	19 888 419
8. Delhi	Inde	18 639 762
9. Jakarta	Indonésie	18 588 548
10. Los Angeles	États-Unis	18 584 159

Vocabulaire

Agglomération : ville entourée de ses banlieues.
Densité : nombre d'habitants par km².
Désert humain : région très peu peuplée.
Foyer de peuplement : région très fortement peuplée.
Relief : inégalités de la surface de la Terre.

2 Le relief de la terre

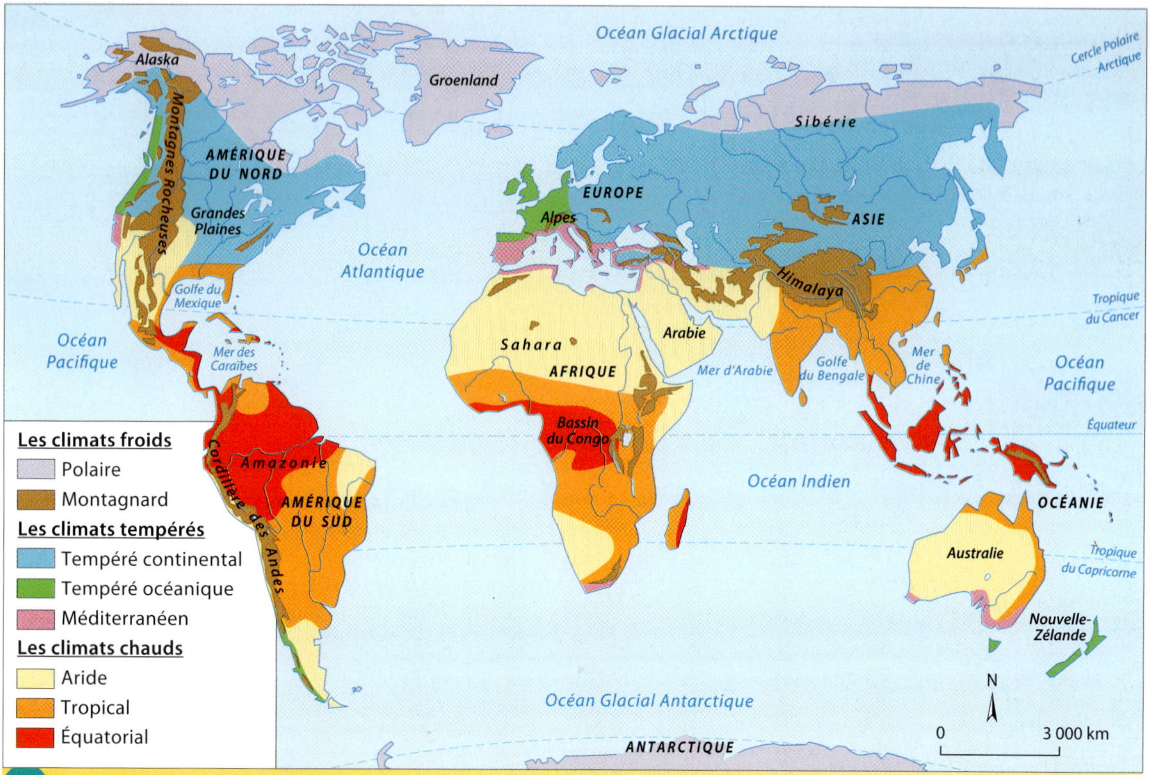

3 Les climats dans le monde

Extrait du *Bulletin Officiel spécial* n°6 du 28 août 2008

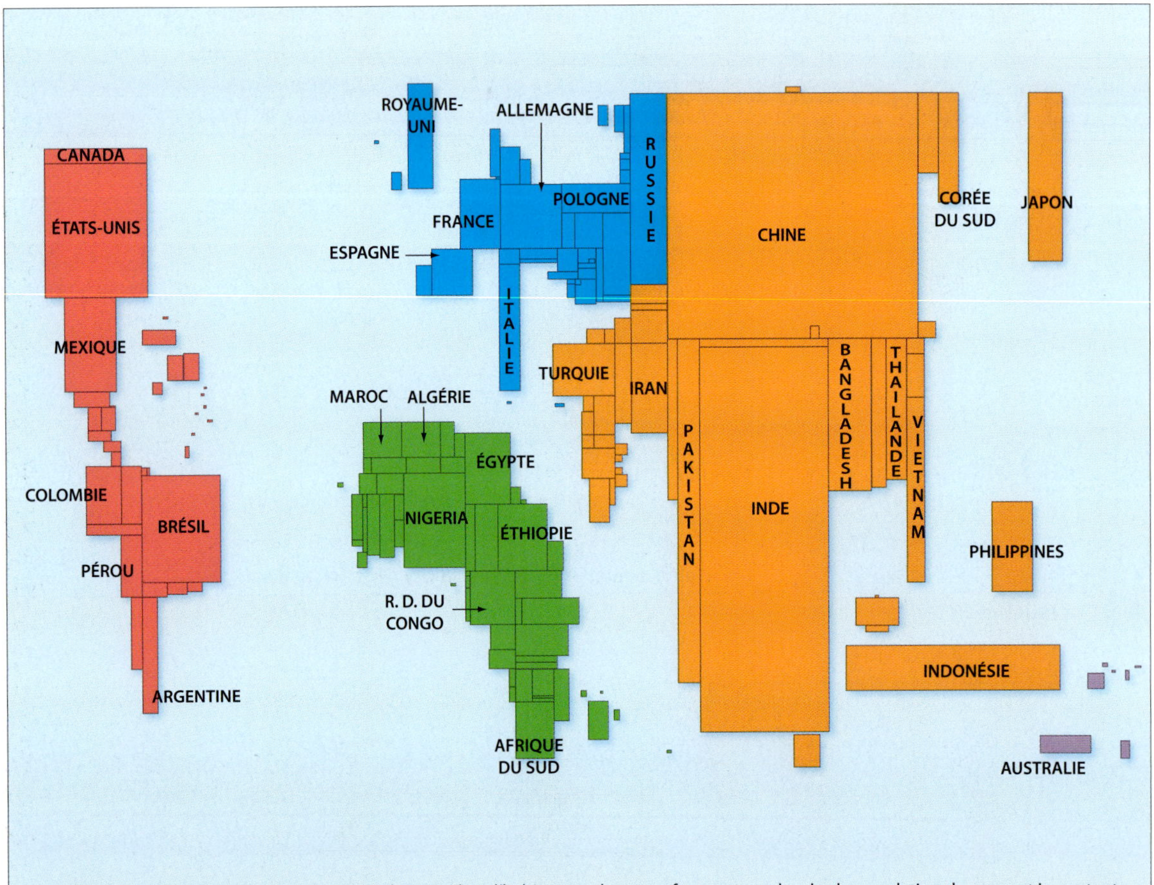

Chaque carré ou rectangle est proportionnel au nombre d'habitants : plus sa surface est grande, plus la population du pays est importante.

4 La population des États du monde

Les 10 pays les plus peuplés en 2009 (en millions d'habitants)	
1. Chine	1131
2. Inde	1171
3. États-Unis	306
4. Indonésie	243
5. Brésil	191
6. Pakistan	180
7. Bangladesh	162
8. Nigéria	152
9. Russie	141
10. Japon	127

Vocabulaire

IDH : indicateur du développement humain. C'est un indicateur du niveau de vie qui prend en compte trois éléments : le revenu par habitant, le niveau d'instruction et l'espérance de vie. Cet indicateur varie entre 0 et 1. Plus l'IDH est élevé, plus le pays est développé et les conditions de vie satisfaisantes.

PIB : produit intérieur brut. Valeur de l'ensemble des richesses produites en un an dans un pays.

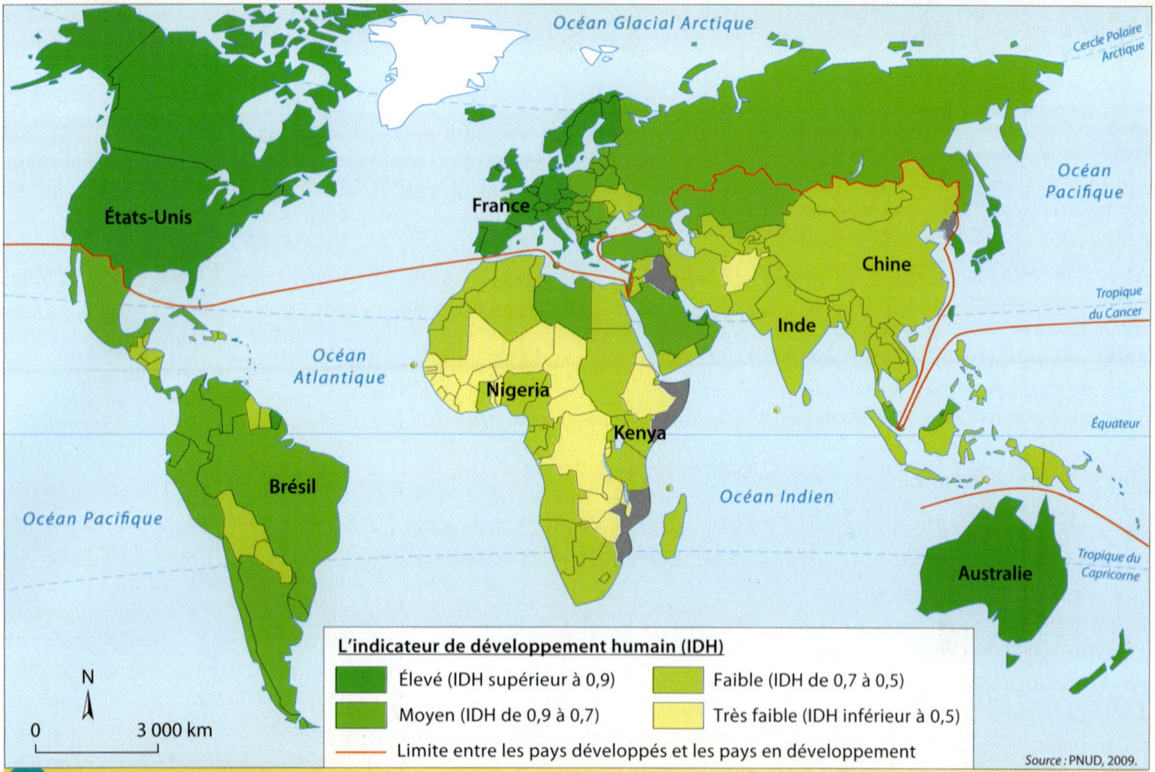

5 Le développement humain

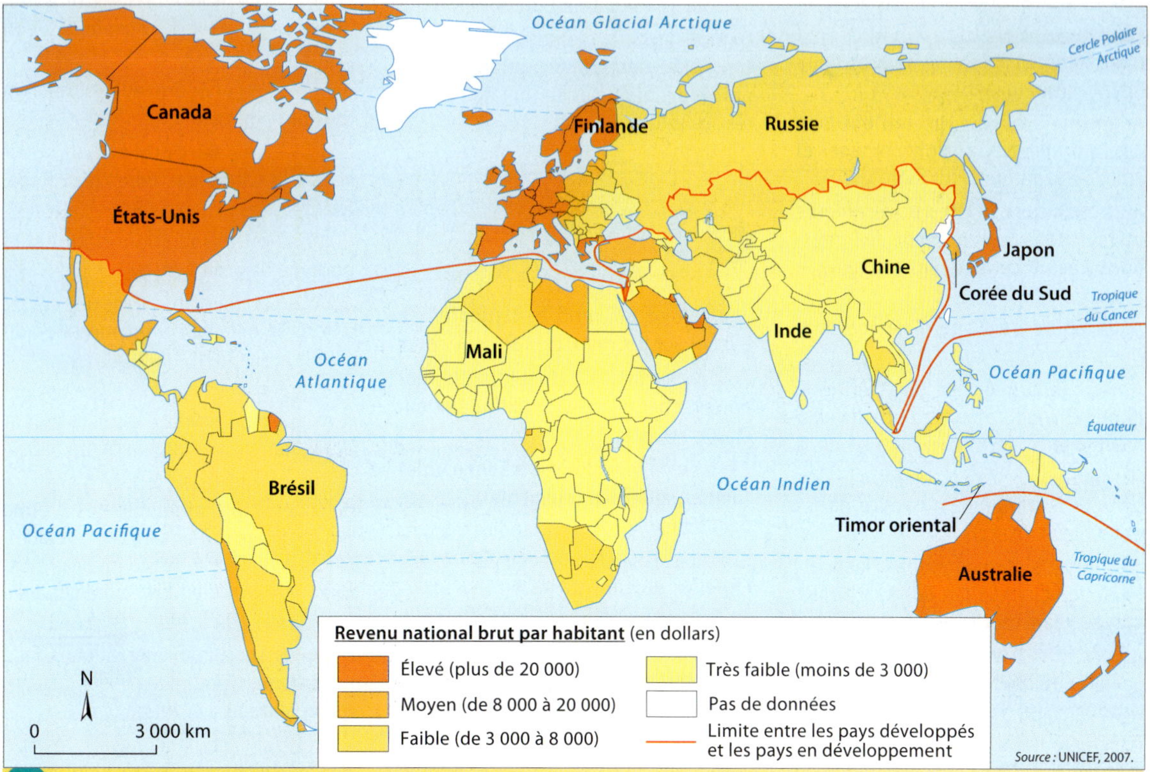

6 Les inégalités de richesse dans le monde

Lexique

A

Abbaye : monastère important dirigé par un abbé ou une abbesse. (p. 66)

Abjuration : acte solennel par lequel un fidèle abandonne sa religion pour se convertir à une autre. (p. 170)

Accès à l'eau : possibilité de s'approvisionner facilement à un point d'eau chez soi ou dans un puits. (p. 302, p. 310)

Adoubement : cérémonie au cours de laquelle le jeune noble reçoit ses armes des mains d'un seigneur et devient chevalier. (p. 34)

Allah : nom du Dieu unique en arabe. (p. 14)

Alphabétisation : fait d'apprendre à lire et à écrire. (p. 250)

Aménagement : action volontaire d'une collectivité (État, région, département, commune...) sur l'organisation de son territoire (répartition de la population, distribution des activités économiques, équipements, environnement...). (p. 192)

Analphabète : personne ne sachant ni lire ni écrire. (p. 250)

Animisme : religion qui attribue une âme aux animaux, aux phénomènes et aux objets naturels. (p. 110)

Antirétroviraux (ARV) : médicaments utilisés dans le traitement des infections liées à certains virus comme le SIDA. (p. 230)

Aquaculture : élevage d'espèces marines. (p. 316, p. 324)

Araire : instrument en bois hérité de l'Antiquité qui retourne superficiellement la terre. (p. 32)

Arc-boutant : élément en forme d'arc servant à soutenir une voûte en un point élevé. (p. 72)

Argentier : surintendant des Finances. Personne chargée par le roi de veiller sur les finances du royaume. (p. 90)

Aristocratie : groupe dominant dans la société, qui détient le pouvoir et des privilèges. (p. 34)

Assolement triennal : sur une période de trois ans, alternance des types de cultures sur une même parcelle. (p. 32)

Astrolabe : instrument servant à mesurer la latitude de l'endroit où l'on se trouve à une heure précise. (p. 128)

Aztèque : peuple dominant le Mexique et les différentes populations indiennes qui y vivent au moment de la conquête espagnole (environ 25 millions de personnes). (p. 124)

B

Bailli : représentant du roi chargé de rendre la justice et de collecter les impôts. (p. 50, p. 58)

Banalités : taxes payées par le paysan contre l'utilisation obligatoire du moulin, du four, du pressoir du seigneur. (p. 40)

Beffroi : haute tour construite par une ville. Elle abrite la cloche qui avertit les habitants en cas de danger et sonne les horaires de travail. (p. 94)

Bourgeois : habitants du bourg, de la ville. (p. 94)

Boussole : instrument qui indique le nord magnétique et permet de s'orienter. (p. 128)

C

Cadi : juge qui rend la justice en se basant sur le Coran. (p. 18)

Calife : successeur du prophète Mahomet, chef religieux, politique et militaire. (p. 14)

Canoniser : faire d'une personne un(e) saint(e), selon une cérémonie organisée par l'Église. (p. 76)

Capétiens : dynastie fondée par Hugues Capet en 987. (p. 58)

Caravane : groupe de marchands qui traversent ensemble un désert. (p. 110)

Caravelle : petit navire résistant et très maniable grâce à ses voiles carrées ou triangulaires et à son gouvernail d'étambot, placé à l'arrière et adapté aux manœuvres délicates. (p. 122)

Catastrophe : événement exceptionnel se traduisant par des pertes humaines et/ou matérielles très importantes. (p. 266)

Cathédrale : église de l'évêque (de *cathedra*, siège de l'évêque). (p. 72)

Chanson de geste : chanson qui raconte les exploits des chevaliers. (p. 42)

Charrue : instrument muni de roues qui laboure la terre en la retournant en profondeur. (p. 32)

Charte de franchise : texte officiel précisant les droits et libertés accordés par un seigneur à des paysans. (p. 40)

Chevaliers teutoniques : moines soldats allemands. (p. 98)

Chiites : musulmans pour qui le calife doit descendre de la famille proche de Mahomet, c'est-à-dire de celle de son gendre, Ali. (p. 24)

Chrétienté : désigne l'ensemble des chrétiens, laïcs et clercs. (p. 78)

Clerc : homme d'Église. L'ensemble des clercs forme le clergé. (p. 78)

Colonie : territoire conquis et administré par un État qui l'exploite à son profit. (p. 124)

Coloniser : conquérir et exploiter un territoire. (p. 128)

Communaux : terres collectives réservées à la pâture des bêtes du village. (p. 42)

Commune : association d'habitants pourvue de droits. (p. 94)

Communier : participer, dans une église, à la cérémonie de commémoration du sacrifice du Christ. (p. 78)

Compagnie commerciale : société qui regroupe de nombreux associés autour d'une famille de marchands. (p. 94)

Compagnie de Jésus : fondée par Ignace de Loyola, elle rassemble des prêtres qui s'engagent à enseigner la religion catholique, pour lutter contre le protestantisme. Ses membres sont appelés « jésuites ». (p. 150)

Comptoir : port établi par un pays dans un autre pays pour y organiser un commerce. (p. 128)

Conquistador : nom donné aux aventuriers espagnols partis à la conquête de l'Amérique. (p. 124)

Contrefort : renfort extérieur de maçonnerie servant à épauler un mur lourd. (p. 72)

Coran : de l'arabe *qur'an*, récitation. Pour l'islam, ensemble des paroles qu'Allah aurait dictées à Mahomet. Le Coran est composé de 114 sections appelées sourates. (p. 14)

Corvée : travail obligatoire et non payé. (p. 38)

Cour : entourage du roi, constitué des membres de la famille royale, du gouvernement et de la haute noblesse. (p. 176)

Croisade : « guerre sainte » ; expédition militaire des chrétiens d'Occident pour conquérir la Terre sainte dominée par les musulmans. (p. 96)

Croissance démographique : augmentation de la population. (p. 204, p. 212)

Culture vivrière : culture consommée par les paysans qui la produisent. (p. 218)

Cultures commerciales : cultures destinées à la vente. (p. 222)

Cyclone : tourbillon d'air chaud et humide, se formant en zone tropicale et se déplaçant à grande vitesse. Il est appelé aussi ouragan en Amérique du Nord. (p. 258)

D

Damné : personne condamnée à l'enfer. (p. 70)

Dauphin : en France, fils aîné du roi et son héritier au trône. (p. 56)

Dépendance énergétique : obligation pour un pays d'importer de l'énergie d'autres pays pour répondre à ses besoins. (p. 352)

Désertification : dégradation progressive des terres dans les zones arides. (p. 278)

Développement humain : hausse générale du niveau de vie d'une population lui permettant au moins de satisfaire tous ses besoins essentiels (eau, alimentation, instruction...). (p. 198)

Dîme : dixième des revenus, versé en impôt à l'Église. (p. 80)

Disponibilité alimentaire : quantité et qualité de l'alimentation dont dispose une population. (p. 296)

Doge : personne élue par les grandes familles marchandes pour diriger la république de Venise. (p. 92)

Dogme : croyances fondamentales d'une religion. (p. 152)

Domaine royal : ensemble des terres qui appartiennent directement au roi. (p. 50)

Droit de ban : pouvoir de commander, de juger et de punir. (p. 38)

E

Écoquartier : quartier dont l'objectif est de répondre aux objectifs de développement durable : moindre consommation d'espace, utilisation d'énergies renouvelables... (p. 338)

Édit : décision royale qui a valeur de loi. (p. 168)

Éducation : ensemble des apprentissages moraux, intellectuels et culturels. (p. 250)

Église : avec un « É » majuscule, désigne l'ensemble du clergé, à partir du XIe siècle. (p. 78)

Église réformée : nouvelle Église chrétienne créée au XVIe siècle par les protestants (ou réformés), mécontents de l'Église catholique. (p. 150)

Émir : gouverneur de province, chef de l'armée, qui a pour rôle de maintenir l'ordre. (p. 24)

Énergie renouvelable : énergie tirée de ressources naturelles inépuisables (soleil, vent, chaleur de la terre, eau) ou encore de végétaux. (p. 352)

Énergies fossiles : pétrole, gaz naturel et charbon. Présentes en quantité limitée, ces énergies sont non renouvelables. (p. 338, p. 352)

Environnement : ensemble des éléments naturels et artificiels au sein duquel se déroule la vie humaine. (p. 198)

Espérance de vie : nombre moyen d'années que l'on peut espérer vivre le jour de sa naissance. (p. 230, p. 238)

Espérance de vie scolaire : durée moyenne de la scolarité. (p. 250)

États généraux : réunion par le roi des représentants du clergé, des nobles et des bourgeois pour faire accepter sa politique. (p. 58)

Étiquette : cérémonial, règles que l'on observe à la cour d'un roi. (p. 176)

Excommunication : exclusion de l'Église, par le pape ou par un évêque, d'une personne qui ne respecte pas ses lois. (p. 80)

Exode rural : départ définitif des habitants des campagnes vers les villes. (p. 278)

F

Fécondité : nombre moyen d'enfants par femme âgée de 15 à 50 ans. (p. 204, p. 208)

Félon : vassal qui ne respecte pas ses obligations et trahit son seigneur. (p. 52)

Féodalité : organisation politique, économique et sociale du Moyen Âge caractérisée par l'existence des fiefs. (p. 52)

Fief : terre remise à un vassal par un seigneur, en échange de sa fidélité et de son aide. (p. 50)

Filiale : entreprise nouvelle, sous la direction de l'entreprise mère. (p. 94)

Fronde : révolte des nobles et des parlementaires pendant la minorité de Louis XIV. (p. 180)

Front pionnier : mise en valeur d'un territoire jusque-là inoccupé, par des colons. (p. 220, p. 222)

G

Gaz à effet de serre (GES) : six gaz différents produits par les activités humaines (CO_2, vapeur d'eau...). Ils contribuent à l'effet de serre. (p. 336, p. 338)

Gazoduc : tube de transport de gaz sur de longues distances. (p. 344)

Gravure : dessin sur un support de bois ou de métal, qui est imprimé. Le burin est un instrument tranchant, utilisé en orfèvrerie, qui produit des traits précis et fins sur le cuivre. Les volumes sont rendus par le rapprochement plus ou moins serré de petits traits parallèles ou entrecroisés. Le papier utilisé pour l'impression doit être mœlleux et élastique afin de pouvoir pénétrer dans les traits encrés. Il est légèrement humidifié. (p. 142)

Guilde : association de marchands ou d'artisans d'une ville. (p. 94)

H

Hadiths : recueils des propos de Mahomet et de ses compagnons. (p. 16)

Halieutique : qui concerne la pêche. (p. 316, p. 324)

Hammam : bains publics. (p. 24)

Hégire : en 622, départ de Mahomet de La Mecque pour Yathrib, qui prend ensuite le nom de Médine. L'Hégire marque le début du calendrier musulman. (p. 18)

Héliocentrisme : théorie selon laquelle la Terre et d'autres planètes tournent autour du Soleil. (p. 160)

Hérétique : chrétien dont les croyances sont différentes de celles imposées par l'Église. (p. 80)

Hommage : cérémonie au cours de laquelle le vassal se recommande à son seigneur et lui prête serment de fidélité. (p. 52)

Hôtel de ville : édifice où se réunissent ceux qui dirigent la commune. (p. 94)

Hôtels-Dieu : hôpitaux au Moyen Âge, fondés et entretenus par l'Église. (p. 80)

Humanisme : mouvement intellectuel européen né en Italie au XVe siècle. Il se réfère aux grandes idées de l'Antiquité et affirme sa confiance en l'homme, qui peut se perfectionner grâce à son intelligence et à sa raison. (p. 134, p. 160)

Hydrocarbures : pétrole et gaz naturel. (p. 344, p. 352)

I

IDH : indicateur de développement humain. Il prend en compte l'espérance de vie, le niveau d'instruction et le produit intérieur brut. Il reflète la qualité de vie d'une population. (p. 210)

Imam : chef religieux musulman. (p. 22)

Importations : achats de produits à l'étranger. (p. 292)

Indulgences : pardon des péchés accordé par l'Église en échange de bonnes actions ou d'un don d'argent. (p. 148)

Infrastructures sanitaires : ensemble des équipements sanitaires et des dépenses de santé dans un pays. (p. 234)

Inquisition : tribunal de l'Église chargé de poursuivre et de punir les hérétiques. (p. 80)

Intendant : agent, nommé par le roi, qui détient les pouvoirs de justice, de police et de finances dans les provinces. (p. 180)

IPH1 : indicateur de pauvreté humaine 1. Il permet de comparer le niveau de pauvreté des populations des pays en développement à partir de trois critères (durée de vie, accès au savoir et conditions de vie). (p. 270)

Irrigation : ensemble de techniques permettant d'amener de l'eau aux cultures quand il ne pleut pas. (p. 302, p. 310)

Islam : signifie « soumission » à la volonté d'Allah ; nom de la religion prêchée par Mahomet. (p. 18)

J

Jachère : terre laissée au repos pour qu'elle retrouve de la fertilité. (p. 32)

Jihâd : guerre sainte pour les musulmans, diffusion de l'islam à travers le monde, au besoin par les armes. (p. 14)

K

Kaaba : grand cube de pierre contenant la « pierre noire », que l'ange Gabriel aurait donnée à Abraham. (p. 18)

L

Laboureur : paysan qui possède une charrue et un attelage. (p. 40)

Lagune : étendue d'eau séparée de la mer par un cordon de sable, le Lido. (p. 92)

Laïc : chrétien n'appartenant pas au clergé. (p. 78)

Légiste : spécialiste de la loi. (p. 58)

Lettre de change : écrit par lequel une personne donne à une autre personne l'ordre de payer une certaine somme d'argent à une troisième personne, dans un autre lieu. (p. 94)

Lois fondamentales : coutumes que le roi doit respecter (privilèges du clergé, de la noblesse, des provinces...). (p. 180)

M

Malnutrition : lorsque la ration alimentaire d'une personne est déséquilibrée en qualité. (p. 296)

Mangrove : forêt des zones tropicales. De nombreuses espèces aquatiques y vivent et s'y reproduisent. (p. 316)

Mansa : nom du roi au Mali ; le roi du Ghana est appelé Ghana ; le roi du Songhaï est appelé Askia. (p. 110)

Manufacture royale : établissement industriel (tapisseries, meubles) créé et contrôlé par le roi. (p. 180)

Mécène : personnage riche qui protège et aide financièrement des artistes. (p. 134)

Monarchie : régime politique dirigé par un roi héréditaire. (p. 58)

Monothéisme : croyance en un dieu unique. (p. 18)

Mortalité infantile : nombre de décès d'enfants de moins de 1 an pour 1 000 enfants nés vivants. (p. 206, p. 238)

Muezzin : musulman chargé d'appeler les fidèles à la prière. (p. 22)

Musulman : croyant de l'islam. (p. 16)

N

Négrier : qui pratique la traite des Noirs. Le terme désigne ceux qui les capturent, souvent africains eux-mêmes, et ceux qui les achètent pour les vendre : musulmans africains et arabes. (p. 114)

Nodules polymétalliques : masses arrondies de quelques centimètres riches en métaux se trouvant au fond des océans. (p. 322, p. 324)

O

Offshore : en pleine mer. (p. 322)

Oléoduc : tube de transport de pétrole sur de longues distances. (p. 344)

ONG : organisation non gouvernementale. (p. 198)

Ordre : division de la société française d'Ancien Régime. Il y a trois ordres : la noblesse (ou aristocratie), le clergé et le tiers-état (ou peuple). (p. 34)

Ordre religieux : communauté de moines qui obéissent à la même règle. (p. 66)

Ordres mendiants : ordres religieux (franciscains, dominicains...) qui prêchent dans les villes. (p. 80)

Ost : service militaire de 40 jours dû par le vassal à son seigneur. (p. 52)

P

Pandémie : épidémie qui touche la quasi-totalité d'une population, d'un continent ou de plusieurs, voire de la planète. (p. 230)

Parlement : tribunal qui rend la justice au nom du roi et enregistre les édits royaux.

Paroisse : territoire sous l'autorité religieuse d'un prêtre. (p. 42)

Pauvreté : **pauvreté absolue**, fait de ne pouvoir satisfaire ses besoins vitaux. **Pauvreté relative**, fait de disposer de moins que les autres. (p. 278)

Pays du Nord : pays riches. (p. 198)

Pays émergents : pays du Sud à croissance économique rapide. (p. 288, p. 352)

Péché : acte par lequel une personne fait ce qui est interdit par l'Église. (p. 78)

Pèlerinage : voyage vers un lieu saint. (p. 68)

Pénurie : disponibilité en eau insuffisante pour les activités humaines. (p. 308, p. 310)

Perspective : règles mathématiques qui permettent de représenter la profondeur d'un espace sur une surface plane. (p. 140)

PIB : produit intérieur brut. Valeur de l'ensemble des richesses produites en un an dans un pays. (p. 274)

Pollution : dégradation de l'air par des substances liées aux activités humaines. (p. 338)

Portulan : carte marine des XVe et XVIe siècles. Les navigateurs y reportent le tracé des côtes, les courants marins, la localisation des ports. (p. 128)

Prédication : action de prêcher, de faire des sermons pour enseigner des devoirs. (p. 76)

Prophète : homme chargé par Dieu de transmettre ses paroles. (p. 16)

R

Razzier : prendre dans une razzia, capturer un grand nombre de personnes en même temps. (p. 116)

Reconquista : reconquête de l'Espagne par les rois catholiques. (p. 98)

Redevances : nom des taxes en argent ou en nature versées au seigneur par les paysans. (p. 40)

Réforme : mouvement religieux qui a donné naissance à la religion protestante. (p. 152)

Régence : gouvernement établi pendant la minorité d'un roi. (p. 180)

Règle : document qui fixe la manière de vivre des moines. (p. 66)

Relique : morceau du corps d'un saint ou objet lui ayant appartenu et que viennent vénérer les fidèles. (p. 68)

Renaissance : nom donné par le peintre Vasari vers 1550 au renouveau de l'art italien. Il correspond aux XVe et XVIe siècles, période de profondes transformations intellectuelles et artistiques en Europe. (p. 132)

Rendement : quantité récoltée pour une surface donnée. (p. 32, p. 296)

Réseau d'assainissement : système permettant l'évacuation des eaux usées domestiques. (p. 238)

Réserve : terres cultivées par les paysans pour le seigneur. (p. 38)

Risque : danger potentiel qui menace un groupe humain. (p. 266)

RNB/habitant : revenu national brut d'un pays divisé par le nombre total d'habitants. (p. 248)

Roi absolu : roi considéré comme le représentant de Dieu sur terre et qui détient tous les pouvoirs. (p. 174)

S

Sacre : cérémonie religieuse au cours de laquelle l'Église couronne un souverain. (p. 56)

Sacrements : actes religieux, institués par l'Église, par lesquels l'homme se rapproche de Dieu. (p. 78)

Saint : personne dont la vie est un exemple pour les chrétiens. Pour devenir saint, il faut être canonisé par l'Église. (p. 78)

Sainte Ligue : parti catholique formé par le duc de Guise en 1576, qui rejette les protestants. (p. 168)

Saint-Sépulcre : tombeau présumé de Jésus-Christ, lieu de pèlerinage le plus saint de la chrétienté. (p. 96)

Salut : vie éternelle au paradis. (p. 68)

Scolarisation : accès à l'école et aux apprentissages. (p. 250)

Scolarité : période pendant laquelle un enfant va à l'école. (p. 250)

Sécurité alimentaire : fait de nourrir la population en quantité et en qualité suffisantes. (p. 288, p. 296)

Seigneur : maître de la seigneurie. Il est un noble ou un homme d'Église. (p. 40)

Seigneurie : vaste domaine agricole appartenant à un seigneur sur lequel il exerce son pouvoir. (p. 32)

Serf : paysan qui appartient au seigneur et qui ne peut ni quitter sa terre, ni se marier, ni hériter sans l'accord de son seigneur. (p. 40)

Seuil de pauvreté : limite de revenu au-dessous duquel une famille ou une personne est considérée comme pauvre. (p. 270)

Sîra : « vie » de Mahomet, écrite au VIIIe siècle. (p. 16)

Smog : nuage de pollution provoqué par les gaz d'échappement (voitures, camions, motos...) et les rejets industriels. (p. 330, p. 334)

Souk : quartier des commerçants et des artisans. (p. 24)

Sous-alimentation : insuffisance de nourriture quotidienne. (p. 294, p. 296)

Stress hydrique : situation où la demande en eau dépasse les ressources disponibles. (p. 302, p. 308)

Sunnites : musulmans les plus nombreux, favorables au strict respect de la tradition établie par la Sunna (récits et propos de Mahomet). (p. 24)

T

Taux d'alphabétisation : part de la population sachant lire et écrire (pour 100 personnes). (p. 244, p. 246)

Taux de fécondité : nombre moyen d'enfants par femme âgée de 15 à 50 ans. (p. 212)

Taux de mortalité : nombre de décès pour 1 000 habitants. (p. 204, p. 208)

Taux de natalité : nombre de naissances pour 1 000 habitants. (p. 204, p. 208)

Taux de scolarisation : part des enfants scolarisés (pour 100 personnes). (p. 244, p. 246)

Templiers : ordre religieux de moines-soldats installé en Terre Sainte. Sa richesse est issue de nombreux dons des chrétiens. (p. 58)

Tenures : lots de terre confiés aux paysans par le seigneur en échange d'un loyer. (p. 38)

Terre sainte : la Palestine, lieu où Jésus-Christ aurait vécu. (p. 96)

Tournoi : jeu guerrier dans lequel s'affrontent des chevaliers. (p. 42)

Tradition orale : transmission orale de l'histoire et de la culture d'un peuple. (p. 110)

Traite négrière : transport et commerce organisés d'esclaves noirs. (p. 110)

U

Usine de dessalement : usine permettant de retirer le sel de l'eau de mer pour la rendre potable. (p. 306, p. 310)

Usine de retraitement de l'eau : usine permettant de nettoyer les eaux usées pour les rendre potables à nouveau. (p. 306, p. 310)

V

Vassal : guerrier qui a prêté hommage à un seigneur. (p. 50)

Vizir : ministre. (p. 24)

Vulnérabilité : plus ou moins grande fragilité d'une société face à un risque. (p. 266)

Z

ZEE : zone économique exclusive. Espace maritime dans lequel un pays peut pêcher et exploiter les ressources naturelles. (p. 318, p. 324)

Zimbabwe : « grandes demeures de pierre » en langue des Shonas, peuple de l'Empire du Monomotapa. (p. 110)

Crédits photographiques

Couverture : h : Enluminure tirée des *Très Riches Heures du duc de Berry*, Le Calendrier : le mois de mai par les frères de Limbourg (détail). École française. XVe siècle, Musée Condé, Chantilly. © RMN-Domaine de Chantilly/René-Gabriel Ojeda. **b :** La récolte de thé en Inde. © Hemis.fr/Jean-Baptiste Rabouan.

10-11 : Bridgeman-Giraudon ; **12 :** Bridgeman-Giraudon ; **13 :** Leemage/Photo Josse ; **15h :** Leemage/Heritage Images ; **15b :** Leemage/Luisa Ricciarini ; **16 :** Eyedea/Rapho/R. & S. Michaud ; **17h :** Akg-images/Erich Lessing ; **17b :** Henri Stierlin ; **19 :** Archives Nathan ; **20g :** Leemage/Photo Josse ; **20d :** Archives Nathan ; **22 :** Altitude/Yann Arthus-Bertrand ; **23 :** Rue des Archives/Raymond Cauchetier ; **24 :** Archives Larbor ; **25h :** Eyedea/Age/Sylvain Grandadam ; **25bg :** Eyedea/Rapho/R. & S. Michaud ; **25bd :** Bridgeman-Giraudon ; **27 :** Archives Nathan ; **28hg :** Altitude/Yann Arthus-Bertrand ; **28hd :** Akg-images/Erich Lessing ; **30 :** Archives Larbor ; **31 :** Archives Nathan ; **32 :** Leemage/Photo Josse ; **33 :** Bridgeman-Giraudon ; **34g :** Bibliothèque Nationale de France, Paris ; **34d :** Archives Larbor ; **35 :** Bridgeman-Giraudon ; **36 :** Hemis.fr/Jon Arnold ; **37m :** Eyedea/Explorer/Joël Damase ; **38g :** Bibliothèque Nationale de France, Paris ; **38d :** Archives Larbor ; **39 :** Baron de Wismes ; **40 :** Archives Nathan ; **41h :** Akg-images/Visiors ; **41b :** Photo12.com ; **42 :** Akg-images ; **43h :** Bibliothèque Nationale de France, Paris ; **43b :** Akg-images ; **44g :** Leemage/Selva ; **44m :** Bridgeman-Giraudon ; **44d :** Bridgeman-Giraudon ; **45h :** Akg-images/British Library ; **45b :** Leemage/Luisa Ricciarini ; **46h :** Archives Larbor ; **46b :** Bibliothèque Nationale de France, Paris ; **48 :** Bridgeman-Giraudon ; **49 :** Akg-images ; **50 :** Archives Nathan ; **51h :** Bridgeman-Giraudon ; **51b :** Archives Nathan ; **53h :** Bridgeman-Giraudon ; **53b :** Archives Larbor ; **54 :** Archives Larbor ; **55g :** Archives Larbor ; **55d :** Archives Larbor ; **56h :** Archives Nathan ; **56b :** Archives Larbor/Photo Josse ; **57h :** Archives Larbor ; **57bg :** Archives Nathan ; **57bd :** Archives Nathan ; **58h :** Archives Larbor ; **58b :** Archives Larbor ; **62 :** Archives Larbor ; **64 :** Akg-images/Erich Lessing ; **65 :** Archives Nathan ; **66h :** Kharbine-Tapabor/Coll. Jean Vigne ; **66b :** Leemage/Photo Josse ; **67h :** Scope/Jacques Guillard ; **67b :** Eyedea/Explorer/José Nicolas ; **68 :** Photo12.com/Alamy ; **69g :** Eyedea/Top/Hervé Champollion ; **69d :** La Collection/Jean-Paul Dumontier ; **70 :** Eyedea/Top/Hervé Champollion ; **71h :** Eyedea/Top/Hervé Champollion ; **71b :** La Collection/Jean-Paul Dumontier ; **72 :** Age/Kevin George ; **73 :** Photo-Aérienne-France. fr ; **74hg, hd, bg, bd :** La Collection/Jean-Paul Dumontier ; **75 :** La Collection/Jean-Paul Dumontier ; **76 :** The Picture Desk/G. Dagli-Orti ; **77h :** Bridgeman-Giraudon ; **77b :** Bridgeman-Giraudon ; **78 :** RMN-Domaine de Chantilly/René-Gabriel Ojeda ; **79h :** Akg-images/Erich Lessing ; **79b :** IRHT-CNRS/Bibliothèque municipale, Besançon ; **80 :** Bibliothèque Nationale de France, Paris ; **81h :** Archives Larbor ; **81bg :** The Picture Desk/Alfredo Dagli-Orti ; **81bd :** Archives Larbor ; **82hg :** Alain Doire ; **82hm :** Bridgeman-Giraudon ; **82hd :** Hemis.fr/Hervé Lenain ; **82bg :** Eyedea/Hoa Qui/Fred Thomas ; **82bm :** Ciric/Alain Pinoges ; **82bd :** Eyedea/Age/Jose Fuste Raga ; **83 :** Kharbine-Tapabor/Cheuva ; **84 :** Bibliothèque Nationale de France, Paris ; **87 :** Bridgeman-Giraudon ; **88 :** The Picture Desk/G. Dagli-Orti ; **89h :** Leemage ; **89b :** Archives Larbor ; **90hg :** Akg-images/Hervé Champollion ; **90hd :** Bibliothèque Nationale de France, Paris ; **90b :** Akg-images/Hervé Champollion ; **91 :** Bridgeman-Giraudon/Lauros ; **92 :** Leemage/Aisa ; **93h :** Bridgeman-Giraudon ; **93b :** Photononstop/Tips ; **95h :** Roger-Viollet/Aisa ; **95b :** Archives Larbor ; **96 :** Bridgeman-Giraudon/British Library ; **97 :** Archives Larbor ; **99h :** Eyedea/Age/Doug Scott ; **99b :** Photo12.com/Oronoz ; **101 :** La Collection ; **102 :** Photononstop/Tips ; **105 :** Photo12.com/Alamy/Jack Barker ; **106 :** Eyedea/Rapho/Jean-Luc Manaud ; **107 :** Bridgeman-Giraudon ; **108 :** Bridgeman-Giraudon ; **109 :** Bridgeman-Giraudon ; **110 :** Getty/Photodisc/Neil Beer ; **111 :** Getty/Lonely Planet/Ariadne Van Zandbergen ; **112g, d :** Musée Barbier-Mueller/Photo Studio Ferrazzini Bouchet ; **113 :** Hemis.fr/Paule Seux ; **115h :** Hemis.fr/René Mattes ; **115m :** Eyedea/Hoa Qui/Michel Renaudeau ; **115b :** Archives Nathan ; **116 :** Bridgeman-Giraudon ; **117h :** Bibliothèque Nationale de France, Paris ; **117b :** Bridgeman-Giraudon/Archives Charmet ; **120 :** Archives Nathan ; **121 :** Scala/National Gallery, London ; **122g :** Archives Larbor/Photo Josse ; **122d :** The Picture Desk/G. Dagli-Orti ; **123 :** Akg-Images ; **124h :** Bridgeman-Giraudon/Peter Newark American Pictures ; **124b :** Bridgeman-Giraudon ; **125 :** The Picture Desk/G. Dagli-Orti ; **127 :** Archives Nathan ; **128 :** The Picture Desk/G. Dagli-Orti ; **129h :** Leemage/Fototeca ; **129b :** Photo12.com/Oronoz ; **131 :** Bridgeman-Giraudon ; **132h :** Bridgeman-Giraudon ; **132b :** Leemage/Costa ; **133h :** Archives Larbor/Jean-Loup Charmet ; **133b :** RMN/Franck Raux ; **134d :** Archives Nathan ; **134b :** RMN/René-Gabriel Ojeda ; **135 :** RMN/George Fessy ; **136h :** Scala ; **136b :** Leemage/Farabola ; **137h :** Bridgeman-Giraudon ; **137b :** The Picture Desk/G. Dagli-Orti ; **138 :** Bridgeman-Giraudon ; **139 :** La Collection/Imagno ; **140 :** Akg-images/Erich Lessing ; **141h :** The Picture Desk/G. Dagli-Orti ; **141b :** Scala ; **142 :** Bridgeman-Giraudon/Museum of Fine Arts, Houston ; **143h :** Akg-images/Erich Lessing ; **143b :** La Collection/Imagno ; **144g :** Leemage/Farabola ; **144m :** RMN/Franck Raux ; **144d :** The Picture Desk/G. Dagli-Orti ; **145 :** Archives Nathan ; **146 :** La Collection/Artothek/Joseph S. Martin ; **147 :** La Collection/Imagno ; **148h :** Archives Nathan ; **148b :** Akg-images ; **149 :** Akg-images ; **150h :** RMN/René-Gabriel Ojeda ; **150b :** Leemage/Aisa ; **151 :** Musée des Beaux-Arts, Orléans/Photo François Lauginie ; **152 :** The Picture Desk/G. Dagli-Orti ; **154 :** Akg-images/Pirozzi ; **155 :** Leemage/Kim Youngtae ; **157 :** RMN/Philippe Bernard ; **158hg :** Bridgeman-Giraudon ; **158hd :** Archives Larbor/Scala ; **158mg :** Archives Larbor/Observatoire de Paris ; **158bg :** Shutterstock ; **158bd :** Archives Larbor ; **159 :** Bridgeman-Giraudon ; **160h :** Leemage/Fototeca ; **160mh :** Bridgeman-Giraudon ; **160mb :** Bridgeman-Giraudon ; **160b :** Akg-images/Nimatallah ; **161h :** Archives Larbor ; **161b :** Leemage/Luisa Ricciarini ; **162hg :** Bridgeman-Giraudon ; **162hd :** Bridgeman-Giraudon ; **162bg :** Bridgeman-Giraudon ; **162bd :** Leemage/Fototeca ; **163 :** La Collection/Artothek ; **164 :** Bridgeman-Giraudon ; **165 :** Archives Larbor/Eileen Tweedy ; **165b :** Archives Larbor ; **167 :** RMN/Blot-Lewandowski ; **168 :** Bridgeman-Giraudon ; **169h :** RMN ; **169b :** Archives Larbor ; **170 :** Archives Larbor ; **171h :** Photo12.com/ARJ ; **171bg :** Archives Larbor ; **171bd :** Archives Larbor ; **172h :** Photo12.com/Gilles Targat ; **172b :** RMN ; **173h :** Air Images/Philippe Guignard ; **173b :** Photononstop/Rosine Mazin ; **174h :** RMN/Gérard Blot ; **174b :** Rue des Archives ; **175h :** RMN/Jean-Gilles Berizzi ; **175 :** Bridgeman-Giraudon/Lauros ; **176h :** Bridgeman-Giraudon/Archives Charmet ; **176b :** Roger-Viollet ; **177g :** Bridgeman-Giraudon ; **177d :** RMN/Gérard Blot ; **178 :** Archives Larbor/Photo Josse ; **179 :** Leemage/Photo Josse ; **180 :** Bridgeman-Giraudon ; **181h :** RMN/Gérard Blot ; **181mg :** The Picture Desk/G. Dagli-Orti ; **181mm :** RMN/Gérard Blot ; **181md :** RMN/D. R. ; **181b :** Archives Larbor ; **183 :** Bridgeman-Giraudon/Lauros ; **184 :** RMN/Gérard Blot ; **186-187 :** Hemis. fr/Philippe Roy ; **188g :** Alternatives Économiques ; **188hd :** Valeurs Vertes ; **188b :** Passages ; **189g :** Courrier International ; **189hd :** Le Monde 2 ; **189bd :** Seniors Plus ; **190 :** Corbis Lehman ; **191 :** L'Équipe ; **193h :** Wallis.fr/Routier ; **193b :** Sipa ; **194 :** Fondation Nicolas Hulot ; **195 :** Maxppp/Sud-Ouest/Jean-Louis Duzert ; **196 h :** Fond Intervention éco pastorale ; **196b :** Life Coex ; **197 :** Eyedea/Gamma/Fréderic Lafargue ; **198 :** Christophe L ; **202 :** Rea/Panos/Crispin Hughes ; **203 :** Corbis/Ronnie Kaufman ; **204 :** Eyedea/Hoaqui/Gérard Boutin ; **205 :** Photilibrary/Dinodia ; **207h :** Age fotostock/Dinodia ; **207d :** Sunset/World Pictures ; **208 :** Reuters/Chinanewsphoto ; **209 :** Imaginechina ; **213g :** Sandrine Moreno ; **213d :** AFP/Greg Wood ; **214 :** Nasa ; **215 :** Fréderic Génot ; **216 :** Sipa/AP/Robert Candia ; **218g :** IRD/Michel Dukhan ; **218d :** IRD/Michel Dukhan ; **222 :** ANA/David Ducoin ; **223h :** Imaginechina ; **223b :** Rea/Tiri Rezac ; **226g :** Plan France ; **226d :** Unicef ; **227g :** Courrier International ; **227d :** Christophe L ; **228 :** Nicolas Hérissé ; **229 :** Corbis/Lila Taylor ; **231 :** Unicef/Andrew ; **233 :** Picturtank/Sophie Brandstrom ; **234 :** Gettyimages/Shaul Schwarz ; **235 :** Corbis/Bsip/Furgolle ; **239h :** Corbis/Karen Kasmanski ; **239b :** Rea/Patrick Allard ; **242 :** Hemis.fr/Christophe Boisvieux ; **243 :** AFP/Jung Yeon-Je ; **244 :** Biosphoto/Claude Thouvenin ; **245h :** Sylvie Brunel ; **245b :** École des Sables ; **247 :** Maxppp/Ouest France/François Chrétien ; **251h :** Association « Pas d'école pas d'avenir » ; **251b :** Ciric/Sean Sprague ; **256 :** Cit'images/Frédéric

Janisset ; **257 :** Reuters/Erik de Castro ; **258 :** Corbis Nasa ; **260 :** Corbis/Rood Chery ; **260 :** Sipa/AP/Ariana Cubillos ; **262 :** Corbis/Staff Photograph/Mélanie Burford ;**263 :** AFP/Stan Honda ; **266 :** Andia/Pierre Boutin ; **267h :** Reuters/George Esiri ; **267b :** Croix-rouge française ; **268 :** Hemis.fr/Franck Guiziou ; **269 :** Andia/Hitoshi Yamada ; **270 :** AFP/Simon Maina ; **271 :** Eyedea/Hoaqui/M. Denis Huot ; **272h :** Corbis/Stephen Morisson ; **272b :** Corbis/Stephen Morisson ; **273 :** Reuters/Antony Njuguna ; **274g :** Corbis/Danny Lehman ; **274d :** Corbis/Michael Christopher Brown ; **279 :** Sipa/Stfansson ; **281 :** Corbis/Michel Gideon ; **282 :** Rea/Lalo de Almerida ; **284 :** Action contre la faim ; **284b :** La Recherche ; **285hg :** La Recherche ; **285bg :** Alternatives Économiques ; **285d :** Courrier International ; **286 :** Cosmos/Peter Menzel ; **287 :** AFP/Raveendran ; **288 :** Corbis/Viviane Moos ; **289 :** Rea/Panos/Eduardo Martino ; **290 :** Corbis/Paulo Freedman ; **291 :** Corbis ; **292 :** Corbis/Action Aid/Gideon Mendel ; **293 :** Gettyimages/David Sacks ; **297g :** AFP/Seyllou ; **297d :** Google ; **299 :** Photononstop/Godong ; **300 :** Eyedea/Gamma/Eric Vandeville ; **301 :** Ciric/Sean Sprague ; **303 :** Altitude/Yann Arthus-Bertrand ; **304 :** Imagesdetunisie.com/Nicolas Fauqué ; **306 :** Masterfile/Robert Harding ; **307 :** Corbis/Photolibrary ; **311h :** Sos Sahel ; **311b :** Corbis/Xiaoyang Liu ; **314 :** Ifremer ; **315 :** Hemis.fr/Bruno Morandi ; **316 :** Masterfile/Curtis/Strauss ; **317 :** Agostino Pacciani ; **318 :** Alexis Rosenfeld ; **319 :** UNIMA ; **321h :** AFP/Jean Sébastien Evrard ; **321b :** Biosphoto/Michel Gunter ; **324 :** Christophe L ; **325 :** Sipa/AP/Petrobras ; **328 :** Onasia. com/Nathalie Behring ; **329 :** Maxppp/Ouest Franca/Philippe Chérel ; **331 :** Shutterstock/Antoine Beyeler **333 :** Prague ; **334 :** Google Earth ; **335g :** Askimages/Viesti/Ken Ross ; **335d :** Gettyimages/Chad Ehlers ; **338 :** Christophe L ; **339h :** Géo Ado/Corbis/EPA/Jurnasyanto Sukarno ; **339b :** Artedia/View/Raf Makda ; **342 :** Reuters/Shengli ; **343 :** NGS/Michael Melford ; **344 :** Ria Novosti/Serge Krasnoukov ; **346 :** Askimage/TRIP/V. Kolpakov ; **347 :** Reuters/Denis Sinyakov ; **348 :** Hemis.fr/Paule Seux ; **349 :** AFP/Joseph Barrak ; **352 :** Alternatives Économiques ; **353 :** Les Agrocarburants.

Édition : Aude Alric, Laetitia Wallet
Conception graphique : Marc Henry
Couverture : Killiwatch
Mise en pages : Killiwatch
Relecture : Isabelle Macé
Iconographie : Valérie Delchambre – Électron libre, Chantal Hanoteau
Cartographie : Marie-Sophie Putfin – Légendes Cartographie
Frises chronologiques et schémas : Renaud Scapin

Le papier de cet ouvrage est composé de fibres naturelles, renouvelables, recyclables et fabriquées à partir de bois provenant de forêts gérées de manière responsable et durable.

N° d'éditeur : 10171623 - Key Graphic - Août 2010
Imprimé en Italie par Niiag

Les États du monde en 2010

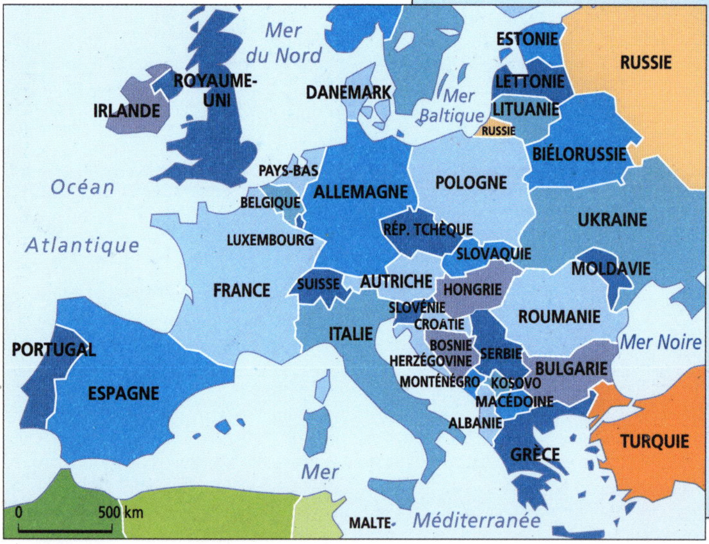